Total
Cooking

新版 トータルクッキング 第2版
健康のための調理実習

濵口郁枝・時岡奈穂子 編著

執筆者

淺井智子	池田香代
大喜多祥子	久保加織
境田可奈子	作田はるみ
菅 尚子	中平真由巳
禾本悦子	東根裕子
細見和子	三浦加代子
山本真子	

講 談 社

第2版 まえがき

『トータルクッキング』と題された調理実習テキストは，1979 年に初版が発行され，その後 1989 年に『ニュートータルクッキング』として改訂された．このテキストは，当時の学生たちの実習の手引き書としてだけでなく，多くの卒業生にとっても愛着ある料理書として長く親しまれてきた．

その後，『トータルクッキング』の母体書を執筆された先生方のご了承を得て，『新版 トータルクッキング 健康のための調理実習』として 2015 年に改訂版が発行された．改訂版では，飽食の時代において健康な生活を送るためには調理が欠かせないと考え，健康に配慮した調理理論の理解と技術の習得をテキストの目標とした．健康な食生活の指標やおいしさと健康に関する内容も加筆し，読者により良い食生活を提案した．

その第 2 版となる本書では新たな執筆者が加わり，時代の変化に対応した材料や調味，調理法を取り入れた．また，「エスニック料理・その他の国や地域の料理」についても充実させ，多様性を重視した．これからも本書が読者の皆様の「生涯の健康」のサポーターとなることを願っている．

料理の写真や実習に必要な資料は下記 URL または QR コードよりアクセスし，活用していただきたい．

なお，母体書の『トータルクッキング』から執筆者として，そして新版では編者を務められた大喜多祥子先生は，本書では編者を譲られたが，執筆者としてご関与いただけたことに感謝申し上げる．そして学生時代に母体書で学んだ二人が編者として流れを継承したことも，本書の歴史に深い意味を添えている．

最後に，煩雑な編集作業を丁寧にこなしていただいた，株式会社講談社サイエンティフィク 神尾朋美氏，大谷祥子氏に深く感謝の意を表する．

2024 年 3 月

濵口郁枝　時岡奈穂子

https://www.kspub.co.jp/book/detail/5341353.html　または

目次

第1編　健康のための調理

1章

料理の分類と料理番号

　本書は，1979年に発行された『トータルクッキング』の編者の発案により，1つの料理に4桁の料理番号をつけて料理を分類しているのが特徴である（表1.1）．4桁の料理番号で表すことにより，料理の大系を形態の面から把握することができるため，献立を立てるうえで活用できる．

1.1　分類の目的

①調理することによって出来上がってくる料理を把握することができる．
②献立をたてるために必要な料理の形態を理解することができる．
③1つ1つの具体的な料理が，さまざまな種類の料理全体の中でどのような位置を占めているか，調理操作，調理素材の面などから調理学的に理解することができる．

1.2　分類の方法

① **1000の位**：日本で慣習的に作られている，「和風料理」1000番台（表1.2），「中国風料理」2000番台（表1.3），「洋風料理」3000番台（表1.4）の3つのスタイルを基本に，「エスニック料理・その他の国や地域の料理」を4000番台とし，4つのスタイルに分類した．
② **100の位**：献立作成上の便宜を優先し，和風料理，中国風料理は主として調理法からみた分類（飯類，汁物など），洋風料理はコース料理のおもな流れによる分類（スープ，オードブル，魚料理，肉料理など）とした．これらの900番台は菓子とした．エスニック料理・その他の国や地域の料理は地域別とした．
③ **10の位**：味のつけ方，用いる食品素材，調理法，加熱法の違いにより適宜分類した．
④ **1の位**：1は基本的な料理（ポピュラーなもの，簡単なもの）とし，2，3，4となるにつれ，素材を変えたものや応用，変形の料理とした．
　以上の料理番号を用いて料理を応用し発展させるために，1の位の番号を続けて料理を追加するなど，本書を使用していただく方々の創意工夫でさらに充実したものとして活用していただきたい（表1.5）．　　　　　　　　　　　　　　　　　　　　　　　　　　　　　　（濵口）

表 1.1　料理の大分類

000	1000 和風料理	2000 中国風料理	3000 洋風料理	4000 エスニック料理・その他の国や地域の料理
000	1000 飯類，めん類	2000 鹹点心（軽食向き）	3000 飯類，めん類，パン類	4000 東アジア
100	1100 汁物	2100 湯菜（汁物）	3100 スープ	4100 東南アジア
200	1200 蒸し物，刺身	2200 蒸菜（蒸し物）	3200 卵料理	4200 南アジア
300	1300 酢の物，あえ物	2300 拌菜（あえ物）	3300 オードブル	
400	1400 焼き物	2400 炒菜（炒め物）	3400 魚料理	4400 アメリカ大陸
500	1500 揚げ物	2500 炸菜（揚げ物）	3500 肉料理	
600	1600 煮物	2600 焼菜（煮物）	3600 サラダ	
700	1700 寄せ物	2700 凍菜（寄せ物）	3700 アントルメ	
800	1800 保存食，飲み物	2800 甜菜（デザート）	3800 保存食，飲み物	
900	1900 和菓子	2900 飲み物，甜点心（菓子）	3900 洋菓子	

表 1.2　和風料理細目（1000）

00	000 飯類 めん類	100 汁物	200 蒸し物 刺身	300 酢の物 あえ物	400 焼き物	500 揚げ物	600 煮物	700 寄せ物	800 保存食 飲み物	900 和菓子
00	無調味	すまし汁	卵液	甘酢	塩焼き	素揚げ	たき合わせ	寒天寄せ	佃煮風	寒天
10	塩味	〃	混ぜて蒸す	三杯酢	照り焼き	〃	かけ物	でん粉寄せ	練り物	練り物
20	しょうゆ味	潮汁	詰めて蒸す	変わり酢	黄金焼き	から揚げ	含め煮	卵寄せ	甘露煮	あずき
30	すし	うすくず汁	かけて蒸す	浸し物	西京焼き	〃	〃		つけ物	うるち米粉
40	丼物	みそ汁	口取	白あえ	田楽	下味付き	煮豆		甘酢づけ	もち米粉
50	かゆ，雑炊		生そのまま	梅干しあえ	焼肉	みじん粉衣	煮魚		焼酎づけ	小麦粉
60	もち米，もち	すり流し汁	あらい	うにあえ	鉄板焼き	はるさめ衣	炒め煮		こうじづけ	やまのいも
70	そうめん，そば	かす汁	霜降り	真砂あえ	卵焼き	道明寺粉衣	鍋物		果実酒	くず粉
80	うどん	特殊汁	たたき	木の芽あえ	いり物	揚げ煮	みそ鍋		飲み物	砂糖
90	小麦粉焼き	蒸し物仕立	酢じめ	その他		天ぷら	味つけ鍋		茶	

表 1.3　中国風料理細目（2000）

00	000 鹹点心	100 湯菜	200 蒸菜	300 拌菜	400 炒菜	500 炸菜	600 焼菜	700 凍菜	800 甜菜	900 飲み物 甜点心
00	飯	清湯	清蒸	酢じょうゆあえ	炒	清炸	しょうゆ煮	凍	糖水	飲み物
10	粥	〃	もち米まぶし	糖じょうゆあえ	炒め煮	〃	紅焼		〃	炸
20	麺	羹	卵黄まぶし	炒・同上	〃	乾炸	しょうゆ焼き		抜糸	炸・飴
30	雲呑	奶湯		ごま酢じょうゆ	無色溜	軟炸	やわらか煮		糖衣	炸（酥）
40	焼売			ごまだれ	溜	炸・溜煮	火鍋子		高麗	焼菓子
50	餃子			怪味だれ	みそ溜	〃			清炸	〃
60	春捲				トマト溜	炸・溜かけ			蒸・溜	
70	春餅				奶溜				清蒸	
80	包子				炒め焼き					
90	その他				〃					

表 1.4　洋風料理細目（3000）

00	000 飯類，めん類，パン類	100 スープ	200 卵料理	300 オードブル	400 魚料理	500 肉料理	600 サラダ	700 アントルメ	800 保存食 飲み物	900 洋菓子
00	ライス	正コンソメ	オムレツ	ヴァリエ	ムニエル	牛ロースト	マヨネーズ	ゼリー	ピクルス	クレープ
10	スパゲッティ	略コンソメ	〃	カナッペ	スチーム	牛ステーキ	フレンチ	ブラマンジェ	ジャム	パンケーキ
20	マカロニ	冷コンソメ	ゼリー寄せ	ゼリー寄せ	プロシェット	ブロシェット	カイエンペッパー	ババロア	マーマレード	スポンジ
30	マフィン	冷ポタージュ	スクランブル	コルネ詰め	コールド	牛シチュー	ピックルド	プディング	パンチ	パウンド
40	食卓パン	ポタージュ	フライ	カクテル	マリネ	牛ミンチ	シャンティリー	スフレ	レモネード	他のケーキ
50	食パンなど	同クリーム	ポーチ	キッシュ	フライ	豚肉	ヨーグルト	いも，果物	ジュース	クッキー・タルト
60	バターパン	同ブルーテ	ボイル	その他	フリッター	鶏ロースト		果物カップ	コーヒー	パイ
70		同その他	ココット		グラタン	鶏グリル		シャーベット	紅茶	シュー
80	揚げパン，菓子パン	ビスク			コロッケ	その他		アイスクリーム		オムレツ
90	その他のパン	チャウダー						ムース		その他

表 1.5　料理番号による料理名一覧

	和風料理
1001	白米飯の炊き方
1002	雑穀飯
1003	玄米飯
1004	麦飯
1011	えんどう飯
1012	さつまいも飯
1013	くり飯
1014	しそ飯
1021	五目炊き込み飯（かやく飯）
1021(応)	まつたけ飯
1031	巻きずし
1031(応)	伊達巻ずし
1031(応)	手巻きずし
1032	押しずし
1033	きゅうり細巻き
1033(応)	細巻きの3種
1034	いなりずし
1035	松前ずし（ばってら）
1036	握りずし（4種）
1037	ちらしずし
1037(応)	ふくさずしと茶巾ずし
1041	親子どんぶり
1042	山かけどんぶり
1043	そぼろどんぶり
1043(応)	えびそぼろ
1051	かゆ（全かゆ）
1051(応)	全かゆ（ポリ袋使用の簡易真空調理）
1052	あずきがゆ
1061	おこわ
1061(応)	加熱前吸水法
1061(応)	くりおこわ
1062	赤ご飯（炊きおこわ）
1063	もち
1064	すまし雑煮
1065	白みそ雑煮
1071	冷しそうめん
1072	にゅうめん
1073	とろろそば
1073(応)	かけそばとざるそば
1081	手打ちうどんとかまあげ
1082	きつねうどん
1083	鍋焼きうどん
1091	お好み焼き（関西風）
1091(応)	お好み焼き（広島風）
1092	たこ焼き
1100	だしのとり方と味つけ
1101	結びきすのすまし汁
1102	温泉卵とわかめのすまし汁
1102(応)	温泉卵のゆずかけ
1103	しめ卵のすまし汁
1103(応)	うずら卵のすまし汁
1104	吉野鶏のすまし汁
1105	花弁もち吸物仕立て
1105(応)	えびのくずたたき
1111	わかたけ汁
1112	沢煮椀
1121	たいの潮汁
1122	はまぐりの潮汁
1131	むらくも汁，かきたま汁
1132	のっぺい汁

1141	豆腐のみそ汁
1141(応)	庄内麩とじゅんさいの赤だし
1142	わかめと油揚げのみそ汁
1143	いわしの摘み入れみそ汁
1151	しじみ（あさり）のみそ汁
1152	さつま汁
1161	呉汁
1171	かす汁
1181	けんちん汁
1191	まつたけの土瓶蒸し
1201	茶碗蒸し
1202	小田巻蒸し
1203	空也豆腐
1211	かぶら蒸し
1221	いかのけんちん蒸し
1231	魚のじょうよ蒸し
1241	梅花卵
1241(応)	電子レンジで作る錦卵（二色卵）
1242	（若草）きんとん
1250	つくり身のおろし方と刺身
1251	まぐろの角つくり（さいの目つくり）
1261	たいのあらい
1271	たいの霜降りつくり（皮霜つくり・松皮つくり）
1281	かつおのたたき（焼き霜つくり）
1291	さばのきずし（しめさば）
1301	源平なます
1302	菊花かぶの酢の物
1311	たこときゅうりの酢の物
1312	やまのいもの酢の物（ながいもの酢の物）
1313	ずいきの酢の物
1314	おろしあえ
1314(応)	洋風おろしあえ
1315	みょうがとしめじの酢の物
1321	きゅうりもみのごま酢あえ
1322	いかときゅうりの黄身酢あえ
1323	まぐろのぬた（からし酢みそあえ）
1331	焼きなすの浸し物
1331(応)	電子レンジによる野菜の浸し物
1332	かずのこの浸し物
1333	オクラのからしじょうゆあえ
1334	青菜のごまじょうゆあえ
1335	たたきごぼうのごまじょうゆあえ
1336	冷っこ
1341	こんにゃくの白あえ
1351	じゃがいもの梅干しあえ
1361	ゆりねのうにあえ
1371	いかの真砂あえ
1381	たけのこの木の芽あえ
1391	とろろ小鉢
1391(応)	とろろ汁
1391(応)	とろろ飯・麦とろ
1401	魚の塩焼き
1401(応)	姿焼き
1411	魚の鍋照り焼き
1411(応)	幽庵焼き
1411(応)	魚の照り焼き
1412	松笠いかの照り焼き
1421	さわらの黄金焼き
1422	さけのポテトマヨネーズ焼き

1431	さわらの木の芽みそ焼き
1432	あまだいの西京焼き
1432(応)	魚の西京焼
1441	豆腐の木の芽田楽
1442	なすのしぎ焼き（なす田楽）
1451	焼き肉
1461	若鶏の鉄板照り焼き
1462	いわしのかば焼き風
1463	鶏の松風焼き
1464	ピーマンの肉みそ詰め焼き
1465	なすのみそ炒め
1466	豚肉のしょうが焼き
1466(応)	豚肉の巻き焼き
1467	豆腐ハンバーグ
1471	だし巻卵（関西風）
1471(応)	う巻卵
1472	鳴門巻き卵・厚焼き卵
1481	たいのそぼろ
1491	ごまめ（田作り）
1511	揚げ出し豆腐
1521	あじの南蛮づけ
1531	きすのから揚げ
1541	鶏肉の竜田揚げ
1551	えびの湯葉揚げ
1561	菊花揚げ
1561(応)	菊花揚げ
1561(応)	その他の変わり揚げ
1571	みぞれ揚げ
1581	鶏肉の巻き揚げ煮
1591	天ぷら
1592	野菜のかき揚げ
1601	高野豆腐としいたけのたき合わせ
1602	飛竜頭とゆばのたき合わせ
1603	かぼちゃと茶せんなすのたき合わせ
1611	ふろふきだいこん（ゆずみそ）
1612	かぼちゃのそぼろあんかけ
1613	さといものゆずかけ
1621	えんどうの甘煮
1631	黒まめの含め煮
1632	こぶ巻き（門松こんぶ）
1632(応)	にしんのこぶ巻き
1633	肉じゃが
1641	だいずの五目煮
1642	金時まめの煮まめ
1651	かれいの煮付け
1651(応)	かれいの煮付け（ポリ袋使用の簡易真空調理）
1652	さばのみそ煮
1653	煮あなご
1654	ぶりだいこん
1655	たいのあら炊き
1661	きんぴらごぼう
1662	ひじきと油揚げの炒め煮
1662(応)	鶏五目ひじき（ポリ袋使用の簡易真空調理）
1663	筑前煮
1664	ゴーヤチャンプル
1671	湯豆腐
1672	ちり鍋（たいちり）
1673	牛肉の水だき（しゃぶしゃぶ）
1674	鶏の水だき

（つづく）

（表1.5つづき）

1681	ぼたん鍋
1682	かきの土手鍋
1691	すき焼き（関西風）
1692	おでん（関東だき）
1701	滝川豆腐
1711	ごま豆腐
1711（応）	練りごまのごま豆腐
1721	卵豆腐
1721（応）	金銀豆腐
1801	しらす干しの佃煮
1801（応）	ちりめんさんしょう
1802	かつおの角煮
1803	塩こんぶ
1804	こんぶの佃煮
1804（応）	さんしょうの実の佃煮
1804（応）	こんぶの佃煮（だしがら冷凍使用）
1805	きゃらぶき
1811	のりの佃煮
1812	梅びしお
1821	きんかんの甘露煮
1822	くりの甘露煮
1823	くりの渋皮煮
1831	はくさい漬け
1832	梅干し
1833	たくあん漬け
1834	ぬか漬け
1841	らっきょう漬け（甘酢漬け）
1842	新しょうがの甘酢漬け
1843	みょうがの甘酢漬け
1851	青うめのしょうちゅう漬け（カリカリ漬け）
1861	みそ
1861（応）	甘口みそ（白みそ）
1871	梅酒
1871（応）	果実酒いろいろ
1881	卵酒
1882	甘酒（発酵）
1882（応）	即席の甘酒
1883	梅シロップ
1883（応）	レモンシロップ
1884	赤しそジュース
1884（応）	赤しその炒め煮
1891	番茶
1892	せん茶
1893	玉露
1894	抹茶
1895	桜の花茶
1896	麦茶
1897	玄米茶
1898	ほうじ茶
1901	みつ豆
1902	いちごかん
1902（応）	日の出かん
1903	水ようかん
1904	梅花かん
1911	練りようかん
1912	こはくかん（錦玉かん）
1913	いもようかん
1913（応）	いもようかん（2種）
1921	おはぎ
1922	ぜんざい

1923	しるこ
1924	くり蒸しようかん
1924（応）	くり蒸しようかん別法
1925	黄味しぐれ
1925（応）	夏枯れ
1926	こなし（蒸こなし）
1927	練り切り
1931	三色だんご
1932	みたらしだんご
1933	月見だんご
1934	よもぎもち（草もち）
1935	かしわもち
1936	ういろう（白いういろう）
1936（応）	ういろう3種（抹茶・黒糖・あずき）
1937	ういろう（野菊）
1941	ぎゅうひもち
1941（応）	うぐいすもち
1942	桜もち（蒸し）
1942（応）	電子レンジで作る桜もち
1942（応）	椿（つばい）もち
1943	いちご大福
1943（応）	ショコラもち
1943（応）	フルーツ大福
1951	桜もち（焼き）
1952	きんつば
1953	三笠焼き
1961	くりまんじゅう
1962	浮島
1971	じょうよまんじゅう（上用まんじゅう）
1971（応）	さまざまなじょうよまんじゅう
1971（応）	織部まんじゅう
1972	かるかん
1981	くずまんじゅう
1981（応）	くずまんじゅう　別法
1982	くず切り
1983	わらびもち
1991	甘納豆
1992	白い豆板
1992（応）	ピーナッツの豆板・五色ピーナッツ
1994	なつみかんの皮の菓子
1994（応）	新しょうが，れんこん，ごぼう，ふき，にんじん，セロリなど（材料の応用）
1995	かりん糖（黒）
中国風料理	
2001	炒 飯 チャオファン（焼き飯）
2002	什錦糯米飯 シーチンヌオミーファン（五目おこわ）
2003	中華丼
2004	粽 子 ツォン ヅ（中華ちまき）
2011	鶏蓉粥 ディロンチョウ（鶏肉入りかゆ）
2021	五色 涼 拌麺 ウーソーリャンバンミェン（五目冷やし中華そば）
2022	炸 醬 麺 ジャーヂャンミェン（肉みそそば）
2023	什錦 焼 麺 シーチンシャオミェン（五目焼きそば）
2024	什錦湯麺 シーチンタンミェン（五目汁そば）
2024（応）	什錦炸 麺 シーチンヂャーミェン（五目揚げそば）
2031	雲吞 ユントゥン（わんたん）

2031（応）	雲吞麺
2041	焼 売 シャオマイ（しゅうまい）
2041（応）	揚げ焼売
2041（応）	かに焼売
2041（応）	えび焼売
2051	鍋貼 餃子 グオティエヂャオヅ（焼きぎょうざ）
2061	春 捲 チュンヂュアン（はるまき）
2061（応）	春捲の皮
2071	春 餅 チュンビン（中華風クレープ）
2081	肉包子 ロウパオ ヅ（肉まんじゅう）
2081（応）	豆沙包子 トウシャーパオ ヅ（あんまんじゅう）
2081（応）	寿桃 ショウタオ
2091	皮蛋 ピータン
2100	湯のとり方 タン
2101	清 川 鵪 蛋 チンチュワンチュンタン（うずら卵のスープ）
2102	三 鮮 湯 サンシエンタン（三色スープ）
2103	鶏火絲冬 瓜 燕湯 ディオスートンワイエンタン（とうがんのスープ）
2111	搾 菜 肉絲湯 ヂャーツァイロウスータン（ザーサイと豚肉のスープ）
2112	川 肉丸子 チュワンロウワン ヅ（肉だんご入りスープ）
2113	蝦 丸子湯 シャーワン ヅ タン（えびだんご入りスープ）
2121	酸 辣湯 スワンラータン（酸味と辛味の五目スープ）
2122	西湖魚羹 シーフーユイゴン（白身魚と卵白のスープ）
2123	桂 花蟹羹 クゥイホワシエゴン（かにと卵のうすくず汁）
2131	玉 蜀 黍奶湯 ユイシュウシュウナイタン（とうもろこし入りスープ）
2201	如意 捲 ルゥイーヂュアン（すり身の卵巻き）
2211	珍 珠 丸子 チェンヂュウワン ヅ（肉だんごのもち米蒸し）
2221	黄 花 蒸 肉 ホワンホワヂョンロウ（肉だんごの菜の花蒸し）
2301	黄 瓜海 遆 ホワングアハイヂョー（きゅうりとくらげのあえ物）
2302	（涼）拌三絲 リャンバンサンスー（三色のあえ物）
2311	酸 辣洋白菜 スワンラーヤンバイツァイ（キャベツのラー油あえ）
2312	麻辣五絲 マーラーウースー（くらげとはるさめの辛味酢じょうゆかけ）
2321	辣白菜 ラーバイツァイ（はくさいの甘酢漬け）
2322	涼 泡黄瓜 リャンパオホワングワ（きゅうりのあえ物）
2331	拌粉 篠 バンフェンシャオ（はるさめのあえ物）
2331（応）	麻 醬 拌海蜇 マーヂャンバンハイチェ（くらげのごま酢じょうあえ）
2341	棒棒鶏 バンバンヂー（鶏のごまだれあえ）
2351	怪 味 鶏 クワイウェイヂー（若鶏の冷菜）
2401	木犀肉 ムウシィロウ（豚肉と卵の炒め物）

（つづく）

（表1.5 つづき）

番号	料理名
2401(応)	搾 菜 炒 肉絲(ザーサイと豚肉の炒め物)
2402	炒 米粉(ビーフンと肉野菜の炒め物)
2411	回 鍋肉(豚肉のみそ炒め)
2421	八宝菜(五目炒め物)
2431	炒 魷魚(いかの炒め煮)
2441	宮保鶏丁(鶏肉とピーナッツの炒め物)
2451	麻婆豆腐(ひき肉と豆腐のとうがらし炒め)
2461	乾 焼 明蝦(えびのチリソース煮)
2471	奶 溜 白菜(はくさいのあんかけ)
2481	紙包鶏(鶏肉の紙包み焼き)
2491	芙蓉蟹(かにたま)
2501	蝦 仁吐司(えびすり身のパン揚げ)
2502	高麗蝦仁(えびの卵白衣揚げ)
2511	炸 丸子(揚げ肉だんご)
2511(応)	炸 蝦球(揚げえびだんご)
2521	炸 蛋 捲 (肉と野菜の卵巻き揚げ)
2531	乾 炸 鶏(鶏肉のから揚げ)
2541	軟 炸 鶏(鶏の衣揚げ)
2551	古老肉(酢豚)
2552	糖醋 溜 丸子(肉だんごの甘酢あんかけ)
2561	蕃 茄溜 魚片(揚げ魚のケチャップ煮)
2571	糖醋 (鯉)魚(魚のから揚げ甘酢あんかけ)
2601	醤 油肉(豚肉のしょうゆ煮)
2602	茶 葉蛋(茶卵)
2611	紅 焼 魚翅(ふかひれの煮込み)
2621	叉 焼肉(焼き豚)
2631	東坡肉(豚のやわらか煮)
2631(応)	豚の角煮
2641	什景 (錦)火鍋子(五目寄せ鍋)
2701	凍蟹肉(かにの寄せ物)
2801	奶豆腐(牛乳かん)
2802	杏仁豆腐(杏仁入りの寄せ物)
2803	芒果布 甸(マンゴープリン)
2804	西米椰汁(タピオカ入りココナッツミルク)
2811	湯 元宵(あん入り白玉だんごのゆで菓子)
2811(応)	豆腐白玉

番号	料理名
2821	抜絲 地 瓜(さつまいものあめ煮)
2831	地 瓜糖衣(さつまいもの砂糖衣がけ)
2841	高麗 香 蕉(バナナの卵白衣揚げ)
2841(応)	高麗苹果(りんごの卵白衣揚げ)
2851	豆沙 麻球(揚げごまだんご)
2861	八宝飯(もち米の飾り蒸し菓子)
2861(応)	八宝 燉飯(あん入りもち米の飾り蒸し菓子)
2871	馬拉糕(中華蒸しケーキ)
2872	蒸 蛋糕(中国風蒸しカステラ)
2901	中国茶
2911	炸 麻花餅(ねじり揚げ菓子)
2921	沙 起瑪(中国のおこし)
2931	開口笑(中国風ドーナツ)
2941	杏仁酥(アーモンドクッキー)
2951	月餅(げっぺい)
2952	中 秋 月餅(中秋げっぺい)
	洋風料理
3001	カレーライス
3002	ハヤシライス
3003	ドライカレー
3011	チキンライス
3012	オムライス
3012(応)	即席オムライス
3013	しばえびのピラフ(洋風炊き込み飯)
3014	ライスグラタン(ドリア)
3014(応)	即席ライスグラタン
3015	パエリア(ミックスパエリア)
3021	ミートスパゲッティ
3022	スパゲッティ・ペペロンチーノ
3023	スパゲッティ・カルボナーラ
3024	スパゲッティ・ジェノベーゼ
3031	マカロニグラタン(マッシュポテトを含む)
3041	マフィン
3042	スコーン
3042(応)	スコーン(チーズ)
3051	テーブルロール
3052	レーズンパンズ
3053	ライ麦パン
3053(応)	ホームベーカリーを使用したライ麦食パン
3054	イタリアン・パン・ド・ミ
3055	グラハムブレッド
3056	セミハードパン(エピ)
3056(応)	セミハードパンのフィリングの応用
3057	フォンデュ
3057(応)	バーニャカウダソース
3061	食パン
3062	フレンチトースト
3062(応)	フレンチトースト(ソフト食)
3063	カツサンドイッチ
3064	クローズドサンドイッチ
3065	スリーデッカーサンドイッチ
3065(応)	ロールサンドイッチ

番号	料理名
3066	オープンサンドイッチ
3071	クロワッサン
3071(応)	デニッシュ
3072	ブリオッシュ
3081	イーストドーナツ
3082	かぼちゃパン
3083	シナモンロール
3084	メロンパン
3051, 3082, 3084(応)	菓子パン，惣菜パン(あんパン，ジャムパン，クリームパン，ハムマヨネーズパン，シュガートップ，チョコロール，黒豆パン)
3091	ピッツァ
3091(応)	即席ピッツァ
3092	ピッサ・ラディエール
3093	グリッシーニ
3093(応)	工芸パン
3100	ブイヨンのとり方
3101	コンソメ・ア・ラ・ロワイヤル
3111	コンソメ・ペイザンヌ
3121	冷製コンソメ
3131	ビシソワーズ(じゃがいもの冷製ポタージュ)
3141	ポタージュ・ピュレ・ポワフレ(グリンピースのポタージュ)
3142	ポタージュ・リエ
3151	キャロットポタージュ
3152	ポタージュ・クリーム・ド・マイーズ(コーンポタージュ)
3153	ポタージュ・クリーム・ド・パンプキン(かぼちゃのポタージュ)
3161	ポタージュ・ヴルーテ
3171	ガスパチョ
3172	ミネストローネ
3173	トマトスープ
3173(応)	クレーム・アフリケイヌ(カレー味のスープ)
3174	オニオングラタンスープ
3174(応)	オニオンスープなど
3175	ポット・オ・フ
3181	えびのビスク
3191	クラムチャウダー
3201	プレーンオムレツ
3211	ミックスオムレツ
3221	スペイン風オムレツ
3231	スクランブルドエッグ(洋風いり卵)
3241	フライドエッグ(目玉焼き)
3241(応)	ハムエッグ
3251	ポーチドエッグ(落とし卵)
3261	ボイルドエッグ(ゆで卵)
3271	卵のココット
3301	オードブル・ヴァリエ
3301(a)	スタフドエッグ
3301(b)	シューキャビア
3301(c)	コンコーンブルファルスイ
3301(d)	サーディン・カナッペ
3301(e)	レバーのベーコン巻き
3301(f)	セロリのスモークサーモン巻き
3301(g)	サラミソーセージ
3301(h)	チーズ・きゅうり
3301(i)	ミニトマト詰め物
3301(j)	小だいの酢漬け

（つづく）

（表 1.5 つづき）

3301(k)	ポテトチップ
3311	カナッペ・ヴァリエ
3311(a)	トマトカナッペ
3311(b)	きゅうりカナッペ
3311(c)	チキンカナッペ
3311(d)	スクランブルドエッグカナッペ
3311(e)	シュリンプカナッペ
3321	ゼリー寄せ・ヴァリエ
3331	ハムのコルネ・ゼリー詰め
3341	かにのカクテル
3351	プティキッシュ・ヴァリエ(3種類のキッシュ)
3361	ラタトゥユ
3401	ムニエル
3411	スチームドフィッシュ・ホワイトソース
3412	ホイル焼き
3421	シーフードシチュー
3431	コールドサーモン・ショーフロワソース
3432	ボイルドフィッシュ・タルタルソース
3441	白身魚のマリネ
3441(応)	鶏肉マリネ
3451	えびフライ
3452	かきフライ
3461	サーディンフリッター
3461(応)	えびのフリッター
3471	シーフードグラタン
3481	かにクリームコロッケ
3501	ローストビーフ
3501(応)	ローストビーフ(ポリ袋使用の簡易真空調理)
3502	ローストビーフ(マリネ風)
3511	ビーフステーキ
3512	サイコロステーキ
3531	ビーフシチュー
3531(応)	ビーフストロガノフ
3541	ハンバーグステーキ・ブラウンソース
3542	ロールキャベツ
3543	ポテトコロッケ・ひき肉入り
3551	ポークソテー・ハワイアン
3551(応)	ポークチャップ
3561	ローストチキン
3571	グリルドチキン(ベイクドチキン)
3581	鶏肉のクリーム煮
3582	チキンソテー
3583	鶏肉のトマト煮
3601	サラダマセドワーヌ
3602	ウォルドルフサラダ
3603	ポテトミックスサラダ
3611	さけのミモザサラダ
3621	プレーンサラダ
3621(応)	キャベツとじゃがいもの温野菜サラダ
3622	ブロッコリーのサラダ
3623	トマトサラダ
3631	コールスロー
3641	ピックルド野菜サラダ
3651	グリーンアスパラガス・シャンティリーソース
3661	フルーツサラダ・ヨーグルトソース

3701	ヨーグルトゼリー
3702	ワインゼリー
3703	コーヒーゼリー
3704	ミルクゼリー
3705	オレンジゼリー
3705(応)	フルーツゼリー
3711	パンナコッタ
3712	コーヒーパンナコッタ
3713	ブラマンジェ(フランス風)
3713(応)	ブラマンジェ(イギリス風)
3721	レアチーズケーキ
3722	ババロア(基本)
3723	いちごゼリー・ババロア(ジュレ・オルレアン)
3731	カスタード・プディング
3732	クリームブリュレ
3741	スフレ・オ・クレーム
3751	スイートポテト
3752	ベイクドアップル(焼きりんご)
3761	フルーツカップ
3771	レモンミントシャーベット
3781	バニラアイスクリーム
3791	オレンジムース
3792	チョコレートムース
3801	きゅうりのピクルス
3802	カリフラワーのピクルス
3811	いちごジャム(プレザーブ)
3811(応)	りんごジャム
3821	マーマレード
3831	フルーツポンチ
3832	ティーパンチ
3833	サングリア
3841	レモネード
3851	ミックスジュース
3861	コーヒー(ドリップ式)
3871	紅茶
3871(応)	アイスティー
3901	クレープ
3902	クレープ・シュゼット
3911	ホットケーキ
3912	ソフトドーナツ
3921	スポンジケーキ(ジェノワーズ)
3922	ロールケーキ
3923	バタークリームのケーキ
3924	いちごのショートケーキ
3925	チョコレートケーキ(ザッハトルテ)
3926	シフォンケーキ
3926(応)	米粉のシフォンケーキ
3931	パウンドケーキ(ドライフルーツとナッツ)
3931(応)	塩こうじパウンドケーキ
3932	マドレーヌ
3933	フィナンシェ
3934	オレンジケーキ
3934(応)	フルーツケーキ
3934(応)	マーブルケーキ
3935	ケークサレ
3936	チョコレートブラウニー
3937	ティーケーキ
3941	ベイクドチーズケーキ
3942	ガトーショコラ・クラッシック
3943	西洋なしのクラフティー

3944	スパイシーアップルケーキ
3951	クッキー(型抜き)
3951(応)	フォンダンクッキー
3952	ごま入りクッキー
3953	アイスボックスクッキー
3954	絞り出しクッキー
3955	ラングドシャ
3955(応)	シガレット
3956	ビスコッティ
3956(応)	カカオビスコッティ
3957	市松クッキー
3958	フルーツタルト
3961	アップルパイ
3961(応)	ミニアップルパイ
3962	折り込みパイ
3962(応)	ミルフィーユ
3971	シュークリーム
3981	オムレット
3991	ミルクキャラメル
3992	マカロン
3992(応)	いろいろなマカロン(ココナッツ,チョコレート)
3993	焼きメレンゲ
3994	マシュマロ
3995	ガナッシュ
エスニック料理・その他の国や地域の料理	
4001	ビビンパプ
4002	キンパプ
4003	チヂミ
4004	タットリタン
4005	ナムル
4006	チャプチェ
4101	ガパオライス
4102	トムヤンクン
4103	グリーンカレー
4104	パパイヤサラダ
4105	フォー
4106	バインミー
4107	バインセオ
4108	生春巻
4109	かぼちゃと西洋なしのココナッツミルク
4110	チェー
4201	チャパティ
4202	パラタ
4203	スジー
4204	サモサ
4205	パニージ
4206	ラッシー
4207	キール
4208	チャイ
4209	メディシナルスパイスティー
4210	ダル
4401	ビーンズサラダ
4402	チリコンカーン
4403	ワカモレ
4404	メキシカンサラダ

2章
健康のための食事の指標

2.1　食生活指針

　健康を増進し疾病を予防・軽減するにはどのような食習慣が望ましいのかを提言した指標として「食生活指針」がある（表2.1）．この指針は2000（平成12）年に，文部省（現文部科学省），厚生省（現厚生労働省），農林水産省が合同で発表したもので，2016（平成28）年に一部改正されている．一般国民を対象に，日常の食生活で実践することが望ましい指標を，親しみやすいメッ

表2.1　食生活指針

食生活指針	食生活指針の実践
食事を楽しみましょう	・毎日の食事で，健康寿命をのばしましょう ・おいしい食事を，味わいながらゆっくりよく噛んで食べましょう ・家族の団らんや人との交流を大切に，また，食事づくりに参加しましょう
1日の食事のリズムから，健やかな生活リズムを	・朝食で，いきいきした1日を始めましょう ・夜食や間食はとりすぎないようにしましょう ・飲酒はほどほどにしましょう
適度な運動とバランスのよい食事で，適正体重の維持を	・普段から体重を量り，食事量に気をつけましょう ・普段から意識して身体を動かすようにしましょう ・無理な減量はやめましょう ・特に若年女性のやせ，高齢者の低栄養にも気をつけましょう
主食，主菜，副菜を基本に，食事のバランスを	・多様な食品を組み合わせましょう ・調理方法が偏らないようにしましょう ・手作りと外食や加工食品・調理食品を上手に組み合わせましょう
ごはんなどの穀類をしっかりと	・穀類を毎食とって，糖質からのエネルギー摂取を適正に保ちましょう ・日本の気候・風土に適している米などの穀類を利用しましょう
野菜・果物，牛乳・乳製品，豆類，魚なども組み合わせて	・たっぷり野菜と毎日の果物で，ビタミン，ミネラル，食物繊維をとりましょう ・牛乳・乳製品，緑黄色野菜，豆類，小魚などで，カルシウムを十分にとりましょう
食塩は控えめに，脂肪は質と量を考えて	・食塩の多い食品や料理を控えめにしましょう．食塩摂取量の目標値は，男性で1日8g未満，女性で7g未満とされています ・動物，植物，魚由来の脂肪をバランスよくとりましょう ・栄養成分表示を見て，食品や外食を選ぶ習慣を身につけましょう
日本の食文化や地域の産物を活かし，郷土の味の継承を	・「和食」をはじめとした日本の食文化を大切にして，日々の食生活に活かしましょう ・地域の産物や旬の素材を使うとともに，行事食を取り入れながら，自然の恵みや四季の変化を楽しみましょう ・食材に関する知識や調理技術を身につけましょう ・地域や家庭で受け継がれてきた料理や作法を伝えていきましょう
食料資源を大切に，無駄や廃棄の少ない食生活を	・まだ食べられるのに廃棄されている食品ロスを減らしましょう ・調理や保存を上手にして，食べ残しのない適量を心がけましょう ・賞味期限や消費期限を考えて利用しましょう
「食」に関する理解を深め，食生活を見直してみましょう	・子供のころから，食生活を大切にしましょう ・家庭や学校，地域で，食品の安全性を含めた「食」に関する知識や理解を深め，望ましい習慣を身につけましょう ・家族や仲間と，食生活を考えたり，話し合ったりしてみましょう ・自分たちの健康目標をつくり，よりよい食生活を目指しましょう

［文部省・厚生省・農林水産省，2016年6月一部改正］

セージで示しているのが特徴である.

PDCAサイクルの活用により実践を積み重ねていくことをねらいとしており,項目の1番目で食事を楽しむ計画を立て(Plan),2〜9番目の内容を実践する(Do)中で,10番目の項目で食生活を振り返り(Check),改善する(Action)ように構成されている.

2.2　日常食の献立

健康に配慮した日常食の献立作成上の要点を,以下に示す.

①心身の発育や健康の維持・増進,疾病の予防を目的とする.

②年齢別ライフステージ(乳児期,幼児期,学童期,思春期,成人期,高齢期,妊婦・授乳期など)に必要とされる栄養素をバランスよく摂取できるものとする.

③「日本人の食事摂取基準」をもとに,喫食者ごとに適した内容にするためには,一食分,あるいは一日分の食事で摂る食品の種類は多いほど栄養の偏りは少なくなる.さまざまな食品群から選択する.

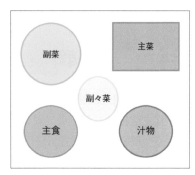

図2.1　献立の組み合わせ

④朝食,昼食,夕食の三食を設け,それぞれに主食(飯,パン,めんなど)を決め,次に副食(おかず)の順に決める.副食は主菜,副菜,副々菜,汁物に分けて考える.副食を「一汁三菜」とするパターン(図2.1)を覚えると便利である.

⑤主食にはおもにエネルギー源となる熱量素,主菜にはおもに筋肉や血液となる構成素,副菜,副々菜,汁物にはおもに体の調子を整える調整素を含む食材が使用される.献立により,これらすべてを含む料理をワンプレートで提供することもある.

⑥食材や料理法の重複を避ける.色,味,テクスチャー(食感)の重複を避ける.

⑦料理に季節感を取り入れ,食器や盛り付けを工夫しておいしく見せる.

⑧調理時間,経済性,嗜好性を考え,適宜調整をはかる.

⑨三食以外の間食について,幼児期,学童期,思春期は成長のために三食では不足する栄養素を補うための補食の役割が大きく,成人期以降は楽しみの役割が大きい.いずれにおいても食事に影響しない内容と量にする.

(時岡)

3章

おいしさと健康

3.1　おいしさに関与する要因

3.1.1　「食べ物の状態」と「食べる人の状態」

　ヒトは，五感（味覚，嗅覚，触覚，視覚，聴覚）すべてを使って食べ物の状態を受け取っている．味覚や嗅覚は，食べ物の香りや味（甘味，塩味，酸味，苦味，うま味）を化学的な要因として捉える．また，触覚は食べ物の温度やテクスチャー（食感），視覚は外観，聴覚は音など，物理的な要因として捉えている（図3.1）．ほかに，食べる人の状態として，心理的・生理的要因，環境など多くの要因が関与し，これらが総合的に合わさって，脳がおいしいかどうかを判断している．

3.1.2　調味とおいしさ

　食材をおいしく調理するためには，調味料，だし汁，香辛料などを加えて，食材の不快な風味を抑えたり，味と香りを補う「調味操作」を行う．その際には，食材が本来もっている味を生かし，五感を働かせて味見を行いながら少量ずつ調味することが大切である．

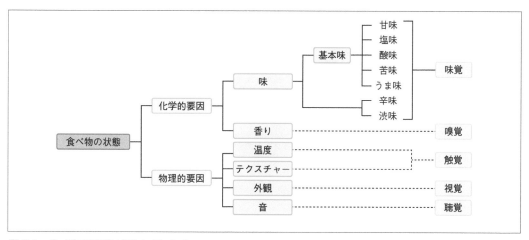

図 3.1　食べ物の状態からみたおいしさ
［大越ひろ，四訂健康・調理の科学（大越ひろ他編），p.33，建帛社(2022)］

調味時は，食材への調味料など呈味成分の浸透に影響する下記の要因を考慮する．

A．食材の切り方

表面積が大きいほど調味料が浸透する速度が速い．

B．組織の硬軟

煮物の場合は，食材を下ゆでし，やわらかくしてから調味する．

C．粘性

粘性のある調味液では拡散する割合が小さくなるため，でん粉やルーなどは最後に入れる．

D．調味料の分子量

調味は一般に「さ（砂糖），し（塩），す（酢），せ（しょうゆ），そ（みそ）」の順といわれる（図3.2）．これは，分子量の小さい調味料のほうが拡散しやすく食材に速く浸透するためである．香りを生かす場合は，揮発性の高い酢，しょうゆ，みそは後で加えるようにする．

図3.2 調味料を入れる順番

さ　し　す　せ　そ
砂糖　塩　酢　しょうゆ　みそ

3.1.3 おいしさに影響する味の相互作用

呈味物質の味が相互に影響し合い変化することを「相互作用」という（図3.3）．2種類の呈味物質を同時に，あるいは継続して味わったとき，味を強めたり弱めたりする効果があり，対比効果，抑制効果，相乗効果，変調効果などがあり，おいしさに影響する（「1100　だしのとり方と味つけの練習」の科学欄も参照すること）．

図3.3 味の相互作用

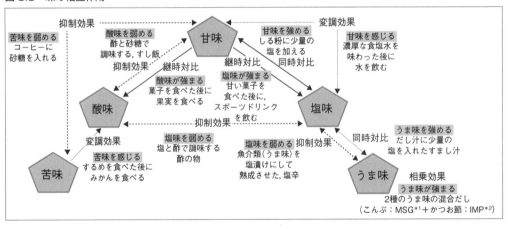

*1　MSG：L-グルタミン酸ナトリウム　*2　IMP：5'-イノシン酸ナトリウム
［濱口郁枝，四訂健康・調理の科学（大越ひろ他編），p.69，建帛社（2022）］

3.2 おいしさと健康との関係

3.2.1 油脂とおいしさ

生体成分のうち，水に溶けにくく，クロロホルム，エーテルなどの有機溶媒に溶けるものを脂質といい，単純脂質，複合脂質，コレステロールに分類される．単純脂質と複合脂質には構成成分として脂肪酸が含まれる．「油」と「脂（脂肪）」の違いは，それを構成する脂肪酸の違い（二

重結合の数，炭素数など）であり，これらをまとめて油脂と呼んでいる（図3.4）．

油脂は，食べ物の風味に影響する．揚げ物，炒め物に油脂を使用すると，香ばしい風味が生まれる．また，小麦粉生地に油脂を添加した焼き菓子には，香ばしさ，サクサク感（ショートネス性）を発現させる．さらに，脂肪は食べ物に"こく"や濃厚感，なめらかさなどを与える（例：アイスクリーム，プリンなど）．

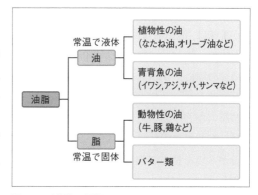

図3.4　油脂の分類

脂肪を含む食べ物は，摂食意欲をエスカレートさせることにつながり，「やみつき」になることが多く，過食と肥満を誘導する．さらに，高脂肪食は，冠動脈疾患，糖尿病のリスクを高くするため注意が必要である．

3.2.2　甘味とおいしさ

わが国でもっともよく使われている甘味料は砂糖であり，料理，菓子や飲み物などに使用される．菓子や飲み物に使用する砂糖量は多いため，甘味のみならず，テクスチャーなど物理的な要因にも関与し，おいしさに影響をおよぼす．砂糖を使用した菓子は口当たりがなめらかでやわらかく（プリン，ケーキ，カスタードクリームなど），また，砂糖とほかの材料を混ぜ合わせた生地を加熱することにより，色，香りなどが変化し嗜好性を高める（ケーキ・パンの焼き色など）．

砂糖を含む甘い食べ物を頻回に摂取することはむし歯の発生に関与し，肥満，ビタミンB_1不足，糖尿病の病態へ影響をおよぼす．また，母親からおやつを決まった時間に決められた量だけ与えられる習慣を身に付けた幼児は，我慢ができるようになり，自立心が育つことが確認されていることから，食生活におけるしつけは，その後の食習慣や性格形成の基盤となる．したがって，砂糖を含む甘い食べ物は嗜好性が高いため，摂取量や摂取時間を適切にする必要がある．

3.2.3　食塩とおいしさ

塩味は，食塩（塩化ナトリウム）に代表される味であり，食べ物のおいしさを決定づける要因の一つである．もっともおいしいと感じる食塩濃度は，体の浸透圧と等しい濃度（0.9％）であり，通常はこの濃度を超えるとおいしく感じられない．食塩は単に塩味を付与するのみでなく，うま味を増強させる（図3.3参照），小麦粉製品，魚肉などの練製品の粘弾性を向上させる，野菜の水分を脱水させ味をしみ込みやすくする，褐変を防止するなど，視覚，テクスチャー（食感）に寄与し，おいしさを高める．

食塩はナトリウムのおもな摂取源であり，食塩の過剰摂取は血圧上昇の要因になる．さらに脳卒中や心筋梗塞の引き金となる．日本では食塩摂取量が世界的レベルからみると多いため，減塩を心がける必要がある．

3.2.4　うま味とおいしさ

うま味は，池田菊苗博士が，1908 年に昆布の成分からグルタミン酸を発見し命名した．その後，基本味の一つとして認められ，1985 年に「umami」は国際語として公式に使われるようになった．

調理の際に，かつおや昆布からうま味物質を抽出して用いることにより，各食材のもつおいしさが増強され，全体の調和をはかる作用がある．うま味を生かした食べ物は濃い塩味をつける必要がないなど，おいしさを損なわずに減塩料理が可能となる．なお，市販のうま味成分を含む調味料（顆粒風味調味料，顆粒・固形コンソメなど）は，塩分が含まれているものが多く，味見をしながら塩を控えて調味することが大切である．表 3.1 を参照し，塩分の有無を確かめて調味すること．

表 3.1　だし汁の種類と食品成分表の該当食品

	食塩	和風料理		中国風料理		洋風料理	
手作り（液状）	ほぼ含まない	和風だし（一番だし，二番だし）	17131　（かつおだし）本枯れ節 17132　（昆布だし）煮出し 17148　（かつお・昆布だし）本枯れ節・昆布だし 17022　しいたけだし 17023　煮干しだし	湯（タン）	17024　鶏がらだし 17025　中華だし	ブイヨンまたはスープストック	17026　洋風だし
市販品（顆粒・固形）*	含んでいる	17028　顆粒和風だし（顆粒風味調味料）		17093　顆粒中華だし		17027　固形ブイヨン（顆粒・固形コンソメ）	

＊水を加えて用いる
食品成分表の番号と食品名は，「日本食品標準成分表 2020 年版（八訂）」に準拠する．
だし汁の作り方は，和風「1100　だしのとり方と味つけの練習」，中国風は「2100　湯（タン）のとり方」，洋風は「3100ブイヨンのとり方」を参照する．かつお・昆布だしに食塩，しょうゆで調味した料理がすまし汁．ブイヨン（スープストック）に食塩で調味した料理がコンソメ．【注意】市販品には食塩が含まれている．個々の商品の成分表示「食塩相当量」を参照．

減塩に向けて〜家庭の料理の味付け〜

家庭の料理の味付けは，子どもの嗜好性の基礎を形成し，さらに成長期の食体験によって強化される．研究により，下記のことが明らかになっている．子どもの頃から五感を使って食べ物を味わい，薄味に慣れ親しむようにする．
①普段の食事で「薄味を重視する」という意識が低い大学生は，家庭における料理の味付けが濃い[1]．
②減塩意識は，家庭の料理の味や母親の意識から影響を受けている[2]．
1）濵口郁枝他，日本家政学会誌，**61**，13-24（2010），2）田中順子他，日本食生活学会誌，**11**，353-361（2001）

3.3　健康によい濃度に調味するために

3.3.1　食生活と味覚能力

ヒトにとって必要不可欠な微量元素の一つである亜鉛は，味細胞の新生に必要であり，亜鉛不足が長期化すると，味細胞の再生は難しくなり味覚障害が引き起こされる．味覚障害の原因は多岐にわたっているが，その中で，食事からの亜鉛摂取量の不足が原因と考えられる味覚障害は，全体の約 3 割を占めている．その原因は，ファストフード，加工食品，コンビニ弁当，インスタント食品など手軽な食事に頼ることや，若い女性の痩せ志向を背景とした過度なダイエットなど，日常の食事の内容に問題があり，偏った食事から亜鉛不足になると考えられている．

外食や中食は，万人に好まれるように濃い味つけで作られている．しかし，特に甘味や塩味の

濃い食べ物を摂り続けることは，生活習慣病のリスクを高めることにつながる．したがって，調味する人自身の食生活を見直し，食材のもち味を生かして薄味に調味することができるよう，味覚能力を備えていることが望ましい．

3.3.2　味覚能力の判定方法

味覚能力は，食材や食べ物の風味の違いを識別する能力，基本味を識別する能力などがある．

A．食材や食べ物の風味の違いを識別する能力の判定法

3点試験法を用いて，異なる試料（食材や食べ物）を味わい，その違いを確認できるかで判定する．方法は，2つの同じ試料と1つの試料を提示し，どの試料が他の2つと異なるかどうかを回答する．

B．基本味を識別する能力の判定法

a．味の質を感じとる能力：味覚感受性

基本味の閾値を調べることで判定する．閾値の低いほうが，薄い濃度の呈味物質であっても，その味を感じる能力があると判断する．閾値には，味質（甘味，塩味など）はわからないが水との差を識別できる最小の濃度を示す「検知閾」，味質を識別できる最小の濃度を示す「認知閾」がある．全口腔法，ろ紙ディスク法などの検査方法があり，おもに医療用の検査として味覚障害を診断するために用いられる．

b．味の質を識別する能力：味質識別能力

基本味（甘味，塩味，酸味，苦味，うま味）の味質の違いを判断できるか調べる．濃度は各味質とも閾値より少し高い濃度の溶液を用い，味質の違いを識別できるかで判定する手法であり「五味の識別テスト」と称されている（表3.2，図3.4）．

表3.2　「五味の識別テスト」に用いる試料と濃度

味質	味物質	濃度（%）
甘味	グラニュー糖	0.4
塩味	精製塩	0.13
酸味	クエン酸	0.01
苦味	天然カフェイン	0.025
うま味	グルタミン酸ナトリウム	0.05

注：3個の蒸留水とともに提示する

五味の識別テスト　　　　　氏名＿＿＿＿＿＿

8個のコップが並んでいます．指定された順によく味わって，甘味，塩味，酸味，苦味，うま味を感じるものを一つずつ選んで，そのコップの記号を下の表に記入して下さい．該当しない3個については，記入する必要はありません．

味の種類	甘味	塩味	酸味	苦味	うま味
コップの記号					

図3.4　「五味の識別テスト」回答用紙
［日本フードスペシャリスト協会編，三訂食品の官能評価・鑑別演習，p.7，建帛社(2014)］

c．味質の濃度差を識別する能力：濃度差識別能力

同じ味質について濃度の違いを識別できるか調べる．この方法は，官能評価分析の順位法に基づいており，4味質（甘味，塩味，酸味，うま味）5段階（通常味わう濃度範囲）の濃度の溶液を正しい濃度順に並び替えることで濃度差識別能力を検査する手法であり，「利味能力テスト」と称されている．溶質は，グルタミン酸ナトリウム（L–グルタミン酸ナトリウム），砂糖（上白糖），食酢（穀物酢），食塩（精製塩）を用いる（表4.4）．得点は，正解順位と回答順位との相関を算出するため Spearman の順位相関係数を算出し，10倍して10点を満点とする（表3.4）．

このテストを実習授業の授業期間開始時と授業期間終了時に実施することで，各自の味覚能力の確認と，意識の向上に効果が期待できる．

表3.3 「利味能力テスト」に用いる試料と濃度

味質	味物質	濃度(%) 順位 薄い ◀━━━━━━━━▶ 濃い					基準とした濃度
		1	2	3	4	5	
甘味	砂糖	8.0	8.5	9.0	9.5	10.0	缶コーヒー，紅茶などの砂糖濃度は10%
塩味	食塩	0.80	0.85	0.90	0.95	1.00	汁物の食塩濃度は0.8%前後
酸味	食酢 (すべてに食塩1.0%,砂糖10.0%を入れる[*1])	6.0	8.0	10.0	12.0	14.0	酢の物の適当な食酢濃度は10%
うま味	グルタミン酸ナトリウム (すべてに食塩0.8%を入れる[*2])	0.0	0.1	0.2	0.3	0.4	すまし汁に用いるグルタミン酸ナトリウム濃度は0.2～0.3%

＊1 酢の物の甘酢味にするため，同量の食塩と砂糖を添加する．
＊2 すまし汁の味にするため，同量の食塩を添加する．
[山田光江，奈良女子大学家政学会家政學研究，**14**，14-17(1967)より改変]

表3.4 「利味能力テスト」採点方法(例)

うま味	正解の順位	2	4	3	5	1
	Aさんの回答順位	1	5	2	4	3
	正解との差の2乗	1^2	1^2	1^2	1^2	2^2

① 正解との差の2乗の合計　　1＋1＋1＋1＋4＝8
② ①を2で割る　　　　　　　8÷2＝4
③ 10点満点から引く　　　　10－4＝6点　⇒　Aさんは6点(濃度差識別能力はない)
注：試料数5 (5段階濃度) の場合では，統計的に正解順位と回答順位が近い(一致している)のは，10点($p<0.01$)，9点($p<0.05$)であり，濃度差識別能力があると判定する．

利味能力テストの実施方法

(https://www.kspub.co.jp/book/detail/5341353. html に資料あり)

・テストの前日の夕食，当日の朝食時は，刺激物（香辛料，にんにくを用いた料理など）の摂取を避ける．
・試料温度はテスト成績に影響をおよぼすため，テスト当日は18～25℃の常温にする．
・試料は，3オンス（90 mL）の紙コップに試料15 mLを入れる．酸味の場合は，色で濃さが推測できるため茶色（未晒し）の紙コップを使用する．
・前に味見をした味質が，後に味見をする味質の点数に影響することが報告されているため，味わう順序は，うま味→甘味→酸味→塩味…にする．次の味質のテストに移る前に，口をすすいで5分以上の間隔をとる．
・A4サイズの回答用紙（図）の上のほうの○に試料の紙コップをランダムに置く．一人ずつA4サイズのバットに回答用紙を敷いて試料を置くと準備や持ち運びがしやすい．
・一番濃度の薄いものを1，濃くなるにしたがって2，3，4，5の数字を回答用紙に記入する．
・味わう順序として，配置した試料の左端から味見をするように統一する．ひと口ずつ左端から右端まで味見を後は，自由に再確認してもよい．

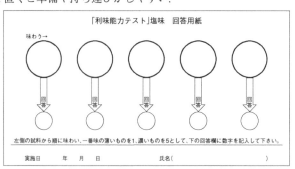

図3.5 「利味能力テスト」の回答用紙（塩味の例）

味覚能力向上のために
研究結果を読んで，自分の食生活を確認しましょう．

①食生活と濃度差識別能力との関係 [1]
・10 年間の女子短期大学生の「利味能力テスト」結果を分析した研究では，1991・1996 年の得点に比べて 10 年後の 2006・2007・2008 年の得点は，うま味，甘味，酸味，塩味ともに低くなっており，濃度差識別能力が低下していることが確認された．
・濃度差識別能力がある（10・9 点）学生は，食事作りに携わり，食事を味わって食べ，外食や中食を抑制する程度が高かった．
・この 10 年間に，内食から中食，外食へと多様な食事形態が発達し，食生活の形態が大きく変化したこと，さらに調理経験の不足が味覚能力低下の原因の背景にあると考えられる．

②食べ物を味わい，薄味にすることと濃度差識別能力との関係 [2]
・女子大学生を対象に，味わうことや薄味を重視することと「利味能力テスト」結果との関連を検討した研究では，実習授業で味わいを重視し，薄味にすることを学習した学生は，濃度差識別能力に関連がみられたが，それらのことを経験しなかった学生は関連がなかった．
・レシピの分量通りに調味するだけではなく，五感を働かせて食材がもつ個性ある風味を生かしておいしさを満たせるよう調味することが，味覚能力の向上につながると考えられる．

★確認してみましょう．チェックした項目が少ない人は，増えるように心がけましょう．

□食事作りについて積極的に考える（本を見たり，作り方を人に聞くなど）
□家庭で食事作りを手伝う，または担当している
□料理の温度，盛り付け方などおいしさに影響することに気を配っている
□料理や素材などで季節感を感じる
□いろいろな食べ物の味に興味がある
□家族や友人と味付けの会話をする
□料理は，好みの味付けより，健康に良い味付け（薄味）にしている
□薄味をおいしく感じる
□濃い味のものを食べないようにする，または味を薄く整えてから食べる
□調理実習のときは，味見をしながら少しずつ調味する
□外食の回数は少ない（家庭で手作りの料理を食べるようにしている）
□市販の弁当を買わないようにしている
□市販の中食（惣菜などできあがった料理）を利用しないようにしている
□ファストフードを食べないようにしている
□バランスのよい食事を摂るようにしている

1) 濵口郁枝他，小児保健研究，**69**，676-684（2010）
2) 濵口郁枝他，小児保健研究，**71**，304-315（2012）

（濵口）

第2編　調理の基礎

4章

4章

計量

　ある献立について誰もがいつでもその味を再現できることは重要なことである．そのために同一条件では常に同じ結果が得られるように調理の際にはさまざまな「計量」が行われている．計量することによって他者と情報を共有する可能性が広がり，調理初心者においては失敗への不安が軽減され，熟練者にあってもさらなる創意工夫や，あるいは調理条件が異なった場合の対応法を導きやすくする利点があるといえる．また栄養評価を正確に行う観点からも計量は必要不可欠な意味を持つ．

　調理時に計量するものは「重量」「容量」「温度」および「時間」である．目分量ではかることも多いが，それぞれ適切な計量器具を用いて計量することは出来上がりの品質を一定に保つうえで一助となる．調理の場面での計量には，重量を測定するはかり，容量をはかる計量カップと計量スプーン，温度をはかる温度計，時間をはかるタイマーが使用される．ただし，重量や容量，温度については計量の単位が国によって異なるため，レシピではあらかじめ決められた種類の計量器の使用が前提となっている．

　本章では容量（体積）をはかる計量器について記載し，さらに容量と重量の関係について説明する．

4.1　容量をはかる計量器の種類

4.1.1　計量スプーン

　調味料など少量の食品をはかるために用いるスプーンで，5 mL のものを「小さじ」，15 mL のものを「大さじ」という（図4.1，図4.2）．ほかに，2.5 mL（小さじ1/2），30 mL（大さじ2）の容量も存在する．「小さじ1」，「大さじ1」とは，粉末の場合はたっぷりすくって軽く押さえ，ス

図4.1　計量カップと計量スプーン

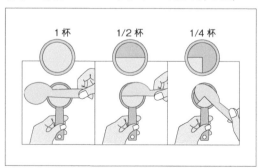

図4.2　計量スプーンとすり切りへらによるはかり方

プーンに詰めてから付属のへらなどで表面を平らにすり切った状態をいう．液体の場合は平らに持ったスプーンにこぼれる寸前までいっぱいに注いだ状態である．液体の表面張力によりスプーンの縁よりも盛り上がって見える．レシピの分量欄には「小さじ 1」「大さじ 1」をそれぞれ「小 1」「大 1」といったように省略して記載されることがある．

4.1.2　計量カップ

メジャーカップともいわれ，さまざまな容量（体積）があるが，調理で「1 カップ」と呼ばれる容量は 200 mL のものである．内側に 180 mL，150 mL，100 mL，50 mL の目盛りがついて，計量スプーン同様，すり切り一杯が 200 mL の金属製のものと，ガラスやプラスチックでできた透明で，外側からメスシリンダーのようにはかるタイプのものがある．1 カップは「1 C」と表記する場合もある．

4.1.3　ます(枡)

日本で古くから用いられてきた尺貫法の容量の単位である「合」「升」「斗」をはかるための計量器である．この単位は現在でもこめや酒などの容量を表すときに限定的に使われている．「1 合」は約 180 mL で，1 升瓶は 10 合すなわち容量約 1,800 mL のガラス製容器のことである．

4.2　容量と重量の関係

容量の計量は手軽だが，とくに粒状，粉状の食材において正確さに欠ける．食品の正確な量を知るためには重量をはかるほうが適しているため，栄養価計算はすべて重量で行うこととなっており，食品成分表には食材可食部 100 g あたりの栄養価が示されている．また大量調理の際にも容量では誤差が大きくなるため重量で計量する．食品によって密度が異なるため，計量カップや計量スプーンではかりとった数値は重量に変換する必要がある．表 4.1 は使用頻度の高い食品の重量換算表である．

こめは 1 カップ（200 mL）の重量が約 170 g であるため，炊飯時の加水量が，重量比でこめの 1.5 倍，容量比で 1.2 倍となる．

表 4.1　食品の容量と重量

食材	小さじ (5 mL)	大さじ (15 mL)	カップ (200 mL)	食材	小さじ (5 mL)	大さじ (15 mL)	カップ (200 mL)
水，酢，酒	5 g	15 g	200 g	ケチャップ	5 g	15 g	230 g
しょうゆ，みりん，みそ	6 g	18 g	230 g	ウスターソース	6 g	18 g	240 g
塩	6 g	18 g	240 g	油，バター	4 g	12 g	180 g
砂糖（上白糖）	3 g	9 g	130 g	粉チーズ	2 g	6 g	90 g
グラニュー糖	4 g	12 g	180 g	胚芽米，精白米	—	—	170 g
小麦粉(薄力粉，強力粉)	3 g	9 g	110 g	もち米	—	—	175 g
かたくり粉	3 g	9 g	130 g	無洗米	—	—	180 g
ベーキングパウダー	4 g	12 g	150 g	・胚芽精米，精白米 1 合（180 mL）＝ 150 g			
牛乳	5 g	15 g	210 g	・もち米 1 合（180 mL）＝ 155 g			
マヨネーズ	4 g	12 g	190 g	・無洗米 1 合（180 mL）＝ 160 g			

［農林水産省 2010 年 4 月改訂・一部改変］

　厳密にいえば，容量は温度によって変化する．しかし食品の常温での温度変化に伴う容量の変化はわずかで，調理の際の計量にはほとんど影響しない．水の場合は約４℃（3.98℃）で最大密度となり，1 mL がほぼ 1 g（密度 0.99997 g/cm^3）であるが，99℃になっても約 1 g（密度 0.95906 g/cm^3）である．そこで調理においては温度に関係なく水を 1 g ＝ 1 mL（1 cm^3，1 cc も同意）としている．

4.3　目ばかりと手ばかり

　日常の食事作りの中では，計量に時間を費やすことが難しいときもままある．精細な栄養価計算を実行する場合は別として，普段よく使う食品に関しては，一度，きりのよい重さ（100 g や 50 g など）や一食分を計量し，自分自身の手のひらに載せたり，握ったりしてみてその大きさを視覚的に覚えておく方法がある．これを目ばかりあるいは手ばかりという．目分量と同意だが，最初に計量を行っておくことで調理時におおよその量が把握でき，ある程度味の標準化が期待できる．

　また，食塩などの調味料は「少々」や「ひとつまみ」といった表現がなされることがある．一般的に「塩少々」は親指と人差し指の２本でつまんだ量で 0.7 g 前後，「塩ひとつまみ」は親指，人差し指および中指の３本でつまんだ量で「塩少々」の倍量程度とされるが，個人差があり，また調味料の種類によってもつまめる量は異なるため，よく使用するものについて一度は自分の指でつまんだ量を計量し，確認しておくとよい．　　　　　　　　　　　　　　　　　（淺井）

5章 基本操作

5.1 調理の基本操作など

　調理操作は，材料の選択から始まり，下処理，調理，仕上げおよび盛り付けまでが含まれる．それらは，食品材料を美味しく，衛生的で安全な状態にし，消化吸収・機能性を高めた食べ物に調整することを目的として行う．調理操作は，非加熱調理操作と加熱調理操作に分類できる．

5.1.1 非加熱調理操作

計量，計測	・食品の重さやその料理に必要な調味料，加熱温度・時間などをはかること ・材料購入時には必要量に廃棄量を加えた量を購入する ・重量はデジタルスケール，容量（体積）は計量スプーンや計量カップを使用する ・調味料によっては重量と体積が異なるものもあるので注意が必要である ・温度計やタイマーなどその目的によって使用する
洗浄	・食品についた異物や汚れ，不味成分，悪臭のある部分などを取り除く調理の最初に行う操作である ・水を使用するのが基本であるが，冷水，温水，熱湯，酢水，食塩水などを使用することもある
浸漬	・水や食塩水，酢水，調味液につけることによって，食品の吸水・膨潤，不味成分の除去，物性の改善・向上，褐変防止，調味液の浸透，保存，着色をすることができる
切断，磨砕，粉砕	・手や包丁，その他の器具を使用し，不可食部の除去，加熱や調味操作の促進，外観の美化や咀嚼，嚥下の介助，食品の有効利用，物理性の改善，嗜好性の向上，化学反応の促進などを目的に行う ・包丁のほか，皮むき器，抜き型，おろし金，すり鉢，すりこぎ，ミキサー，マッシャーなどの器具を使用する
混合，攪拌，こねる（混捏）	・1種あるいは2種以上の食品の状態を均一にする操作である ・温度・材料分布の均一化，乳化，放熱，放湿，物性の改善，化学変化の促進などを目的とする
圧搾，ろ過	・成分抽出・分離，嗜好性の向上，混合物の均質化などを目的として，重力を利用したり，食品に力を加えて液体成分を分離する操作である
伸展，成形	・伸展は混捏と併用されることが多く，引き伸ばしたり，押し伸ばす操作で，層を薄くして包みやすくしたり，組織の均質化を目的に行う ・成形は，丸めたり，握ったり，押し固めたり，型に入れて押したりして，食品の形を整え，食べやすくし，食感に変化を持たせるなどを目的に行う操作である
冷却，冷蔵，冷凍	・食品の保存，物性の変化，ゲル化，最適温度の保持を目的として，食品の温度を奪って温度を下げる方法である ・凍結は水分が氷結すること ・冷却効果を高めるために冷やしている空気や水が食品と接する面積を大きくすること，食品を入れている容器の材質に熱伝導の良いものを用いるとよい ・食品中の水分は，糖類や無機質を含んでおり，水の氷結温度の0℃ではなく，－1℃から－5℃の範囲で凍結が起こる．この氷結晶が生成する温度帯を最大氷結晶生成帯という．これを30分以内で通過させる急速凍結では品質低下が少ない
解凍	・食品中の氷結晶を融解する操作である ・冷凍された食品の性質を知って，最も適切な解凍方法（急速解凍・緩慢解凍）を選択することが必要である．適切に解凍されない場合は，成分の変化や組織の損傷，ドリップの出現，細菌の繁殖などが起こる

（東根）

5.1.2　加熱調理操作

A.　湿式加熱

水や水蒸気が熱媒体となる．加熱温度は通常 100 ℃程度であるが，圧力鍋などを用いることによって沸点が上昇する．対流伝熱によって比較的早く食品の表面が温められ，加熱温度が均一になりやすい．

ゆでる	大量の水を利用して食品を加熱する方法．ゆで水の対流により熱が伝えられるので食品は均一に加熱される．組織の軟化，不味成分の除去，でん粉の糊化，タンパク質の熱凝固，酵素反応の抑制，色止め，酵素の失活，殺菌などを目的に行う．水溶性ビタミンの流出が起こる．ゆで水は，水そのまま用いる場合と，目的に応じて塩，酢，灰汁，重曹，みょうばんなどを添加する
煮る	食品を調味料の入った煮汁で加熱する方法．煮汁の対流により熱が伝えられ，調味を目的とする．煮る操作はほとんどの食品を使用することができるので，いろいろな食品の味が混合し，多様な煮物を作ることができる．煮汁が少量の場合や煮崩れを防ぐためには落としぶたを活用する
蒸す	水蒸気が温度の低い食品に触れると潜熱を与えて水に戻る．その時の熱と，水を沸騰させて蒸し器内水蒸気の対流熱で食品が加熱される．流動性のあるものでも加熱でき，栄養成分の流失が少ない利点がある．しかし，調理中の調味のしにくさがある

B.　乾式加熱

熱媒体として水を使用せずに加熱する方法である．そのため 100 ℃を超える高温での加熱が可能である．

焼く	焼く操作には「直火焼き」とフライパンやオーブンなどで焼く「間接焼き」がある．「直火焼き」は，熱源に食品をかざして加熱する方法である．熱源にはガスや電気，炭や薪などが使われ，放射熱によって食品が加熱される．表面は高温になっているが，食品内部は熱伝導による温度上昇のため，80 〜 90 ℃と温度差が大きい．「間接焼き」は，フライパンなどでの操作は，放射熱を伝導熱に変えて食品を加熱している．オーブンでは熱源とオーブン内壁からの放射熱，熱せられた空気の対流熱，天板などからの伝導熱により食品が加熱される．オーブンの中は閉鎖され，効率のよい加熱ができるため，食品を動かす必要がなく，流動性のある食品も容器に入れて加熱できる
揚げる	多量の油の中で対流熱を利用して食品を加熱する操作である．高温になった材料から水分が急速に蒸発し，その代わりに油が吸収され，水と油の交代が起こる．食品に油の風味が加わり，テクスチャーも変化する．利用する温度範囲は 120 〜 200 ℃である．衣の種類により多様な揚げものができる（素揚げ，から揚げ，天ぷら・フリッター・フライなどの衣揚げ）．油の比熱は水の約 1/2 であるため，大量の揚げ物を一度に揚げ鍋に投入すると油の温度が下がり，水と油の交代が十分に行われない．また料理の下処理として低温の油に食品を通す「油通し」という方法もある．高温短時間加熱のため，栄養成分の損失は比較的少ない
炒める	加熱された鍋と少量の油によって材料を動かしながら高温短時間で加熱が行われる調理法である．加熱途中において調味ができ，食品の色は保たれ，食品成分の流失も少ない．油を使用しているため食品になめらかさとこくを与える

C.　誘電加熱，電磁誘導加熱

誘電加熱	マイクロ波加熱（電子レンジ加熱）ともいい，食品にマイクロ波を照射することによって食品中の水分子が振動し，熱エネルギーとなって食品内部の温度を上昇させる操作である．短時間加熱のため食品の成分変化が少なく，食品を容器に入れたまま加熱できるなどの利点がある．再加熱や冷凍食品などの解凍にも利用されている
電磁誘導加熱	誘電加熱とは異なり，熱源が外部にある加熱方法で，電磁調理器を用いて行う．トッププレートの下にあるコイルに電流が流れると磁力線が発生し，鍋自体が発熱する．プレートは熱くならないので安全性は高く，熱効率も高く（80%），温度管理や掃除がしやすい．しかし，鍋底の温度分布にむらがあり，磁場のできる部分が高温となる

（東根）

5.1.3 切り方

A. 野菜の切り方

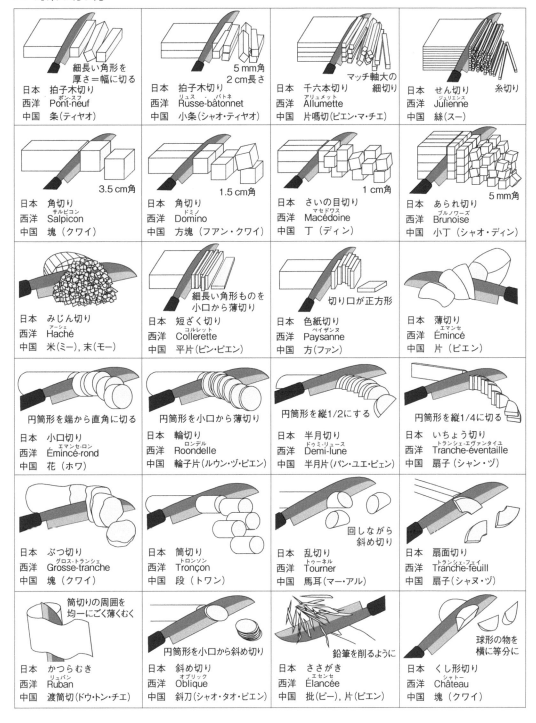

細長い角形を
厚さ＝幅に切る
日本 拍子木切り
西洋 Pont-neuf
　　ポン・ヌフ
中国 条(ティヤオ)

5 mm角
2 cm長さ
日本 拍子木切り
西洋 Russe-bâtonnet
　　リュス・バトネ
中国 小条(シャオ・ティヤオ)

マッチ軸大の
細切り
日本 千六本切り
西洋 Allumette
　　アリュメット
中国 片嗎切(ピエン・マ・チエ)

せん切り
糸切り
日本 せん切り
西洋 Julienne
　　ジュリエンス
中国 絲(スー)

3.5 cm角
日本 角切り
西洋 Salpicon
　　サルピコン
中国 塊(クワイ)

1.5 cm角
日本 角切り
西洋 Domino
　　ドミノ
中国 方塊(フアン・クワイ)

1 cm角
日本 さいの目切り
西洋 Macédoine
　　マセドワヌ
中国 丁(ディン)

5 mm角
日本 あられ切り
西洋 Brunoise
　　ブルノワーズ
中国 小丁(シャオ・ディン)

日本 みじん切り
西洋 Haché
　　アシェ
中国 米(ミー),末(モー)

細長い角形ものを
小口から薄切り
日本 短ざく切り
西洋 Collerette
　　コルレット
中国 平片(ピン・ピエン)

切り口が正方形
日本 色紙切り
西洋 Paysanne
　　ペイザンヌ
中国 方(ファン)

日本 薄切り
西洋 Émincé
　　エマンセ
中国 片(ピエン)

円筒形を端から直角に切る
日本 小口切り
西洋 Émincé-rond
　　エマンセ・ロン
中国 花(ホワ)

円筒形を小口から薄切り
日本 輪切り
西洋 Roondelle
　　ロンデル
中国 輪子片(ルウン・ヅ・ピエン)

円筒形を縦1/2にする
日本 半月切り
西洋 Demi-lune
　　ドミ・リュース
中国 半月片(パン・ユエ・ピエン)

円筒形を縦1/4に切る
日本 いちょう切り
西洋 Tranche-éventaille
　　トランシェ・エヴァンタイユ
中国 扇子(シャン・ヅ)

日本 ぶつ切り
西洋 Grosse-tranche
　　グロス・トランシェ
中国 塊(クワイ)

日本 筒切り
西洋 Tronçon
　　トロンソン
中国 段(トワン)

回しながら
斜め切り
日本 乱切り
西洋 Tourner
　　トゥールネル
中国 馬耳(マー・アル)

日本 扇面切り
西洋 Tranche-feuill
　　トランシェ・フェイ
中国 扇子(シャヌ・ヅ)

筒切りの周囲を
均一にごく薄くむく
日本 かつらむき
西洋 Ruban
　　リュバン
中国 渡筒切(ドウ・トン・チエ)

円筒形を小口から斜め切り
日本 斜め切り
西洋 Oblique
　　オブリック
中国 斜刀(シャオ・タオ・ピエン)

鉛筆を削るように
日本 ささがき
西洋 Élancée
　　エランセ
中国 批(ピー),片(ピエン)

球形の物を
横に等分に
日本 くし形切り
西洋 Château
　　シャトー
中国 塊(クワイ)

B. 飾り切り (p.71 松笠切り, p.79 蛇の目, 松葉, 切り違い, p.82 茶せん切り参照)

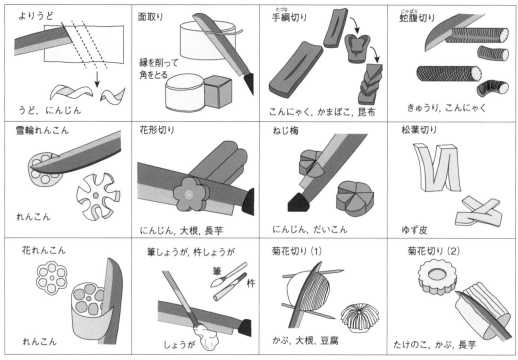

（細見・境田）

りんごの皮丸むきテスト
　　　　　　　　（なし，柿にも応用）
①りんご（富士）の重量測定（整数）
②皮をむく時間測定（秒，小数第1位）
　注：上，下のくぼみはむかなくてよい．皮は
　　　切れてもよい．むき残しのないように．
③皮の重さ測定（整数）

$$点数 = \frac{K \times (全体の重さ①)}{(皮の重さ③ \times 時間②)}$$

Kは，試料により異なる
　りんご　250 g くらい：380，なし　290 g く
らい：370，かき　180 g くらい：430，かき
120 g くらい：410

［評価］合格基準　60点
［合格の目安］・皮の重さは全体の重さの1割
　　　　　　　・時間は60秒以内

きゅうりの薄切りテスト

①きゅうりの片端を切り，端から端までの長さ
　を測定（小数点第1位：A cm）
　注：曲がっていても直線の長さで測る．
②15秒間，小口から薄く刻む．
③切り残ったきゅうりの長さを①同様に測定
　（少数第1位：B cm）．
④切ったきゅうりを5枚ずつ並べて数える．斜
　めに切れたものは失格．円周の3/4以上の緑
　色（皮）があれば1枚とみなす（C枚）．

$$点数 = \frac{C^2}{A - B} \times 1/3$$

［評価］合格基準　60点
［合格の目安］・切った長さ　3〜4 cm
　　　　　　　・枚数　25〜30枚

（大喜多・濵口）

5.1.4 調理作業の解説

QRコードから詳しい解説を参照
- 葉野菜の洗い方
- 果実，根菜などの洗い方
- まな板の置き方
- 包丁の持ち方
- 包丁の使い方

板ずり
まな板の上にきゅうり，ふきなどをのせて塩をふり，転がしながら塩をこすりつける．きゅうりは皮が傷ついて，塩がしみ込みやわらかくなり，ふきは皮がむきやすくなる．　（禾本）

コップテスト
冷水の入ったコップにスプーンで濃縮液を1滴滴下し，状態をみる．　（細見・境田）

過度　適度　不足
（時岡）

包丁の持ち方　　包丁の使い方の基本　　応用1　そぎ切り　　応用2　じゃがいもの新芽取り

裏ごし器
《裏ごし》
・**個体（ゆで卵，マッシュポテト，すり身など）の場合**：かたく絞ったふきんの上に，裏ごし器の網を上にして置く．木じゃくしはねかせ，左手の手首を木じゃくしの先にのせて体重をかけて食品を下に押し出しながら，右手を手前へ引く．つまり，左手は裏ごし器を持つのではない．安定よく設置しないと能率が悪いので，必ずふきんを敷く（ふきんは食品を受けるが，すべり止めも兼ねている）．
・**水分の多いもの（ピュレ（ゆでた野菜），豆腐，ソースなど）の場合**：裏ごし器の中へ入る深皿で受ける．
《中ごし》スープの仕上げ，こしあん作りなど（3172☞）

網目の向き⊗

ふきん
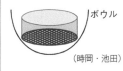
ボウル
（時岡・池田）

下味の塩分
野菜：材料重量の1%．下味をつけ置く時間が短い時は1.5%まで濃くしてもよい．水洗い後軽く絞る．
肉：材料重量の1%．すぐに調理してもよい．
魚：ふり塩…材料重量の1%．魚の臭みをとる場合は，30分ほど置き，水分をふき取る．
立て塩…3%の塩水に30分ほどつけ，水分をふき取る．
（時岡）

蒸し器
下段にお湯を沸かし，その水蒸気の熱を利用して上段に入れた食材を加熱調理する調理器具．空焚きを防ぐため下段の七分目以上の水を入れて用いる．形は四角や丸型，素材はアルミやステンレス，中国風料理では竹を使ったセイロが用いられることが多い．セイロは大型のものから食卓へ出される1人分の小型のものまである．　（時岡）

セイロ

つゆどめ
蒸す加熱操作では，蒸気が蒸し器のふたにあたって露になり，材料の上に落ちる．そのため，蒸し器の上に乾いたふきんを張ってふたをする．ふきんが露の落下を止めることから，つゆどめ（露止め）という．

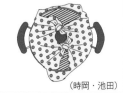
（時岡・池田）

揚げ温度と時間の目安

調理の種類	温度（℃）	時間（分）
天ぷら（魚介類）	180～190	1～2
天ぷら（さつまいも0.7cm厚）	160～180	3
かき揚げ（野菜）	180～190	1～2
フライ	180	2～3
フリッター	160～170	1～2

（時岡）

油温の目安
天ぷらの衣を1～2滴，揚げ油に落とす．①150～160℃：底近くまで沈んでから浮かぶ．②170～180℃：鍋の中ごろまで沈んでから浮かぶ．③200℃：ほとんど沈まない

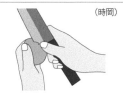
（時岡）

ポリ袋使用の簡易真空調理（無地の高密度ポリエチレン袋）
簡易の真空調理である．加熱温度は料理により，高温，低温を選ぶ．吹きこぼれ，煮詰まりがなく，煮汁は少量でも味の含みがよいのが特徴である．多種類の料理をそれぞれ袋で用意して一度に同じ加熱容器で調理できる．加熱は湯せんのため，調理後の洗浄などを省くことができる．災害時や屋外調理に効果的な調理法である．出来上がったものを急冷し（90分以内に3℃以下），冷凍保存するなど計画調理への応用も可能である．
かゆ（全かゆ）：こめ42gを洗い，水250gとともにポリ袋に入れ，中の空気を抜く（袋に水圧をかけると操作しやすい．水が入らないように注意する）．空気が入らないように袋の上辺に近いところをくくる．98℃以上の湯に袋ごとつけ25分以上湯せんし，袋を取り出し10分置く．器に取り出し塩小1/6を混ぜる．水加減を変えれば七～三分かゆができる．　（時岡）

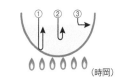

すり鉢の使い方
①すり鉢の底に滑り止めがついていない場合は，かたく絞った台ふきんをすり鉢の底に合うようにたたみ，その上にすり鉢を置く．②すりこ木は，利き手がすりこ木の上になるように握る．両手を離しぎみに，上側と下側から逆手になるように握る．③すりこ木はすり鉢に垂直になるように立て，上側の手をぐるぐると回すように動かす．下側の手は添える程度の力で持つ．　（時岡）

5.2 調理時の衛生管理

　食品を調理して料理にするまでの間に，健康に障害をもたらす可能性のあるものを排除したり，障害をもたらさないような形に変化させたりする必要がある．一方で，調理中に，健康に障害をもたらすような物質の侵入や物質の変化を防ぐことも重要である．現在，原則としてすべての食品等事業者に HACCP（Hazard Analysis and Critical Control Points：危害分析重要管理点）に沿った衛生管理の実施が必要となった．事業者以外の一般の調理においても，食材と食材の調理過程に含まれる可能性のある食中毒の要因を検証し，食中毒の発生防止方法を確認することが必要である．出来上がった料理を安全なものにするために，調理における衛生管理に関する科学的な知識を身につけ，細心の注意を払う．特に，微生物や寄生虫，食中毒に関する最新の正しい知識を身につけておくことが重要である．なお，日本調理科学会では，「COVID-19 の感染症拡大防止に配慮した調理学実習実施のガイドライン」を学会 HP に掲載している．そこでは，実習室での 3 密を避けるために，体温計測，手洗い・消毒，清潔なマスクの着用の実施など，さまざまな対策について示されている．

5.2.1　調理者の衛生管理

　まず，調理者の体調に注意する必要がある．体調不良，特に下痢がある場合には，食材に直接触れる作業を避けなければならない．手指の傷や化膿巣がある場合も，手袋をするなどして，食材への直接の接触を避ける．微生物による食中毒に罹患した場合には，体調が回復してからも，原因菌の排出がなくなるまでの期間（食中毒菌の種類によってその期間はさまざまである），調理に携わることは避けるべきである．

　次に，調理者は，清潔な身支度をする必要がある（図 5.1）．手洗いは，調理前だけでなく，加熱前の食材に触れた後や，盛り付け作業など出来上がり直前の料理に触れる前にも実施する

図 5.1　調理者の身支度

必要がある．特に調理前には，中性せっけんで爪の間，手首や腕までていねいに洗った後，よく水洗いし，逆性せっけん（0.2％塩化ベンザルコニウム水溶液）や消毒用アルコールで殺菌する．

5.2.2　調理室および調理器具の衛生管理

　調理室は常に清潔な状態にあるように管理する必要がある．ハエ，カ，ダニ，ネズミなどの衛生動物は，寄生虫の中間宿主や病原微生物の汚染源，経口感染症の伝播源になり，一部には病気を媒介するものさえおり，その侵入を防止する必要がある．そのためには，まず，これら衛生動物の餌になるもの，たとえば食材の廃棄物や食べ残し，せっけんをオープンなところに置かないこと，流しや排水溝，部屋の隅々まで掃除をすること，食品保管庫を清潔に保つとともに密封することが必要である．

表5.1　おもな調理器具の衛生管理

ざる，裏ごし器など	目の間の汚れや湿りに注意する
木製器具	湿りに注意する
ふきん	器具・食器用，食品用，台ふき用に分ける．微生物が繁殖しやすいため，乾いたふきんを次々使えるように準備し，使用後は蛍光増白剤や香料の入っていない洗剤で洗って十分にすすぎ，乾燥させる．乾燥には日光や熱風を利用するとよい．塩素系漂白剤を使うとしみや黄ばみがとれるだけでなく，消毒もできる
洗浄用たわし類	スポンジ製，アルミニウム製，亀の子たわしなど，数種類を準備し，目的に合わせて使用する．たわし類も使用後はよく乾燥させる
包丁，まな板	殺菌には，熱湯や日光，アルコールを用いるが，紫外線灯を装着した殺菌庫も有効である

　調理器具や食器は，使用後だけでなく，作業が変わるごとに十分に洗浄し，すべての作業終了後には，洗浄と乾燥を十分にする（表5.1）．洗浄や消毒に用いる水や洗浄剤，殺菌剤などは，正しい知識のもと，適正に使用し，人体や環境への負荷を少なくし，資源の無駄を防ぐように注意する必要がある．洗浄の順番や予洗，油のふき取り，洗剤などの種類と使い分け，濃度と使用量，調理室の窓や空調による温度管理，換気，日光の利用など，工夫をする．

5.2.3　食材の衛生管理

　食材は，衛生的で，信頼できるところから購入し，使い切るようにする．生ものなどいたみやすい食材は，使う直前まで低温で保存し，その他の食材も適正温度で保管する．食材の洗浄を適切に行い，特に土のついている食材の場合は，土に混入する微生物による汚染を防ぐために，一般の調理室の流しとは別の下処理室を設けるなどして流しを使い分けることが望ましい．また，出来上がった料理は，できるだけ早く摂食することも重要である．弁当など，料理をしてから摂食するまでに時間がある場合には，適切な保管状態にするように心がける必要がある．

表5.2　おもな食中毒とその特徴・調理における注意点

	原因微生物など	原因食品	特徴と調理の注意点	おもな症状など
細菌性	サルモネラ属菌	卵 食肉類（特に鶏肉）	・肉類は低温保存する ・卵の生食は賞味期限内のものに限り，賞味期限を過ぎた卵は十分に加熱する（70℃1分以上）	腹痛，下痢，嘔吐，発熱
	腸炎ビブリオ	海産の魚介類	・魚介類は低温保存する ・3〜4%食塩を好む好塩性菌のため，魚介類とそれを調理した器具は真水で洗う	下痢，嘔吐，腹痛
	カンピロバクター菌	鶏肉，内臓	・十分に加熱する（中心部75℃以上1分以上） ・生食する食品に用いる調理器具と使い分ける	下痢，腹痛，発熱，嘔気，倦怠感 ギランバレー症候群が起こることがある
	ウエルシュ菌	食肉，魚介類，野菜の煮物（カレーなど）	・加熱調理され嫌気状態になった食品中に残った芽胞が冷却中に発育しやすい ・高温で長時間加熱された食品の保存は急速冷却後に10℃以下で行うなど，加熱殺菌と増殖防止に努める	腹痛，下痢
	腸管出血性大腸菌	食肉 野菜	・菌数が少なくても感染する ・保存は低温で行い，75℃1分以上加熱する ・調理環境を整備して調理前に手洗いし，二次汚染に注意する ・ベロ毒素を産生する大腸菌ではヒトからヒトへの二次感染が確認されている	腹痛，下痢，嘔吐，発熱 ベロ毒素を産生する大腸菌の場合，溶血性尿毒症症候群などの合併症を起こすことがある

（つづく）

（つづき）

細菌性	黄色ブドウ球菌	おにぎり，弁当	・発症原因である菌が産生する毒素の耐熱性が高い ・手指や鼻腔に常在しており，化膿菌の一つでもあるため，調理者はマスク，帽子，手袋を着用し，切り傷のある場合は食品に直接触れない	嘔吐，下痢，腹痛
	ボツリヌス菌	いずし はちみつ （1歳未満）	・100℃の加熱に耐える芽胞が低酸素状態で発芽・増殖して毒素を産生する ・十分な洗浄を行い，低温下で調理する	嘔気，嘔吐，嚥下困難，呼吸困難
ウイルス性	ノロウイルス	二枚貝（カキなど） 井戸水や簡易水道	・極めて少ない量で発症するため，経口感染だけでなく，接触感染や塵埃感染，二次感染も起こる ・ウイルスに感染した食品取扱者を介して汚染された食品が原因になることも多い ・食品の中心部85～90℃で90秒以上の加熱が必要 ・十分に手洗いをする ・調理器具などは洗浄後，次亜塩素酸ナトリウムでの消毒や85℃以上1分以上の加熱をする	嘔気，嘔吐，下痢，腹痛，発熱
寄生虫	アニサキス	魚の刺身	・幼虫が寄生する生鮮魚介類を摂取して胃壁や腸壁に幼虫が刺入して起こる ・新鮮な魚を選び，内臓を取り除く，目視で確認して幼虫を除去する，魚の内臓は生食しない ・－20℃24時間以上の冷凍か70℃以上あるいは60℃以上1分の加熱をする	腹痛，悪心，嘔吐
	クドア	ヒラメの刺身	・－20℃4時間以上の冷凍，または中心温度75℃5分以上の加熱で病原性は失活	嘔吐，下痢，腹痛
自然毒	ソラニン チャコニン	じゃがいも	・じゃがいもの芽や緑色部分は除去する ・水に溶けず，100～200℃程度の加熱では分解されない	腹痛，嘔吐，下痢，頭痛，めまい
その他	ヒスタミン	赤身魚（マグロ，カジキ，カツオ，サバ，イワシ，サンマ，ブリ，アジなど）とその加工品	・ヒスタミン生成菌によりヒスチジンから変換されたヒスタミン（調理時の加熱で分解されない）が高濃度に蓄積されて発症する ・ヒスチジンが多く含まれる食品は低温で保存する	アレルギー様症状（じんま疹，紅潮，頭痛，発熱）

　毒をもつ食材の見極めは難しく，野生のきのこやにらなどの野草などの判断は専門家に任せる．ふぐの調理には免許が必要である．カビが産生するマイコトキシン（カビ毒）は，日本ではほとんど報告されないが，海外では深刻な問題になっている国があるので注意を要する．

（久保）

6章 和風料理の特徴

和風料理とは洋風料理に対して使われる言葉で，一般に日本料理をさすものといえるが，時代とともにその内容が変化しているので定義づけるのは難しい．歴史的な観点から日本料理を捉えると，狭義では江戸時代までに成立した料理形式，広義では明治時代から第二次世界大戦前までに日常化された和洋折衷料理も含めた日本独自の料理とされる．

6.1 日本の食文化の一般的な特徴

6.1.1 日本の自然から得られる豊富な食材と調理法

周囲を海で囲まれた複雑な地形により，新鮮で種類も豊富な魚介類を容易に得られることから，生で食す刺身や酢じめなどが発達した．また，南北に細長い地形により四季折々の豊かな農産物が利用でき，走り，旬，なごりという言葉からも季節感を大切にしている．また，料理を引き立てる器や包丁さばき，盛り付け技術が発達し，視覚的な美しさを重視している．質，量ともに豊かな水は，食材の灰汁抜き，酒，豆腐などの食品加工，刺身，ゆで物，蒸し物，煮物，だし，汁物などの調理法を発達させた．

6.1.2 主食と副食の別

大陸から渡来した稲作が定着し，熱量源として生産性が高く，備蓄性もある穀類を食料とするようになった．そのなかでこめを主とした穀類を主食とし，その他の動植物性食品（野菜や魚介類）を副食とするようになった．魚介類が主となっていたのは，仏教文化の影響で肉食禁止令が明治時代まで続いたためということもある．明治時代になると肉食が奨励され，西洋料理の影響を受けた和風料理が多くみられるようになった．

6.1.3 一汁三菜の食膳形式

飯，汁，主菜，副菜，副々菜から構成される一汁三菜が基本的な食膳形式となっている．三菜は味や調理方法が異なり，この伝統的な組み合わせは，栄養的にもバランスのよい献立となっている．

6.1.4 発酵食品（みそ，しょうゆ，漬け物類）の発達

夏の高温多湿の気候では，微生物が繁殖しやすい．この気候条件を活かした発酵食品が古くから発達し，みそやしょうゆは調味料として日本料理に欠かせないものとなっている．

6.1.5 日常食と特別な食事

日常食をケの食事という．一方，正月やひな祭りのような年中行事の食事，冠婚葬祭など人生儀礼に伴う儀礼食，宗教行事の食事などは江戸時代には一般化し，このような特別な日の食事を

ハレの食事（五節句と年中行事の一部は表 6.1 と表 6.2 参照）という．慶事には赤飯やもちを，
弔事には精進料理が供される．家族，親戚，地域との共食（一緒に食べる）によって心を結び，
人間関係を円滑にすることが重視されている（和風料理の配膳は p.8，図 2.1 参照）．

（東根・三浦）

表 6.1　日本の五節句と代表的な食べ物

月日	節句名	通称	節句に食べる代表的な食べ物
1月7日	人日の節句	七種の節句	七草粥（芹・薺・御行・繁縷・仏の座・菘・清白）
3月3日	上巳の節句	桃の節句（ひな祭り）	桃花酒，よもぎ餅，白酒，蛤，五目寿司，ひなあられ
5月5日	端午の節句	こどもの日	粽，柏餅
7月7日	七夕の節句	七夕	素麺
9月9日	重陽の節句	菊の節句	菊酒

［村元由佳利，食べ物と健康，給食の運営 基礎調理学（大谷貴美子他編），p.51，講談社（2017）］

表 6.2　五節句以外で日本でよく行われている行事および人生儀礼

月日	行事名	行事で食べる代表的な食べ物
1月1日～3日	正月三が日	おせち料理，屠蘇，雑煮
1月11日	鏡開き	ぜんざい（鏡餅使用）
1月15日	小正月	小豆粥，小豆飯
2月3日	節分	炒り豆，いわし，巻寿司
2月14日	バレンタインデー	チョコレート
3月18日～一週間	春の彼岸	ぼたもち
4月8日	花祭（釈迦の誕生日）	甘茶（5種類の香茶）
7月	土用の丑	うなぎ
8月13～15日*	お盆	精進料理，精進揚げ
8月15日(旧暦)	仲秋の月見（芋名月）	月見団子，柿，栗，里芋など
9月20日頃～一週間	秋の彼岸	おはぎ
9月13日(旧暦)	名残の月見（豆名月）	月見団子，枝豆，栗など
10月31日	ハロウィン	カボチャ料理
11月23日	新嘗祭	収穫した米でつくった赤飯
12月22日	冬至	カボチャ，小豆
12月25日	クリスマス	クリスマスケーキ，チキン
12月31日	大晦日	年越しそば（晦日そば）

＊地域によっては 7 月のところがある．
［村元由佳利，食べ物と健康，給食の運営 基礎調理学（大谷貴美子他編），p.51，講談社（2017）］

6.1.6 日本の47都道府県の特徴ある料理について

　日本列島は海に囲まれ，南北に北海道から沖縄まで長く，自然環境が異なる．気候風土が違うところから，その土地で栽培・収穫・飼育・漁獲される四季折々の素材を使いさまざまな料理が古くから作られてきた．それらを郷土食あるいは郷土料理と呼ぶ．現在では日本中どこにいても似たようなものが食べられるが，自分たちの住む地域に伝わっている料理や行事食などを調べてみるとそれぞれの食の世界が広がるのではないか．それに役立つ資料として役立つ2つの資料を下記にあげる．

1) 全集　伝え継ぐ 日本の家庭料理　全16巻　一般社団法人農山漁村文化協会
2) 農林水産省「うちの郷土料理」https://www.maff.go.jp/j/keikaku/syokubunka/k_ryouri/index.html

和食は無形文化遺産

　平成25年12月，「和食；日本人の伝統的な食文化」が，ユネスコ（国際連合教育科学文化機関）の無形文化遺産に登録された．「和食」は，食材を選ぶことから始まり，栄養を考えながら料理を組みたて，もてなしの心で料理を供する．さらに，それをどのように食べるか，といった作法も大切な要素である．和食の良さを再認識し，優れた食文化を大切にしたい．

～「和食」の特徴～

①献立：「一汁三菜」が和食の基本型
②食材：四季折々の自然の中から生み出される多様性に富んだ食材
③調理：旬の食材のおいしさを引き出す，調理法の数々
④味わい：だしのうま味で，食材のもつおいしさを引き立てる
⑤栄養：野菜・魚・肉・米によって構成される「和食」は，栄養バランスが良い
⑥しつらい：人をもてなすためのこころとかたちを大切にする
⑦箸と椀：季節感を感じさせる器とともに独特の食具文化も誇る
⑧酒：料理を引き立たせ，心をほぐす日本の酒
⑨和菓子・日本茶：自然の恵みに感謝し，季節の移ろいを敏感に表現する和菓子，心を癒し，心を高める飲み物である日本茶

［農林水産省「和食ガイドブック」より抜粋］

（濵口）

7章

中国風料理の特徴

　中国は古い歴史と広大な国土を有する国で，地方により気候や風土が異なり，民族や習慣なども多様である．料理にもまた古い歴史があり，伝統や文化，時代の変化などを背景に生成し発展してきた．

　中国風料理の特徴は，材料が豊富で広範囲にわたり利用されるが，生食は少なく乾物などの保存食品を多用する．調理法は揚げる，炒めるなどの油脂類を用いた加熱調理が発達している．また調味では特殊な調味料や油，香辛料などを多種類組み合わせて調理し，中国料理の個性や独特な味わいをつくりあげている．調理器具は中華鍋で多くの調理操作を巧みにこなし，大皿に盛り付けて食卓に供し各自で取り回して食べる．これは人数にこだわることなく分配に融通がきき，使用食器も少なくて済むので合理的である．そして，食事をすすめ合う中で自然になごやかな雰囲気をつくることができるのは中国ならではの供食形式である．

　地域により特色ある食文化を形成しており，料理や味の嗜好が大きく異なる．その特徴により四大料理に分類できる（表7.1）．

表 7.1　中国の四大料理

北京料理 （北方系）	首都北京を中心に発達し，宮廷料理と地方官吏が上京したときに伝えられた地方料理が融合してできた料理である．冬の寒さが厳しいため油を多く使用し，味付けは塩気が強く濃厚な料理が多い．小麦の産地であるため粉食が発達している．代表的な料理は北京烤鴨（北京ダック）や涮羊肉（羊肉のしゃぶしゃぶ）などである
広東料理 （南方系）	広州（広東）〜福州（福建）にかけて発達し，気候風土に恵まれている．「食在広州」といわれ，新鮮で豊富な食材が得られ，海産物を用いた料理も多い．素材の持ち味を生かした淡白な味付けが特徴である．諸外国との交流も盛んなので洋風の調理法も取り入れている．代表的な料理は八宝菜や古老肉などである
上海料理 （東方系）	長江（揚子江）下流地域に発達し，温暖な気候で川や湖が多いため川魚，えび，かになどの魚介料理や農産物では米の産地でもある．油やしょうゆ，砂糖を多く用い濃厚な味付けが特徴である．鎮江の黒酢，上海蟹，金華ハムなどの名産があり，代表的な料理は小籠包や東坡肉（豚肉の角煮）などである
四川料理 （西方系）	長江上流地域に発達し，山岳に囲まれた盆地で寒暖の差が激しいため，とうがらし，にんにく，ねぎなどの香辛料を用いた刺激の強い辛味のきいた料理が特徴である．また，岩塩が豊富なので漬物などの貯蔵法が優れており榨菜が名産である．代表的な料理は麻婆豆腐や棒棒鶏などである

7.1　調理法の分類と名称

冷菜 （冷たい料理，おもに前菜に用いる）	拌菜	あえ物のことで，涼拌，冷拌ともいう．材料を生のままであえたり，加熱後にあえたりする場合もある
	凍菜	材料を凝固剤で寄せ固めたもの
炒菜 （炒め物料理）	生炒	材料に下味をつけずに炒める
	清炒	材料を少量の油で炒め，素材の持ち味や色を生かし塩味で仕上げる
	乾炒	材料を揚げてから炒める．または鍋に直接材料を入れて汁気がなくなるまで炒める

炸菜 （揚げ物料理）	清炸	材料に何もつけずそのまま揚げる（素揚げ）
	乾炸	材料に下味・粉類をつけて揚げる（から揚げ）
	軟炸	材料に下味・衣をつけて揚げる（衣揚げ）
	高麗	泡立てた卵白と粉類を混ぜた衣をつけて揚げる．白くふんわりと仕上げる
烤菜 （焼き物料理）	燻	煙でいぶし焼きにする（燻製）
	烘	炙り焼きにする．またはオーブンで焼く
焼菜 （煮込み料理）	紅焼	しょうゆを用いて煮込む
	白焼	塩味の煮込み料理で白く仕上げる
	乾焼	汁気がなくなるまで煮込む
蒸菜 （蒸し物料理）	清蒸	おもに魚介類に用いられ，塩，こしょうなど無色の調味料を用いて蒸す
	粉蒸	下味をつけた材料に米の粉をまぶして蒸す
	燉蒸	材料にスープ（湯）をはって蒸す
溜菜 （あんかけ料理）	糖醋	甘酢あんのことで，砂糖・しょうゆ・酢で味をつけたもの
	奶溜	牛乳を用いて白く仕上げたあん
湯菜 （スープ料理）	清湯	澄んだスープ
	奶湯	濁ったスープ，または牛乳を加えたもの
	川	具の多い澄んだスープ
	羹	でん粉で濃度をつけたスープ
甜菜 （甘い料理，デザートに相当）	抜絲	あめ煮のことで，揚げた材料にあめをからませたもの
	凍	冷たいデザートのことで，凝固剤を用いて固めたもの
	糖水	シロップを用いたデザート

7.2 献立構成と配膳

中国では献立のことを「菜単」という．献立を立てる場合は，食材や味つけ，調理法が重複しないように留意し，色彩や盛り付けなどを工夫し，栄養のバランスにも配慮することが大切である．宴席料理のことを「筵席菜」といい，料理の品数は偶数を用いることが多い．

7.2.1 宴席料理の流れ

① 前菜（冷菜：冷たい前菜，熱菜：温かい前菜），② 大菜（頭菜，炒菜，炸菜，焼菜，蒸菜，溜菜など），③ 湯菜（スープ料理），④ 麺飯（麺やこめ料理），⑤ 甜菜（お菓子）・水菓（果物）

7.2.2 食卓と座席

食卓は方卓（四角いテーブル）を8人で囲むのが正式とされていたが，現在では円卓を用いることが多い．座席は入り口から最も遠い中央の座席が図7.1の①主賓席となり，向かい合う入口に近い席が⑧主人（招待者）の席である．

料理は主客から順に取り回し，マナーとしてご飯茶碗以外の器は持ち上げない，箸やスプーンは右側に縦に並べるなど日本とは異なる点がある．

1人分のテーブルセッティングは図7.2に示す．　　　（禾本）

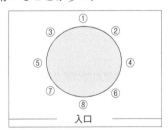

図7.1　座席の決め方

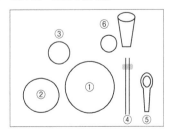

図7.2　1人分の食器配置
①とり皿，②スープ碗，③小皿，④箸，⑤ちりれんげ，⑥グラスと盃

8章

洋風，エスニック料理・その他の国や地域の料理の特徴

8.1　洋風料理の特徴

　洋風料理は欧米料理の総称であるが，それぞれの国がもつ，異なる気候風土，産物，歴史の中で特徴ある料理を発達させてきた．共通する特色は，①肉食を主材料とし，多種のソースや香辛料を用いて香りを楽しむ料理である，②調理法は，煮込み料理，オーブンなどを使った間接料理が多い，③穀類はおもにパンに加工し，酸味の効いたライ麦パンが多い，④酒を楽しむ文化をもつ，などがあげられる．

　洋風料理では，小麦粉をバターなどの食用油脂で炒めたルーが用いられることがある．ルーは，おもにソースやスープの濃度をつけるために用いる．表8.1 にルーとソースの種類を示した．

　洋風料理で正式の献立による食事を正餐といい，料理は決められた順に出され，前菜に始まり，コーヒーに終わる（表8.2）．イギリス式，フランス式のフォーマルテーブルを図8.1 に示した．

表8.1　ルーとソースの種類

種類	ルーの温度	状態			ソース
白色ルー（ホワイトルー）	120 〜 130℃	白色	芳香がある	粘り気がある	ホワイトソース（ベシャメルソース）
淡黄色ルー（ブロンドルー）	140 〜 150℃	薄クリーム色	香ばしい	↓	ヴルーテソース
褐色ルー（ブラウンルー）	170 〜 180℃	茶色	さらに香ばしい	サラサラしている	ブラウンソース
ブールマニエ	小麦粉とバターを練り合わせる				

ルー：小麦粉と食用油脂（バターなど）で炒めたもの．おもにソースやスープの濃度をつけるために用いる．

表8.2　洋風料理の献立構成

コース	内容	酒	コース	内容	酒
1. 前菜 オードブル	フランス料理のフルコースの最初に出される．食欲をそそる役割をもち，軽いものが一般的	シェリー酒	6. 野菜料理 レギューム	季節の生野菜を使ったサラダ	—
2. スープ	オードブルの次に出され，食欲増進の役目ももつ．ポタージュやコンソメが一般的		7. 甘味料理 アントルメ	口あたりよく，消化にもよい甘味のもの．蒸し菓子，焼き菓子，アイスクリーム，ババロアなど温菓や冷菓を用いる	—
3. 魚料理 ポアソン	魚を使った料理．えびやかにを含む．最初のメインデッシュ	白ワイン	8. 果物 フリュイ	季節の果物数種の盛り合わせ，またはメロンなど	—
4. 肉料理 アントレ	献立の中心となる肉を使った料理．鶏，豚，牛，羊，鹿のほか，野禽類を用いる．付け合せに温野菜を供する	赤ワイン	9. 飲み物 カフェ	食後に飲む，少し濃いめのコーヒーかエスプレッソ，紅茶	—
5. 蒸し焼き料理 ローチ	アントレに用いない肉類を蒸し焼きにして供する．このコースは省略されることが多い	シャンパン			

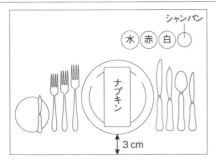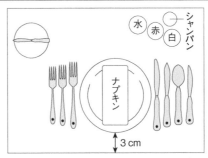

図8.1　洋風料理の配膳図

8.2　エスニック料理・その他の国や地域の料理の特徴

　どの国でも大半の国民は，その地域に伝わってきた料理を基盤にした食生活を営んでいる．「エスニック（ethnic）」や「エスニック・グループ（ethnic group）」は，しばしば「民族」という語があてられ，おもに文化面に注目した分類とされる．ここでは和，洋，中に含まれない食の様式を，エスニック料理とした．エスニック料理は，その土地で採れるものや自然条件を最大限に利用した人々の知恵と工夫の賜物であり，地域で多く使われている食材と加熱法の組み合わせが，特徴的な調理法となっている．

　体に備わった食具には，手がある．食生活を文化として捉えて，食べる方法を特徴で分けると，手食，箸食，ナイフ・フォーク・スプーン食の3つの文化圏に分かれる（表8.3）．手食の文化はイスラム教，ヒンズー教徒と共に発達し，独自の食礼が定められている．食礼は，共食する者同士の食事を円滑に運営するための，理にかなった食べ方に関するルールともいえる．

　世界に調味料は数多く存在する．その土地で得られる材料と気候など自然条件に応じて作られる調味料にも地域の食文化の蓄積や特徴がみられる（表8.4）．

表8.3　三大食法文化圏

食法	特徴	地域	人口
手食文化圏	人類文化の根源であり，手を使用して食べ物を掴んで口に運ぶ食文化．食べ物を手や指の感触で味わう イスラム教圏，ヒンズー教圏，東南アジアではきびしい手食マナーがある．熱いものを食べにくい	東南アジア，中近東，インド，アフリカ，オセアニア	40%
箸食文化圏	米食でもジャポニカ種を主食として食べる地域に多い．中国文明の火食から発生した．箸と匕をセットで使用する国が大半であるが，日本は箸のみである．また，個人の持ち物として箸を決めて使用するのも日本だけである	日本，中国，朝鮮半島，台湾，ベトナム	30%
ナイフ・フォーク・スプーン食文化圏	17世紀のフランス宮廷料理の中で確立．肉を切り，突き刺して食すにはナイフ，フォークが適している．パンだけは手で食べる	ヨーロッパ，ロシア，北アメリカ，南アメリカ	30%

表8.4　エスニック料理・その他の国や地域の料理に使われる調味料

国	調味料名	内容
タイ	ナム・プラ（ナンプラー）	魚醤
	カピ	小えびまたは魚の発酵ペースト
	ナム・プリック	ナム・プラヤカピに辛味材料を加えたもの
ラオス	ナムパー	川魚の魚醤
	パ・デーク	川魚に塩と米ぬかを混ぜて，3か月～1年間発酵させたもの
ベトナム	ニョグ・マム（ニョクマム）	いわし類とむろあじ類の魚醤
	ニョグ・チャム	ライム，砂糖，にんにく，とうがらしなど，薬味入りニョグ・マム
カンボジア	トゥック・トレイ	コイ科の魚の魚醤
ミャンマー	ンガピャーイェー	なまず類の魚醤
マレーシア	ブラチャン	えびの発酵ペースト
インドネシア	ペディス	魚醤
	トラシ	えびの発酵ペースト
イエメン	ハワイジュ	辛味の入らないスパイスミックス
ソマリア		クミン，ブラックペッパー，カルダモン，サフラン，クローブなど
ナイジェリア，ガーナなど西部および中央部	ダワダワ	いなごまめ（locust）やだいずを発酵させた伝統的な発酵調味料
チュニジアなど北アフリカのマグレブ諸国	ハリッサ	赤とうがらしをベースとした，コリアンダー，クミン，キャラウェイなどのスパイスやにんにく，オリーブオイルの入ったペースト
韓国	コチュジャン	とうがらしみそ

　料理をおいしくする目的で使われる香辛料は，世界に数えきれないほどある（表8.5）．辛味や苦味，渋味，甘味などの味やさまざまな特徴的な香りをもち，その国の料理の個性を作り出している．さらに，消化促進，疲労回復，殺菌，発汗，鎮静など体や心への効果，作用を活かして料理や暮らしに取り入れ，ホームレメディとして家庭で用いることもある．香辛料の辛味の代表としてとうがらしがある．食欲増進の目的であろう，概して暑い国に辛い料理が目立つ．

表8.5　エスニック料理・その他の国や地域の料理に使われる香辛料

スパイス	内容
シナモン	にっけいの角皮の粉末で，インド中国原産．独特の甘い香りをもち，カレーやチャイにも使われる
クローブ（丁字）	熱帯地方に産し，つぼみからとる．甘い香りと特有の刺激的な香味をもつ．カレーやデザートに使用する
サフラン	黄金色と独特の風味が味わえる．スペインのパエリア，インド料理のサフランライスやデザートにも使用する
クミン	強い香りとわずかな辛味と苦味が特徴的．いわゆる「エスニック料理」に欠かせないスパイス
ターメリック	独特の香りと苦味をもつ，インド原産のしょうがの根茎．カレーの黄色．ネパールやインドでは祝いのおめでたい色として用いる
カルダモン	インド料理に欠かせない．世界でもっとも古いスパイスの一つといわれ，清涼感のある強い香りをもつ．チャイやデザート類にも合う
レモングラス	レモンの香りに特徴をもつイネ科のハーブ．根もとをスープやカレー，トムヤムクン，紅茶の香りづけに使用する
ミント	清涼感のある風味をもち，サラダやヨーグルトソース，タイ料理にもよく使用する
とうがらし	中南米原産で強い辛味をもつ，エスニック料理に欠かせない香辛料
パクチー（コリアンダー）	独特の匂いをもつセリ科の香辛料．特にタイ料理には欠かせない．サラダの飾り，めん類，おかゆ，スープのトッピングなどに利用する

（中平）

第3編　調理の実践

本書の使い方

料理番号
1つの料理に固有の4桁番号を付けている．詳細は，p.1～2を参照．

材料名
「砂糖」は上白糖，「しょうゆ」はこいくちしょうゆ，「バター」は有塩バター，「かたくり粉」はじゃがいもでん粉，「牛乳」は普通牛乳を表す．

分量
①食品重量は正味重量で示している．正味重量は，まるのままの素材から廃棄量分（食べない部分の重量）を除いたものである．材料を準備する際は，廃棄量分を含んで準備すること．
②表示はgを示し，その目安量となる容量や個数などがある場合はその後に示した．
③計量カップ（200 mL）は「C」，計量スプーン大さじ（15 mL）は「大」，計量スプーン小さじ（5mL）は「小」と示した．
④分量は原則1人分で示した．複数人数分を作る場合は，煮物などは調味料も等倍にすると煮汁が多すぎてしまうことがあるため，煮汁（調味料）の量を加減しなければいけない．なお，菓子類，鍋物料理，漬け物など1人分だと少量となり作りにくい場合は，作りやすい量で示している．
⑤栄養価計算をする際には詳細な重量がもとになるため○gと細かく記載している．実際には概量と解釈してよい．ただし，菓子（900番台），パン類は，重量を正確に量る必要がある．

分量記入欄
「何人分」と実際に料理を作る分量を計算し書き込んで活用できるよう，空欄にしている．

1613　さといものゆずかけ

さといも	60 g（20 g大 3個）	___
だし汁	25 g	___
砂糖	5 g	___
みりん	10 g	___
塩	0.75 g	___
しょうゆ	1.5 g （小 1/4）	___
ゆずの皮	0.75 g	___
ぬめりをとる塩	少々	___

❶さといもはぬらすとかゆくなるため，水でぬらさぬようにして皮をこそぎ取り，水をはったボウルにつける．全部むき終わったら水を流し，塩少々をつけて，ぬめりと汚れを取り，洗う．
❷鍋にたっぷり水を入れ，❶を入れて火にかける．沸騰したら，いったん火を止めてざるに上げ，十分に水洗いをしてぬめりを取り除く（☞）．再び鍋にさといもと水を入れて火にかけ，竹串が中まで通るくらいにやわらかくなればゆで汁を捨てざるにとる．
❸底の広い鍋にだし汁，調味料を一煮立ちさせ，❷を並べ入れ落としぶたをして，弱火で静かに煮含める．汁がほぼ全部なくなるくらいまで，さといもを転がし，まんべんなく味をつける．
❹器に盛り付け，ゆずの皮をおろし金でおろし（☞），ふりかける．　　　（濵口）

☞ **さといもの下ゆで**：食材を水から煮て，沸騰したらゆで汁を捨てることを，ゆでこぼすという．沸騰する頃には白い粘質物がたくさん上昇してくる．灰汁やぬめり，臭みなどを取り除くために行う．　（濵口）

▶科学 **1613　さといもの成分**：さといものぬめりの主成分は，ガラクトースなどの糖がたんぱく質と結合した糖たんぱく質である．加熱によりふさとぼれや調味料の浸透を妨げる原因となる．さといもの皮をむくときに手がかゆくなるのは，成分中のシュウ酸カルシウム（針状結晶・不溶性）が，皮膚に刺激を与えるためである．手に塩や酢をつけて皮をむく，加熱後に皮をむく，などで防ぐ．　（濵口）

作り方
読んで，順を追ってそのとおりにしていけばわかるように表現している．

【食品】【科学】【健康・栄養】【応用】 ☞
その料理の理解を深めるための説明．料理の作り方と合わせて読むことで，知識を増したり，応用する際の参考にすることができる．

QRコードから料理写真を見ることができる．

（濵口）

9章　和風料理

1001　白米飯の炊き方

こめ	85 g（1/2 C）_____
水	130 g _____

❶ボウルとボウルの大きさに見合うざるを用意する.

❷ざるにこめを入れる.

❸ボウルに水を張り，こめの入ったざるをボウルに入れて一混ぜし，素早くざるをあげる．ボウルの水は捨てる.

❹❸を 2, 3 回繰り返す.

❺炊飯鍋（鍋の重量を確認しておく）に入れ，こめの重量の 1.5 倍になるように加水する（コラム参照）.（鍋の重量＋こめの重量＋水の重量になるまで加水する）

❻❸から 30 分以上経過してから強火で加熱を開始する.

❼沸騰すれば火を弱める（中火～弱火）15 ～ 20 分.

❽消火後 10 分蒸らしてから，しゃもじを用いて飯を上下に返す.　　　　　（作田）

炊飯の原理

　炊飯とは，こめに水を加えて加熱（煮る→蒸す）する過程をさす．こめは炊き上がれば 2.2 ～ 2.4 倍の米飯になる.

洗米と加水および浸漬：洗米は，こめの表面に残った糠や溶出でん粉を除くのが目的である．近年は搗精（とうせい）（玄米を精米する工程）技術が向上し，洗米せずに炊飯できる無洗米もある．加水量は重量で通常は 1.5 倍（容量では 1.2 倍）とするが，こめの量が少ないときは多めにする．すし飯では 1.2 ～ 1.3 倍，炊き込み飯では，添加する材料によって調整する．浸漬はこめ粒の中心まで吸水させることが目的である．洗米時から 30 分間で急速に吸水し，約 2 時間後に飽和状態となる．水温は高いほうが吸水速度は早くなる.

加熱（鍋炊飯による加熱曲線）：こめのでん粉が中心まで十分に糊化（α化）するためには，98℃で 20 分間を要する．最初は水の温度を上昇させるために強火で加熱するが（温度上昇期），こめの糊化が始まる 60 ～ 65℃付近が長くなるように火加減に注意しながら 10 分程度で沸騰点に到達させる．沸騰の初期には，鍋の中の水の対流に伴いこめの吸水や膨潤が進む（沸騰期）．少量で炊飯する場合は，沸騰点に早く達してしまい蒸発率が高くなり芯が残りやすいため，こめの量に応じて火加減を調節する．こめの移動がなくなると，蒸気が粒の間を移動しながら内部の加熱を進める（蒸し煮期）．焦げやすくなるので弱火とする．消火前に強火にして少し焦がすと，メラノイジンができて香ばしくなる．消火後は鍋のふたを開けずに高温で一定時間おく．ここでも糊化が進み，こめの周囲に付着した水分がこめに吸収されてふっくらした米飯となる（蒸らし期）．蒸らし期が過ぎたら，すぐにふたをあけて全体を軽く混ぜ（かま返し），余分な蒸気を逃す.

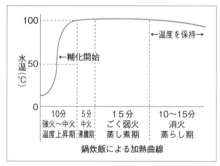

鍋炊飯による加熱曲線

自動炊飯器の場合：炊飯の多くは自動炊飯器で行われている．炊飯の原理は同じで，吸水から蒸らしまでの工程が自動制御されている．洗米してすぐにスイッチを押す機種が多いが，これは水の温度を 40 ～ 50℃まであげてこめに吸水させ，その工程が終了してから炊飯の工程に入るように制御されているからである．自動炊飯器には保温機能があり，炊飯後は 70℃程度に保たれ，でん粉の老化を防ぐ．ただし長時間の保温は，着色やにおいの劣化があるため好ましくない.　　　　　（作田）

1002　雑穀飯(☞)

こめ	85 g (1/2 C)
雑穀(☞)	10 g
水	130 g

❶こめを洗米して，30分以上浸漬してから，雑穀（洗わなくてもよい）を加えて軽くかき混ぜ，白米飯（1001）と同様に炊飯する.

❷蒸らし後，しゃもじを用いて飯を上下に返す.　　　　（作田）

1003　玄米飯

| こめ(玄米) | 85 g (1/2 C) |
| 水 | 160 g |

❶洗米して，8時間以上浸漬してから，白米飯（1001）と同様に炊飯する.

❷蒸らし後，しゃもじを用いて飯を上下に返す.　　　　（作田）

1004　麦飯

こめ	60 g
大麦(もち麦)	25 g
水	140 g

❶こめを洗米して，大麦を加え，30分以上浸漬してから，白米飯（1001）と同様に炊飯する.

❷蒸らし後，しゃもじを用いて飯を上下に返す.　　　　（作田）

1011　えんどう飯

こめ	85 g (1/2 C)
水	122.5 g
清酒	7.5 g
塩	1.25 g
むきえんどう(☞)	40 g

❶洗米して，30分以上浸漬してから，塩と酒を加え，よく混ぜ合わせておく.

❷むきえんどうは，洗って水を切っておく.

❸加熱前にこめの上に❷を均一にのせて炊飯する.

❹炊き上がれば，むきえんどうを混ぜ合わせて器に盛り付ける.　　　　（作田）

1012　さつまいも飯

こめ	85 g (1/2 C)
水	122.5 g
清酒	7.5 g
塩	1.25 g
さつまいも	40 g

❶洗米して，30分以上浸漬してから，塩と酒を加え，よく混ぜ合わせておく.

❷さつまいもは，皮をよく洗って，1〜1.5 cmのさいの目切にして水にさらしてから水気を切っておく.

❸加熱前にこめの上に❷を均一にのせて炊飯する.

❹盛り付け時には，さつまいもがつぶれないように注意する.　　　　（作田）

☞　**雑穀**：雑穀とは穀類から主穀（こめ，麦，大麦）を除いたもので，イネ科の種子であるライ麦，もろこし，えんばく，ひえ，あわ，きび，はとむぎ，とうもろこしなどがある．タデ科のそばやヒエ科のアマランスやキノアなども雑穀に含む．古来「こめ，むぎ，あわ，きび，まめ」を「五穀」といい，大豆や小豆を加えることもある．雑穀にはこめよりも多くのたんぱく質，脂質，ビタミン，ミネラル，食物繊維などが含まれる．こめや小麦のアレルギー代替食品として利用されることもある．（作田）

食品 **1003　発芽玄米**：玄米を1〜2日間，30℃程度の湯に浸し，少し発芽させた米．糠層がやわらかくなっているので白米と同様に炊飯ができる．市販の発芽玄米は再乾燥させたものが多い．精白米よりもビタミンB群が多く，また発芽によりアミノ酸の一種であるGABA（γ-アミノ酪酸）などが増えている．　　　　（時岡）

応用 **1003　玄米飯（圧力なべを用いる場合）**：加水は130 gとし，浸漬は1時間程度とする．（作田）

食品 **1004　大麦**：食物繊維が多く，β-グルカンには血中コレステロールの正常化や食後血糖値の上昇抑制などの機能性が認められている．大麦のなかでもアミロペクチン含量が多い「もち性大麦（もち麦）」は，粘りと食感が好まれている．　　　　（作田）

応用 **1004　とろろ飯・麦とろ**：麦飯に1391をかけたもの．　　　　（時岡）

☞　**むきえんどう**：グリンピースのこと．生が手に入るのは旬の時期（4〜6月）に限られ，季節感のあるさわやかな香りとほのかな甘みがある．むきえんどうは皮が固くなりやすいので，新鮮なさや付きのものをむいて用いるとよい．さや付きの場合は90 g程度準備する（廃棄率は55%）．　　　　（作田）

食品 **1011　えんどう豆**：関西で豆ごはんに用いられるえんどう豆はおもにうすいえんどうである．グリンピースに比べて青臭みが少なく，春を告げる季節の野菜として羽曳野市碓井地域を中心に古くから栽培されている．　　　　（時岡）

1013 くり飯

こめ	85 g (1/2 C)	_____
水	122.5 g	_____
清酒	7.5 g	_____
塩	1.25 g	_____
むきぐり	25 g	_____
ごま(黒)	0.5 g	_____

❶洗米して,30分以上浸漬してから,塩と酒を加え,よく混ぜ合わせておく.

❷くりは一度水にさらしてから水気を切っておく.

❸加熱前にこめの上に❷を均一にのせて炊飯する.

❹器に盛り付けてから黒ごまをふる.
(作田)

食品 **1013** **くり, こめ**:皮付きくりの場合の廃棄率は30%程度である. こめの1/4量にもち米を用いることもある. (作田)

1014 しそ飯

こめ	85 g (1/2 C)	_____
水	122.5 g	_____
清酒	7.5 g	_____
塩	0.75 g	_____
青じそ	2 g	_____
ごま(白)	0.5 g	_____

❶洗米し30分以上浸漬してから,塩と酒を加えてよく混ぜ合わせ,炊飯する.

❷青じそは洗って幅の広い部分に縦に包丁を入れ,小口からせん切りにする.

❸❶に❷を均一に混ぜてから器に盛り付け,白ごまをふる(☞). (作田)

☞ 青じその色や香りを生かすため, 供する直前に混ぜるとよい.
(作田)

1021 五目炊き込み飯(かやく飯)

こめ	85 g (1/2 C)	_____
水	115 g	_____
清酒	7.5 g	_____
うすくちしょうゆ	7.5 g	_____
鶏もも肉	10 g	_____
しょうゆ	0.5 g	_____
にんじん	5 g	_____
ごぼう	10 g	_____
生しいたけ	5 g	_____
こんにゃく	10 g	_____
むきえんどう	5 g	_____

❶洗米し30分以上浸漬してから,酒,うすくちしょうゆを加えてよく混ぜ合わせる.

❷鶏もも肉はそぎ切りにしてから1.5 cm程度の角切にし,しょうゆで下味をつける.

❸にんじん,しいたけ,こんにゃくはせん切りにする.

❹ごぼうはささがきにして水にさらす.

❺加熱前に,こめの上に❷❸❹,むきえんどうを均一にのせて炊飯する.

❻炊き上がったら,全体を均一に混ぜて器に盛り付ける. (作田)

応用 **1021** **まつたけ飯**:こめ85 g (1/2C),水115g,酒7.5 g,うすくちしょうゆ7.5 g,まつたけ25g,油揚げ2.5g. 1021 ❶と同様に準備する. まつたけは石づきを取り,かさと軸を切り分ける. かさの部分は上から少し包丁を入れて裂くように切り分ける. 軸の部分は2〜3cm長に切り,縦に裂く. 油揚げに熱湯をかけ(油抜き),せん切りする. これらを加熱直前に,均一にのせて炊飯する. しめじやまいたけも同様に用いることができる. まいたけは味や香りがよい. かさの色素は水溶性のため,加熱調理により溶出し,飯の色が黒ずむ. (作田)

1031　巻きずし

（2本分，2人分）

こめ	170 g _____
水	200 g _____
（だし用昆布）	5 cm角

合わせ酢

酢	33 g _____
砂糖	10 g _____
塩	2 g _____

かんぴょう	10 g _____
乾しいたけ	8 g _____
うすくちしょうゆ	18 g _____
砂糖	18 g _____
だし汁（乾しいたけの戻し汁）	100 g _____

卵焼き

卵	50 g _____
砂糖	4 g _____
塩	0.2 g _____
清酒	5 g _____
油	1 g _____

| みつば | 20 g _____ |
| のり | 4 g（2枚）_____ |

❶【合わせ酢】合わせ酢の材料を鍋に入れ，弱火で砂糖と塩が溶ける程度に温めて火からおろす．

❷【炊飯】こめを洗い浸漬する．このとき浸漬水に昆布を入れることがある．1時間程度漬けてから昆布を取り出して炊飯する（昆布が吸水するため，水の量はこめの重量の1.2倍に調整する）．

❸【すし飯】炊き上がったら，炊飯鍋の飯に❶の合わせ酢を一度にざっとかけ，手早く切るように混ぜる．全体に合わせ酢がゆきわたったら（ここまで高温であることが重要），半切（すし桶，ボウルなどでもよい）に移す．飯を返しながらうちわなどで勢いよくあおぐと飯につやが出る．

❹【具の準備】かんぴょうは塩もみ（分量外）をして，塩を洗ってから透明感が出るまでゆでる．

❺乾しいたけは水で戻し，3 mm幅のせん切りにしておく．

❻だし汁（乾しいたけの戻し汁）にうすくちしょうゆと砂糖を加え，❹と❺を一緒に煮る．

❼卵を割りほぐし，砂糖と塩，酒を加えて卵焼きを作り，1 cm幅の棒状に切る．

❽みつばは根元を切り，塩ゆで（1%食塩水）してから冷水に取り，水を切る．

❾のりはあぶっておく．

❿【巻きずし】巻きすの手前端を2 cm程度あけて，のりを裏が上になるようにして置き，酢水（水10：酢1）で手をしめらせ，❶のすし飯をのりの上にのせて広げる．この時，手前1 cm，向こう3 cmほど残す．

⓫具を横にそろえて飯の手前から1/3のところにのせる．

⓬両手の親指と人さし指とで巻きすごと手前を持ち上げ，残る6本の指で中の具を押さえて一気に手前の端を向こうのすし飯の端めがけて折り込む（なるべく具をしっかり中へ押し込むようにすると中央におさまる）．折り込んで手を離し，すし飯の端と端がくっついたら残っているのりの部分を軽く転がすようにして巻き上げ，巻き終わりを下にしておく．

⓭包丁で1本を8個に切り分ける．このとき，包丁を素早く前後に動かすとよい．上から押さえるようにしてはいけない．包丁は切るたびにぬれぶきんでふき，しめらせると切り口が整う．　　　　　　　　　　　　　（作田）

科学 1031　卵焼きと砂糖：砂糖は，単なる甘味づけのためだけに加えるのではない．砂糖は卵のたんぱく質の加熱凝固温度を上げるため，卵は固まりにくい．そのため，なめらかな口当たりになる．ただし，砂糖が卵のたんぱく質と共存することでアミノカルボニル反応が起きるため，焦げ目が付きやすい．少しの焦げ目はおいしい風味を生じさせるが，焦げすぎには注意が必要．　　　　　　　　　（大喜多・池田）

応用 1031　伊達巻ずし：1472を参考にして厚焼き卵を作り，巻きずしののりの代わりに用いて，半円に巻き込む．　　　　　　（作田）

応用 1031　手巻きずし：具材として，まぐろ，さけ，卵焼き，きゅうりは，大きさをそろえて細長く切る（5 cm，1～1.5 cm角くらい）．白身魚やほたてがいの貝柱などの刺身は好みで用いる．いかは細めのつくりにしておく．アボガドは縦半分に切り，端から5 mm程度に切りレモン汁をふる．サニーレタスは，焼きのりの大きさの半分程度になるようにちぎる．青じそは縦半分に切っておく．イクラのしょうゆ漬け，かに風味かまぼこ，かいわれだいこんを適量準備する．彩りよく皿に盛り付ける．しょうゆ，練りわさび，梅肉，マヨネーズ，白ごまなどを好みで添える．焼きのりは半形を準備する．焼きのりの上半分を目安に，斜めにすし飯を20～30 g程度のせる．少なめでよい．好みの具をすし飯に合わせて斜めに置き，すし飯とのりを密着させるように円錐状になるように巻く．巻き終わりを下にして盛り付ける．またはそのまま供する．【具の取り合わせの例】（のせる順に記す）：①青じそ，まぐろ，白ごま，②きゅうり，いか，かいわれだいこん，梅肉，③サニーレタス，かに風味かまぼこ，卵焼き，マヨネーズ，④青じそ，イクラ，かいわれだいこん，⑤かいわれだいこん，アボカド，さけ　　　　　　（作田）

1032 押しずし

（押し枠1本，8個分，2人分）

こめ	170 g _____
水	200 g _____
（だし用昆布）	5 cm角 _____
合わせ酢(☞)	
┌ 酢	23 g _____
┤ 砂糖	7 g _____
└ 塩	4 g _____
かば焼きうなぎ	60 g _____

❶【合わせ酢】【炊飯】【すし飯】は1031を参照する．

❷【押しずし】かば焼きうなぎは縦半分に切り分け，さらに身側と皮側の2枚になるように薄くそぐように切る．

❸押し枠を酢水（水10：酢1）で十分にぬらしておく．

❹❷のうなぎの皮を下にして枠の縦半分に入れ，残りの縦半分には，身のほうを下に置き，厚さを均一にする．その上にすし飯を両手で十分に握りしめて飯粒を密着させるようにして枠の中へ詰め，四隅をしっかり詰めてふたをして両手で押さえる．向きを変えながら何度か押さえる．そのままふたを親指で押さえて枠をはずし，8個に切り分ける．（☞）　　　　（作田）

☞ 押しずしでは，すし飯を詰めるときに，上下にシリコンペーパーを用いると扱いやすい．また，中具としてみじん切りにした乾しいたけの煮物やのりをはさむこともある．　　　　（作田）

☞ **合わせ酢の構成例**（g）
（こめ約500 g（3C））

	ちらしずし 手巻きずし	巻きずし いなりずし	握りずし 押しずし
酢	100	100	70
砂糖	40	30	20
塩	6	6	12

（作田）

1033 きゅうり細巻き

（4本分，4人分）

こめ	170 g _____
水	200 g _____
（だし用昆布）	5 cm角 _____
合わせ酢	
┌ 酢	33 g _____
┤ 砂糖	10 g _____
└ 塩	2 g _____
きゅうり	80 g（1本）_____
練りわさび	6 g _____
のり	4 g（2枚）_____
しょうゆ	8 g _____
甘酢しょうが(☞)	20 g _____

❶【合わせ酢】【炊飯】【すし飯】は1031を参照する．

❷きゅうりは板ずりし（p.23参照），水分をふき取ってから縦4本に切り分けておく．

❸のりは長辺を2等分し，裏側のみ火であぶる．

❹【細巻き】飯は1/4に分ける．巻きすにのりを裏が上になるようにして置き，すし飯をのりの向こう側1/3を残して指先で薄く広げる．きゅうりを飯の横中央に置いてわさびを塗る．手前から向こうへ指できゅうりを押し込むように巻く．

❺1本を6個に切り分けて器に盛り，甘酢しょうがの薄切りを添える．しょうゆとともに供する．　　　　（作田）

☞ **甘酢しょうが**：新しょうがで作るとよい．漬け汁（酢200 g，酒100 g，砂糖30 g，塩8 g，みりん20 g）を一煮立ちさせ，冷ましておく．新しょうがが300 gはスライサーなどを用いて繊維に沿って薄切りにし，熱湯に通して水気を切り，漬け汁に漬け込む．　　　　（作田）

応用 1033 細巻きの3種：細切りにした青じそと梅肉，たくあん，きゅうりと焼きあなご，かんぴょうなど．　　　　（作田）

1034　いなりずし

（10個分，2人分）

こめ	170 g ＿＿＿＿
水	200 g ＿＿＿＿
（だし用昆布）	5 cm角 ＿＿＿＿
合わせ酢	
┌ 酢	33 g ＿＿＿＿
┤ 砂糖	10 g ＿＿＿＿
└ 塩	2 g ＿＿＿＿
いりごま（白）	10 g ＿＿＿＿
すし揚げ	50 g（5枚）＿＿＿＿
だし汁	150 g ＿＿＿＿
砂糖	20 g ＿＿＿＿
みりん	5 g ＿＿＿＿
うすくちしょうゆ	15 g ＿＿＿＿

❶【合わせ酢】【炊飯】【すし飯】は1031を参照する．

❷❶のすし飯にいりごまを混ぜておく．

❸【すし揚げの準備】揚げをまな板におき，袋の中がはがれやすいようにすりこぎを転がして押さえる．中央半分に切り袋にする．

❹❸の油抜きをする（☞）．

❺だし汁に砂糖，みりん，うすくちしょうゆを合わせ，❹を煮汁がほとんどなくなるまで煮る．落としぶたを用いるとよい．そのまま広げて冷ます．

❻手に酢水をつけて❷を10個に軽く握り，揚げ袋の中に詰める．飯は，揚げの端までしっかりと詰めると形よくできる．

（☞）

（作田）

☞　飯の具は，ちらしずし（1037）の具を入れてもよい．すし揚げは，三角や長方形に切る．袋にしてからそのままや裏返しにして飯を詰めるなど工夫できる．具の入った飯を詰める場合，具が見えるよう上にして盛り付けると華やかになる．（作田）

☞　**油抜き**：油揚げの表面がべとべてとしていたら油抜きをする．酸化した油を除き，煮物などでの味の浸透がよくなる．方法は以下のいずれかである．（1）小鍋に湯を沸かし，油揚げを入れてすぐに引き上げ，軽く絞る．（2）油揚げをざるにのせ，沸騰水を両面にかけ，軽く絞る．

（久保）

1035　松前ずし（ばってら）（☞）

（押し枠1本分，2人分）

こめ	170 g ＿＿＿＿
水	200 g ＿＿＿＿
（だし用昆布）	5 cm角 ＿＿＿＿
合わせ酢	
┌ 酢	23 g ＿＿＿＿
┤ 砂糖	7 g ＿＿＿＿
└ 塩	4 g ＿＿＿＿
しめさば	80 g ＿＿＿＿
白板昆布	3 g（1枚）＿＿＿＿
┌ 酢	50 g ＿＿＿＿
┤ 砂糖	25 g ＿＿＿＿
└ 塩	0.3 g ＿＿＿＿

❶【合わせ酢】【炊飯】【すし飯】は1031を参照する．

❷しめさば（1291）は，身の厚い部分を2～3枚になるように薄く切る．このとき，まな板にしめさばを皮を下にして置き，包丁をまな板に平行になるように大きく動かすと美しく切れる．どの部分も同じ厚さになるように整える．皮の部分は，押し枠の横幅縦半分になるように細く切る．

❸白板昆布は，酢，砂糖，塩を合わせたもので3分程度煮て冷ましておく．

❹ 1032 ❸参照．❷のしめさばの皮を下にして押し枠の縦半分に入れ，残りの縦半分には身のほうを下に置き，厚さを均一にする．空いた部分にはそれぞれ身を敷き詰める．

❺型から抜いた後に，しめさばの上に白板昆布を置き，ラップフィルムなどで包んで数時間なじませる．8個に切り分ける．

（☞）

（作田）

☞　**ばってらと松前**：ばってらとは，しめさばを薄くそぎ切りにしてすし飯とともに押し枠で押したすし．関西地方での呼び名．松前とは北海道の昆布を使用した料理を示す．

（作田）

食品 1035　白板昆布：とろろ昆布やおぼろ昆布を削り取った残りの芯の部分を薄切りにしたもの．白板昆布は，縁起物として正月の鏡餅の上にのせることもある．　（作田）

☞　**押し枠がない場合の作り方**：巻きすにラップフィルムを広げ，白板昆布を置き，さばの厚さを均一にして並べる．並べたさばの大きさに合わせてすし飯をしっかりと握り，さばの上いっぱいになるようにのせる．巻きすで型を整えながら左右を押さえて形を整え，数時間なじませる．

（作田）

1036 握りずし（4種）

（16貫分，4人分）

こめ	170 g _____
水	200 g _____
合わせ酢	
┌ 酢	23 g _____
┤ 砂糖	6.7 g _____
└ 塩	4 g _____
まぐろ	60 g _____
たい	60 g _____
いか	60 g _____
えび	60 g _____
練りわさび	10 g _____
しょうゆ	20 g _____
甘酢しょうが	20 g _____

❶【合わせ酢】【炊飯】【すし飯】は1031を参照する．

❷【すしだねの準備】まぐろとたいはすし飯を包みこめるような厚さ（4〜5mm）と大きさに切る．さくの左端から包丁を斜めにねかせてそぎ切りにすると表面積が大きくなる．

❸いかは表面全体に浅く垂直に包丁を入れておき，それに直角になるように切り分ける．肉厚の場合はそぎ切りにする．

❹えびは背わたを取り，串をうって伸ばし塩ゆでする．尾を残して皮を除き腹から開く．

❺すし飯（体温ぐらいの温かさ），すしだね，わさび，酢水（水5：酢1）を準備する．右手ですし飯を軽く取り，すぐに左手ですしだねを取って，右手の人差し指でわさびを取り，たねにつけるのと同時にすし飯をたねの上にのせる．左手で握りながら，右手の人差し指と中指の腹で押さえる（たねは下）．指の第2関節あたりで握る．

❻表に返して（たねが上），両端を親指でしめ，右手の人差し指の腹でたねの上からしめる．
（☞）
（作田）

☞ **すしだねの例**（1個分15〜20g）：酢じめ（1291，こはだ，あじ，さば），厚焼き卵（1472），あかがい，ほたてがい貝柱，ゆでたこ，生さけ，蒸しあなご，うに，イクラ．食す時は，しょうゆをすしだねだけにつけ，すし飯にはつけないようにする．
（作田）

1037　ちらしずし

こめ	85 g ＿＿＿＿＿
水	100 g ＿＿＿＿＿
合わせ酢	
┌ 酢	16 g ＿＿＿＿＿
┤ 砂糖	5 g ＿＿＿＿＿
└ 塩	1 g ＿＿＿＿＿
かんぴょう	3 g ＿＿＿＿＿
乾しいたけ	3 g ＿＿＿＿＿
┌ うすくちしょうゆ	6 g ＿＿＿＿＿
┤ 砂糖	6 g ＿＿＿＿＿
└ だし汁(乾しいたけの戻し汁)	30 g ＿＿＿＿＿
にんじん	15 g ＿＿＿＿＿
┌ 塩	0.2 g ＿＿＿＿＿
┤ 砂糖	0.5 g ＿＿＿＿＿
└ だし汁	15 g ＿＿＿＿＿
卵	25 g ＿＿＿＿＿
┌ 砂糖	1 g ＿＿＿＿＿
┤ 塩	0.2 g ＿＿＿＿＿
└ 油	1 g ＿＿＿＿＿
焼きあなご	20 g ＿＿＿＿＿
れんこん	20 g ＿＿＿＿＿
甘酢	
┌ 酢	3 g ＿＿＿＿＿
│ 水	3 g ＿＿＿＿＿
┤ 砂糖	3 g ＿＿＿＿＿
└ 塩	0.3 g ＿＿＿＿＿
さやいんげん	10 g ＿＿＿＿＿
甘酢しょうが	5 g ＿＿＿＿＿

❶【合わせ酢】【炊飯】【すし飯】は1031を参照する.
❷かんぴょうは塩もみ（分量外）をして，塩を洗ってからやわらかくゆで，5 mm幅に刻む.
❸しいたけは水で戻し，2 mm幅のせん切りにしておく.
❹だし汁（しいたけの戻し汁の上澄み）にうすくちしょうゆと砂糖を加え，❷と❸を一緒に煮る.
❺にんじんは，2 mmのみじん切りにして，調味料で煮る.
❻卵は薄焼き卵にして，細く切る（錦糸卵）.
❼焼きあなごはグリルなどで軽くあぶり，1.5 cmの斜め切りにしておく.
❽れんこんは皮をむいて，薄い輪切りにして少量の酢（分量外）を入れた水でゆでてから甘酢につけておく.
❾さやいんげんは斜め切りにして，2〜3分間塩ゆでしてから冷水に取る.
❿すし飯に❹❺を混ぜて器に盛り，上に❻❼❽❾を彩りよく飾る.
（作田）

応用 1037　ふくさずしと茶巾ずし：卵2個を割りほぐし，砂糖4 g，塩0.4 g，かたくり粉1 g（水溶きする）で調味して正方形の薄焼き卵を4枚作る. 同じ量の卵で作れるように1枚分ずつ容器に取り分けるとよい. すし飯にかんぴょう，しいたけ，にんじんを混ぜておく. **ふくさずし**は，俵型に握ったすし飯を薄焼き卵の真ん中に置き，四方から包み，ゆでたみつばで結ぶ. **茶巾ずし**は，丸く握ったすし飯を薄焼き卵の真ん中に置き，対角線に四隅を合わせてゆでたみつばで結ぶ. 結んだ上の卵を広げ，えびやグリンピースを飾る.
（作田）

1041　親子どんぶり

飯(固めに炊飯)	200 g ＿＿＿＿＿
鶏肉	30 g ＿＿＿＿＿
┌ しょうゆ	2 g ＿＿＿＿＿
└ 清酒	2 g ＿＿＿＿＿
たまねぎ	30 g ＿＿＿＿＿
だし汁	75 g ＿＿＿＿＿
┌ 清酒	15 g ＿＿＿＿＿
┤ うすくちしょうゆ	15 g ＿＿＿＿＿
└ 砂糖	10 g ＿＿＿＿＿
卵	50 g ＿＿＿＿＿
みつば	3 g ＿＿＿＿＿

❶飯は炊きたてを用いるとよい.
❷鶏肉は，そぎ切りにしてしょうゆと酒で下味をつけておく（☞）.
❸たまねぎは，縦半分に切ってから，2 mm幅に切る. みつばは2 cm長に切る.
❹だし汁に，酒，うすくちしょうゆ，砂糖を入れて一煮立ちさせておく.
❺卵は，溶き卵にしておく.
❻親子鍋（☞）（小フライパンでもよい）に，❹を入れ，❷と❸を加えて火にかけ，沸騰後は中火で2分程度煮る.
❼❻に火が通れば，❺の卵を入れ，みつばを加えてふたをする. やや強めの弱火で1分程度煮る.
❽丼に飯を盛り付け，❼をすべらせるようにして飯の上にのせる.
（作田）

☞　**鶏肉を扱う時の注意**：親子どんぶりは，食中毒の原因となりやすい料理である. 鶏肉の扱いについては食品3581，3582，3583を参照すること. 親子どんぶりでは，鶏肉に火が通りやすいように，そぎ切りにする. おいしさの点では卵を半熟に仕上げる方法もあり，その場合は生食用の卵を用いる.
（大喜多・池田）

☞　親子鍋

（作田）

1042　山かけどんぶり

飯	200 g＿＿＿＿
まぐろ（さくどり）	100 g＿＿＿＿
┌ しょうゆ	5 g＿＿＿＿
└ みりん（煮切り）	5 g＿＿＿＿
やまといも（またはながいも）	50 g＿＿＿＿
┌ だし汁	30 g＿＿＿＿
│ うすくちしょうゆ	5 g＿＿＿＿
└ みりん	2 g＿＿＿＿
うずら卵	10 g（1 個）＿＿＿＿
青ねぎ	5 g＿＿＿＿
刻みのり	0.2 g＿＿＿＿
練りわさび	3 g＿＿＿＿
たまりしょうゆ	5 g＿＿＿＿

❶まぐろは 5 mm の平つくりにして，しょうゆとみりん（煮切っておく，1071 ☞）を合わせたものに漬けておく．

❷やまといも（またはながいも）をすりおろし，すり鉢でだし汁，うすくちしょうゆ，みりんですり伸ばす．

❸丼に飯を平たく盛り，❶を並べて中央から❷をかける．真ん中にうずら卵を割り入れ，周囲に青ねぎと刻みのりを添える．

❹好みで練りわさびとたまりしょうゆを添えて供す．　　　　　（作田）

食品 1042　やまいも

やまいも ┌ じねんじょ ┌ ながいも
│ やまのいも ┤ いちょういも
│ └ やまといも
└ だいじょ

（時岡）

1043　そぼろどんぶり

飯	200 g＿＿＿＿
鶏ひき肉	50 g＿＿＿＿
しょうが	2 g＿＿＿＿
┌ しょうゆ	5 g＿＿＿＿
└ 砂糖	2 g＿＿＿＿
みりん	2 g＿＿＿＿
さやいんげん（さやえんどう）	20 g＿＿＿＿
塩	0.2 g＿＿＿＿
卵	50 g＿＿＿＿
┌ 砂糖	3 g＿＿＿＿
└ 塩	0.3 g＿＿＿＿

❶【鶏そぼろ】鍋に鶏ひき肉とみじん切りしたしょうがを入れ，4～5 本の箸でさばくようにして強火でいり，パラパラになったらしょうゆ，砂糖，みりんで味つけし，中火で混ぜながら汁気がなくなるまで煮詰める．

❷さやいんげん（またはさやえんどう）は，斜め細切りにしてから熱湯で 5 分程度ゆで，冷水にとって水を切る．

❸【いり卵】卵を小鍋に割りほぐし，砂糖と塩を加える．湯せんかごく弱火でていねいにかき混ぜながら，いり卵を作る．

❹器に飯を平たく盛り，❶と❸を丼の左右に盛り，縦中央に❷を彩りよくのせる．
　　　　　　　　（作田）

応用 1043　えびそぼろ：❶えびの背わたを取り，みじん切りにしておく（50 g）．❷鍋に，❶と酒 3 g，砂糖 2 g，塩 0.3 g を入れて汁気がなくなるまでいる．　　（作田）

1051　かゆ（全かゆ）

こめ	40 g＿＿＿＿
水	240 g＿＿＿＿
塩	1 g（重量の 0.5％）＿＿＿＿

❶こめを洗って鍋に入れ，水を加えて 30 分間以上浸漬する．

❷火にかけて，沸騰が始まったら火を小さくしてふきこぼれない程度の弱火で 60 分程度炊く．途中でかき混ぜない（少量調理では，蒸発率が高いので火加減に注意する）．

❸炊き上がってから，重量の 0.5％の塩味をつける．
　（☞）　　　　　　　　　　　　（作田）

食品 1051　かゆに用いる水とこめの割合

	重量比	
	水	こめ
三分かゆ	16	1
五分かゆ（10 倍かゆ）	13	1
七分かゆ（7 倍かゆ）	9	1
全かゆ（5 倍かゆ）	6	1

☞ 重湯は五分かゆをこして，汁のみを用いる（こめ粒をつぶさないようにする）．鍋は厚手のものがよい（ゆきひら鍋，土鍋，ほうろう鍋）．
　　　　　　　　（作田）
応用 1051　全かゆ・ポリ袋使用の簡易真空調理：p.23 参照（時岡）

1052　あずきがゆ（☞）

こめ	40 g
水（あずきのゆで汁と合わせて）	350 g
あずき	10 g
塩	1 g（重量の 0.5%）

❶あずきは 1061 のようにゆでておく.
❷❶のゆで汁に水を加えてこめを浸漬しておく.
❸鍋を火にかけ，沸騰したら灰汁を除きながらふたをせずに沸騰が続く程度の火加減で 60 分程度煮る（かき混ぜない）.
❹炊き上がってから，重量の 0.5% の塩味をつける. 　　　　　（作田）

1061　おこわ

もち米	100 g
あずき	10 g
あずきゆで汁	（こめ重量の半量）
塩	1 g
┌ ごま（黒）	1 g
└ 塩	0.2 g

【打ち水法（☞）】
❶あずきは容量の 5 倍量の水を加えて火にかけ，沸騰し始めたらびっくり水（☞）を加え，再び沸騰したらゆで汁を捨てて渋切り（☞）する. 再び水を加えて火にかけ，沸騰したら弱火にして八分通りにゆでる.
❷❶をざるに上げ，空気に触れないようにぬれぶきんをかける. ゆで汁もとっておく.
❸もち米は洗ってあずきのゆで汁に 1 時間以上漬ける. 蒸す前にざるに上げて水気を切り，漬け汁はとっておく.
❹もち米，あずき，塩を混ぜ合わせ，ぬれた蒸し布を敷いた蒸し器に，ふたをして強火で約 45 分〜 1 時間蒸す.
❺途中で 2 回打ち水をする. 約 15 分間蒸した頃に，いったん火を止め，先の漬け汁 150mL をこめの表面にたっぷりふりかける. 再び 15 分間蒸したら同様に打ち水をしてさらに蒸す.
❻蒸し上がりは，もち米を指でつまんでつぶれるくらいとし，蒸し上がったらすぐにボウルに移して全体を大きく混ぜ合わせる.
❼ごま塩を添える. 　　　　　（中平）

1062　赤ご飯（炊きおこわ）

うるち米	60 g
もち米	20 g
あずき	15 g
塩	1.5 g
みりん	4 g
あずきゆで汁＋水（☞）	110 g

❶あずきをよく洗い，3 C くらいの水を加えて火にかけ，ややかためにゆでる（約 50 分間）. ゆで汁とあずきを分ける.
❷こめを洗い，ざるに上げて 30 分間おく.
❸炊飯器にこめを入れ，あずきゆで汁と水，塩，みりんを加えて混ぜる. あずきを上にのせて通常の要領で炊く.
❹炊き上がり後約 10 分間蒸らして，ほぐし混ぜる. 　　　　　（中平）

☞ 小正月（1 月 15 日）には，邪気を払い万病を防ぐ意を込めてあずきがゆに鏡割り（正月の鏡もちを切り分ける）のもちを焼いて入れることがある. 　　　　　（作田）

☞ 打ち水：もち米を蒸している途中で，水をふりかけ，もち米の給水を助ける方法. 水の目安はもち米 160 g（1 C）に対して 50 g を 2 回. 　　　　　（中平）

☞ びっくり水と渋切り：あずきをゆでる時，沸騰し始めたら湯量の 1/2 量の冷水を加えて水温を下げることを「びっくり水」または「しわのばし」という. こうすると熱の通りをよくし早くやわらかくなる. 再び沸騰したらゆで汁を捨てることを「渋切り」という. こうすると種皮や子葉部に含まれるタンニン・サポニン・ゴム質その他水溶性成分が流れ出る. 　　　　　（中平）

科学 1061　もち米の吸水：おこわは吸水率が低いために炊飯しにくく，出来上がり重量はこめの 1.6 〜 1.9 倍である. もち米はうるち米よりも吸水速度が早く，2 時間の浸漬で飽和状態（約 40%）に上回ってはいるが，蒸す時に打ち水をするとさらに吸水してやわらかくなる. 打ち水の回数が多いほどこめの重量は多くなるといわれる. 浸漬時間が長く，飯の水分含有率の多いものは蒸し後の放置によるかたさの変化が少ない. 　　　　　（中平）

応用 1061　加熱前吸水法：材料は 1061 と同量. ❶もち米を約 1 時間水につけ，ざるにあげて 10 分間水を切る. ❷あずきは，1061 ❶の場合と同様にしてゆでる. ❸底の広い鍋にあずきのゆで汁 240 g（こめ重量の半量），塩を入れて火にかける. 煮立ったらもち米を加えてかき混ぜ，汁気がほぼなくなったら火を止めあずきを混ぜる. ❹湯気の立った蒸し器にぬらした蒸し布を敷いて❸を広げ，中火〜強火で 30 分間蒸す. 　　　　　（中平）

応用 1061　くりおこわ：むきぐり 1 人 40 g を 1013 と同様に❹に加えると栗おこわになる. 　　　　　（中平）

食品 1061　おこわ：おこわは強飯（こわめし）ともいい，山菜，黒豆，えだまめ，そらまめ，さつまいもなどを入れて白いまま蒸す（白蒸し）こともある. 　　　　　（中平）

☞ うるち米ともち米を合わせて炊飯する場合の加水量は，うるち米容量× 1.2 ＋もち米容量× 1.0 とする. 　　　　　（中平）

1063 もち

（1臼分，40個分）

もち米	1.4 kg _____
もちとり粉(かたくり粉)	適量 _____

❶もち米を洗い，こめがかぶるくらいの水に一晩つけておく．

❷ざるに上げて十分に水を切り，蒸し器(せいろ)にさらしふきんを敷いて，もち米を入れ，強火で40〜45分程度蒸す．

❸もちつき用の臼に湯を入れて杵とともに温めておく．

❹もち米が蒸し上がったらふきんごと臼に移しふきんを取り除く．杵を用いてこめ粒がつぶれる程度に体重をかけてつぶしていく(二人でしてもよい)．

❺一人が杵でつく．もう一人は手水をつけながら杵で1回つくたびにもちを伸ばしては返す(二人一組で担当する)．こめ粒がなくなり，なめらかになったらよい．

❻もちとり粉を広げた台に取り，小もちに分ける．

（☞）

（作田）

☞ もちつき機を用いると，蒸す，つくが自動でできる． （作田）

食品 1063　かきもち：かきもちは，つき上がったもちを，「なまこ型」に成型したもの（のしもち）を後日，かきもち用のもち切り機で端から3〜5mmにスライスし広げて乾燥させる．冬の気温が低い時期に作ると保存性がよい．寒の入りの1月上旬から2月上旬頃に作られたのしもち（寒もちという）で作ることが多い． （作田）

1064 すまし雑煮

もち(切りもち)	50 g _____
鶏ささ身	20 g _____
┌ 塩	0.1 g _____
├ 清酒	2 g _____
└ かたくり粉	2 g _____
かまぼこ	5 g _____
生しいたけ	10 g _____
みつば	3 g _____
ゆずの皮	0.2 g _____
だし汁(一番だし)	150 g _____
┌ 塩	0.8 g _____
└ うすくちしょうゆ	2 g _____

❶ささ身は，2切れのそぎ切りにして塩と酒で下味をつけておく(5分程度)．かたくり粉をつけて熱湯に入れ，引き上げる(葛びき)．

❷かまぼこは厚さ2mmに切り，しいたけは縦横に4等分する．みつばは茎の部分のみゆでて結んでおく．ゆずはせん切りにする．

❸だし汁(1100参照)にしいたけを入れて加熱し，塩とうすくちしょうゆで調味しておく．

❹切りもちは焼きもちにしておく．焼き上がりに一度熱湯にくぐらせておくと汁がよごれず，もちがやわらかい．引き上げて椀に盛り付ける．

❺❹の汁椀に❶❷を盛り❸のだしを入れる．

（☞）

（作田）

食品 1064, 1065　雑煮：もち，野菜，魚介類，肉類を一緒に煮た汁物で，正月料理として伝統的に食べられている．もとは大晦日の夜に神にお供えしたもちを神とともに食べるという直会（なおらい）の意味があり，1年の無病息災を祈り，正月三が日の祝儀として食べる．供え物の小もちを用いるので丸もちであったが，江戸中期以降，江戸では切りもちとなった．雑煮の具は各地の特産物や縁起のよい食品を組み合わせて各地域により異なる．関東風は四角い切りもちをすまし仕立て，関西風は丸もちをゆでて白みそ仕立てが一般的である． （三浦）

1065 白みそ雑煮

もち(丸)	60 g (2個) _____
だいこん	20 g _____
きんときにんじん	10 g _____
さといも	20 g _____
米みそ(甘みそまたは白みそ)	25 g _____
かつお・昆布だし(一番だし)	150 g _____

❶2%のかつお・昆布だしをとる(1100参照)．

❷だいこんとにんじんは輪切りにしてゆでる．さといもは皮をむいて厚さ1cmの輪切りにし，1%食塩水(分量外)でゆでてぬめりを洗い落とす．

❸丸もちは食べる前に熱湯でやわらかくゆでる．

❹鍋にだし汁を入れ，煮立ったらみそを溶いて調味し，さといも，だいこん，にんじんを加えて温まったら火を消す．

❺器にだいこんを敷いて丸もちをのせ，にんじん，さといもを入れ，みそ汁を張る．

（三浦・山本）

1071 冷しそうめん

そうめん	100 g（1束）	_____
卵	15 g（1/4個）	_____
きゅうり	10 g	_____
刻みねぎ	2 g	_____
さくらんぼ	5 g（1個）	_____
刻みのり	0.25 g	_____
しょうが	3 g	_____
つけ汁(4：1：1)		
だし汁	100 g	_____
かつお節　（だし汁の2％）	2 g	_____
しょうゆ	25 g	_____
みりん	25 g	_____

❶そうめんは，鍋にたっぷりの湯を沸騰させ，束をはずしパラパラとほぐしながら入れ，一煮立ちしたらさし水(1082科学)（1/4 C）をし，再沸騰させ，流水に取って冷まし，手でやさしくていねいにもみ洗いして水気を切る.

❷卵は薄焼き卵を作りせん切りにする.

❸きゅうりは洗ってせん切りにする.

❹つけ汁は，鍋にみりんを入れて煮切り(☞)，だしと調味料を合わせ，かつお削り節を加え一煮立ちさせて2～3分弱火で煮る．こしてから水につけて冷やす.

❺そうめん鉢にそうめんをそろえて入れ❷❸やさくらんぼを飾り，氷水をはる．小鉢に❹を入れ，刻みねぎ，刻みのり，おろししょうがなどの薬味(☞) を添えて供する.

（細見・境田）

1072 にゅうめん

そうめん	100 g（1束）	_____
油揚げ	12 g（1/2枚）	_____
乾しいたけ	2 g（1枚）	_____
青ねぎ	5 g（1/4本）	_____
かつお・昆布だし	200 g	_____
塩	1 g（小1/5）	_____
うすくちしょうゆ	9 g（大1/2）	_____
みりん	9 g（大1/2）	_____

❶そうめんをゆで(1071❶参照)，水気を切る.

❷油揚げは熱湯をかけて油抜きし，細めに短ざく切りにする.

❸青ねぎは細い斜め切りにする.

❹乾しいたけを水または湯で戻し（つけ汁はだし汁の一部とする），せん切りにする.

❺かつお・昆布だしをとり(1100)，油揚げ，❹のしいたけを入れ一煮立ちさせ，調味料で味付けする.

❻❺に❶を入れ，温めた器に入れて❸を散らす

（細見・境田）

1073 とろろそば

生そば	125 g	_____
（または干しそば）	（70 g）	_____
そばだし		
だし汁	75 g	_____
かつお節	2.5 g	_____
しょうゆ	20 g	_____
みりん	20 g	_____
やまのいも	50 g	_____
卵黄	20 g（小1個分）	_____
薬味		
練りわさび	1 g（小1/4）	_____
青ねぎ	5 g（1/4本）	_____
刻みのり	0.25 g	_____

❶そばは，鍋にたっぷり湯を沸騰させ，パラパラとほぐして入れ，3～5分ゆでる．ざるにあけておく（冷たくする時は，水をかけ冷蔵庫か氷で冷やす）．干しそばも同様.

❷鍋にそばだしの材料を入れて一煮立ちさせる.

❸青ねぎは小口切りにする.

❹やまのいもは，皮をむいて酢水につけて灰汁を抜き，おろし金の細かい目ですり鉢におろし入れ，よくすっておく.

❺どんぶりに，❶を入れ，❷をはり，上へ❹をかけ，薬味をその上へ置いて供する．卵黄1個を中央へ置く.

（細見・境田）

科学 1071　そうめんをゆでた後の処理：そうめんをゆでてもみ洗いするのは，表面のぬめりやめんの油くささを除くためである．急冷するのは余熱で煮えすぎる（めんがのびる）のを防ぐためである.

（細見・境田）

☞ **煮切りみりん**：「煮切る」とは，みりんや酒に含まれたアルコールを飛ばすこと．弱火でアルコールの臭いがなくなるまで加熱する．アルコールが飛んで濃縮するため，うま味が増して，香りもよくなる.

（細見・境田）

科学 1071　**本みりんの効果**：43～47％の糖（おもにグルコース），アルコール，アミノ酸，有機酸，香気成分などによって，料理に独特の風味を与える．調理効果のおもなものは，❶てり，つやをよくする（糖 - アミノ酸のメイラード反応），❷粘ちょう性の付与（とろみをつける，糖），❸上品な甘味，うま味，こく（糖，アミノ酸，有機酸），❹いやな臭いのマスキング効果，除去（香気成分．アルコール），❺芳香性のよい香りの付与（香気成分），❻隠し味（塩，酸味をやわらげる，全成分），❼テクスチャー（煮崩れを防ぐ〈野菜〉，やわらかくする〈動物性〉），❽防腐効果（アルコール，有機酸，糖）

（細見・境田）

食品 1071, 1072　**そうめん**：手延べそうめんは植物性油を使用し繰り返し引き伸ばされてよく練られているため腰が強い．油はゆでると泡とともに抜けるが，水でもみ洗いするほうが完全に取れてあっさりする．味の点では作りたてのほうが粉の香りや甘さがあっておいしいが，保存食としての手延べのひね物（2年）は油がある程度酸化し，水との親和力ができ，ゆでても伸びず歯ごたえがあり喜ばれる．木箱に入れ，風通しのよい所に保存.

（細見・境田）

☞ **薬味**：めん類，鍋物に用いる薬味は，材料の香辛成分により料理の風味を増し，食欲をそそる．さらしねぎ，七味とうがらし，だいこんおろし，練りわさび，練りからし，青じそ，さんしょう，しょうが，みょうが，ゆずの絞り汁，切りごまなどがある．（細見・境田）

食品 1073　**そば**：そばはタデ科の植物の種子である．良質のたんぱく質，ミネラルやビタミンB群も豊富である．そば種子に分布するルチンは毛細血管保護，血圧安定化，血中コレステロール低下などの作用

1081　手打ちうどんとかまあげ

中力粉	100 g	_____
水	45 g ±α	_____
塩	4 g	_____
うどんつゆ		
┌ 水	60 g	_____
│ みりん	18 g	_____
│ うすくちしょうゆ	18 g	_____
└ かつお節	3 g	_____
しょうが	2 g	_____
青ねぎ	3 g	_____

❶中力粉をボウルに入れる．別の器に水を重量で計り，塩を入れてしっかり溶かしておく．

❷中力粉のボウルに塩水を入れる．右手で粉を混ぜ合わせ，左手で水を常に粉の部分に注ぎながら，全体をできるだけまんべんなく湿らせるように混ぜていく．水が全部入ったら，両手指先や手のひらを使い，水と粉とを切り混ぜるように混ぜ合わせる．初めポロポロしていたものがだんだんとまとまってくるので1つにまとめる．その後，生地をビニールなどに入れて包み，足（かかと）で踏みつけると，生地の表面が艶やかになる．ビニール袋に入れ，30分〜1時間程度ねかせる．ねかせると伸びやすくなる．

❸ここまでは人数分まとめて作ってよい．伸ばす作業は，慣れないうちは1人分で作業する．1人分の生地をまな板に置き（打ち粉は不要），なるべく長方形になるようにめん棒を斜めに使って角を作るようにして，打ち伸ばしていく（☞）．厚さは好みによるが，ゆでるとやや太くなるので3 mm程度がよい（うどんの長さがそろうように，できるだけ長方形に伸ばすこと．長さは30 cmくらいが望ましい）．

❹生地をまな板の上に，びょうぶたたみにする．めん棒をあてながら3〜4 mmの太さに包丁で切っていく．切り終わったら両手でめんをさばいておく．めん同士がつかないように，かたくり粉をまぶしてもよい．ゆでるまで布をかけておく．

❺大きな鍋に十分な湯を沸騰させて，❹を2人分くらい一緒にして，パラパラとほぐしながら加える．強火でゆで，めんが浮き上がってきたら，菜箸で混ぜる．ふきこぼれそうになったら火力で調節する．8〜12分程度するとめんに透明感が出てくるので，1本を取り出し，中ほどを指でちぎり，中心部まで周囲と同じ状態（半透明の感じ）になっていたらざるに出す．

❹が生めん，❺がゆでめんで，種々のめん料理に利用できる．

＊かまあげ

❶つけ汁の材料を鍋に入れ，一煮立ちさせ，こす．

❷ゆでたてのめんを器に入れ，ゆで汁をはり，つけ汁と薬味（おろししょうが，刻みねぎ）を添える．　　　　（東根・境田）

がある．ルチンは水溶性であり，ゆで汁に溶出する．そばのたんぱく質は水とこねて生地を作っても粘弾性がないので，そば切りにする場合，つなぎとして小麦粉や卵白，やまのいもが入れられる．　（細見・境田）

応用 1073　かけそばとざるそば：1073の❹を除いたのが，かけそばである．つけ汁は別のとっくりなどに入れ，食べる直前にかけることもある．ざるそばは，そばをせいろに盛り，細切りののりをかけ，薬味皿にさらしねぎと練りわさび，そばちょこにつけ汁を入れる．

（細見・境田）

☞ **めんの伸ばし方**：かための生地であるから，初めは，めん棒に力を加えて押さえつけ，めん棒の位置を変えながら伸ばしていく．ある程度薄くなってきたら，めん棒に力を入れながら転がし，めんを伸ばす．

（東根・境田）

健康・栄養 1081　うどん，手延そうめん，そばの脂質量と食塩

（可食部 100 g あたり）

	脂質(g)	食塩相当量(g)
うどん　生	0.6	2.5
手延そうめん　乾	1.5	5.8
そば　生	1.9	0

手延そうめんに含まれる脂質は製造中に塗布した植物油由来である．そばはおもに胚に脂質を含む．それぞれの脂質はゆでると溶出し，約半分となる．また，うどんやそうめんはグルテン形成のため食塩を使用し，保存を目的とした乾めんにはより多くの食塩が含まれる．どちらもゆでると食塩相当量は0.3 gとなる．めん類はたっぷりの湯でゆでることにより，脂質や食塩を取り除くことができる．　　　　（時岡）

1082　きつねうどん（☞）

うどん（ゆで）	200 g ＿＿＿＿
かけ汁	
┌ かつお・昆布だし	250 g ＿＿＿＿
│ うすくちしょうゆ	12 g ＿＿＿＿
│ 塩	1.2 g ＿＿＿＿
└ みりん	12 g ＿＿＿＿
油揚げ	25 g ＿＿＿＿
┌ だし汁	50 g ＿＿＿＿
┤ 砂糖	5 g ＿＿＿＿
└ うすくちしょうゆ	4.5 g ＿＿＿＿
青ねぎ	5 g ＿＿＿＿
七味とうがらし	少々 ＿＿＿＿

❶200 g 程度の熱湯を，ざるに並べた油揚げにかけて両面の油抜きをする．この油揚げを鍋に入れ，だし汁，砂糖，うすくちしょうゆを加え，落としぶたをして弱火で煮汁が少し残る程度まで煮る．

❷かけ汁はかつお・昆布だし（1100）に，うすくちしょうゆ，塩，みりんで味を調える．

❸鍋に湯を沸かし，うどん玉を入れさっと温め，水気を十分に切って，温めた丼に入れる．上に温めた❶，熱い❷をかけ，刻みねぎを散らし，好みで七味とうがらしをふりかける．（☞）

（東根）

1083　鍋焼きうどん

うどん（ゆで）	200 g ＿＿＿＿
だし汁	300 g ＿＿＿＿
┌ うすくちしょうゆ	30 g ＿＿＿＿
└ みりん	20 g ＿＿＿＿
鶏もも肉	40 g ＿＿＿＿
油揚げ	20 g ＿＿＿＿
生しいたけ	10 g ＿＿＿＿
かまぼこ	10 g ＿＿＿＿
青ねぎ	10 g ＿＿＿＿
卵	50 g ＿＿＿＿
七味とうがらし	少々 ＿＿＿＿

❶鶏もも肉は一口大のそぎ切り，油揚げは熱湯で油抜きをして5 mm 幅の短ざくに切る．しいたけは2 mm の薄切りにしておく．かまぼこは，厚さ2 mm に切る．ねぎは3 cm の長さで1 mm 幅の斜め切りにしておく．

❷鍋焼き用鍋にだし汁とうすくちしょうゆ，みりんをを入れ，うどんと鶏肉を入れて灰汁をとりながら煮る．油揚げ，しいたけ，ねぎ，かまぼこを彩りよく並べ，卵を割り落としてからふたをして卵に火を通す．

❸鍋のままで七味とうがらし添えて供する．

（作田）

☞　**うどんの名称と地域性（きつねとたぬき）**：油揚げが入ったうどんを関西でも関東でも「きつねうどん」と呼ぶのに対し，関東では油揚げが入ったそばを「きつねそば」，関西では「たぬきそば」と呼ぶ．関東では揚げ玉（天かす）が入ったうどんやそばを「たぬきうどん（そば）」と呼ぶが，関西ではこれを「はいからうどん（そば）」と呼ぶ．つまり関西には「きつねそば」がない．

（時岡）

科学　**1082　さし水**：うどんをゆでる時には沸騰後さし水をすることがある．これは，沸騰によるふきこぼれを抑えるためと，めんの外側と中心部の温度を均一にするために行われる．しかし，さぬきうどんのゆで方では，さし水をせず，火を加減する方法をすすめている．（東根）

☞　干しうどんを用いて，1081 ❺のようにゆでて使ってもよい．

（東根）

健康・栄養　**1083　本みりんとみりん風調味料の栄養比較**：本みりんはもち米の発酵によるアルコールを14%程度含み，塩分は含まない．みりん風調味料は水あめ，酸味料，調味料などを混和したものであり，アルコールは1%未満であるが塩分を含むものもある．本みりんは含まれる炭水化物量はみりん風調味料の80%程度であるが，甘味はみりん風調味料の1/3である．そのため，甘味を付ける目的に本みりんを使用する際には，使用量増加によってエネルギーの過剰摂取につながらないように注意が必要である．（時岡）

1091　お好み焼き（関西風）

（1枚分）

薄力粉	40 g _____
だし汁	50 g _____
やまのいも（またはながいも）	
（すりおろし）	20 g _____
キャベツ	100 g _____
青ねぎ	5 g _____
卵	50 g _____
豚ばら肉（薄切り）	40 g _____
油	2 g _____
お好み焼き用ソース	25 g _____
青のり	0.3 g _____
かつお節	1 g _____
マヨネーズ	適量 _____

❶だし汁に薄力粉，やまのいもを入れてよく混ぜる．やまのいもの粘りを出すようにしっかり混ぜる．

❷キャベツは，3 mm 幅のせん切りに切る．余分な水分があると生地に水っぽさが出るので，キャベツはできるだけ乾かすようにしておく．青ねぎは小口に切っておく．

❸焼く直前に❶と❷，卵を混ぜる．ボウルに❶の生地を入れ，❷と卵を入れてスプーンで卵黄をつぶしながら底から空気を入れて返すように混ぜる．混ぜすぎるとキャベツの水分が出てくるので注意する．

❹しっかり熱した鉄板に薄く油をひき，❸の生地を厚さ2 cm 程度になるように丸く整えて強火で焼き始める．ここで押さえつけないようにする．

❺3分ほど焼いたら❹の上に豚ばら肉を置き，コテで返す．

❻すぐにふたをして蒸し焼きにする（鉄板の温度を下げないようにする）．

❼そのまま4分程度焼き，ふたを取って再度返す．続けて3分程度焼く．

❽ソースを塗り，好みでマヨネーズをかけ，青のり，かつお節をふりかける．

（☞）　　　　　　　　　　　　　　　（作田）

☞　生地に混ぜるとよいもの：揚げ玉，紅しょうが，さくらえびなど

（作田）

応用 1091　お好み焼き（広島風）：生地（薄力粉 20 g，水 30 g），粉かつお 1 g，せん切りキャベツ 150 g，青ねぎ 5 g，もやし 30 g，焼きそば用蒸しめん 120 g，豚ばら肉（薄切り）40 g，卵 50 g，油 2 g．熱した鉄板に油をひき，1枚分の 2/3 量の生地をクレープのように薄く伸ばす．粉かつおをふって，キャベツ，もやし，ねぎ，豚肉の順にのせる．残りの生地をかける．生地部分が焼けたら返す．鉄板の空いた部分で焼きそばを加熱し，ソース少量をからめて焼きつけ，返した生地をそのままのせてしっかり押さえつける（A）．続けて空いた部分に卵を割り，卵黄をつぶして（A）の大きさに広げる．すぐに（A）をのせて，卵に火が通るまで焼く．好みのソースを塗る．　　　　　　　　（作田）

1092　たこ焼き

（12個分）

ゆでたこ（足）	40 g _____
だし汁	250 g _____
卵	50 g _____
塩	0.7 g _____
うすくちしょうゆ	2.5 g _____
薄力粉	75 g _____
油	5 g _____
ソース	15 g _____
かつお節	1 g _____
青のり	0.3 g _____

❶ゆでたこは12個に切り分ける．

❷ボウルにだし汁，卵，塩，うすくちしょうゆを入れてよく混ぜ合わせる．

❸薄力粉を入れてさっくりと混ぜる．

❹たこ焼き器を強火でよく空焼きしてから油をひき，❸の生地を入れてすぐに❶のたこを入れる．

❺返せるようになれば中火にして，金串などを用いて返す．まず角度90度で返してから，さらに2段階で丸く焼けるように返し，最後に強火で周囲をこんがりと焼く．

❻ソースをかけ，かつお節，青のりをふりかけて供する．

（☞）　　　　　　　　　　　　　　　（作田）

科学 1092　グルテン生成と温度：たこやきの生地をサクッと仕上げるには，薄力粉のグルテンをできるだけ生成させないようにする．そのためには，だし汁や卵は冷たいものを用いるとよい．　（作田）

☞　だし汁 100 g に塩 0.5 g とうすくちしょうゆ 1.5 g（すまし汁程度の塩分），ねぎ少々を入れたものをつけつゆとして添えてもよい．生地に紅しょうが，揚げ玉を加えることもある．　　　　　（作田）

1100　だしのとり方と味つけ

(a)昆布だし

| 水 | 150 g（150 mL） | _____ |
| 昆布 | 水の 1〜3% | _____ |

(b)かつおだし

| 水 | 150 g（150 mL） | _____ |
| かつお削り節 | 水の 1〜3% | _____ |

(c)かつお・昆布だし（一番だし）

水	150 g（150 mL）	_____
昆布	水の 1〜3%	_____
かつお削り節	水の 1〜3%	_____

(d)かつお・昆布だし（二番だし）

| 水 | (c)の半量 | _____ |
| (c)のだしがら | | _____ |

(e)煮干しだし

| 水 | 150 g（150 mL） | _____ |
| 煮干し | 水の 1〜3% | _____ |

＊すまし汁

だし汁（一番だし）		
	150 g（150 mL）	_____
塩	汁の 0.5%	_____
うすくちしょうゆ	1.5 g（小 1/4）	_____

＊みそ汁

だし汁（煮干しだし）		
	150 g（150 mL）	_____
みそ	汁の 6.5%	_____

(a)昆布だし

❶昆布をふきんで軽くふいてごみやほこりを除く.

❷鍋に水を蒸発分 100 g を追加して入れ,❶を加えて火にかけ,沸騰直前に取り出す.

(b)かつおだし

❶鍋に水を蒸発分 100 g 追加して入れて火にかけ,沸騰したらかつお削り節を入れ,再び沸騰したら火を止める.

❷❶のかつお削り節が沈んだらこす.

(c)かつお・昆布だし（一番だし）

❶(a)❶と同様.

❷(a)❷と同様.

❸❷が沸騰したらかつお削り節を入れ,再び沸騰したら火を止める.

❹❸のかつお削り節が沈んだらこす.

(d)かつお・昆布だし（二番だし）

❶鍋に(c)のだしがらと水を入れて火にかけ,沸騰したら軽く沸騰が続く程度の火加減で約3分間加熱し,火を止める.

❷❶のかつお削り節が沈んだらこす.

(e)煮干しだし

❶煮干しの頭と内臓を除く.

❷鍋に水を蒸発分 100 g を追加して入れ,❶を加えて火にかける.

❸❷が沸騰したら,軽く沸騰が続く程度の火加減で約3分間加熱し,火を止める.

❹約3分ほどしてから煮干しを取り出す.

＊すまし汁

だし汁(一番だし)を火にかけ,塩とうすくちしょうゆを加える.

＊みそ汁

煮干しだしを火にかけ,みそをだし汁の一部で溶き入れて一煮立ちしたら火を止める.

(久保)

1101　結びきすのすまし汁

きす（鱚）	20 g（1 尾）	_____
だし汁	150 g	_____
塩	0.8 g	_____
うすくちしょうゆ	2 g（小 1/3）	_____
じゅんさい	少々	_____
おくら	2.5 g（1/4 本）	_____
青ゆず	少々	_____

❶きすは松葉おろし(☞)にして塩をふり,身を結び,沸騰湯でさっとゆでる.

❷じゅんさいはざるに入れ,熱湯をかける.

❸おくらは板ずり（p.23 参照）をしてゆで,小口切りにする.

❹椀に❶❷を入れる.

❺だし汁を煮立て,塩,うすくちしょうゆで調味し,椀に注ぎ❸を散らし,青ゆずの皮をすりおろしふりかける（ふりゆず(1613 ☞)）.

(禾本)

☞ **松葉おろし**：頭と内臓を除く.中骨に沿って片身をおろす（尾と身は切り離さない）.裏返して同様におろして中骨だけを取る.おろした形状が松葉のようになる.これを結ぶと「結びきす」となる.

松葉おろし　　結びきす

(禾本)

味付けの計算式

練習 100 g のだし汁（かつお・昆布だしの一番だし）に，塩分濃度約 0.8％ の味を，塩とうすくちしょうゆ 2：1 で味付けするときの調味料を計算する．

①塩分の計算式

100（g）×（0.8／100）＝ 0.8

100 g のだし汁に 0.8 g の塩を溶かせば塩分濃度約 0.8％ の汁物になる

②しかし，かつお・昆布だしの一番だしには 0.2％ の塩分が含まれているので，先にそれを引く

100 ×（（0.8 － 0.6）／ 100）＝ 0.6

かつお・昆布だしの一番だし 100 g に，0.6 g の塩を溶かせば塩分濃度約 0.8％ の汁物になる

③塩：しょうゆ＝ 2：1 で味付けするので塩 0.6 g を 2：1 に分ける

塩 0.4 g，うすくちしょうゆに含まれる塩 0.2 g

④うすくちしょうゆの塩分量は 16％（うすくちしょうゆ 100 g 中の塩分量は 16 g）なので，必要な塩の重さを 100／16 倍（＝ 6.25 倍）すると，うすくちしょうゆ全体の重さになる

0.2 × 6.25 ＝ 1.25

塩 0.2 g を含むうすくちしょうゆは 1.25 g

⑤うすくちしょうゆは 1 mL で 1.2 g なので，1：1.2 ＝ x：1.25

x ＝ 1.25 ÷ 1.2 ≒ 1

塩 0.2 g を含むうすくちしょうゆは 1.25 g，体積にすると 1 mL

答え 100 g のだし汁に，塩分濃度 0.8％ の味を，塩とうすくちしょうゆを 2：1 で味付するには，塩 0.4 g，うすくちしょうゆ 1.25 g（1 mL）で味をつける．

まとめ 100 g のだし汁（かつお・昆布だしの一番だし）に，塩分濃度約 0.8％ の味を，塩とうすくちしょうゆ 2：1 で味付けするとき

計算式（塩の場合）

$$100(\mathrm{g}) \times \frac{(0.8 - 0.2)}{100} \times \frac{2}{3} = 0.4 \quad 塩\ 0.4\ \mathrm{g}$$

| 塩分の計算 | 割合の計算 |

計算式（うすくちしょうゆの場合）

$$100(\mathrm{g}) \times \frac{(0.8 - 0.2)}{100} \times \frac{1}{3} \times 6.25 \div 1.2 \fallingdotseq 1 \quad うすくちしょうゆ \quad 約\ 1\ \mathrm{mL}$$

| 塩分の計算 | 割合の計算 | その塩分を含んだしょうゆの計算 | しょうゆを g から mL に変更する | 小さじ 1/6 |

問題 150 g のだし汁（かつお・昆布だしの一番だし）に，塩分濃度約 0.8％ の味を，塩とうすくちしょうゆ 2：1 で味付けするときの調味料を計算してみよう．

答え 塩 0.6 g，うすくちしょうゆ 1.6 g

（時岡）

1102　温泉卵（☞）とわかめのすまし汁

かつお・昆布だし（一番だし）	150 g _____
塩	1 g _____
うすくちしょうゆ	1.25 g _____
卵	55 g（1個）_____
わかめ（戻したもの30 g）	7 g _____
木の芽	0.1 g（1枚）_____

❶卵を殻付きのまま鍋に入れ，ひたひたの水を加えて火にかけ，温度計で湯の温度を計る．70℃になったら65℃から70℃を常に保つように火加減を調節しながら30分程度ゆでる．温度が上がったらさし水をして調節する．

❷手のひらの上に卵を横に置き，上半分の殻を取り，椀の上で返すと中身が簡単に出る．

❸わかめはきれいに水洗いし，かたい茎は切り捨て，さっと熱湯をかけ，1 cm角くらいに切り，卵の横に入れておく．

❹かつお・昆布だしを煮立て，塩，うすくちしょうゆで調味し，熱くなったら椀に注ぎ入れる．

❺木の芽を手に置き，たたいて香りを出し，吸い口として❹に飾る．　　　（東根）

1103　しめ卵のすまし汁

かつお・昆布だし（一番だし）	150 g _____
塩	0.6 g _____
うすくちしょうゆ	0.3 g _____
卵	30 g（1/2個）_____
みつば	2 g（2本）_____

❶鍋に多めの水と1％の塩を入れ沸騰させ，割りほぐした卵を入れると（火は強火のまま），卵がふわふわになって浮き上がる．

❷ざるにふきんをのせ，その上に❶をあけ，卵を包むようにふきんを絞り水気を切る．熱いので，箸でふきんの絞り口を押さえ，ねじって汁を切る．

❸❷をそのまま丸めて，絞り口を下にして，冷めて固まるまで置いておく．冷めたらふきんをはずす．

❹結びみつば（みつばをひと結びしたもの）を作る．根を切ったみつばを熱湯にさっとくぐらせ，冷水につけて冷まし，2本をまとめてひと結びする．茎が長い場合は，結び切らずに輪にする．

❺❸を厚さ1 cmに切り，結びみつばとともに，椀に入れる．

❻だし汁を温め，塩，うすくちしょうゆで調味し，熱い汁を❺に入れて供する．　　　（濱口）

1104　吉野鶏のすまし汁

かつお・昆布だし（一番だし）	150 g _____
塩	1 g _____
うすくちしょうゆ	1.25 g _____
鶏ささ身	15 g _____
⎰塩	0.3 g _____
⎱清酒	1 g _____
かたくり粉	少々 _____
みつば	1 g _____
ゆずの皮	1片 _____

❶鶏ささ身は筋を取る．ささ身の白い筋が下になるようにまな板に置き，筋の端を左手で手前に引きながら包丁をまな板にそわせて右へ軽く動かし，筋を取る．2切れになるようにそぎ切りにし，塩，酒をふりかけておく．

❷❶を軽くふき，かたくり粉を薄くまぶし，熱湯中でゆでる．でん粉が透明になり，浮かんできたら穴あきお玉で引き上げる．

❸みつばは，葉を取り，軸は長さ3 cmに切っておく．

❹ゆずは皮を薄くそいで，松葉ゆずにする．

❺椀にささ身とみつばを入れておく．かつお・昆布だしを煮立て，熱くなったら，塩とうすくちしょうゆで味を調え，椀に注ぐ．松葉ゆずを吸い口（☞）として浮かす．　　　（東根）

☞　温泉卵：卵白は白っぽくどろっとしていて，卵黄は半熟で固まっている状態である．70℃くらいの温泉で作られるので，この名前がある．たっぷりの湯を沸騰させ，火を消し，卵を静かに入れてしっかりとふたをして20分間おく方法でもできる．ただし，室温，湯の量，卵の個数や大きさ，鍋の材質などが影響する．
　　　　　　　　　　　（東根）

食品　1102　卵：新鮮な卵黄は直径が比較的小さく，高さがある．鮮度が落ちると卵白の水分が移行し，卵黄の直径が大きくなり，高さは低くなり，重量は増える．卵を平らな皿に割り，卵黄の高さを直径で割ったのが卵黄係数で，新鮮卵黄は0.4前後，0.3以下はかなり古く，崩れやすい．　　　　　（東根）

応用　1102　温泉卵のゆずかけ：1102を参考にして温泉卵を作り，かけ汁（だし汁6：みりん1：うすくちしょうゆ1を合わせて一度煮立てたもの）をかけ，上にゆずの皮をおろしてかける．夏は冷たくして食べるとおいしい．　　（東根）

応用　1103　うずら卵のすまし汁：うずら卵は水から入れて時々混ぜながら沸騰後4〜5分ゆでる（3261）．水にとり，冷やしてから殻をむく．そうめんは1071❷を参考にゆでておく．みつばは結びみつば（1103❹）にしておく．椀にそうめん，うずら卵，みつばを盛り付け，すまし汁をしっかりと熱くし，椀の上から注ぐ．　　（東根）

☞　吸い口：吸い物に季節感を与え，香りを高めるために，椀種や椀つまに合う物を選び，少量用いる．木の芽，さんしょう（実，紛），みょうが，ゆず（松葉ゆず，へぎ切り），みつば，しその実，ふきのとう，露しょうが，わさび，水がらし，桜の花の塩づけなどがある．　　　　　　（東根）

1105　花弁もち吸物仕立て（☞）

えび	10 g
┌ 卵白	0.5 g
│ かたくり粉	0.25 g
│ 塩	0.1 g
└ 清酒	0.6 g
白玉粉	7.5 g
ごぼう	2.5 g
（2 mm × 2 mm × 7 cm）	
にんじん	2.5 g
（2 mm × 2 mm × 7 cm）	
みつば	2 g（2 本）
ゆずの皮	1 片
すまし汁	150 g

❶えびは背わた，頭，殻をとってみじん切りにして（フードプロセッサーにかけると早い），すり鉢へ入れ，卵白，かたくり粉，塩，酒を入れてよくすり，4 等分にする．

❷ごぼうとにんじんはさっと塩ゆでにする．

❸白玉粉に水（大 1/2＋α）を加え，耳たぶよりややかために練り，かたく絞ったふきんの上にとり，手のひらで押し伸ばし 5 × 8 cm の小判型にする．その上に❶を広げ，ごぼうとにんじんをはさんで 2 つに折りたたみ，形を整え，熱湯の中へ入れて 10 分程度ゆでる．

❹みつばは 2 本そろえて結びみつば（1103 ❹）に，ゆずは松葉に切っておく．
❺すまし汁を熱くして，椀に❸❹ を入れて注ぐ．　　　　　　　　（東根）

1111　わかたけ汁

たけのこ（ゆで）	25 g
乾燥わかめ	1 g
かつお・昆布だし（一番だし）	
	150 g
塩	0.75 g
しょうゆ	1 g（小 1/6）
木の芽	0.1 g（1 枚）

❶かつお・昆布だし（一番だし）をとる．
❷たけのこを繊維に沿ったほうを長くして薄く短ざく切りにする．
❸乾燥わかめは水に 20 分間ほどつけて戻し（戻す必要のないものもある），水気を切る．
❹鍋に❶と❷を入れて沸騰したら❸を加え，塩としょうゆで調味する．

❺❹を汁椀に注ぎ入れて木の芽（☞）を吸い口とする．　　　　　　（久保）

1112　沢煮椀（☞）

豚ばら肉（薄切り）	5 g
だいこん	10 g
にんじん	5 g
生しいたけ	10 g
ごぼう	5 g
┌ かつお・昆布だし（一番だし）	200 g
│ 塩	0.5 g
│ うすくちしょうゆ	0.5 g
└ 清酒	1.3 g
こしょう	少々
みつば	2 g

❶豚肉は 3 cm 長さのせん切りにし，熱湯でさっとゆでておく．
❷だいこん，にんじん，しいたけは 3 cm 長さのせん切りにする．ごぼうは細く笹がきにして水に放し，灰汁を抜く．
❸かつお・昆布だしの中で❶❷を煮て，浮いてくる灰汁をきれいに取り，塩とうすくちしょうゆと酒で味付けをする．
❹みつばの軸を細かく小口切りにして加え，好みでこしょうをかけてもよい．　　　　　　　　　　　　　（東根）

☞　**花弁もち**：正月を祝うもちのことである．その花弁もちに見立てるので，この吸物は，お祝いの時によく用いられ，正月の雑煮の代わりにもなる．えびはゆでると赤色のきれいに出るものがよい．　　（東根）

応用 **1105　えびのくずたたき**：えびは背わたと殻を取り，観音開き（☞）にして，1 人 1 尾を上身，下身を切り離して 2 切れにして，塩と酒をふりかけておく．えびにかたくり粉を薄くまぶし，熱湯中でゆで，浮かんできたら穴あきお玉などを使って引き上げる．椀にささ身と 3 cm に切ったみつばを入れておく．すまし汁を煮立て，熱くなったら，椀に注ぐ．松葉ゆずを吸い口として浮かす．　　　（東根）

☞　**観音開き**（かんのんびらき）：脚のついていた側から背に向かって包丁を入れて開き，上身も下身もそれぞれに背のほうから厚みを半分にそぐように切り込みを入れて開くとえび 1 尾の幅が広くなる．観音さまの扉の状態からこの名がついた．　　　　　　　　　（東根）

☞　**木の芽**：木の芽はさんしょうの若葉で，香り，色，形が重宝する．洗ってふき，使う前に手のひらでたたいて香りを出す．　　（久保）

☞　**沢煮**（さわに）：「澄んだ」という意味がある．多くの材料を使うが，細くて長さのそろったせん切りに切りそろえることにより，上等の汁物になる．灰汁取りが大切な作業である．沢は，「多くの」という意味がある．　　　　　　　　（東根）

1121 たいの潮汁（☞）

たいの頭	25 g（大 1/4 個）
塩	適量
うど	4 g（1 cm）
昆布	5 g（15 × 2.5 cm）
水	225 g
清酒	1.3 g（小 1/4）
塩	少々
木の芽	0.1 g（1 枚）

❶たいの頭のえら，うろこ，内部の血の固まりを除き，内外ともに流水でていねいに洗い，水気をふいて出刃包丁で 5 分割（1. つりがね，2.3. 左右胸びれ，4.5. 左右目玉）にし，塩を多めにふりかけて 20 〜 30 分間おき，出てきた生臭い汁を除く．

❷❶を熱湯にさっとくぐらせてすぐに水にとり，さっと洗って水気を切る．

❸鍋に水と昆布と❷を入れて中火にかけ，沸騰直前に昆布を引き上げ，軽く沸騰が続く程度の火で浮いてくる灰汁をすくい除きながら 12 〜 13 分間煮る（濁らないようにかき混ぜず，たいのうま味を十分に出す）．

❹うどの皮をむき，薄い短ざくに切り，水にさらして灰汁出しをする．

❺❸からたいを取り出し，汁を酒と塩でちょうどよい吸い物の味に調味する．

❻たいと❹を椀に入れ，❺を注ぎ，木の芽を吸い口にする． （久保）

☞ **潮汁**：魚貝類を使用した吸い物．具に臭いやくせの少ない白身魚や貝を用い，だし汁を塩だけで調味する．魚貝類のうま味をいかした料理である． （久保）

食品 **1121　たいの扱い**：たい（新鮮なもの，できれば生魚）は，丸のままきれいに洗い，うろこを取り，頭は胸びれから腹びれにかけて十分に身をつけて切る．身は刺身（1271），あらい（1261）などにする．潮汁も刺身も新鮮さが大切である．たいの頭は，潮汁のほか，かぶと煮，あら炊き（1655）などに使ってもよい． （久保）

応用 **1121　たいの切り身の潮汁**：たいの切り身を一口大に切り，❷からの調理を行う． （時岡）

1122 はまぐりの潮汁

はまぐり	30 g（中 2 個）
水	150 g
清酒	4 g
塩	1.2 g
木の芽	0.1 g（1 枚）

❶はまぐりは薄い塩水につけて砂をはかせる．

❷はまぐりは，こすり合わせて十分洗ってから，分量の水と酒を合わせた中へ入れ，強火にかける．

❸はまぐりの口が開いたら取り出す．

❹万能こし器にキッチンペーパーを敷いてこす．砂がないかを確かめて塩で調味する．

❺椀にはまぐりを入れ，熱い❹を注ぎ，木の芽を添える（ゆず，針しょうがを用いてもよい）． （東根）

科学 **1122　はまぐりのうま味成分**：はまぐりにはうま味成分として，コハク酸が含まれている．これはしじみやあさりにも含まれる．貝の身は長時間の加熱でかたくなりやすい． （東根）

1131 むらくも汁，かきたま汁

だし汁（☞）	150 g
┌ 塩	0.6 g
│ 清酒	1.25 g（小 1/4）
│ うすくちしょうゆ	少々
└ かたくり粉	1 g
卵	15 g
みつば	1 g

❶鍋にだし汁と塩を入れて火にかける．煮立ったら酒を入れ，うすくちしょうゆを加え，味を確かめる．

❷かたくり粉を同量の水で溶き，汁の中に加え，汁を沸騰させ薄く濃度をつける．割りほぐした溶き卵を流し入れ，長さ 3 cm に切ったみつばを入れて火を止める．

＊**むらくも汁**

細かく輪をかいて卵を流し入れ，ふわっと浮き上がったところで火を消す．

＊**かきたま汁**

上と同様に流し入れ，ふわっと浮き広がるところに，箸で速くかき混ぜると卵が細く切れて広がる．かき混ぜるタイミングが大切で，卵が加熱されていない生（なま）の間にかき混ぜると汁が濁る．煮えすぎてからでは卵が固まって細かくなりにくい．いずれも卵を入れると温度が下がるので，入れる時は火を強くするとよい． （東根）

科学 **1131　汁の温度とでん粉の粘度**：でん粉を加えた汁の温度が上がると，粘度が生じて卵の細片の沈降を防ぐ．卵の細片が小さいほど沈みにくい．汁の温度が低下すると粘度が低下するので卵は沈む．卵を入れた時の温度が低いと卵液が凝固する前に水によって卵が希釈されるため，いったん低濃度になった卵液はその後で火力を強めても凝固しにくい． （東根）

☞ **複合調味料のだし**：すまし汁に卵を用いる場合には，うま味調味料のだしに，酒を少量加えるだけでも，十分においしい．しかし，うま味調味料は，加える量に注意する．酒も，かくし味として使うので少量使用する． （東根）

1132 のっぺい汁(☞)

さといも	25 g ____
だいこん	12.5 g ____
にんじん	5 g ____
乾しいたけ	1 g (1/2枚) ____
鶏もも肉	25 g ____
青ねぎ(またはさやいんげん,えんどうまめ)	
	2.5 g ____
かつお・昆布だし(二番だし)(☞)	
	200 g ____
塩	0.5 g ____
しょうゆ	3 g (小1/2) ____
みりん	4.5 g (大1/4) ____
かたくり粉	2.5 g ____
しょうが	2.5 g ____

❶かつお・昆布だし(二番だし)をとる.
❷乾しいたけを戻して細くそぎ切りにする.
❸鶏肉を一口大に切る.
❹だいこん,にんじんは厚さ2〜3 mmの半月切りかいちょう切りにする.
❺さといもは皮をむき(むいたものは水に放っておく),塩をふりかけて洗って汚れとぬめりを除き,厚さ3〜4 mmの輪切りか半月切りにする.
❻厚めの鍋に❶と❷〜❺を入れて中火にかけ,灰汁を除きながらやわらかくなるまで煮る.

❼❻を塩,しょうゆ,みりんで調味し,青ねぎの小口切り(ゆでて斜め薄切りにしたさやいんげん,ゆでたえんどうまめなどでもよい)を入れ,水溶きかたくり粉(粉と水:同量)を加えて一煮立ちさせる.汁椀に注ぎ,おろししょうが(または絞り汁)を入れる. (久保)

1141 豆腐のみそ汁

豆腐	12.5 g ____
ねぎ	2.5 g ____
煮干しだし	150 g ____
みそ	(汁の6.5%) 10 g ____

❶煮干しだしをとる.
❷ねぎをささ切りか小口切りにする.
❸煮立った❶にみそをだし汁の一部で溶き入れる.
❹豆腐を手のひらの上で約1 cmのさいの目切りにして❸に入れ,一煮立ちしたら,❷のねぎを散らす.
(☞) (久保)

1142 わかめと油揚げのみそ汁

乾燥わかめ	1 g ____
油揚げ	6.3 g ____
煮干しだし	150 g ____
みそ	(汁の6.5%) 10 g ____

❶煮干しだしをとる.
❷わかめを水につけて戻す(戻す必要のないわかめもある).
❸必要に応じて油揚げの油抜きをする(1034 ☞).

❹❶に❸を入れて煮立て,みそをだし汁の一部で溶き入れる.激しく沸騰しないように火加減に注意する.
❺❷のわかめを入れる. (久保)

☞ **のっぺい汁**:全国に伝わる郷土料理で,具だくさんのすまし汁である.精進料理とする場合には,昆布だしにして鶏肉の代わりに油揚げを用いるとよい.汁物の具の種類と量を増やすことで栄養のバランスをよくすることができる.肉類や魚貝類と野菜類を併用することで,濃厚なうま味が汁に溶出し,だし汁でなく水を用いてもよく,塩分濃度を低くすることができる. (久保)

☞ だし汁にしいたけの戻し汁を加えてもよい. (久保)

科学 **1132 汁のとろみと温度降下**:でん粉を用いて汁に濃度をつけると汁の温度降下が小さくなる(冷めにくくなる).この場合に用いるでん粉は,糊化した時に透明で粘度が高いかたくり粉がふさわしい.
(久保)

☞ みそ汁はみそを入れてから一煮立ちしたときが味も香りも最高であり,沸騰を続けたり,冷めたものを再加熱すると味も香りも落ち,塩辛くなる.おいしいとされるみそ汁の塩分濃度は0.6〜0.8%であり,同時に食する料理の塩分が高い場合には汁の塩分濃度は低めにするなどの調整が必要である.みそと煮干しだし汁以外に具に含まれる塩分も味に影響することをふまえ,薄味を心がけてみその量を調整する. (久保)

応用 **1141 庄内麩とじゅんさいの赤だし**:庄内麩(板麩)0.75 g(2 cm),じゅんさい5 g(1〜2個),かつお・昆布だし(一番だし)150 g,赤だし用みそ10 g.❶かつお・昆布だし(一番だし)をとる.❷じゅんさいはざるに入れて熱湯をかけ,水気を切っておく.❸庄内麩はぬれぶきんに包んで少ししめらせ,1 cm幅に1人2片にする.汁椀に❷とともに入れておく.❹❶を沸騰させ,みそをだし汁の一部で溶き入れる.一煮立ちしたら,汁椀に注いでふたをする.赤だし用みそは,愛知県,岐阜県,三重県北部で用いられる豆みそである.じゅんさいは,多年生の水生植物で,5〜8月の芽を摘み取ったもので,ゼリー状の膜に包まれている.秋田県の特産品で,市販品のほとんどは水煮したものである. (久保)

食品 **1142 わかめ**:わかめは,戻す必要のないものもある.戻す場合,ビタミンや無機質の溶出があるため,必要以上に水に浸さないようにする.長く戻すと色が悪くなり,ぬめりも出る. (久保)

1143　いわしの摘み入れみそ汁

いわし	
正味 17.5 g（60 g大1/2尾）	_____
塩　　　（いわしの1%）0.2 g	_____
しょうが　　　　　0.75 g	_____
かつお・昆布だし（二番だし）	
150 g	_____
みそ　　　　　　　9 g	_____
青ねぎ　　　　　　2.5 g	_____

❶かつお・昆布だし（二番だし）をとる.
❷しょうがをよく洗っておろし, 絞っておろし汁をとる.
❸青ねぎを小口切りにする.
❹いわしの頭と内臓を手で取り除き, 流水で洗った後, 水気をふき取り, 手開きして背骨と皮を除く. まな板の上で包丁で細かくなるまでたたき, すり鉢に入れ, 塩と❷を加えてなめらかになって粘りが出るまでよくすり, 1人分2個に丸める.
❺❶を煮立て, ❹を入れて灰汁をすくい除きながら煮て, 浮き上がってきたらみそを溶き入れて味を調え, ❸を加えて火を止める.　　　　　　（久保）

1151　しじみ（あさり）のみそ汁

しじみ（あさり）　12.5 g（20 g）	_____
（殻付きなら50 g）	
昆布だし　　　　　150 g	_____
みそ　　　　　　　10 g	_____
木の芽　　　　0.1 g（1枚）	_____

❶しじみを水につけて一晩おいて砂をはかせる（あさりは3%程度の食塩水（分量外）につける）.
❷❶の殻と殻をこすり合わせて十分に洗う.
❸昆布だしをとり, だしが沸騰したら❷を入れ, 灰汁を除きながら貝のふたが開くまで静かに煮る.
❹❸にみそをだしの一部で溶き入れ, 一煮立ちさせ, 汁椀に注いで木の芽を吸い口にする.　　　　　　（久保）

1152　さつま汁（☞）

鶏もも肉　　　　　40 g	_____
にんじん　　　　　15 g	_____
だいこん　　　　　15 g	_____
さといも（☞）　　15 g	_____
生しいたけ　　　　10 g	_____
青ねぎ　　　　　　5 g	_____
水（だし汁）（☞）　150 g	_____
白みそ　　　　　　10 g	_____
赤みそ　　　　　　2.5 g	_____
七味とうがらし　　少々	_____

❶鶏肉は一口大の大きさ, にんじん, だいこんは厚さ3 mmのいちょう切り, しいたけは4つ切り（いちょう切り）, さといもは皮をむいて塩でもんでぬめりを取り（☞）, 水洗いして厚さ5 mmの輪切りにしておく.
❷鶏肉と分量の水を鍋に入れ火にかけ, 沸騰したら浮いている灰汁を除き, にんじん, だいこん, さといも, しいたけを入れて, 再沸騰したら弱火にし, 材料がやわらかくなるまで灰汁を除きながら煮る.
❸白・赤のみそを合わせて❷の汁の一部で溶き, ❷へ入れ, 一煮立ちさせ, 味をみて足りなければ塩で補う.
❹青ねぎを大きめに切ったものを入れて仕上げ, 汁椀に注ぎ入れ, 好みで七味とうがらしをふる.　　　　　　（東根）

健康・栄養　1143　多価不飽和脂肪酸：いわしに代表される「青背の魚」の脂質にはn－3系の多価不飽和脂肪酸であるEPA（IPA）やDHAが豊富に含まれている. これらは人の血液中の中性脂肪を低下させ, いわゆる悪玉コレステロールを低下させ, 善玉コレステロールを上昇させるといった作用が期待できる. また, 血栓の生成を防ぎ, 免疫機能をととのえて炎症を抑える作用があるといわれている. したがって, 魚を摂取する場合は, 青背の魚であるあじ, いわし, さんま, さばなども積極的に摂るよう心掛けることが望ましい. なお, 多価不飽和脂肪酸は酸化されやすく不安定なため, 魚は干物や塩蔵品より, 生の新鮮なものを用い, 抗酸化作用のあるビタミンA, C, Eなどを含む食材と一緒に摂るようにするとよい.　　（時岡）

食品　1151　貝のうま味：貝にはコハク酸などのうま味が含まれており, 昆布を用いなくてもよい.
　　　　　　（久保）

☞　さつま汁：具だくさんなので, 煮物の一種と考える場合もある. 鹿児島の郷土料理だが, おいしさ, 作りやすさで全国に普及している. こんにゃく, 乾しいたけ, 油揚げなどを使う場合もある.　（東根）
☞　さつま汁のだし汁：さつま汁は豚・鶏肉などと野菜類をたっぷりと加えた具だくさんのみそ汁である. 肉類からはおもにイノシン酸, 野菜類からはグルタミン酸の溶出があり, うま味の相乗効果もあるので, 煮だし汁を用意しなくてもよい.
　　　　　　（東根）
☞　さといもの下処理：さといもは, 皮のままよく洗ってから皮をむくとかゆみが出にくい. 手に酢をつけていも処理をするとよいともいわれる. ぬめりを取るほかの方法としては, 塩でもむ, 2～3分ゆでるなどもある.　　　　（東根）

1161 呉汁（こじる）（☞）

だいず	20 g＿＿＿＿＿
みそ	8 g＿＿＿＿＿
だし汁	100 g＿＿＿＿＿
油揚げ	5 g＿＿＿＿＿
ねぎ	2 g＿＿＿＿＿

❶だいずをたっぷりの水に一晩つける．フードプロセッサーで粗くつぶしてみそを加え，だし汁で伸ばしてさらに混ぜる．
❷鍋に移し火にかける．
❸油揚げは熱湯で油を抜き，せん切りにして❷が煮立ったら加える．
❹再び煮立ったら火を消し，椀に盛って小口切りねぎを加える．　　　　　　（中平）

☞ 呉汁：水に浸しただいずをすりつぶしたものを呉（ご），それをみそ汁に用いたものを呉汁という．かつてはすり鉢を使ってだいずをつぶした．　　　　　　　（中平）

1171 かす汁

酒かす	20 g＿＿＿＿＿
白みそ	5 g＿＿＿＿＿
だいこん	10 g＿＿＿＿＿
にんじん	5 g＿＿＿＿＿
こんにゃく	20 g＿＿＿＿＿
油揚げ	5 g＿＿＿＿＿
塩ざけ（ぶり）	25 g＿＿＿＿＿
かつお・昆布だし（一番だし）	130 g＿＿＿＿＿
清酒	1.3 g（小 1/4）
青ねぎ	5 g＿＿＿＿＿

❶酒かすを一口大にちぎってボウルへ入れ，ひたひたの熱湯を加えて戻しておく．
❷だいこん，にんじん，こんにゃくは長さ3〜4 cmの短ざく切り，油揚げは熱湯をかけて油抜きして同様に切る．塩ざけは一口大に切る．塩ざけの塩がきつい場合は，薄い塩水につけて塩抜きをする．
❸かつお・昆布だしに❷を入れて火にかけ，沸騰後弱火で材料がやわらかくなるまで煮る．
❹❶に白みそを加えてなめらかになるまですり，❸に入れて一煮立ちしたら味を調える（白みそにのかわりに塩，しょうゆで調味してもよい）．長く煮ると酒かすの香りを失うので手早くする．
❺仕上げに酒と1 cm幅の斜め切りにした青ねぎを入れて，熱いうちに椀へ注ぐ．　　　　　　（東根）

食品 1171 酒かす：清酒を絞った後の白い固形物．アルコール分は8％程度含まれている．みりんからとれるみりんかす，しょうちゅうからとれるしょうちゅうかすもある．そのまま，焼いて砂糖などをつけて食べてもおいしい．甘酒や各種漬物（わさび漬け・奈良漬など）の床として使用される．　　　　（東根）

1181 けんちん汁

木綿豆腐	40 g＿＿＿＿＿
だいこん	10 g＿＿＿＿＿
にんじん	5 g＿＿＿＿＿
油揚げ	3 g＿＿＿＿＿
生しいたけ	5 g＿＿＿＿＿
ごぼう	5 g＿＿＿＿＿
サラダ油またはごま油	4 g＿＿＿＿＿
かつお・昆布だし（一番だし）	130 g＿＿＿＿＿
塩	適量
うすくちしょうゆ	適量
清酒	1.3 g（小 1/4）
しょうが	3 g＿＿＿＿＿

❶豆腐は，ぬらして固く絞ったふきんに包み，水気を切る．
❷だいこんとにんじんは1×3 cmの短ざく切り，しいたけはせん切りにする．油揚げは熱湯をかけて油抜きし，同様の短ざく切りにする．
❸ごぼうは洗って皮をこそげ取り（たわしや包丁の背を使って），ささがき（☞）にして水につけ，灰汁を抜いておく．水は2〜3回変える．
❹鍋に油を入れて十分に熱し，❷❸の材料を弱火でよく炒める．さらに豆腐も加え，1 cm角くらいの大きさにつぶしながら混ぜて炒め，かつお・昆布だしを加え，沸騰が軽く続く程度の火加減で材料がやわらかくなるまで煮込む．
❺浮いてくる灰汁や油を除き，塩とうすくちしょうゆで吸物程度の味をつけ，酒を入れ一煮立ちさせる．
❻熱いうちに汁椀に注ぎ，しょうが汁をおとす．　　　　　　（東根）

食品 1181 けんちん（巻繊）：中国から伝わった料理．にんじん，しいたけ，ごぼうなどをごま油で炒め，くずした豆腐を加え味つけしたものをいう．　　　　　　（東根）

☞ ささがき：ごぼうのささがきは，ごぼうに縦に切り目を4か所程度入れ，ピーラー（皮むき器）を使うと形の整った細いものができる．　　　　　　（東根）

1191　まつたけの土瓶蒸し

まつたけ	10 g（中 1/4 本）＿＿＿＿
鶏ささ身	12.5 g ＿＿＿＿
しょうゆ	1.5 g（小 1/4）＿＿＿＿
えび	15 g（1 尾）＿＿＿＿
白身魚（はもなど）	20 g ＿＿＿＿
塩　（えびと白身魚の 1%）0.35 g ＿＿＿＿	
ぎんなん	2.5 g（1 個）＿＿＿＿
みつば	2.5 g ＿＿＿＿
すだち（またはゆず）5 g（1/8 個）＿＿＿＿	
かつお・昆布だし（一番だし）150 g ＿＿＿＿	
┌塩	0.75 g ＿＿＿＿
└清酒	3.8 g（大 1/4）＿＿＿＿

❶かつお・昆布だし（一番だし）をとり，酒と塩を加えて吸物の味に調える．

❷まつたけの石づきを取り，ていねいに洗い，大きなものは長さを 2 つに切ってから縦に厚さ 2 cm に切る．

❸鶏ささ身は筋を除き，そぎ切りにし，しょうゆをふる．

❹えびは洗って皮と背わたを除く．白身魚は洗って 4 つ切りにする（はもの場合は骨切りをしておく）．どちらにも 1%の塩をふる．

❺ぎんなんを塩ゆでする．みつばは長さ 4 cm に切る．

❻土瓶蒸し器または蒸し茶碗にみつば以外の材料と❶を入れ，ふたをして弱火にかけるか蒸し器に入れて強火で蒸す．

❼沸騰したらみつばを入れて火を止め，ふたの上にくし形に切ったすだち（またはゆず）をのせる．

（☞）
（久保）

☞　**土瓶蒸しの食べ方**：伏せてある猪口を取って土瓶から汁を注ぎ，すだち（またはゆず）を絞り入れて味わう．次に土瓶のふたを開けて具を猪口に取って食す．汁と具を交互に味わう．　　（久保）

1201　茶碗蒸し

卵液	
┌卵	30 g ＿＿＿＿
│かつお・昆布だし（一番だし）	120 g ＿＿＿＿
┤うすくちしょうゆ	0.6 g ＿＿＿＿
│塩	0.5 g ＿＿＿＿
└みりん	2 g ＿＿＿＿
鶏もも肉（皮なし）	20 g ＿＿＿＿
┌うすくちしょうゆ	0.6 g ＿＿＿＿
└みりん	0.5 g ＿＿＿＿
生しいたけ	20 g（小 1 枚）＿＿＿＿
かまぼこ	10 g ＿＿＿＿
生ふ（梅型）	10 g ＿＿＿＿
糸みつば	5 g（1 本）＿＿＿＿
ゆず	少々 ＿＿＿＿

❶かつお・昆布だしをとり（1100 参照），うすくちしょうゆ，塩，みりんを入れて冷ましておく．

❷卵は割りほぐし，❶を加えて泡立てないように混ぜ，こしておく．

❸鶏肉はそぎ切りにして，うすくちしょうゆ，みりんで下味をつけておく．

❹しいたけは石づきを取り，十文字に切り込みを入れる．

❺生ふは厚さ 5 mm に切る．かまぼこは薄切り，みつばは長さ 3 cm に切る．

❻蒸し茶碗に，❸❹❺を入れて❷の卵液を注ぎ入れ，泡を除くようにし，蒸気の上がった蒸し器に入れ，85 ～ 90℃（中火で蒸し器のふたを少しずらす）で約 15 分間蒸す．竹串を刺して濁った汁が出なければよい．

❼❻にゆずの皮のそぎ切りをのせ，ふたをして供する．

（三浦・山本）

科学 **1201　卵希釈液の凝固**：卵が熱変性を受ける温度は 60 ～ 80℃．卵希釈液に砂糖や塩を添加すると凝固温度が上昇する．卵液を 30%くらいまで希釈するとゲルを形成できなくなるが，塩や牛乳を添加するとナトリウムイオンやカルシウムイオンの働きによりたんぱく質の凝固が促進され，20%くらいまで希釈してもゲルを形成できる．茶碗蒸しではだし汁やしょうゆ，塩が入ることにより凝固しやすくなる．ただし，加熱温度が高くなりすぎると，液の中に溶存していた空気などが気化するために穴があき，すだちが起こる．すだちを防ぐには蒸し器のふたを少しずらしたり，溶存気体を少なくするために液を予熱後，放置したり，緩慢な温度上昇になるように加熱前の温度を 40℃くらいに上げておくなどする．（三浦・山本）

☞　**蒸し器を使わない方法**（蒸し器がない場合に，鍋を使用する）：❶深めの鍋に容器を置き，水を注ぐ．鍋の深さは，容器がすべて入る高さがよい．容器を入れた鍋に，卵液と同じくらいの高さまで水を注ぐ．❷容器にふたをする．ふたがなければアルミはくをかぶせる．ふたをするとつゆ止めが不要．❸鍋のふたをして火にかける．❹沸騰後火を止めて，そのまま約 8 分おく．❺容器のふたを開け，竹串を刺し，濁った汁が出なければ完成．汁が黄色く濁っている場合は，再度蒸す．　（濵口）

1202 小田巻き蒸し(☞)

うどん(ゆで)	50 g _____
鶏もも肉	25 g _____
しょうゆ	1.5 g (小 1/4) _____
えび(無頭)	15 g (1 尾) _____
乾しいたけ	2 g (1 枚) _____
かまぼこ	7.5 g _____
白身魚	14 g _____
ほうれんそう	15 g _____
卵	13.75 g (1/4 個) _____
かつお・昆布だし(一番だし)	
	55 g (卵の 4 倍量) _____
┌ うすくちしょうゆ	0.75 g _____
└ 塩	0.5 g _____

❶かつお・昆布だし(一番だし)をとり,冷ましておく.
❷うどんを熱湯にさっと通し水を切る.
❸鶏肉を一口大に切り,しょうゆをふりかける.
❹えびは尾を残して殻をむき背わたを取る.乾しいたけは戻して軸を除く.かまぼこは薄く切る.白身魚は薄切りにする.
❺ほうれんそうは青ゆで(1334 科学)して 3 cm くらいに切る.
❻卵を割りほぐし,冷えた❶とうすくちしょうゆ,塩を加え,ざるでこして卵汁を作る.

❼蒸し茶碗に❷～❺を盛り付け,❻の卵汁を注ぎ,約 20 分間静かに蒸す.(久保)

☞ **小田巻き蒸し**:大阪の問屋街が発祥とされる.麻糸を巻いて玉にした苧環(おだまき)から名前が付いたといわれている. (久保)

1203 空也豆腐(☞)

絹ごし豆腐	40 g _____
卵液	1201 の 2/3 量 _____
えびそぼろあん	
┌ えび	10 g _____
│ かつお・昆布だし(一番だし)	35 g _____
┤ 塩	0.3 g _____
│ うすくちしょうゆ	0.3 g _____
└ かたくり粉	1.5 g _____
しょうが	2.5 g _____

❶豆腐はふきんに包み水を切っておく.
❷1201 よりやや塩味の強い卵液を作る.
❸豆腐を器の深さの六分目くらいの高さになるようにまっすぐ立てて入れ❷の卵液を豆腐が隠れる程度まで注ぐ.1201 ❻同様に蒸す.
❹蒸している間にえびそぼろあんを作る.えびは殻付きのままさっとゆで,殻をとり,身をみじん切りにする.小鍋にかつお・昆布だしと塩,うす

くちしょうゆを入れ,えびと水溶きかたくり粉を入れて火にかけて,とろ味をつけ,蒸し上がった❸の上にかける.おろししょうがを真ん中にのせる.(東根)

☞ **空也豆腐**:空也蒸しともいい,豆腐料理の 1 つである.豆腐をお堂に見立て,踊り念仏の空也念仏を模して作られたといわれている. (東根)

1211 かぶら蒸し

鶏肉	20 g _____
にんじん	5 g _____
ゆりね	10 g _____
えび	15 g (1 尾) _____
乾しいたけ	1 g (小 1/2 枚) _____
かぶ	85 g _____
卵	15 g _____
くずあん	
┌ だし汁	50 g _____
│ うすくちしょうゆ	4.5 g (大 1/4) _____
┤ みりん	1.5 g (小 1/4) _____
└ かたくり粉	1.2 g (小 1/2) _____
しょうが	2 g _____

❶鶏肉は一口大に切り,うすくちしょうゆ小 1/4,酒小 1/4 をふりかけて下味をつけておく.
❷にんじんは 5 mm 角に切り,ゆりねは 1 枚ずつはがし,ともにかためにゆでる.えびは身だけにして一口大に切る.乾しいたけは戻してせん切り,かぶは皮を薄くむいてすりおろし,ふきんに包み水気を軽く切る.
❸ボウルに卵を割りほぐし,❶❷を加え,塩小 1/6,砂糖小 1/6,みりん小 1/4 で味をつけ混ぜ合わせ,器に分け入れ,蒸し器で強火で 12 ～ 13 分蒸す.

❹くずあんは分量のだし汁にうすくちしょうゆ,みりんを加えて火にかけ,水溶きかたくり粉でとろみをつける.
❺蒸し上がった❸に❹をかけ,おろししょうがをのせる. (大喜多・池田)

1221　いかのけんちん蒸し

	（4人分）	
いか	300 g（1杯）	
うすくちしょうゆ	18 g（大1）	
砂糖	9 g（大1）	
清酒	15 g（大1）	
かたくり粉	3 g（小1）	
豆腐	80 g	
乾しいたけ	8 g（4枚）	
にんじん	10 g	
さやいんげん	10 g	
油	6 g（大1/2）	
卵	55 g（1個）	
砂糖	9 g（大1）	
塩	1.5 g（小1/4）	
しょうゆ	6 g（小1）	

❶いかの足と内臓を一緒に引き抜き，えんぺらを取らないように皮をむく．足の皮もむく．
❷うすくちしょうゆ，砂糖，酒を煮立て，❶の水気をふき取って入れ，いかが白くなったら引き上げる．煮汁は少し薄めてから水溶きかたくり粉（粉と水：同量）を入れてとろみをつけ，あんにする．
❸豆腐をふきんで包んで水気を切る．
❹乾しいたけを戻して石づきを除き，せん切りにする．にんじん，さやいんげんはせん切りにする．
❺フライパンに油を熱し，❹といかの足を炒め，❸をほぐし入れ，出てくる水分を蒸発させ，砂糖，塩，しょうゆで調味し，溶き卵を加えていり煮にする．
❻いかの胴に❺を詰めて口をようじでとめ，15分間蒸す．
❼❻を輪切りにして盛り付け，❷のあんをかける． （久保）

食品 1221　いか：成分では魚介類のなかではコレステロール含量が高いが，タウリン比が高いので高コレステロールを気にする必要はないとされている．肉の表面には4層からなる皮があり，第4層はコラーゲン繊維が体軸（頭から足を結ぶ方向）に沿ってあり，加熱すると収縮し硬くなる．これを防ぐために斜めや縦横に切り目を入れておくことが多い．切り目を入れると味の浸み込みもよくなる．布目，松笠，唐草などの切り方がある． （三浦）

1231　魚のじょうよ蒸し（☞）

魚（切り身）	50 g（1切れ）	
塩	1.5 g（小1/4）	
清酒	1.3 g（小1/4）	
やまのいも	50 g	
卵白	9 g（1/4個）	
塩	0.5 g	
砂糖	1.25 g	
かけ汁		
かつお・昆布だし（一番だし）	50 g	
砂糖	0.8 g（小1/4）	
うすくちしょうゆ	0.75 g	
青のり粉	0.1 g	

❶やまのいもの皮をむいて酢水（分量外）につけ（1312食品），すり鉢にすりおろし，よくすって卵白を加え，なめらかになったら塩と砂糖で調味する．
❷魚に塩と酒をふり20〜30分間おく．
❸❷から出る生臭い汁をふき，深みのある器に盛り付け，❶をかけ，蒸し器に入れて中火で12〜13分間蒸す．
❹かけ汁の材料を鍋に入れて火にかけ，一煮立ちさせる．
❺❸に❹をかけ，青のり粉をふりかける． （久保）

☞ じょうよはやまのいものことをいう． （久保）

1241　梅花卵

	（4人分）	
卵	120 g（大2個）	
砂糖（卵白用）	5 g	
砂糖（卵黄用）	10 g	
塩（卵白用）	0.5 g	
塩（卵黄用）	0.5 g	

❶卵をかたゆで卵にし（水から15分間程度ゆでる．ゆですぎて卵黄のふちが黒ずまないよう注意する），殻をむく．
❷❶の卵白と卵黄を別々に裏ごしし，砂糖と塩で調味する．
❸ぬれぶきんの上に❷の卵白を5 cm幅に広げ，その上に❷の卵黄を芯になるように棒状において巻く（卵白の縦が卵黄棒の円周分になるように厚みを加減する）．ふきんの両端をひもでくくり，5本の箸を梅型になるようにあてがってひもで縛る．
❹❸を蒸し器に入れて強火で5分間蒸し，取り出して冷ます．冷めたら中身を取り出し，1人1切れ（厚さ1〜1.5 cm）に切る． （久保）

応用 1241　電子レンジで作る錦卵（二色卵）：❶❷は1241と同様．❸四角い耐熱容器（7×7 cm程度，電子レンジ加熱が可能なもの）の底と側面にクッキングシートを敷き，❷の卵白を入れて平らに押さえる．その上に❷の卵黄を入れて表面を整える．❹ラップフィルムをふんわりとかけて，電子レンジ500 Wで1分間加熱し冷ます．型から出して，8切れに切る． （池田）

1242 （若草）きんとん

	（4人分）
さつまいも	250 g ＿＿＿＿＿
水	100 g（1/2 C）＿＿＿＿＿
みりん	115 g（1/2 C）＿＿＿＿＿
砂糖	100 g ＿＿＿＿＿
くりの甘露煮	60 g（4個）＿＿＿＿＿
抹茶	1 g ＿＿＿＿＿

❶さつまいもを洗って皮を厚くむき，いくつかに切って水にさらして灰汁を抜く．蒸し器に入れて強火で串が通るまで蒸す．

❷❶が冷めないうちに手早く裏ごす．

❸❷を小鍋に入れ，水で伸ばし，みりん，砂糖を順に混ぜ入れ，火にかけて練りながらつやよく煮詰め，くりの甘露煮を加えてくずさないように十分加熱し，ほどよいつやとかたさになれば（抹茶の水溶きを加える場合はここで加え）すぐに火からおろす．（☞）（久保）

1250 つくり身のおろし方と刺身

魚（たい）	正味 50 g（1尾）＿＿＿＿＿

❶清潔なまな板，包丁（たいは出刃包丁を用いる），うろこ取り，骨抜きを準備する．

❷【うろこを取る】まな板に魚の頭を左，腹を手前にしておく．表身のうろこをうろこ取りで完全に取る．包丁の場合は右にややねかせて尾から頭のほうへ逆なでする．裏身も同じようにする．

❸【内臓を取る】（3401）

❹【頭を取る】（3401）

❺【三枚おろし】（3401）

❻【五枚おろし（節おろし）】大型魚の場合，片身を腹身と背身に分ける．たいなどは，小骨の左右わきに包丁を入れて切り取る．

❼【さくどり】大型魚の場合，さらに作りやすいように形を整える．

❽【皮を引く】まな板にさくどりした身を皮を下になるように置き，尾側の身と皮の間に包丁を入れ，皮を手前に引きながら包丁で切り離す．（☞）（作田）

1251 まぐろの角つくり（さいの目つくり）

まぐろ	100 g ＿＿＿＿＿
青じそ	1 g ＿＿＿＿＿
だいこん	20 g ＿＿＿＿＿
穂じそ	1本 ＿＿＿＿＿
菊花	1個 ＿＿＿＿＿
練りわさび	2 g ＿＿＿＿＿
たまりしょうゆ	5 g ＿＿＿＿＿

❶まぐろはさくの長辺にそって，さくの厚みと同じ幅の棒状に切る．

❷小口にサイコロになるように，角を立てることを意識して切り分ける．

❸器にだいこんのせん切りに青じそを添え，まぐろを盛り付けて手前に穂じそと菊花を添える．

❹わさびとたまりしょうゆを添えて供す．（作田）

あしらい

あしらい（添え）は，魚貝類特有の生臭みを消し，季節感や彩りを添えることができる．

けん：だいこんのせん切り，みょうがたけの薄切り，しらがねぎ，青じそのせん切り

つま：筆しょうが，菊の花，きゅうりの薄切り，紫芽（赤じその幼芽），穂じそ，木の芽，わかめ，青ゆず，ぼうふう

辛味：しょうが，にんにく，わさび　　　　　　　（作田）

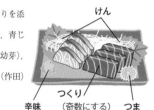

けん　つくり　辛味　（奇数にする）　つま

☞ くりの甘露煮のシロップを水と砂糖の代わりに用いてもよい．抹茶を入れる際には，さつまいもに加える砂糖のうち，抹茶と同量分を抹茶の水溶きを調製する際に加えると均一になりやすい．冷めたら固くなるので煮詰め加減に注意する．（久保）

科学 **1242** さつまいも：さつまいもを切ると出てくる白い液体のヤラピンやクロロゲン酸は，空気に触れると黒くなるため，切ったらすぐに水につける．ヤラピンは外皮近くに存在するため，厚めに皮をむくと除去しやすい．さつまいもを煮るときに煮汁の0.5%のみょうばんを加えると，ペクチンがみょうばんと結合して煮崩れを防ぐことができる．また，たんぱく質の凝固が促進されて組織がひきしまり，色も美しく仕上がる．ただ，さつまいものβ-アミラーゼ活性が阻害されるという報告もある．　　　　　　（久保）

健康・栄養 **1250〜1291**：魚類は，生の状態が最も消化が良い．魚類のたんぱく質はミオゲンとミオシンであり，生の状態のミオゲンは大量の水と共存しミセル構造が強固ではない．よって消化酵素が入りやすい．一方で魚類の鮮度は低下しやすく，細菌や寄生虫に汚染されていることもある．生食するためには新鮮なうちに適切に処理する必要がある．（作田）

☞ 刺身の切り方：**平つくり**：さくの身の厚いほうを奥に置き，包丁の刃のつけ根から手前に引いて切る．切ったものは右手に順に倒して重ねていく（まぐろ，はまち，かつおのたたき）．**角つくり**：さくを角型の棒状にして，小口から切る（まぐろ）．**糸つくり**：身の小さい魚を細くせん切りにする（さより，きす，いか）．**そぎつくり**：平つくりにできないような形の魚に用いる．薄く斜めにそぎ切りにする（たい，ひらめ）．**引きづくり**：包丁を垂直に入れ，手前に引いて切る（しめさば）．**たたきつくり**：新鮮な魚の切り身を細く切り，おろししょうがやねぎと混ぜる（あじ，さんま）．

つくり身をまな板の上でたたいて，みそやもみじ，薬味を混ぜるのは「なめろう」という料理である．（作田）

食品 **1251** まぐろ：まぐろを生食する場合，筋がかたくて口触りが悪くなることがある．さくの筋をよく確認して筋を切断するように作るとよい．加熱する場合は気にならない．（作田）

1261　たいのあらい

たい	50 g ＿＿＿＿
きゅうり	20 g ＿＿＿＿
みょうが	10 g ＿＿＿＿
青じそ	1 g（1枚）＿＿＿＿
氷片	適量 ＿＿＿＿
練りわさび	1 g ＿＿＿＿
たまりしょうゆ	5 g ＿＿＿＿

❶活けのたいをつくり身にする（1250）.

❷そぎ切りにして，氷水の中へ入れてかき混ぜる．身がチリチリと縮んだところを水洗いし，水気を切って，氷片をあしらった器に盛る.

❸わさびを添える.　　　　　　（作田）

食品 **1261** **あらい**：あらいに用いる魚は，すずき，こいがある．死後硬直を起こしたものは，あらいにならない．こいのあらいは，そぎ切りにした身を 60 ℃ぐらいの温水の中でかき混ぜる（湯洗い）．すぐに冷水で冷やして水を切る．酢みそが合う.　　　　　　（作田）

1271　たいの霜降りつくり（皮霜つくり・松皮つくり）

たい（皮付きつくり身）	50 g ＿＿＿＿
うど	20 g ＿＿＿＿
練りわさび	1 g ＿＿＿＿
土佐しょうゆ	
｛ しょうゆ	5 g ＿＿＿＿
｛ みりん	1.5 g ＿＿＿＿
｛ かつお削り節	0.2 g ＿＿＿＿

❶たいのつくり身（1250）を準備する．皮はついたままでよい.

❷斜めにしたまな板に❶を皮を上にして置き，その上にぬれたさらしふきんをかぶせる．その上に熱湯をかけ，手早く氷水につけて冷やす（皮が松皮のようにみえる）.

❸すぐに冷水から取り出し，しっかりと水分をふき取る.

❹平つくりにする.

❺しょうゆ，みりん，かつお削り節を煮立ててこし，土佐しょうゆとする.

❻うどを短ざくにして水切りをして❹と器に盛る．土佐しょうゆを添える.

（☞）　　　　　　（作田）

☞　霜降りにすることにより表面のぬめりや余分な脂肪が取れ，表面が凝固してうま味が閉じ込められる．土佐しょうゆは冷ましてから用いる．刺身やあらい，冷ややっこのつけじょうゆになる.　　　　　　（作田）

1281　かつおのたたき（焼き霜つくり）

	（4人分）
生かつお（☞）（五枚おろし背身）	
	300 g（1本）＿＿＿＿
酢	30 g ＿＿＿＿
ねぎ	20 g ＿＿＿＿
青じそ	4 g ＿＿＿＿
みょうが	10 g ＿＿＿＿
ポン酢しょうゆ	
｛ 柑きつ類の果汁	20 g ＿＿＿＿
｛ しょうゆ	20 g ＿＿＿＿
しょうが	4 g ＿＿＿＿

❶かつおをまな板にのせて，串を 3 〜 4 本末広に打つ（直火で焼く場合．焼き網やフライパンを用いる場合，串は不要）.

❷皮目から強火で焼きはじめ，焦げ目をつけながら短時間で各面を焼く.

❸素早く冷水に取り，水気をふき取る（すぐに食べる場合はこの工程は不要）.

❹まな板にのせて串を抜き，厚さ 1 cm の平つくりにする．その上から酢をかけて，手でたたくようになじませる.

❺ねぎは小口切り，青じそはせん切り，みょうがは縦半分に切って斜めせん切りにする.

❻器に❹を盛り付け，❺を上に添える．ポン酢じょうゆ，おろししょうがとともに供す.　　　　　　（作田）

☞　**かつお**：春から夏にかけて日本を北上し秋に南下してくる回遊魚．4 〜 5 月は「初かつお」として珍重され，10 月「もどりかつお」として脂がのり濃厚となる．かつおはトリメチルアミンオキシドが多く鮮度が低下するとトリメチルアミンに変わり生臭みが強くなる．空気にふれると酸化による変色を起こすので，たたきのように表面を焼いて凝固させ急冷すると内部は生の状態で保つことができる．たたきとは酢をかけて手や包丁でたたくようになじませることをいう.　　　　　　（作田）

1291 さばのきずし（しめさば）

（3人分）

さば（三枚おろし片身）	150 g	_____
塩 （さばの5%）	7.5 g	_____
酢 （さばの30%）	45 g	_____
だいこん	60 g	_____
穂じそ	3本	_____
しょうが	15 g	_____
しょうゆ	15 g	_____

❶さばは新鮮なものを求め（☞），三枚おろしにして腹骨を取っておく（3401）.

❷【塩じめ】❶に塩をふり，皮を下にして平ざるに置く．さばが脱水していくので，水気を受けるようにしながら1時間おく.

❸1時間経過したら，塩を洗い流して水気を取る．骨抜きを用いて小骨を抜く.

❹【酢じめ】❸を酢に1時間程度漬ける.

❺まな板に❹を皮を上，腹側が下になるように置き，表面の薄皮を取る．このとき，頭から尾に向かって引いていくとよい.

❻7 mm の平つくり，もしくは，八重つくり（つくりの半分のところの皮側に浅めに切り目を入れておく）にする.

❼だいこんはかつらにむいて，小口からせん切りにして一度水につけてから水気を切る．しょうがはすりおろす.

❽器の奥側に❼のだいこんを置き，だいこんにかかるようにして❻を腹側が手前になるように盛り付ける．手前に穂じそとしょうがを添える．好みでしょうゆを供す.

（作田）

☞ **さばの生きぐされ**：さばは，鮮度の低下が早い．それはヒスチジンが多く（ヒラメの100倍），貯蔵中にも量が増し，貯蔵温度が高いと分解されて有毒物質のヒスタミンを生成するからである．ヒスタミンは悪臭がないので生成していても気づきにくい．貯蔵温度（5℃以下推奨）には十分に注意したい． （作田）

1301 源平なます（☞）

だいこん	40 g	_____
にんじん	20 g	_____
塩 （材料の1%重量）	0.6 g	_____
甘酢		
┌ 酢 （材料の10%）	6 g	_____
┤ 水 （材料の10%）	6 g	_____
└ 砂糖 （材料の10%）	6 g	_____
ゆず（果皮）	1 g	_____

❶だいこん，にんじんを長さ4〜5 cm のせん切りにする.

❷全体に塩をまぶし，5分ほど置く．軽く洗って水分を絞る.

❸甘酢（☞）を作り，❷を合わせる.

❹ゆずの皮の黄色い部分をそいでせん切りにする.

❺❸を器に盛り付け，❹を天盛り（1331☞）にする． （時岡）

☞ **源平なます**：源氏が白旗，平氏は赤旗を用いたことから，紅白を源平に例える．正月用にはきんときにんじんを用いる．紅白なますともいう． （時岡）

☞ **甘酢**：もともとは酢と砂糖を合わせた甘い合わせ酢．現在は料理により塩やだし汁を加える． （時岡）

科学 **1301 酵素作用による酸化防止**：にんじん，きゅうりなどには酵素（アスコルビナーゼ）が含まれ，ビタミン C の酸化作用がある．至適 pH は 5.0 〜 6.0 であるため，酢やしょうゆにより pH を下げると酵素作用による酸化を防止できる． （時岡）

1302 菊花かぶの酢の物

かぶ（小）	50 g（2個）	_____
塩	2 g	_____
赤とうがらし	0.1 g（1/4本）	_____
甘酢		
┌ 酢	20 g	_____
┤ 砂糖	3 g	_____
└ 塩	0.5 g	_____
ゆず（果皮）	0.5 g（1/20個）	_____
青じそ	1 g（1枚）	_____

❶かぶは洗って皮をむき，3 cm くらいの輪切りにして，両端に割り箸を置き，根元を切り離さないように，縦横に細かく格子状に切り込みを入れ，塩をふりかける．しんなりとしたら，さっと水洗いをして水気を絞り，一口大に切る.

❷赤とうがらしは種を取り，小口切りにし，甘酢に入れ，❶をつける.

❸❷を上から押さえて菊の花のような形にし，青じそを敷いた上に盛り付ける．上からゆずの皮のみじん切りを散らす.

（三浦・山本）

科学 **1302 浸透圧と野菜**：野菜の細胞内には栄養成分が含まれるため水より浸透圧が高く，約 0.85% の食塩水の浸透圧とほぼ同じである．塩をふりかけた場合，浸透圧が細胞よりも高いため，野菜の水分が細胞外に引き出され，細胞が収縮し，張りが失われてやわらかくなる．逆に野菜の細胞より浸透圧の低い水溶液や水に野菜をつけると，水が浸入して細胞が膨らみ，張りのある食感が得られる． （三浦・山本）

1311 たこときゅうりの酢の物

ゆでたこ	30 g	_____
きゅうり	40 g（小 1/2 本）	_____
塩	（きゅうりの 1%）少々	_____
三杯酢		
酢	7.5 g（大 1/2）	_____
塩	少々	_____
うすくちしょうゆ	1.5 g（小 1/4）	_____
砂糖	0.75 g	_____
露しょうが（☞）	少々	_____

❶きゅうりは板ずり（p.23 参照），色出し（☞）をしたら小口切りにし，塩をふり 10 分ほど置き，水気を絞る。
❷ゆでたこは薄切りにする。
❸三杯酢を作る。
❹きゅうりとたこを合わせ，三杯酢であえる。
❺器に盛り付けて露しょうがをかける。
（禾本）

1312 やまのいもの酢の物（ながいもの酢の物）

やまのいも（またはながいも）	30 g	_____
焼きのり	0.25 g（1/8 枚）	_____
（または青のり）	（少々）	_____
三杯酢		
酢	12 g	_____
水	4 g	_____
砂糖	2.5 g	_____
塩	0.25 g	_____
しょうゆ	0.4 g	_____

❶ボウルに三杯酢を作っておく。
❷やまのいも（またはながいも）を洗い，皮をむいて端から厚さ 2～3 mm の薄切りにして，それをせん切りにしてすぐに❶につける（酢によって褐変を防ぐ）。
❸軽く混ぜ合わせて，小鉢に盛り付ける。
❹のりはさっと火にあぶり，❸の上へ，はさみで細く切って天盛りにする。
（三浦・山本）

1313 ずいきの酢の物

ずいき（生）	60 g	_____
三杯酢		
酢	6 g	_____
砂糖	4 g	_____
塩	0.5 g	_____
しょうゆ	0.8 g	_____
ごま	2 g	_____

❶ずいきは皮をむき，小指の太さくらいの幅で長さ 4 cm に切る。切ったものから水にさらし 5 分ほどで水気を切る。
❷三杯酢を作る。
❸ごまをフライパンなどで，から炒りにする。
❹鍋に❶を入れて箸で混ぜながら弱火にかけ，しんなりしたら強火にして水気を蒸発させ，❷に入れて赤く発色させ，自然に冷ます。
❺小鉢に盛り，いりごまをかける。
（三浦・山本）

☞ 露しょうが：しょうがの絞り汁のことで，料理の仕上げにかける。
（禾本）

☞ 色出し：野菜類を沸騰湯にさっとくぐらせる。鮮やかな色になる。
（禾本）

食品 1312 やまのいも：ヤマノイモ科多年生草本。やまのいもの特有の粘質物は，グロブリンにマンナンが結合した糖たんぱく質からなっている。60 ℃以上に加熱するとたんぱく質が凝固して粘性が低下する。とろろ汁にする場合に熱いだし汁を入れると粘性が低下してしまうので注意を要する。粘質物は起泡性を利用してはんぺんやかるかんなどの膨化やそばのつなぎにも利用される。やまのいもが生食されるのは，アミラーゼなどの酵素を多く含むためだといわれている。また，ポリフェノールオキシダーゼも多く，すりおろすと褐変するのはポリフェノール類がこの酵素により酸化されるためである。これを防ぐために，酢や塩が効果的である。（三浦・山本）

食品 1313 ずいき：サトイモ科多年生草本。サトイモ類の葉茎のこと。皮の赤いものが赤ずいき，白いものが白ずいき，白だつと呼ばれる。赤色はアントシアン色素。酸性で赤くなり安定な色となる。水にさらして灰汁抜きをしてから用いる。皮を除き乾燥させたものが干しずいきで，別名いもがらと呼ばれる。
（三浦・山本）

1314 おろしあえ

しらす干し	5 g _____
みつば	10 g _____
なめこ	20 g _____
だし汁	20 g _____
うすくちしょうゆ	3 g _____
みりん	1.5 g _____
だいこん	80 g _____
三杯酢	
酢	5 g _____
砂糖	3 g _____
うすくちしょうゆ	6 g _____
だし汁	5 g _____

❶しらす干しは熱湯をかけて冷ます.
❷みつばはさっとゆで,水冷,水気を取り,2 cm に切る.
❸なめこは大きければ2 cm に切り,だし汁,うすくちしょうゆ,みりんで汁気がなくなるまで煮る.
❹だいこんはおろして軽く水気を切る(辛ければ軽く水にさらしてから水気を切る).
❺三杯酢とだし汁を合わせ,❶〜❹をあえる. (時岡)

☞ **三杯酢**：もともとは酢・砂糖(または煮切りりみりん)・しょうゆを1：1：1の比率で混ぜ合わせたもの.現在は料理により配合を変えたり,だし汁を加えたりする.酢としょうゆを合わせたものを二杯酢という. (時岡)

応用 1314 洋風おろしあえ：りんご20 g,ハム10 g,きゅうり10 g,だいこん80 g,レモン汁5 g,砂糖3 g,塩1 g,水5 g.りんご,ハムは短ざく切り,きゅうりは小口切りにし,1%塩分で塩もみする.1314と同様に,おろしただいこんと調味料であえる. (時岡)

1315 みょうがとしめじの酢の物

みょうが	5 g _____
ぶなしめじ	25 g _____
ずわいがに(水煮缶詰)	20 g _____
合わせ酢	
酢	5 g _____
みりん	5 g _____
うすくちしょうゆ	5 g _____

❶みょうがを細く糸切りにする.
❷しめじの石づきを取り,2〜3本ずつほぐす.熱湯でさっと湯通ししてざるに取る.
❸小鉢にしめじ,かにを盛り,みょうがを天盛りにして,合わせ酢をかける.

(三浦・山本)

食品 1315 みょうが(茗荷)：ショウガ科の多年生草本.日本原産.日本各地で自生しており,古くは家庭用に庭に植えられていた.花蕾(花みょうが,みょうがの子)と軟白した若い茎(みょうがたけ)が食用とされている.独特の香りと辛味があり,細く切って汁物の吸い口,酢の物,刺身のつま,薬味として利用される. (三浦・山本)

1321 きゅうりもみのごま酢あえ

きゅうり	50 g _____
塩 (材料の1%)	0.5 g _____
ごま酢	
白ごま(あらいごま)	1 g _____
酢	5 g _____
砂糖	3 g _____
しょうゆ	6 g _____
水	5 g _____

❶きゅうりは板ずり(p.23 参照)し,小口切りにする.塩もみにし,しばらく置いた後,軽く洗って水気を絞る.
❷ごまをフライパンなどでいる(☞).すり鉢でよくする(すりごま).または,乾いたふきんで包み包丁でたたくように切る(切りごま).
❸❷と酢,砂糖,しょうゆ,水を合わせ,❶をあえる. (時岡)

健康・栄養 1321 ごまの抗酸化作用：ごまに含まれるセサミン・セサミノールはゴマリグナンと総称され,強い抗酸化作用をもつ.すりごまにすると吸収率がよくなる. (時岡)

☞ **あらいごま,いりごま,すりごま**：市販されているあらいごまは,生ごまを洗い乾燥したもの.いりごまは,あらいごまをいったもの.すりごまは,いりごまをすったものである. (時岡)

1322 いかときゅうりの黄身酢あえ

きゅうり	40 g (中 1/2 本) _____
こういか	20 g _____
黄身酢	
卵黄	10 g (1/2 個) _____
砂糖	5 g _____
みりん	1.5 g _____
塩	0.75 g _____
酢	7.5 g _____
かつお・昆布だし(一番だし)	7.5 g _____
芽じそ	0.25 g _____

❶きゅうりは厚さ1 mm の小口切りにし,塩をしておく(2%くらい).
❷いかは4×1 cm 幅の唐草に切り(☞),熱湯に通す.
❸小鍋に卵黄を入れて溶き,黄身酢の材料を混ぜ入れ,湯せんにかけ(弱火でもよい)よく混ぜながらとろりとしてきたら火を止めて冷ます.
❹❶のきゅうりを水洗いし,絞って深めの器に入れ,❷を形よく盛り合わせ,冷めた❸を上からかける.芽じそを天盛りにする. (三浦・山本)

☞ **唐草切り**：❶皮をむいたいかを縦に置く.❷いかの表側に厚みの2/3 くらいまで縦に1 cm 間隔で包丁をねかせて切込みを入れる.❸縦に4cm幅で切る.❹❸を横に向きを変え,1 cm 幅で切る.

(三浦・山本)

1323　まぐろのぬた（からし酢みそあえ）

まぐろ（赤身）	25 g _____
乾燥わかめ（☞）	1 g _____
わけぎ	10 g（1本）_____
きゅうり	15 g _____
しょうが	3 g _____
あえ衣	
白みそ	9 g _____
赤みそ	3 g _____
白ごま	1.5 g（小 1/2）_____
砂糖	6 g（大 1弱）_____
酢	5 g（小 1弱）_____
練りからし（1333 参照）	1 g _____

❶まぐろは1cm角のさいの目に切り，塩小1/8を全体にまぶして20〜30分置き，酢洗い（☞）する．

❷わかめは戻して，きれいに洗い，さっと熱湯を通し，1cm幅にぶつ切りにして酢洗いする．

❸わけぎは熱湯に入れてさっとゆで，包丁の背でこそげてぬめりを取り，長さ2cmに切って酢洗いする．

❹きゅうりは小口から薄切りにし，塩小1/8をまぶしておき，水気を絞って酢洗いする．

❺しょうがは，細いせん切りにして水にさらしておく（針しょうが）．

❻あえ衣を作る．まずごまをふっくらと炒ってすり鉢でよくすり（1334 食品），続いてみそと砂糖を加えてさらにすり，酢と練りからしを混ぜ合わせて，なめらかになるまでよくする．

❼❶❷❸❹❻を別々に冷やしておき，供卓直前に混ぜ合わせて味を調えて，器に小高く盛り，❺を天盛り（1331 ☞）する．（☞）

（大喜多・池田）

1331　焼きなすの浸し物

なす	100 g _____
しょうが	2 g _____
しょうゆ	5 g _____
糸かつお	0.5 g _____

❶なすは額と実の付け根にぐるりと一周切り込みを入れる（図）．

❷焼き網またはグリルで全体に焦げ目がつくまで強火で焼く．箸ではさんでやわらかくなればよい．

❸そのまま粗熱を取り，❶の切り込みから皮をむく．

❹へたを切り落とし，長さ3cmのいちょう切りまたは半月切りにし，おろしたしょうが，しょうゆとあえ，冷蔵庫で冷やす．

❺盛り付けて糸かつおを天盛り（☞）する．

（時岡）

1332　かずのこの浸し物

塩かずのこ（☞）	30 g _____
だし汁	50 g _____
うすくちしょうゆ	6 g _____
みりん	6 g _____
糸かつお	0.5 g _____

❶かずのこの薄皮を除き塩出し（☞）する．

❷みりんを煮切り（☞），うすくちしょうゆ，だし汁と合わせ冷ましておく．

❸❶を❷に漬け，味をしみ込ませる．盛り付けて，漬け汁を少量かけ，糸かつおを天盛り（1331 ☞）する．大きければ半分にそぎ切りしてもよい．

（時岡）

☞　**わかめ**：乾燥わかめや湯通し塩蔵わかめは，水で戻すとそれぞれ約10倍，2倍の重量になる．茎がかたい場合は切り取る．塩分の多いものがあるので戻したあと塩味を確かめてから用いる．　（大喜多・池田）

☞　**酢洗い**：酢の物やあえ物の材料の身をしめたり，軽く酸味をつける時に行う下処理．酢（同量の水で薄めてもよい）の中に材料をさっと入れて引き上げ，水気を切っておく．　（大喜多・池田）

☞　**からし酢みそあえの材料**：わけぎと相性がよいものは，とりがい（塩ゆで），いか（塩ゆで），油揚げ（火であぶる）などがある．　（大喜多・池田）

1331の図

←切り込み

☞　**天盛り**：香りで味を引き立てる役割のほか，誰も箸をつけていないことを表すために，料理の上（天）に糸かつお，のり，木の芽，針しょうが，針ゆず，白髪ねぎなどをあしらうこと．　（時岡）

応用 1331　電子レンジによる野菜の浸し物：ちんげんさい，ブロッコリーなどを電子レンジで加熱し調味料と合わせると，水溶性ビタミンの損失が少なく手軽に浸し物ができる．　（時岡）

☞　**塩蔵品の塩出し**：かずのこ，くらげなどの塩出しは材料よりも薄い濃度の食塩水につけ，浸透圧を利用して塩出しする．塩分濃度を低くしながら数回水を替える．　（時岡）

☞　**煮切る**：酒やみりんを加熱し沸騰することでアルコール分を除く．味がまろやかになる．　（時岡）

☞　**かずのこ**：卵が多いことから子孫繁栄を意味する正月の縁起物として欠かせない．漬け込む調味液はだし汁：うすくちしょうゆ：みりんを10：1：1とし，適宜仕上がり量は調節する．　（時岡）

1333 オクラのからしじょうゆあえ

オクラ	40 g（4本） _____
塩	少々 _____
練りからし	
┌ からし（粉）	0.5 g _____
│ ぬるま湯	1.2 g _____
しょうゆ	6 g _____
かつお削り節	1 g _____

❶オクラ（1603食品）をよく洗い，塩熱湯でさっとゆでて水にとり，端から薄切りにする．

❷からし粉をぬるま湯で十分に練る（チューブでもよい）．

❸❷の練りからしにしょうゆを混ぜ，❶を加えて糸がひくまで十分に混ぜ合わせる．

❹小鉢に❸を小高く盛り，かつお削り節を天盛りにする． （三浦・山本）

1334 青菜のごまじょうゆあえ

青菜（ほうれんそう）	75 g _____
ごまじょうゆ	
┌ ごま	5 g _____
│ しょうゆ	4 g _____
│ 砂糖	3 g _____
└ だし汁	3 g _____

❶沸騰した湯（1〜2％の塩）にほうれんそうを根元から入れ，根元が少しやわらかくなったら葉のほうも入れる．きれいな緑色になったらすぐにざるに取り，流水で手早く冷ます．

❷❶の根元をそろえて水気をよく絞り，長さ3 cmに切る．

❸ごまをいり，すり鉢ですりつぶし，だし汁，しょうゆ，砂糖を加えてごまじょうゆを作る．

❹❸の中で❷をあえて，小鉢に中高に盛り付ける． （三浦・山本）

1335 たたきごぼうのごまじょうゆあえ

ごぼう	30 g _____
白ごま（あらいごま）	4.5 g _____
みりん	6 g _____
しょうゆ	3 g _____
だし汁	5 g _____

❶ごぼうは，たわしなどでよく洗い，鍋に入る長さに切る．太いものは縦に2〜4つ割りにする．1％の酢水でゆでる．

❷まな板に取り出し，すりこ木などでたたく．4 cmに切りそろえる．

❸ごまをフライパンなどでいる．すり鉢でよくする（すりごま）．または，乾いたふきんで包み包丁でたたくように切る（切りごま）．

❹みりんを煮切り（1332☞），❸，しょうゆ，だし汁と合わせる．

❺❷と❹を合わせる． （時岡）

1336 冷やっこ

絹ごし豆腐	100 g（1/2〜1/3丁） _____
かけじょうゆ	
┌ しょうゆ	3 g（小 1/2） _____
└ だし汁	5 g（小 1） _____
薬味	
┌ 青ねぎ	2 g _____
└ おろししょうが	1 g _____

❶絹ごし豆腐（2451食品）は立方体に切る．

❷器に❶を入れて冷やしておく．

❸食べる直前にかけじょうゆをかけて，青ねぎの小口切りとおろししょうがをのせる． （大喜多・池田）

科学 1333 練りからし：からし粉を温湯で練ると辛味と芳香が生じる．これはからし油配糖体（白がらしはシナルビン，黒がらしと和がらしはシニグリン）が酵素（ミロシナーゼ）により加水分解されて，シナルビンより p-ヒドロキシベンジルイソチオシアネートを，シニグリンよりアリルイソチオシアネートを生じることによる．前者は不揮発性で穏やかな辛味，後者は揮発性で刺激性の強い辛味である． （三浦・山本）

食品 1334 ごま：ゴマ科一年生草本．原産地は熱帯アフリカ．種子の色により白ごま，黒ごま，黄ごまなどに分けられる．国内生産は非常に少ない．主成分は脂質で約半分を占める．たんぱく質も約2割含まれる．特にカルシウムや鉄，ビタミンB_1が多く，ごまの微量成分であるセサミンには脂質代謝改善作用が明らかになっている．粒のままのごまは外皮がかたく消化吸収率が低いので，炒ったごまをすりつぶすことで消化吸収率が上昇するとともに香りが引き立つようになる．
（三浦・山本）

科学 1334 青菜のゆで方（青ゆで）：緑色色素はクロロフィルで，加熱時間が長いと野菜中の酸（ほうれんそうではシュウ酸など）が溶出し，分子内のMg^{2+}が遊離し褐色のフェオフィチンになる．色よくゆでるにはたっぷりの湯で短時間で加熱し，すぐに冷やす．揮発性の酸でゆで汁のpHが低下しないようにふたはしない． （三浦・山本）

科学 1335 ごぼうの灰汁：ごぼうの灰汁はポリフェノール類であり，水溶性で加熱に不安定である．色よく仕上げたい場合は水にさらす．また，水溶性食物繊維のペクチンは弱酸性下では分解しにくい．酢とともに調理するとサクサクとした歯ごたえとなる（れんこんも同様）． （時岡）

応用 1336 材料の応用：かけじょうゆのしょうゆの代わりにポン酢じょうゆ（1672☞），ごま酢じょうゆなどを使用すると，食塩摂取量を抑えることができる．薬味としてかつお削り節，とろろ昆布，おろしわさびなどを使用すると，味に変化をつけることができる．
（大喜多・池田）

1341　こんにゃくの白あえ

きくらげ(乾)	1 g _____
こんにゃく	30 g _____
にんじん	10 g _____
砂糖	1 g _____
うすくちしょうゆ	2 g _____
あえ衣	
木綿豆腐	25 g _____
白ごま	3 g _____
白みそ	3 g _____

❶きくらげは水につけて戻し，せん切りにする．こんにゃくは幅と厚みを半分にして薄切り(短ざく切り)，にんじんは細めのせん切りにする．

❷木綿豆腐は，手でつぶしながら沸騰させた湯に落とし，さっとゆでて，ふきんに包んで水気を絞る(☞)．

❸沸騰した湯の中できくらげ，こんにゃくをさっとゆで(灰汁抜き)，ゆで汁を捨て，砂糖，うすくちしょうゆを加えて，汁がなくなるまで煮て下味をつけ，冷ましておく．

❹白ごまを焦がさないように炒って，すり鉢で十分にすりつぶし，白みそと❷を加えてよくすり，味を調えて，あえ衣とする．

❺❸が冷めたら❹の中に入れてあえ，小鉢に山高に盛る．
(☞)　　　　　　　　　　　　　　　(東根)

1351　じゃがいもの梅干しあえ

じゃがいも	50 g _____
揚げ油	適量 _____
梅干し	10 g _____
砂糖	4 g _____
うすくちしょうゆ	3 g (小1/2) _____
水	2.5 g (小1/2) _____
白ごま	1 g (小1/8) _____

❶じゃがいもは洗って皮をむき，2 mm角で長さ3～4 cmの拍子木切りにして水につけておく．全部切り終わったら水をかえる．ざるに取って水を切り，ふきんでじゃがいもの水分をふき取る．

❷揚げ油を火にかけ，❶を素揚げにする．焦がさないように低めの温度で時間をかけて，カリカリに揚げる．

❸梅干しは果肉の部分をを裏ごしし，それを鍋に移し，砂糖，しょうゆ，水を混ぜながら火にかけ，煮立ったところへ❷を入れ，からませたら強火で(じゃがいもが湿らないように)煮詰める．

❹ごまをふっくらと炒って❸にふりかけ，混ぜ合わせて小鉢に盛る．　　(東根)

1361　ゆりねのうにあえ

ゆりね	30 g _____
練りうに	5 g _____
みりん	3 g _____
塩	少々 _____

❶ゆりねは一片ずつはがして洗い，色の悪いところや形の悪いところは，そぐなどして整える．沸騰水中でゆで，空冷する．

❷みりんを煮切る(1332☞)．

❸練りうにと❷を混ぜ，❶の形を崩さないようにあえ，盛り付ける．　　(時岡)

1371　いかの真砂あえ(☞)

いか(刺身用)	20 g _____
清酒	5 g _____
たらこ	20 g _____

❶いかを糸つくりにする．

❷たらこの薄皮に包丁で切れ目を入れて開き，包丁の背を使って薄皮から卵をそぎ取る．

❸❷に酒を加え卵をほぐし，❶をあえる．　　(時岡)

☞　豆腐の水きり：豆腐に含まれる余分な水分を取り除く操作．方法は用途により選ぶ．A：ふきん(キッチンペーパー)に包んで絞る．B：傾けたまな板に置く．C：重石をのせる．D：豆腐を崩して熱湯でゆで，ざるにとる．E：ふきん(キッチンペーパー)に包んで，電子レンジ(500 W) 1丁(300 g)につき約1分30秒加熱．ABCは生のままであり，なめらかで味もよい．DEは加熱により水分が除かれ，加熱殺菌できるため，衛生的な面ではよい．豆腐の風味は少なくなる．　(東根)

☞　1341の材料以外にも，さやいんげん，ほうれんそう，しめじ，れんこん，乾しいたけなども合う．
(東根)

科学 1351　じゃがいものソラニン：じゃがいもの発芽部分や緑化した皮は，ソラニンという毒性物質を含んでいる．加熱することによって分解される．　(東根)

食品 1361　粒うに，練りうに：粒うには，うにの生殖巣に食塩を加えたもの(塩うに)またはエチルアルコールなどを加えたものであり，塩うに含有率が65％以上のものをいう．練りうには，うにを練りつぶしたものであり，内容は粒うにと同じである．　(時岡)

☞　真砂とは細かい砂のこと．転じてそれを思わせる料理にも用いられる．たらこやかずのこをあえ衣にした真砂あえ，みじん粉やけしの実をまぶして揚げたものを真砂揚げという．　　(時岡)

健康・栄養 1371　食品のコレステロール：いか，たらこともコレステロールが多く含まれる食品である．コレステロールは体内で細胞膜，ホルモンなどの材料となる．体内のコレステロールには食事由来のものと体内で合成されるものがあり，その7割前後は体内で合成される．コレステロールは体内で一定量を保つようコントロールされており，食事による摂取基準はない．　(時岡)

1381 たけのこの木の芽あえ

たけのこ(生)	40 g (小 1/4 本)	＿＿＿
┌ だし汁	50 g	＿＿＿
│ うすくちしょうゆ	2 g	＿＿＿
│ みりん	4.5 g	＿＿＿
└ 塩	0.4 g	＿＿＿
いか(胴体)	20 g	＿＿＿
┌ 清酒	4 g	＿＿＿
└ 塩	0.4 g	＿＿＿
木の芽みそ		
┌ 白みそ	15 g	＿＿＿
│ 砂糖	5 g	＿＿＿
│ 清酒	4 g	＿＿＿
│ 卵黄	3 g	＿＿＿
│ 木の芽	0.3 g (3 枚)	＿＿＿
└ ほうれんそう	葉先 3 g	＿＿＿
木の芽	0.1 g (1 枚)	＿＿＿

❶たけのこはゆでて(☞)1 cm 角のさいの目に切り,だし汁と調味料で汁気がなくなるまで煮て冷ましておく(薄味が付く).

❷いかは薄皮をむいて表面に 2 mm 間隔に縦横の切り目をいれ(鹿の子),1 cm 角に切り,酒と塩で中火で 1 ～ 2 分いりつけてざるにあけて冷ます.

❸木の芽みそは,みそ,砂糖,酒,卵黄を小鍋に入れ,よく混ぜ合わせてから中火にかけ,とろりとするまで練り上げて冷まし,1441 ❷同様にして作る.

❹❶❷が冷めたら水気を切って❸であえて小鉢に盛り,木の芽を手のひらにはさんでたたいて香りを出して天

盛り(1331 ☞)にする.

(大喜多・池田)

☞ **たけのこのゆで方**:たけのこはたわしでよく洗い,根本のかたい部分をそぎ取り,穂先を斜めに切り落とし,皮の部分にだけ縦に切れ目を入れる.大鍋にたっぷりのこめの研ぎ汁(または水とこめぬか)を入れて火にかけ,根本のかたい部分に竹串が通るまでゆで(約 1 時間)そのまま冷ます.縦の切れ目から皮をむき,よく洗ってしばらく水にさらして灰汁とぬか臭さを除いて用いる.たけのこの根元は固いので煮物などに,中心部はあえ物に,先端のやわらかい部分(姫皮)はすまし汁の種などに使い分ける.

(大喜多・池田)

1391 とろろ小鉢

やまのいも(またはじねんじょ)		
	70 g	＿＿＿
だし汁	10 g	＿＿＿
みりん	1 g	＿＿＿
うすくちしょうゆ	1 g	＿＿＿
塩	0.8 g	＿＿＿
うずら卵	10 g (1 個)	＿＿＿
青のり	0.8 g	＿＿＿

❶やまのいもは皮をむき,5 ～ 10 分水につけておく.

❷だし汁にみりん,うすくちしょうゆ,塩を混ぜ,溶かす.

❸❶のやまのいもを目の細かいおろし金または,すり鉢でなめらかにすりおろし,❷を混ぜ合わせる.

❹器に移し,うずら卵を割り入れる.仕上げに青のりをふる. (時岡)

1401 魚の塩焼き

魚(切り身)	70 g	＿＿＿
塩	(魚重量の 1%) 0.7 g	＿＿＿
青じそ	1 g (1 枚)	＿＿＿
だいこん	20 g	＿＿＿

❶グリル網に薄く油(分量外)を塗る.

❷だいこんは皮をむいておろし,水気を切る.青じそは洗って水気をふき取る.

❸魚に塩をふり,盛り付けたときに表になる側を上にして網の上に置く.中火で 3 分ほど焼き,薄く焼き色が付いたら裏返す.裏面も薄く焼き色がつく程度に 3 分ほど焼き,器に盛る.青じそとだいこんおろしを添える.

(山本)

科学 **1391・1335 いも類のポリフェノール**:いも類は水溶性のポリフェノールを含み,細胞が壊れると酵素の酸化作用により褐変する.りんご,ごぼう,れんこんも同様である.色よく仕上げるときは,水にさらし,褐変を止める. (時岡)

応用 **1391 とろろ汁**:1391 ❸の後,いものでん粉の糊化がしない程度に温めて供する. (時岡)

食品 **1401 姿焼き**:尾頭付きの一尾の魚をそのまま焼いたもの(下身の胸ひれは焼けてなくなってもよいが,上身の胸びれやその他のひれは形がなくならないように気をつける).早くから塩をすると身がしまってかたくなるので焼く直前にする.

(三浦)

応用 **1401 姿焼き**:魚は丸のまま最初に流水で洗い,うろこやえらと内臓を除く.腹の中に少し(小 1/8)塩をする.串を 2 本打つ(左図☞).焼く前に魚の重量の 2%程度の塩をふりかける(化粧塩).特に,尾びれ・背びれ・胸びれは焦げやすいので十分にまぶす(ひれ塩).強火で魚焼き網をのせ,上身から焼き,十分に尾のほうも焼き固めてから裏返して焼く.熱いうちに焼き物皿に置き,串を回して抜き取る.葉しょうがを 5 ～ 6 cm 茎を残して葉のほうを斜めに切り落とし,根を整えさっとゆで,甘酢に漬けた筆しょうがを添える. (山本)

☞ **串の打ち方**

裏側の腹から 1～1.5 cm 入ったところに切り込みを入れ,内臓を取り出す.

上からみると

(山本)

1411　魚の鍋照り焼き

ぶり(切り身)	80 g
かたくり粉	3 g
照りじょうゆ	
┌ しょうゆ	8 g
│ みりん	10 g
油	4 g

❶魚は水気を紙でふき，焼く前にかたくり粉を薄くふりかけておく．
❷フライパンに油をひき，中火で魚の表となる面から先に焼く．少し焼き色がついたら，フライ返しでひっくり返し，弱火でふたをして5分程度蒸し焼きにする．
❸いったん火を消し，余分な油を紙できれいに除く．
❹供する前に，きれいになったフライパンにしょうゆ，みりんを合わせたたれを入れて中火で煮詰め，魚を戻し，たれを回しかけながら煮詰めて照りをつける．
（三浦・山本）

1412　松笠いかの照り焼き

むきいか(冷凍)	30 g (小1枚)
しょうゆ	4 g
みりん	1 g
砂糖	1 g

❶いかは解凍し，残っている皮など取り除く．大きければ縦に2つに切り，松笠に切り目を入れる(☞)．
❷さっと湯通しして冷水に取り，ふきんなどで押さえて水気を取る．
❸しょうゆ，みりん，砂糖を合わせる．
❹いかの形を整え，串を打つ．❷を焦がさないように両面火にあぶる．表面の松笠が乾けば❸を刷毛で塗る．数度繰り返し，松笠に色よく照りがつき，身の片鱗が美しく反るように仕上げる．熱いうちに串を抜き，形を整えて冷ます．

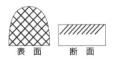

表面　断面

（時岡）

1421　さわらの黄金焼き(☞)

さわら(切り身)	80 g
卵黄	5 g (1/4個分)
みりん	1 g
筆しょうが(1401)	5 g (1本)

❶さわらに塩をして20分ほど置き，出てくる汁を除く．
❷❶に身が盛り上がるように串を打ち，最初は身のほうを焦がさないように焼き，皮のほうも焼く．
❸卵黄とみりんをよく混ぜ合わせたものを❷の身のほうに塗り，遠火で焦がさないように乾かし，乾いたら再び塗りつけて乾かし，つやよく黄金色に仕上げる．熱い間に串を回してから抜き取る．
❹冷めてから黄金色の身のほうを上に盛り付け，筆しょうがを添える．
（三浦・山本）

食品 1411　照り焼き：白焼きした材料にたれをつけながら焼いたもの．たれはしょうゆ，みりん，酒などで作る．たれをつけると焦げやすいので火力は弱火で表面を乾かすように焼く．最初にたれにつけてから焼いたものをつけ焼きともいう．
（三浦・山本）

応用 1411　幽庵焼き：茶人の北村祐庵が考案したもので，ゆずを入れたしょうゆたれを用いて焼いたものである．（1人分の材料）ゆずを加えた照りじょうゆ（しょうゆ8 g，みりん8 g，ゆず1/8個分の搾り汁とおろした皮）（三浦・山本）

応用 1411　魚の照り焼き：ぶり（切り身）70 g（1切れ），照りじょうゆ（しょうゆ8 g，みりん8 g）筆しょうが（1401）5 g（1本）．
❶魚（さわら，ぶり，ます，はまちなど）の切り身にさっと水をかけて洗い，水気をふく．❷照りじょうゆを合わせて，❶をつけて味がよくしみ込むように時々上下を返して30分ほど漬け込む．2本の串を末広になるようにうつ（表に串の穴が目立たないようにする）．❸盛り付けたときに上面になるほうから焼く．両面を十分に焼いたら漬け汁をかけては火にかざし乾かし，乾いたら再び汁をかけ，3〜4度繰り返すと美しく照り（つや）が出る．焦がさないように注意する．串は熱いうちに回しておき，冷めてから抜き取る．
❹皿に盛り付け，筆しょうがを添える．
（三浦・山本）

☞　松笠切り：松竹梅の松ぼくりをかたどり，縁起がよいため祝いの料理に使われる．また，松笠に切り目をつけることにより，加熱すると切り込みが開き，味の含みもよくなる．
（時岡）

食品 1421　さわら（鰆）：成長するにつれて名前の変わる出世魚として知られ，体長50 cmくらいまでを関東ではさごち，関西ではさごしと呼び，70 cmくらいまでをやなぎ，70 cm以上になるとさわらと呼ばれる．魚臭は少なく上品な味で，肉質はやわらかく身崩れしやすい．関東では刺身に，関西では照り焼きやみそ漬け（西京漬け）の魚としてよく用いられる．（三浦・山本）

☞　黄金焼き：切り身魚やいかなどを焼き，卵黄を塗って黄金色に仕上げた料理．黄身焼きともいわれる．
（三浦・山本）

1422 さけのポテトマヨネーズ焼き

生さけ	50 g _____
うすくちしょうゆ	1.5 g（小 1/4）_____
清酒	2.5 g（小 1/2）_____
じゃがいも	25 g _____
にんじん	2 g _____
ハム（薄切り）	3 g _____
マヨネーズ	6 g（大 1/2）_____
卵黄	5 g（1/4 個分）_____
粉チーズ	2 g（小 1）_____
きゅうり	20 g _____
三杯酢	
酢	15 g（大 1）_____
うすくちしょうゆ	6 g（小 1）_____
砂糖	3 g（小 1）_____

❶さけの切り身は皮，骨を取り除く．うすくちしょうゆ，酒をかけて下味をつける．

❷じゃがいもは皮をむいて 5 mm 角に切りゆでる．やわらかくなればゆで汁を捨て，熱い間につぶす．

❸にんじんはみじん切りして塩ゆでし，ハムもみじん切りにし，❷に入れてマヨネーズであえる．

❹きゅうりは蛇腹に切ってから 1.5 cm に切り，三杯酢に漬ける．

❺さけの余分な水分をふきんまたは，キッチンペーパーで押さえて取る．

❻天板にクッキングシートを敷き❺を置き，上に❸をのせ，その上に，チーズと混ぜ合わせた卵黄をのせる．250 ℃，8 〜 9 分焼いて焦げ目をつける（☞）．

❼器に盛り，❹を添える． （大喜多・池田）

☞ **オーブントースター，ロースター（魚焼器）の場合**：さけの裏表を軽く焼き上面に❸をのせ，その上にチーズと混ぜ合わせた卵黄をのせ，焦げ目が付くまで焼く．

（大喜多・池田）

1431 さわらの木の芽みそ焼き（☞）

さわら（切り身）	70 g _____
塩	（魚の 1%）0.7 g _____
木の芽みそ	
白みそ	9 g（大 1/2）_____
卵黄	2.5 g _____
砂糖	0.75 g _____
清酒	1.25 g _____
木の芽	少々 _____
筆しょうが（1401）	5 g（1 本）_____

❶さわらに塩をふり，しばらくおく．

❷すり鉢に木の芽を入れてすり，白みそ，卵黄，砂糖，酒の順に加え混ぜる．

❸❶の水気をふき取り，200 ℃のオーブンで 4 〜 5 分焼く．

❹いったん取り出し，表面に❷を塗り再びオーブンで焼き色がつくまで焼く．

❺皿に盛り付け，筆しょうがを添える． （禾本）

☞ **木の芽みそと青寄せ**：みそに木の芽をすり混ぜたあえ衣．青みを補うために「青寄せ」を用いる場合もある．青寄せとは，青菜から抽出した色素．ほうれんそうやこまつなをミキサーにかけて水を加え加熱する．青みが表面に浮きあがればすくいとる（簡易法は，青菜をゆでて細かく刻みすり鉢でする）． （禾本）

1432 あまだいの西京焼き

あまだい	80 g（1 切れ）_____
塩	0.3 g（約 0.3%）_____
白みそ	32 g _____
みりん	4 g _____
清酒	4 g _____
白ねぎ	10 g _____
ししとう	10 g（2 本）_____
くりの甘露煮	5 g（1 個）_____

❶あまだいは骨を取り除き塩をして汁気が取れるようにし，30 分〜一晩置く．

❷みりんを煮切る（1332 ☞）．冷めてから白みそ，酒と混ぜる．

❸あまだいの表面の汁気をふき取り，❷を全体に塗って密閉できる保存容器で 1 〜 3 日漬け込む．

❹みそをふき取り，焦げないように焼く．

❺あしらい（☞）．白ねぎは白髪ねぎ，ししとうは網焼き，くりは焼いた金串ではまぐりの模様を付ける．

❻❹❺を盛り付ける． （時岡）

応用 **1432 魚の西京焼**：1432 の割合で漬け込みみそを作る．たい，きんめだい，さわら，たらなど，淡白な味の魚に用いる． （時岡）

☞ **あしらい**：少量の添え物．季節感の演出，料理の味を引き立てる．
白髪ねぎ：5 cm ほどの長さの白ねぎに切り目を入れ，芯を取り，伸ばす．繊維に沿って細いせん切りにし，水にさらす．**くりのあしらい**：くりの形を活かし，縁起物のはまぐりに見立てる．祝い膳に用いる．

（時岡）

1441　豆腐の木の芽田楽（☞）

木綿豆腐	40 g _____
木の芽みそ	
┌ 米みそ(甘，白)	10 g _____
│ 砂糖	1 g (小 1/3) _____
┤ みりん	7 g _____
│ ほうれんそう(葉先)	2 g _____
└ 木の芽	0.1 g (1枚) _____

❶小鍋にみそ，砂糖，みりんを入れてよく混ぜ合わせ，火にかけて照りがでるまでよく練りながら加熱する．かたければ，だし汁(分量外)で調節する．

❷ほうれんそうをやわらかめにゆでて，裏ごしする．木の芽は洗ってまな板上で細かく刻む．これらを❶に練り込み，木の芽みそとする．

❸豆腐はさっと水洗いした後，できるだけ水気を切っておく．1人2個になるように切る．

❹250℃で予熱したオーブンで，天板にクッキングシートを敷き，❸の豆腐を並べ，250℃で3分加熱後，上面に木の芽みそを塗る．これを再びオーブンに入れ，2～3分加熱してみそにやや焦げ目をつける．

❺❹に田楽用竹串を刺し，皿に盛り付ける(1人2本)．　(三浦・山本)

1442　なすのしぎ焼き（なす田楽）（☞）

なす	80 g (1個) _____
ごま油	8 g _____
練りみそ	
┌ 豆みそ(赤)	10 g _____
│ 砂糖	3 g _____
└ みりん	6 g _____
ごま	1 g _____
粉ざんしょう	少々 _____

❶なすはがくを取り，縦2つ割りにし，皮に格子状に隠し包丁を入れる．水につけて灰汁を抜き，水気を取る．

❷小鍋で練りみそを作る．

❸フライパンにごま油を熱し，❶を皮のほうから焼く．裏返してふたをして焼く．

❹切り口を上にして練りみそを塗り，いりごまと粉ざんしょうをふり，焼物皿に盛る．　(三浦・山本)

1451　焼き肉

牛もも肉(焼肉用)	80 g _____
ピーマン	30 g _____
赤ピーマン	15 g _____
もやし	20 g _____
サンチュ	20 g _____
レモン	10 g _____
┌ しょうゆ	27 g _____
│ 清酒	5 g _____
│ 砂糖	6 g _____
│ にんにく	0.5 g _____
┤ しょうが	0.5 g _____
│ トウバンジャン(豆板醤)	0.5 g _____
│ にら	2 g _____
└ 白ごま	0.5 g _____

❶サンチュとくし切りにしたレモンを皿に盛る．

❷たれを作る．にんにく，しょうがをすりおろす．にらをみじん切りにする．白ごまをいって軽くする(1321☞)．煮切った酒(1332☞) としょうゆ，砂糖，トウバンジャンを混ぜ合わせ，にんにく，しょうが，にら，白ごまを加える．

❸ピーマン，赤ピーマンは縦に1/4に切る．もやしは根を取る．

❹❶とは別の皿に，肉と❸を色よく並べる．

❺焼き網を熱し，肉と野菜を適宜焼く(☞)．肉を❶のサンチュで巻きたれをつけて食べる．または，レモンを絞って食する．　(時岡)

☞ **田楽**：豆腐に串を刺した形が白装束の田楽（でんがく）法師が高足に乗って踊る姿と似ていることに由来する．　(三浦・山本)

食品 1441　**さんしょう（山椒）**：ミカン科落葉低木．日本原産．木の芽と呼ばれるときはさんしょうの若芽をいう．香りが高く，木の芽田楽，木の芽あえ，料理のあしらいなどに広く用いられる．そのまま用いるときは，手のひらの上で軽くたたくと香りが引き立つ．青みのある未熟な実は青ざんしょうという．成熟した果実の果皮を粉末にしたものが粉ざんしょうで，七味とうがらしの原料ともなる．葉と実には辛味があり，主成分はサンショオールである．　(三浦・山本)

☞ **しぎ焼き**：焼き上がりが鳥の鴫（しぎ）の形に似ていることが名前の由来である．元々はなすの中をくりぬき鴫の肉をつめて焼いたもの．　(三浦・山本)

科学 1442　**なすの色と変色**：なすの濃紫色はアントシアン色素（ナスニン，ヒアシン）で，熱には不安定で変色するが，高温短時間処理(油炒め，揚げる，焼くなど)では比較的安定である．アントシアン色素は，酸性では赤色，中性で紫色，アルカリ性では青色とpHによって変色する．　(三浦・山本)

食品 1451　**焼肉用牛肉の部位と加工肉**：**もも**：赤身でやわらかい．**ロース**：脂が少なく，焼き調理に向く．**かた**：脂が適度に入り濃厚．**カルビ**：ばら肉，あばら部分の肉をさす．油と脂肪が層をなす．**加工肉**：肉を結着させたもの．赤身肉に脂肪などを注入したものがある．特定加熱食肉製品．　(時岡)

☞ 腸管出血性大腸菌O157による食中毒予防のため，焼肉は75℃1分以上の加熱を厳守し，調理器具(箸など)による交差汚染に注意する．なお，ノロウイルスによる食中毒予防のためには，85～90℃，90秒以上の加熱とする．　(時岡)

1461 若鶏の鉄板照り焼き

若鶏もも肉	100 g _____
清酒	5 g _____
油	3 g _____
┌ しょうゆ	9 g _____
│ 清酒	7.5 g _____
└ 砂糖	4 g _____
きゅうり	50 g _____
塩	0.5 g _____
合わせ酢	
┌ 酢	5 g _____
│ 水	5 g _____
┤ 砂糖	3 g _____
│ しょうゆ	3 g _____
└ 赤とうがらし	0.5 g _____
ごま油	0.5 g _____

❶蛇腹きゅうり（☞）を 2 cm 幅程度に切る.

❷赤とうがらしの端を切り，種を取り出し，湯につけてやわらかくする. 酢，水，砂糖，しょうゆで合わせ酢を作り，小口切りにした赤とうがらしを加える. ❶を軽く絞り，漬けておく. 喫食前にごま油をまぶす.

❸鶏ももの皮目にフォークなどを数か所刺しておく. フライパンを熱し，油をひいて両面きつね色に焼く. 酒をふりかけ，ふたをして蒸し焼きにする.

❹しっかりと火を通し，脂を取り除き，しょうゆ，酒，砂糖を加え，煮詰めて味をからませる.

☞ **蛇腹きゅうり**（p.22参照）：きゅうりの半分まで斜めに薄く切り込みを入れる. 反対側も同様に切り込みを入れ，塩をする. 味がしみ込みやすくなり，また食べやすくなる.
（時岡）

❺皮を上にして 1 cm 幅に切り，❷のきゅうりとともに皿に盛り付ける. （時岡）

1462 いわしのかば焼き風

いわし	80 g（大 1 尾）_____
照りじょうゆ	
┌ しょうゆ	6 g _____
│ 水	7.5 g _____
┤ 砂糖	2.3 g _____
└ みりん	9 g _____
ししとうがらし	8 g（小 2 個）_____
塩	少々 _____
こしょう	少々 _____
薄力粉	少々 _____
油	2.8 g _____

❶いわしは包丁で頭を除き，腹をさいて内臓を取り，ボウルに水をためて洗う. キッチンペーパーなどできれいに水分をふき取る. 腹の切れ目から親指を入れて中骨の上をしごいて開く（手開き）. 頭のほうから中骨を手で静かにはがす.

❷❶の水気を軽くふき取り，薄力粉をまぶし，油を入れたフライパンで身のほうからきれいな焼き色がつくまで焼く. 裏返して皮の面も焼く.

科学 **1462 照り焼きの香り**：魚皮に含まれるピペリジンや魚肉，脂肪に含まれるトリメチルアミンなどとしょうゆやみりんなどの調味料との反応によって香ばしい特有の香りが生成される. （東根）

❸❷の油をキッチンペーパーでふき取り，照りじょうゆを入れてふたをし，中火で 2 〜 3 分煮てふたを取り，鍋をゆり動かしながら強火で煮つめて両面に照り汁をよくからませる. 身のほうを上にして盛り付ける.

❹油で炒め，塩，こしょうで調味したししとうがらしを手前に添える. （東根）

1463 鶏の松風焼き(☞)

（天板 1/2 枚分，4人分）

鶏ひき肉(もも：むね＝1:1)	300 g _____
しょうが	8 g _____
パン粉	20 g _____
卵	50 g (1 個) _____
清酒	30 g _____
砂糖	9 g _____
しょうゆ	27 g _____
けしの実	6 g _____
青のり粉	1.5 g _____

❶しょうがをおろしておく.
❷鶏ひき肉に❶，パン粉，卵，酒，砂糖，しょうゆを粘りが出るまで混ぜる(すり鉢ですり混ぜるときめ細かい生地となる).
❸天板1/2にクッキングシートを敷き，❷の生地を平らに伸ばす.
❹けしの実を全体にふり，長方形の紙を置きその上から青のり粉をふる(図1).
❺予熱したオーブン200℃で20分焼く.

❻冷めてから，末広に切り分ける(図2).❹のけしの実，青のり粉のふり方を変え，矢羽根，市松などに切り分けてもよい.
（時岡）

☞ 松風焼き：表のみ飾られ「裏(浦)がさびしい」料理であることから，能，歌舞伎の演目を題材に名づけられた．同様に表にけしの実をつけた干菓子を「松風」ともいう．また，「裏がない」様子が「正直で隠しがない」と捉えられ，正月の祝い膳に用いられる.

（図1）模様つけの例

（図2）切り方(末広)

（時岡）

1464 ピーマンの肉みそ詰め焼き

ピーマン	40 g (中 1 個) _____
ごぼう	10 g _____
にんじん	10 g _____
鶏ひき肉	30 g _____
白みそ	18 g _____
砂糖	5 g (大 1/2) _____
清酒	4 g _____
油	計 4.5 g _____

❶ピーマンは洗って縦2つ割りにし，ピーマンの形を崩さないように種をとる.
❷ごぼうは細かいささがきにして酢水につけ，灰汁を取る．水は数回かえる．にんじんはみじん切りにする.
❸小さめのフライパンに2gの油を入れ，鶏ひき肉，❷を入れて炒め，みそ，砂糖，酒を加え(みその塩分によって塩味が足りなければ補う)，木じゃくしを使って照りが出るまで絶えずかき混ぜる(弱火).等分にしておく.
❹❶のピーマンに❸を詰める.
❺フライパンに残りの油を入れ，ピーマンを並べ(すわりの悪いピーマンは，すわりのよいピーマンを利用して横に並べて置く．火が通るとしんなりとなって落ちつく)，弱火にし，ふたをして3分ほど蒸し焼き.1人2切れを焼き物皿に盛り付ける.
（☞）
（東根）

☞ 洋風にする場合は，ハンバーグの種（合びき肉・たまねぎなど）をピーマンに詰めて焼く．ウスターソース・ケチャップ・マスタードなどを合わせたソースを添える.
（東根）

1465 なすのみそ炒め

なす	90 g（1 個）_____
赤ピーマン	30 g（1/4 個）_____
ごま油	8 g（大 2/3）_____
みそ	9 g（大 1/2）_____
砂糖	4.5 g（大 1/2）_____
清酒	7.5 g（大 1/2）_____

❶なすはへたを取り除き，一口大の乱切りにする.
❷赤ピーマンはへた，種の部分を取り除き，一口大の乱切りにする.
❸鍋にごま油を熱し，中火で❶❷をしんなりするまで炒める.
❹みそ，砂糖，酒を均一に混ぜたものを❸に加えて混ぜ，弱火で全体に味がなじむまで加熱する．（大喜多・池田）

健康・栄養 1465 緑黄色野菜の炒め物：緑黄色野菜に含まれるカロテン（3583 健康・栄養）は，脂溶性であるため，炒め物のように油で調理すると，体内に吸収されやすい.
（大喜多・池田）

1466 豚肉のしょうが焼き

豚肉（ロース・脂身付き）	50 g
しょうゆ	9 g（大 1/2）
清酒	7.5 g（大 1/2）
みりん	9 g（大 1/2）
砂糖	3 g（小 1）
しょうが	5 g
付け合わせ	
ししとうがらし	8 g（2 本）
塩	少々
こしょう	少々
油	少々

❶しょうがをおろし金ですりおろして汁を絞り，バットに入れ，調味料を加えて混ぜ合わせる．

❷❶に豚肉を入れて，5～6 分漬け込む．

❸フライパンを火にかけ，熱くなってから豚肉を入れ，軽く焼く．そのあと火を弱め，漬け汁をフライパンに入れてからめる．焦がさないように注意しながら十分に火を通す（☞）．

❹付け合せのししとうがらしは，少し切り目を入れて破裂を防ぐ（竹串をさして数か所穴をあけてもよい）．

❺油でししとうがらしを炒め，塩，こしょうで調味する．

❻焼けた豚肉を皿に盛り，ししとうがらしを添える．フライパンに残ったたれを豚肉にかける． (濵口)

☞ フッ素樹脂加工のフライパンを使用しない場合は，油を少量使用して焼く． (濵口)

応用 1466 豚肉の巻き焼き：豚もも肉 60 g，グリーンアスパラガス 30 g，にんじん 20 g，油 4 g（小 1），みりん 12 g（小 2），しょうゆ 9 g（小 1.5），ブロッコリー 30 g，ミニトマト 15 g，レタス 5 g．❶アスパラガス，にんじんは長さ 5 cm の棒状にそろえて切り，ゆでる．❷❶に豚肉を巻いてフライパンで焼き，みりん，しょうゆで調味する．❸ブロッコリーは小房に切ってゆでる．❹❷を斜め 2 等分に切り，❸，ミニトマト，レタスを付け合わせる． (大喜多・池田)

1467 豆腐ハンバーグ

鶏ひき肉	40 g
卵	15 g
塩	0.3 g（小 1/20）
木綿豆腐	100 g
にんじん	10 g
ひじき（乾燥）	2 g
油	4 g（小 1）
青じそ	1 g（1 枚）
だいこんおろし	30 g
ポン酢じょうゆ	15 g（大 1）
付け合わせ	
レタス	15 g
グリーンアスパラガス	20 g
ミニトマト	30 g

❶豆腐は水切り（1341 ☞）をしておく．にんじんはみじん切り，ひじきは戻して刻む．

❷ひき肉，卵，塩を混ぜて粘りがでたら❶を加えてよく混ぜる．

❸小判型 2 つに丸め，厚さ 2 cm くらいに整える．

❹フライパンに油を熱して❸を置き，中火で焼く．焦げ目がつけば裏返し，ふたをして弱火で約 10 分焼く．

❺皿に盛り，青じそとだいこんおろしをのせ，ポン酢じょうゆ（1672 ☞）をかける．レタス，ゆでたアスパラガス，ミニトマトを添える． (大喜多・池田)

健康・栄養 1467 豆腐ハンバーグ：洋風料理のハンバーグステーキ（3541）を和風に仕立てた料理．牛ひき肉の代わりに豆腐を使い，ブラウンソースの代わりにポン酢じょうゆを使うなどして，低エネルギー化を図っている．きのこ類やわかめなどを加えると食物繊維を増やすこともできる．それらの具材はみじん切りにし，豆腐の水切りを十分に行うと，生地はまとまりやすい．

(大喜多・池田)

1471 だし巻き卵（関西風）（☞）

	（2 本，4 人分）
卵	330 g（6 個）
だし汁	110 g（卵の 1/3 量）
塩	1 g
うすくちしょうゆ	3 g（小 1/2）
油	12 g（大 1）

❶卵をよく溶きほぐし，だし汁や調味料を加えてよく混ぜ合わせる．

❷卵焼き器に油を入れて火にかけ，油を十分になじませておく．余分な油は布かキッチンペーパーでふき取り，卵液を流す前にその都度油をなじませるために使用する（以下，油布）．

❸❶を 2 本分として 2 つに分け，熱くなった❷へ少量流し込み，全体に半熟になれば，向こうから手前に巻き込み，向こう側を油布でふいて手前の卵を向こうへ移し，さらに手前を油布でふいて，残りの卵汁を少量流し入れ，同様に繰り返し巻いていく（焦がさぬように）．2 本作る．

❹熱いうちに巻きすで形を整え，1 本を 4 つに切り，1 人分 2 切れを焼き物皿に盛り付ける（☞）． (濵口)

☞ だし巻き卵（関東風）は，卵にだし汁と砂糖，しょうゆを加え，少し焦げ目をつけて仕上げる．色も味も濃い． (久保)

応用 1471 う巻き卵：うなぎのかば焼き片身 80 g，ほかは 1471 と同様．❶うなぎは片身を卵焼き器の幅と同じ長さに切っておく．❷卵焼き器に卵を流し込み，全体に半熟にしてから中央にうなぎを置いて向こうから手前に巻き込んでいく．ほかは 1471 と同様． (濵口)

☞ だし巻き卵の付け合わせ：付け合わせとして，手前にだいこんおろしやしょうがの甘酢づけ（1842）を添えるとよい． (濵口)

1472 鳴門巻き卵・厚焼き卵（☞）

	（4人分）	
卵	165 g（3個）	_____
はんぺん	20 g	_____
┌ 砂糖	2.5 g	_____
└ 塩	0.5 g	_____
焼きのり	0.5 g（1/4枚）	_____

❶はんぺんは細かく切り，すり鉢ですり混ぜる．

❷❶に卵黄1個を入れ，固まりがなくなるまでする．さらに溶き卵2個を少しずつ加えて十分にかき混ぜ，塩，砂糖を入れる．

❸別のボウルで卵白1個分をかたく泡立てて，❷に加えさっと混ぜる（はんぺん，卵，塩，砂糖をすべてミキサーに入れ撹拌してもよい）．

❹バットにクッキングシートを敷き，❷の材料を流し入れ，200℃のオーブンで約15分焼く．

❺❹を取り出し，冷めないうちに巻きすにのせて，のりをその上に広げ，手前からくるくると巻き，しっかり巻いたまま冷めるまでおく．

❻形をくずさないように❺を1.5 cmの輪切りにし，1人2切れ，切り口を上に盛る．

（三浦・山本）

1481 たいのそぼろ

	（作りやすい量）	
たい（切り身）	150 g	_____
砂糖	9 g（5〜10%）	_____
塩	1.5 g（1%）	_____

❶たいを塩ゆでにするか，蒸す．

❷❶の骨，皮，血合いを除き，身をほぐす．

❸❷を鍋の中に入れ，4〜5本の箸で絶えずかき混ぜながら水分を除く．

❹十分に出来上がったところで火からおろし，砂糖，塩をふりかけて調味する（砂糖は多すぎるとそぼろが固まってポロポロになる）．砂糖，塩を入れてからは火にかけないで混ぜるだけでもよい．

（細見・境田）

1491 ごまめ（田作り） （☞）

	（少量・祝い肴用，4人分）	
ごまめ（かたくちいわし，田作り）		
	15 g	_____
砂糖	6 g（小2）	_____
しょうゆ	12 g（小2）	_____
清酒	2.5 g（小1/2）	_____

❶青みをおびた真っすぐなごまめを購入し，ざるに入れて，片鱗などをふるい落とす．

❷フライパンに移して，焦がさぬようゆり動かしながら弱火で徐々に加熱する．ややしんなりしたところで，曲がっているものは真っすぐに直しておく．1つを取り出して，やや冷ました時にポキッと折れるくらいまで加熱する．火からおろして，再びざるに入れ，余分な粉をふるい落として冷ます（☞）．

❸片手鍋に砂糖，しょうゆ，酒を入れて火にかけ，煮立ったら，❷を入れて手早く全体にからませ，火からおろす．

（濱口）

☞ **鳴門巻き**：のりを間に入れて巻くと断面が渦巻き状になることから，鳴門の渦潮にちなんだ名前をつけている．　　　　　（三浦・山本）

科学 **1472 すり身の粘弾性**：魚肉に2〜3%の食塩をふってすりつぶすとたんぱく質のうち筋原線維たんぱく質のミオシンとアクチンが塩溶性のため溶出してアクトミオシンを形成する．これは粘性のあるゾル状であるが，室温に放置するとゲル化する．この現象を座りという．さらにこれを加熱するとアクトミオシンが安定な網目構造をつくり弾力性のあるゲルを形成する．このようにして練り製品ができる．すり身の代用としてはんぺんを用いてもよい．　　　　　　　（三浦・山本）

科学 **1481 ミオゲン**：魚を加熱すると収縮してかたくなる特徴を示すのが筋原質たんぱく質（球状たんぱく質）のミオゲンである．これは魚の肉の筋繊維を構成している物質で，白身魚は身が固まりホロッと取れるが，赤身魚は身がボソボソしてしまう．白身魚の場合ミオゲンは20%，赤身魚は30%含まれており，白身魚は身が崩れやすいといえる．　　　　　（細見・境田）

☞ **ごまめ（田作り）**：正月料理に欠かせない一品である．たくさんの量を作る場合は，ごまめ100 g，砂糖25 g，しょうゆ42 g，酒15 gで作るとよい．　　（濱口）

☞ **電子レンジで加熱する場合**：ごまめを耐熱皿に広げ，ラップフィルムをせずに電子レンジで加熱する．粗熱がとれた時にポキっと折れたらよい．目安は，ごまめ50 gの場合，600Wで1分30秒〜2分，500Wで2分30秒〜3分．途中で全体を混ぜ，様子をみながら加熱時間を増減する．　　（濱口）

1511 揚げ出し豆腐

木綿豆腐	100 g（1/3丁）_____
かたくり粉	3 g _____
揚げ油	適量 _____
だし汁	30 g _____
うすくちしょうゆ	5 g _____
みりん	4 g _____
だいこん	50 g _____
しょうが	2 g _____
糸かつお	1 g _____

❶木綿豆腐は水切り（1341 ☞）しておく．1丁を6等分に切る．
❷かたくり粉をまぶし，180℃の油できつね色に揚げる．
❸だし汁にうすくちしょうゆ，みりんを混ぜる．
❹だいこんをおろし軽く水気を切る．
❺器に❷❹を盛り付け，おろしたしょうが，糸かつおを天盛り（1331 ☞）し，❸を注ぐ．
(時岡)

科学 1511　揚げ衣：小麦粉：グルテンを含み，しっとりと仕上がる．かたくり粉：一般的にから揚げなどに使われる．さっくりと仕上がるが，でん粉粒子が大きく水分を含むと容易に糊化する．上新粉：うるち米が原料であり，アミロース含量が多い．さっくりと切れのよい衣となる．
(時岡)

1521 あじの南蛮づけ

まあじ	80 g（小2尾）_____
かたくり粉	8 g _____
青ねぎ	5 g _____
赤とうがらし	少々 _____
揚げ油	適量 _____
三杯酢	
┌ 酢	30 g _____
┤ しょうゆ	15 g _____
└ 砂糖	9 g _____

❶小あじのうろこ，ぜいご，えら，腹わたを除き，よく洗い，水気を取り，かたくり粉をまぶし，腹の中にもかたくり粉をつけ，160℃の油で裏表しっかりと揚げる．
❷青ねぎは小口切り，赤とうがらしは種をとって，小口から刻み，三杯酢に加え，揚げたての❶を漬けて30分以上おく．
(三浦・山本)

食品 1521　南蛮漬け：から揚げにした魚をとうがらしの入った三杯酢に漬けたもの．わかさぎ，小あじなど小魚に向き，しっかり揚げることにより骨ごと，魚丸ごと食べることができる．南蛮とは，室町末期から江戸時代のポルトガルやスペインの呼び名で，とうがらしやねぎを用いた料理や揚げ物など新しい調理法を用いた料理に南蛮の名前がつけられた．
(三浦・山本)

1531 きすのから揚げ

きす	60 g _____
清酒	1 g _____
塩	0.6 g _____
こしょう	少々 _____
かたくり粉	3 g _____
揚げ油	適量 _____
グリーンリーフ	10 g _____
トマト	20 g（1/8個）_____
レモン	15 g（1/6個）_____

❶きすはうろこと頭を取る．大きければ三枚におろす．小さければ，松葉開き，背開きなどにする（☞）．
❷酒，塩，こしょうをふり，かたくり粉をまぶす．
❸180℃の油でカラッと揚げる．
❹グリーンリーフを洗って食べやすい大きさに切る．
❺トマトは皮をまな板側に置き，皮と実の間に包丁を入れ，皮の一部をつなげた飾りむきにする（☞）．

❻皿に❹を敷き，❸❺を盛り，くし形に切ったレモンを添える．
(時岡)

☞　背開き，腹開き：頭を取ったのち，背または腹側から包丁を入れ，中骨を取る．松葉開き：頭を取り，尾で上下身をつなげたまま三枚におろし，中骨を取る．
(時岡)
☞　トマトの飾りむき

(時岡)

1541 鶏肉の竜田揚げ（☞）

鶏もも肉	100 g _____
┌ にんにく	1 g _____
│ しょうが	2.5 g _____
┤ しょうゆ	7 g _____
│ 清酒	5 g（小1）_____
└ 青ねぎ	4 g _____
かたくり粉	9 g（大1）_____
揚げ油	適量 _____

❶鶏肉は3 cm角に切る．
❷にんにくとしょうがはすりおろし，青ねぎはつぶす．
❸❶に❷としょうゆと酒を加えてよくもみ，約15分置く．
❹かたくり粉をまぶし，低温（150〜160℃）の油でゆっくり揚げていったん引きあげる．油を高温（180℃）に上げて色よくからりと揚げる（2531参照）．
(禾本)

☞　竜田揚げ：しょうゆで下味をつけ，揚げた色合いが紅色をしていることから，もみじの名所である奈良県竜田川に由来した料理名．(禾本)

1551 えびの湯葉揚げ

えび（ブラックタイガー）	40 g（3尾）
薄力粉	3 g
卵白	5 g
干し湯葉	3 g
アスパラガス	20 g
揚げ油	適量
塩	0.3 g

❶えびは頭を取り，尾に一番近い節の殻以外を足とともに取り除く．加熱後曲がらないように，腹側に斜めの切り目を入れる．尾の先を斜めに切り，形を整える．塩をまぶして10分ほどおき，水分をとる．
❷❶の尾以外に薄力粉，卵白，砕いた湯葉の順に衣をつける．
❸アスパラガスは軸の硬いところを除き，5 cmに切る．
❹❷❸を180℃で揚げる．
（時岡）

食品 1551 湯葉：豆乳を煮たとき上面にできる膜．生ゆばと干しゆばがある．
（時岡）

1561 菊花揚げ

魚（たら）	80 g
塩	0.8 g
薄力粉	3 g
卵白	5 g
そうめん	20 g
揚げ油	適量
きゅうり	15 g

❶魚に塩をしてしばらくおく．
❷そうめんを1〜1.5 cmほどに砕く．
❸❶の水気を取り，薄力粉と卵白をまぶし，❷を衣につける．
❹180℃で焦げないようにしっかり火を通す．
❺きゅうりを飾り切り（☞）して，❹を盛り付けた皿にあしらう．（時岡）

応用 1561 菊花揚げ：はるさめ，せん切りのじゃがいもやさつまいもなどが利用できる．いがぐり揚げ，巣ごもり揚げともいう．（時岡）
応用 1561 その他の変わり揚げ：天ぷらの衣に，抹茶，ゆかり，ごま，粉チーズなどを混ぜる．また，アーモンドや砕いた干し湯葉などを衣にしてもよい．（時岡）

☞ きゅうり飾り切り

蛇の目　松葉　切り違い
（時岡）

1571 みぞれ揚げ

魚（すずき）	80 g
塩	0.8 g
薄力粉	3 g
卵白	5 g
道明寺粉	20 g
揚げ油	適量
きゅうり	15 g

❶魚に塩をしてしばらくおく．
❷❶の水気を取り，薄力粉と卵白をまぶし，衣に道明寺粉をつける．
❸180℃で焦げないようにしっかり火を通す．
❹きゅうりを飾り切り（1561 ☞）して，❸を盛り付けた皿にあしらう．（時岡）

食品 1571 道明寺粉：大阪府藤井寺市の道明寺が発祥．もち米を洗米，浸漬，蒸して乾燥し，乾飯（ほしいい）にし，適当な粒に粗びきしたもの．関西風の桜もちに用いる．
（時岡）

1581 鶏肉の巻き揚げ煮

（若鶏もも肉1枚分，3人分）	
若鶏もも肉	250 g（大1枚）
いんげんまめ	20 g
にんじん	20 g
⎰かたくり粉	20 g
⎱水	15 g
揚げ油	適量
⎰しょうゆ	24 g
⎱砂糖	9 g
⎱みりん	6 g

❶いんげんまめは筋を取る．にんじんは長めの拍子木切りにする．それぞれを下ゆでする．
❷鶏もも肉を観音開き（2121 ☞）にし，厚さを均等にする．❶を芯にして巻く．巻終わりを爪楊枝などで留める．
❸かたくり粉と水を混ぜ，❷の表面にまんべんなく塗る．
❹160℃で20分ほどゆっくりと芯まで火を通す．中心温度計（☞）があれば芯温75℃を確認する．
❺浅い鍋またはフライパンに，しょうゆ，砂糖，みりんを一煮立ちさせ，❹を加えてからませる．照りよく仕上げる．冷めてからようじを抜く．
❻切り分けて盛り付ける．
（時岡）

☞ 中心温度計：食品に挿し込む先端に接触式温度センサが内蔵され，多くが防水仕様になっている．
（時岡）

1591 天ぷら(☞)

えび(ブラックタイガー)	30 g (1尾) _____
わかさぎ	30 g (2尾) _____
いか	20 g _____
薄力粉	5 g _____
なす	20 g _____
生しいたけ	10 g (1枚) _____
ししとうがらし	10 g (1本) _____
青じそ	1 g (1枚) _____
┌ 薄力粉	20 g _____
┤ 卵	10 g _____
└ 冷水(15℃前後)	30 g _____
揚げ油	適量 _____
だいこん	30 g _____
天つゆ	
┌ だし汁	50 g _____
┤ しょうゆ	3 g _____
└ みりん	3 g _____

❶えびは1551❶と同様に下ごしらえする. わかさぎといかは洗って水気をふき取る. いかの裏表に薄く切り目を入れる. 薄く薄力粉をふっておく.

❷なすは切ってすぐに揚げない時は, 水にさらし灰汁を抜き, 水気をふき取る. しいたけは石づきを取る. ししとうがらしに1〜2か所目立たないように切り込みを入れる. 青じその軸は少し残して切り落とす.

❸天つゆを作る. だし汁にしょうゆ, みりんを加え一煮立ちさせる.

❹だいこんおろしは軽く水気を切る.

❺衣を作る(☞). 卵は腰がなくなるまで溶き, 冷水と混ぜておく. 粉をふるい, 卵水を一気に加えて大きく数度かき混ぜる.

❻❶❷の順で衣をつけて170〜180℃の油温で揚げる(p.23参照). 青じその衣は片面でもよい.

❼皿に盛り付け, だいこんおろしを脇に置き, 天つゆを添える.　　　　　　(時岡)

1592 野菜のかき揚げ

さつまいも	20 g _____
さやいんげん	10 g _____
ごぼう	10 g _____
水	5 g _____
薄力粉	10 g _____
揚げ油	適量 _____
だいこん	30 g _____
天つゆ	
┌ だし汁	50 g _____
┤ しょうゆ	3 g _____
└ みりん	3 g _____

❶さつまいもはきれいに洗い皮付きのまま斜めせん切りにし, 水にさらす. さやいんげんは筋を取り, 斜め薄切りにする. ごぼうはささがきにし, 水にさらす.

❷天つゆを作る(1591❸).

❸だいこんおろしは軽く水気を切る.

❹❶それぞれの水気を取り, 分量の水を混ぜ, 薄力粉を全体にまぶしてまとめる.

❺金属製のフライ返し, 網じゃくしなどを揚げ油にくぐらせてから, ❹を形よくのせる. そっと揚げ油に沈め, 形が固まったら, 箸などではずしてさらに揚げる. 油温180℃.

❻皿に盛り付け, だいこんおろしを脇に置き, 天つゆを添える.　　　　　　(時岡)

☞ **よい天ぷらの条件**:衣に淡黄色, 樹氷状, 薄く, カラリとしている, 歯ざわりがよい, 油の香気がある.
　　　　　　(時岡)

☞ **天ぷらの衣の割合 (1人分)**

材料	一般的な衣	厚い衣
	えび, 白身魚など	いわしなどの背の青い魚
薄力粉	20 g	20 g
卵	10 g	10 g
冷水	30 g	20 g

(時岡)

食品 **1591　天ぷらの衣:小麦粉**:グルテンが衣の網目構造に必要であるが, グルテンが多すぎると吸水性が強くなり, カラリと仕上がらない. でん粉を加えグルテン含量の割合を低くするとカラリと樹氷状に仕上がる. **卵**:味の向上に必要である. 衣の揚げ上がり容積を大きくする. 卵を加えない場合は重曹を加えると, 二酸化炭素の発生により揚げ上がり容積が大きくなる. **水**:水温15℃前後がグルテン形成がされにくく脱水しやすいので, 樹氷状になりやすい. **市販の天ぷら粉**:おもに薄力粉, でん粉, 重曹, 乾燥卵, 着色料が含まれる.　　　　(時岡)

科学 **1591　天ぷらと灰汁**:天ぷらの具材には季節の旬のものを選ぶ. 油と食材の水分が置換されるため, 山菜などに含まれる水溶性の灰汁(おもにポリフェノール類)は灰汁抜きせずとも調理に用いることができる.　　　　(時岡)

1601　高野豆腐としいたけのたき合わせ(☞)

＊高野豆腐の含め煮

高野豆腐	10 g (1/2 個)	_____
⎰ かつお・昆布だし	25～38 g	_____
｜ 砂糖	5 g (大 1/2)	_____
｜ うすくちしょうゆ	1 g (小 1/6)	_____
⎱ 塩	0.5 g (小 1/10)	_____

＊亀甲しいたけの照り煮

乾しいたけ	2 g (中 1 枚)	_____
⎰ しいたけの戻し汁	25 g	_____
｜ 砂糖	2.5 g (大 1/4)	_____
｜ うすくちしょうゆ	1.5 g (小 1/4)	_____
⎱ みりん	1.5 g (小 1/4)	_____

＊青さやえんどう

さやえんどう	2.5 g (1 枚)	_____

＊高野豆腐の含め煮

❶高野豆腐は，バットに間隔をあけて並べ，浸るくらいにたっぷりの温湯（40℃くらい）につけて戻し，かたく絞って 2～3 回水をかえて絞り，三角形または四角形に切る．

❷鍋にだし汁と調味料を入れて火にかけ，沸騰したところへ❶を入れて，中～弱火で煮含める．

＊亀甲しいたけの照り煮

❶乾しいたけは水で洗い，たっぷりかぶる程度の水に浸して戻す．

❷しいたけの軸を除き，亀甲に切る（☞）．つけ汁の上澄み液とともに鍋に入れて煮る．汁がなくなりかけたところへ砂糖を加え，味をしみ込ませてからしょうゆを加え，ほぼ汁がなくなったところにみりんを加えて汁がなくなるまで煮る．

＊青さやえんどう

❶さやえんどうは筋を除いて，色よくゆでる．

❷3 品を盛り合わせる．

(細見・境田)

☞ **1601～1603　たき合わせ**：煮物の一種で，別々に煮た 2 種類以上の煮物を盛り合わせる．色，味，形の異なる季節の素材を組み合わせる．**春**：たけのこ，ふき，菜の花，さやえんどう，たいの子，とこぶし．**夏**：なす，かぼちゃ，オクラ，いんげん．**秋**：さといも，れんこん，ごぼう，とうがん，だいこん，にんじん．**通年**：しいたけ，高野豆腐，ゆば，飛竜頭，こんにゃく

(細見・境田)

☞ **亀甲しいたけの切り方**：中の切り込みは包丁でくさび形に切る．

(細見・境田)

1602　飛竜頭とゆばのたき合わせ(1601 ☞)

(豆腐 1 丁分，4 人分)

＊飛竜頭の煮物(☞)

木綿豆腐	300 g (1 丁)	_____
ぎんなん(☞)	8 g (4 個)	_____
にんじん	10 g	_____
きくらげ(乾)	1 g	_____
ごぼう	5 g	_____
やまのいも	20 g	_____
卵	25 g	_____
塩	1 g	_____
揚げ油	適量	_____
八方だし(3 品合計)		
⎰ だし汁	400 g	_____
｜ うすくちしょうゆ	12 g	_____
｜ みりん	24 g	_____
⎱ 塩	4 g	_____

＊重ねゆばの煮物

平ゆば	6 g	_____
みつば	10 g	_____
八方だし		

＊さやいんげんの浸し物

さやいんげん	40 g	_____
八方だし		

＊飛竜頭の煮物

❶木綿豆腐を水切りする(1341 ☞)．

❷ぎんなんは下ゆでし薄皮を取る．にんじん，戻したきくらげ，ごぼうは 1～2 cm のせん切りにする．

❸すり鉢でやまのいもをすり，❶の豆腐，卵，塩をすり混ぜる．ぎんなん以外の❷を加えて混ぜ，4 等分する．手に油をつけ，一つずつぎんなんを入れて丸める．

❹180℃の油で素揚げする．

❺❹に熱湯をかけて油抜きし，合わせた八方だし(☞) 1/2 で煮含める．

＊重ねゆばの煮物

❶みつばの葉を切り落とし，さっと下ゆでする．

❷ゆばを水で戻し，重ねて巻く．❶で 4 か所くくり，4 つに切り分け，八方だし 1/4 で煮含める．

＊さやいんげんの浸し物

❶さやいんげんは筋を取り，下ゆでする．斜めに切りそろえ，八方だし 1/4 に浸す．

❷3 品を盛り合わせる(☞)．　(時岡)

☞ **飛竜頭(ひりゅうず)**：ひろうす，がんもどき（雁擬き）ともいう．

(時岡)

☞ **ぎんなんの扱い方**：鬼皮はペンチなどで，側面のとがった部分をはさむときれいに割れる（勢いがよすぎるとぎんなんをつぶしてしまうので注意）．実を取り出し，渋皮のついたままゆで，穴あき玉じゃくしの背などで軽くこすると渋皮がとれる．

(時岡)

☞ **八方だし**：浸し物の基本的な味付けのだし．用途が多いことから「八方」と呼ばれる．　(時岡)

☞ **たき合わせの盛り付け方**：煮物鉢は器の形や絵柄で正面を決める．3 品を立体感を出して盛り合わせ，煮汁を少し入れる．　(時岡)

1603 かぼちゃと茶せんなすのたき合わせ（1601 ☞）

＊かぼちゃのうま煮

かぼちゃ	50 g ＿＿＿＿
だし汁	25 g ＿＿＿＿
砂糖	2.25 g ＿＿＿＿
うすくちしょうゆ	3 g ＿＿＿＿

＊茶せんなす

小なす	25 g（1 個）＿＿＿＿
揚げ油	適量 ＿＿＿＿
だし汁	25 g ＿＿＿＿
砂糖	2.25 g ＿＿＿＿
しょうゆ	4.5 g ＿＿＿＿

＊オクラ

オクラ	10 g（1 本）＿＿＿＿
八方だし	
┌ だし汁	10 g ＿＿＿＿
│ うすくちしょうゆ	0.3 g ＿＿＿＿
│ みりん	0.6 g ＿＿＿＿
└ 塩	0.1 g ＿＿＿＿

＊かぼちゃのうま煮

❶かぼちゃの皮をきれいに洗い，とらむき（☞）にする．面取り（☞）をし，皮を上にしてだし汁，砂糖，うすくちしょうゆが一煮立ちした中へ並べ，形が崩れないように静かに煮含める．落しぶた（キッチンペーパーでもよい）をする．

＊茶せんなす

❶小なすを茶せんに切る（☞）．

❷180℃の油でさっと素揚げし（1442科学），熱湯をかけて油抜きをする．

❸砂糖，しょうゆ，だし汁を沸騰させ，❷のなすを入れて煮含める．

＊オクラ

❶オクラはへたを取って下ゆでし，冷めた八方だしに浸す．

❷3 品を盛り付け，❶の八方だしを少量注ぐ． （時岡）

☞ **とらむき**：ところどころ皮をむく．煮崩れを防ぎながら味をしみ込ませる．なす，かぼちゃなどに用いる． （時岡）

☞ **面取り**：煮くずれを防ぎ美しく仕上げるため，角をそぐ．かぼちゃ，だいこんなどに用いる． （時岡）

☞ **茶せんなす**：小なすを茶道の茶せんに見立てた飾り切り．皮に切り込みを入れることで味の含みがよくなる．①へたは一周切込みを入れ（1331 図），形を整える．②包丁の刃元，角の部分を使い，2 〜 3 mm 間隔で縦に切り込みを入れる．

② ＿＿＿＿

（時岡）

食品 1603　オクラ：アオイ科一年生草本．アフリカ原産．日本でも近年急速に栽培が増えている．従来は夏の露地栽培が中心で，現在はハウス栽培により年中食べられる．出回るのは長さ 8 〜 10 cm の果実で，特有の粘質物（ペクチン質，アラバン，ガラクタンなどの多糖類）が含まれている． （三浦）

1611 ふろふきだいこん（ゆずみそ）

だいこん	100 g ＿＿＿＿
こめ	4 g（小 1）＿＿＿＿
昆布	2 g（5 cm 角）＿＿＿＿
ゆずみそ	
┌ みそ	10 g ＿＿＿＿
│ 砂糖	5 g ＿＿＿＿
│ みりん	5 g ＿＿＿＿
└ だし汁	7.5 g ＿＿＿＿
ゆずの皮	0.5 g ＿＿＿＿

❶だいこんは輪切りにして面取りし，片面に十文字に切れ目を入れる（隠し包丁）．

❷鍋に昆布を入れ，だいこんがかぶる程度の水とこめ（☞）を入れて火にかける．

❸竹串がスッと通るようになるまで火を通す（30 〜 40 分くらい）．

❹ゆずみそを作る．小鍋にみそ，砂糖，みりん，だし汁を入れて弱火にかけ，ゆるめに練る（☞）．ゆずの皮の半量はおろし（1613 ❹）みそに加えて混ぜる．半量はせん切りにしておく．

❺器に❸を盛り付け，ゆずみそをのせてから，ゆずの皮をその上にのせて供す．

（作田）

☞ **こめ**は，でんぷんの吸着作用によるアク成分の除去のために加える．苦みが抑えられる． （作田）

☞ **ゆずみその砂糖**は，みその味に応じて増減する．白すりごまを入れてごまみそにしてもよい． （作田）

1612　かぼちゃのそぼろあんかけ

かぼちゃ	100 g	_____
だし汁	75 g	_____
砂糖	4.5 g（大 1/2）	_____
しょうゆ	4.5 g（大 1/4）	_____
塩	0.75 g	_____
清酒	4 g（約大 1/4）	_____
かぼちゃの煮汁	約 50 g	_____
鶏ひき肉	50 g	_____
かたくり粉	4 g（大約 1/2）	_____
しょうが	2 g	_____

❶かぼちゃは，たわしでよく洗い，しまの目に皮をむき，二口大に切り，面取り（1603 ☞）をする．

❷鍋にだし汁と砂糖，しょうゆ，塩，酒を入れて煮立て，かぼちゃを加え，弱火で煮て，竹串がすっと通るくらいに火が通ったら，かぼちゃを取り出す．

❸煮汁に鶏ひき肉を入れ，火が通ったらかたくり粉の水溶き（同量の水で溶く）を加えて煮立たせとろみをつける．

❹しょうがは針しょうが（1323 ❺）にし，さっと水に浸して用いる．

❺かぼちゃを器に盛り，❸のそぼろあんをかけ，❹の針しょうがを天盛り（1331 ☞）にする．　（濵口）

科学 1612　あんかけ：あんかけなどにすると口腔中でまとめやすく食べやすくなる．かたくり粉でとろみをつけた場合，唾液中のアミラーゼの作用によってあんが緩くなってしまう．介護食などに利用するとろみ剤には，唾液の影響を受けないデキストリンに増粘多糖類を加えたキサンタンガムが用いられている．メーカーによって組成が異なり，粘度に差があるため注意が必要である．　（時岡）

1613　さといものゆずかけ

さといも	60 g（20 g 大 3 個）	_____
だし汁	25 g	_____
砂糖	5 g	_____
みりん	10 g	_____
塩	0.75 g	_____
しょうゆ	1.5 g（小 1/4）	_____
ゆずの皮	0.75 g	_____
ぬめりをとる塩	少々	_____

❶さといもはぬらすとかゆくなるため，水でぬらさぬようにして皮をこそげ取り，水をはったボウルにつける．全部むき終わったら水を流し，塩少々をつけて，ぬめりと汚れを取り，洗う．

❷鍋にたっぷり水を入れ，❶を入れて火にかける．沸騰したら，いったん火を止めてざるに上げ，十分に水洗いをしてぬめりを取り除く（☞）．再び鍋にさといもと水を入れて火にかけ，竹串が中まで通るくらいにやわらかくなればゆで汁を捨てざるにとる．

❸底の広い鍋にだし汁，調味料を一煮立ちさせ，❷を並べ入れ落としぶたをして，弱火で静かに煮含める．汁がほぼ全部なくなるくらいまで，さといもを転がし，まんべんなく味をつける．

❹器に盛り付け，ゆずの皮をおろし金でおろし（☞），ふりかける．　（濵口）

☞ さといもの下ゆで：食材を水から煮て，沸騰したらゆで汁を捨てることを，ゆでこぼすという．沸騰する頃には白い粘質物がたくさん上昇してくる．灰汁やぬめり，臭みなどを取り除くために行う．　（濵口）

科学 1613　さといもの成分：さといものぬめりの主成分は，ガラクトースなどの糖がたんぱく質と結合した糖たんぱく質である．加熱によりふきこぼれや調味料の浸透を妨げる原因となる．さといもの皮をむくときに手がかゆくなるのは，成分中のシュウ酸カルシウム（針状結晶・不溶性）が，皮膚に刺激を与えるためである．手に塩や酢をつけて皮をむく，加熱後に皮をむく，などで防ぐ．　（濵口）

☞ ゆずの皮のおろし方：料理の仕上げにすりおろしたゆずの皮をふりかけることを「ふりゆず」という．ゆずの香りは皮の部分に多く含まれている．皮の内側の白い部分には苦味があるので，すりおろすときは，濃い色の皮の表面だけをすりおろし，竹串を数本まとめたものや，茶せんなどを使って料理にふりかけるとよい．　（濵口）

1621　えんどうの甘煮

えんどう	32.5 g（1/4 C）	_____
（さや付きなら 72 g）		
塩	（水の 1%）0.5 g	_____
砂糖	（水の 10%）5 g	_____
しょうゆ	0.75 g	_____

❶えんどうの皮をむいてさっと洗う．

❷えんどうと同容量の水を鍋に入れて火にかけ，沸騰したところに塩を入れ，❶を加え，沸騰が続く程度の火で灰汁を除きながら煮る．

❸❷の味が青臭くなくなれば砂糖を加え，しばらく煮てからしょうゆを入れる．（☞）

火からおろす．煮汁とともに盛り付ける．　（久保）

☞ 煮汁にくずでん粉の水溶きを加えてとろみをつけてもよい．煮すぎると固くなり，豆にしわがよるので注意する．　（久保）

1631 黒まめの含め煮

（少量・祝い肴用，4人分）

黒まめ	40 g（1/4 C）	_____
熱湯	200 g	_____
砂糖	40 g（大4強）	_____
しょうゆ	9 g（大1/2）	_____

❶黒まめはよく洗う．鍋に熱湯と調味料を加え，黒まめを入れて一晩漬けておく．翌日，そのまま中火にかける．

❷沸騰してきたら弱火にし，泡(灰汁)が浮いてきたらすくい取り，落としぶたと外ぶたをして，ふきこぼれない程度の弱火で煮る(2時間以上)．

❸汁はひたひたになるように，さし水(☞)をする．まめ粒がやわらかく，最大に膨れるまで加熱する．

❹まめの味が薄いので汁とともに食す．(☞)　　　（濱口）

1632 こぶ巻き(門松こんぶ)(☞)

（2本分，4人分）

昆布(幅10 cm 2枚)	5 g	_____
紅さけ	25 g	_____
塩	0.5 g	_____
かんぴょう(15 cm)	2 g（4本）	_____
昆布の戻し汁	100 g	_____
清酒	15 g	_____
砂糖	15 g	_____
しょうゆ	12 g	_____

❶紅さけに塩をふる．

❷昆布はかたく絞ったふきんなどで表面の汚れをふき取る．水に10〜20分つけて戻す．

❸かんぴょうは塩もみして水洗いする．

❹❶の表面の水気を取り，1 cm角，❷の昆布の幅に切り揃える．

❺昆布を縦長に置き，❹を芯にして巻き，かんぴょうで2か所縛る(☞図中①)．厚手の鍋に並べ，昆布の戻し汁で炊く．竹串が昆布に通るようになれば，酒，砂糖，しょうゆを入れ，煮汁がなくなるまで1時間ほど煮含める．

❻冷めてから両端を切り落として形を整え，斜めに切る(☞図中②)．　　（時岡）

1633 肉じゃが

牛肩ロース(薄切り)	50 g	_____
油	4 g（小1）	_____
砂糖	1 g（小1/3）	_____
しょうゆ	3 g（小1/2）	_____
清酒	5 g（小1）	_____
たまねぎ	40 g（1/4個）	_____
じゃがいも	80 g（1個）	_____
糸こんにゃく	25 g	_____
にんじん	25 g	_____
砂糖	1.5 g（小1/2）	_____
しょうゆ	3 g（小1/2）	_____
みりん	3 g（小1/2）	_____
さやいんげん	10 g（2個）	_____

❶牛肉は一口大に切る．たまねぎは縦半分に切ってから5〜7 mm幅に切る．じゃがいもは皮をむき，四つ割りにして水にさらす．糸こんにゃくはサッとゆでて水気を切り，食べやすい大きさに切る．にんじんはじゃがいもの半分くらいの大きさに切る．さやいんげんは筋を除き，色よくゆでて2 cmに切る．

❷厚手の鍋に油を熱し，牛肉を入れて，焦げ目がつくまで焼き，砂糖，しょうゆ，酒を加えて沸騰するまで煮る(下味がつく)．

❸鍋から牛肉を取り出し，たまねぎ，じゃがいも，糸こんにゃく，にんじんを入れて，それらの深さの7分目くらいまで水を加え，落しぶたをして中火で煮る(約10分間)．

❹じゃがいもがやわらかくなれば(竹串が1 cm刺さるくらい)，残りの砂糖としょうゆ，みりんを加え，さらにやわらかくなるまで煮る(約5分間)．

❺鍋に❸の牛肉を戻し，さやいんげんを加えて沸騰するまで煮る(☞)．火を消してしばらくおくと味がなじむ．　　　（大喜多・池田）

☞ **黒まめのさし水**：煮汁が常にまめを隠すように，汁が減ったら絶えず水を継ぎ足すことをさし水という．さし水をすることにより，しわのないつやのある黒まめが出来上がる．　　（濱口）

☞ **黒まめを圧力鍋で煮る作り方**：黒まめ400 g（600 cc），砂糖240 g，しょうゆ36 g．熱湯1.2 kg（黒まめの容量の2倍）．一晩吸水させ，火にかけて沸騰後灰汁をとった後に加圧し（一般的な圧力鍋なら蒸気が出てから15〜20分くらい），自然に冷ます．　　（濱口）

科学 **1631 黒まめ**：黒まめの皮の色素はアントシアン系色素（クリサンテミン）で，金属イオンと結びつくと色が鮮やかになる．したがって，鉄鍋で煮たり，鉄釘を一緒に入れて煮ると，クリサンテミンと鉄イオンが結合して錯塩を作り，美しい黒色となる．豆類は水分が約15%程度の乾物であるため，水に浸漬し吸水させて加熱する．吸水させることにより，まめが軟化するまでの加熱時間が短くなる．圧力鍋を使用すると加熱時間の節約になる．（濱口）

☞ **門松こんぶ**：「喜ぶ」に通じる昆布を門松に見立てた縁起物．　　（時岡）

☞ **昆布の縛る位置（①）と切り方（②）**

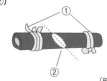

（時岡）

応用 **1632 にしんのこぶ巻き**：身欠きにしん1本（約7 g）で1632の倍量．身欠きにしんはしっかり洗い，こめのとぎ汁に一晩つけて戻す．その後1632 ❺〜❻の作業を行う．　　（時岡）

☞ **じゃがいもの煮崩れ**：いもの煮崩れは，長時間の加熱により細胞が離ればなれになる現象．肉じゃが，おでん，カレーライス，シチューなどは長時間煮るため，煮崩れる前に加熱を終える注意が必要．いも種類や品種については，食品3603参照．　　（大喜多・池田）

1641 だいずの五目煮

(作りやすい量，8人分)		
だいず(乾)	140 g	_____
れんこん	40 g	_____
ごぼう	20 g	_____
にんじん	20 g	_____
こんにゃく	80 g	_____
昆布	10 g	_____
砂糖	27 g (大 3)	_____
しょうゆ	27 g (大 1.5)	_____
清酒	15 g (大 1)	_____

❶だいずは虫食いや実入りの悪いものを除いて洗い，塩水（水3C，塩2g）に5時間〜一晩つける.

❷❶をそのまま大きい鍋に入れて火にかけ，煮立ったら水1/2Cを加えて泡(灰汁)を取りながら煮，灰汁が取れたら落としぶたと鍋ぶたをし，弱火でまめがやわらかくなるまで静かに煮る（親指と人差し指で強くつまむとつぶれるくらいまで約1時間）.

❸れんこんは皮をむき指先ほどの乱切りにし，ごぼうはたわしでよくこすって洗い，れんこんと同様に切り，ともに水につけて灰汁を抜いておく.

❹にんじんは1cm角のさいの目切り，こんにゃくは5mm角に切って塩少々でもみ，さっとゆでておく.

❺昆布はぬれぶきんでふいて1cm角に切る.

❻だいずがやわらかくなれば❸❹❺を入れ，材料がひたひたになるように水を足し，落としぶたをして弱火で煮る.

❼れんこんとごぼうがやわらかくなり，だいずも親指と人差し指でつまんでつぶれるくらいに煮えたら，砂糖半量と酒を加えて10分間ほど落としぶたをして弱火で煮る．残りの砂糖としょうゆを加え，汁気がほとんどなくなるまで煮て，そのまま冷まして味を含ませる(☞).　　　(大喜多・池田)

☞ **だいずの調味**：弱火で静かに煮ることと，十分やわらかくなってから調味料を加えるのがポイント．煮はじめから出来上がりまで2時間以上かかる．　　(大喜多・池田)
食品 **1641　だいず**：水煮したものが缶詰，レトルト製品など販売されている．それらを用いる場合は320〜360gとし，❶❷の操作は不要．栄養価については，1861参照.　　　　　　(大喜多・池田)

1642 金時まめの煮まめ

(作りやすい量，12人分)		
金時まめ	140 g (1 C)	_____
砂糖	80 g	_____
塩	2 g	_____

❶金時まめを洗って大きめの鍋で約10時間くらい水につけておく.

❷つけ汁ごと火にかけ，ゆでこぼして(☞)灰汁を捨て，新たに水を加えて（まめが3cm程度かぶるくらい）煮る.

❸途中で砂糖を2〜3回に分けて加え，最後に塩を加える．やわらかくなったら火を止め，そのまま冷まして味を含ませる.　　　　(東根)

☞ **ゆでこぼし**：灰汁や渋み，粘質物質などを取り除き，味をよくするために行われる操作．材料を一度ゆでて，そのゆで汁を捨てること.　　　(東根)
科学 **1642　弱火長時間加熱**：まめを煮る場合は，弱火で気長に煮ることが大切である．昔は炭や練炭などで煮る加熱法が最適であった．現在では電磁調理器や保温鍋などを用いるとよい.　　(東根)

1651 かれいの煮付け

かれい 70 g (1匹または1切れ)	_____
しょうゆ (魚重量の10%) 7 g	_____
清酒 (魚重量の10%) 7 g	_____
みりん (魚重量の10%) 7 g	_____

❶かれいのうろこと内臓を取り除いて洗う.

❷魚が重ならないような平鍋にしょうゆ，酒，みりんと魚が浸る程度の水を加え，煮立てる.

❸❶の表を上にして❷に並べ，落としぶたをして15〜20分間中火で煮る.(☞)　　　(久保)

☞ 煮魚の場合，味の淡白なもの，新鮮なものは，甘味をひかえてあっさりと，背の青い，脂の多いもの，鮮度の落ちたものは砂糖，みりんなどを多めにして濃いめに味をつける.　　　(久保)
応用 **1651　かれいの煮付け**（ポリ袋使用の簡易真空調理）：かれい1切れ(100g大)，しょうゆ24g，砂糖12g，酒15，しょうがおろし少々とともに1051応用の要領でポリ袋に入れ，空気を抜き，口をくくる．98℃以上の湯で30分湯せんする.　　　(時岡)

1652 さばのみそ煮

さば(切り身)	70g (1切れ)	_____
清酒	15g (大1)	_____
砂糖	4.5g (大1/2)	_____
みそ	10g	_____
しょうが	5g	_____

❶しょうがの半分を針しょうが(1323 ❺)にして水に放す. 残りの半分は細切りにする.

❷さばの切り身をさっと洗って水をふく. (☞)

❸魚が重ならないような平鍋に酒と砂糖, 魚が浸る程度の水を加え, 煮立てる.

❹❷の皮を上にして❸に並べ, 落としぶたをして強火で約3分間煮る.

❺❹にみそを2, 3か所に分けて入れて溶かし, しょうがの細切りを加え, 弱火で約5分間, 魚に火が通るまで落としぶたをして煮る.

❻さばを取り出して器に盛り, 少しとろみがつく程度に煮詰めた煮汁をかけ, 針しょうがを天盛り(1331 ☞)にする. （久保）

☞ **魚臭のある魚（さばなど）の調理法**：魚臭を目立たなくするためには, 以下の方法がある. ❶水洗いする, ❷酢やレモン汁をふる, ❸白ワイン, 日本酒をふる, ❹牛乳に20～30分間つける, ❺香りの強い野菜（たまねぎ, セロリ, ねぎなど）を用いる, ❻香辛料（こしょう, 各種スパイス）を用いる, ❼みそで調味する. （久保）

1653 煮あなご

		(3人分)
生あなご(開き)	150g (3本)	_____
煮汁		
┌ 水	150g	_____
│ 清酒	100g	_____
┤ みりん	30g	_____
│ しょうゆ	30g	_____
└ 砂糖	10g	_____
だし昆布	2g (5cm角)	_____
木の芽または青じそ	3枚	_____

❶生あなごは半分に切り, 熱湯に入れてすぐに引き上げ氷水に取る(☞).

❷❶をまな板に皮を上にして置き, 包丁の背でぬめりを除く.

❸鍋に煮汁を煮立て, だし昆布を入れて❷を皮を下にして入れ中火にかけ, 煮汁が半量程度になるまで20～30分煮る.

❹器に盛り, 少量の煮汁をかける. 木の芽やせん切りの青じそなどをあしらう. （作田）

☞ あなごの皮のぬめりは熱湯に通すと取り除きやすい. 生臭みも取れる. （作田）

1654 ぶりだいこん

だいこん	150g	_____
ぶり(切り身)	75g (1切れ)	_____
煮汁		
┌ 水	約80g	_____
│ しょうゆ	13.5g (大3/4)	_____
┤ 清酒	7.5g (大1/2)	_____
└ 砂糖	4.5g (大1/2)	_____
しょうが	3g	_____

❶だいこんは皮をむき, 厚さ1cmの半月に切る. 耐熱皿に入れ, 水大1をふりかけてラップフィルムで覆い, 電子レンジ(600W)で約3分間加熱する(☞). 竹串がスーと通るくらいにやわらかくなれば, ざるにあげて水気を切る.

❷ぶりは3cm幅にそぎ切る. しょうがはせん切りにして水にさらす.

❸鍋に煮汁を煮立て, ぶりを入れて煮る. 灰汁をすくい取り, ❶のだいこんを加え, 落としぶたをしてやや強めの弱火で約15分間煮る(だいこんから水が出ることと, 煮込む時間が短いため, 煮汁の水は少なめでよい). 煮汁が少し残る状態で火からおろす.

❹器に煮汁ごと盛り, しょうがを水気を切って添える. （大喜多・池田）

☞ **電子レンジによる加熱**：だいこんのように水分が多い野菜は, 水でゆでる代わりに電子レンジ加熱すると, 短時間でやわらかくなる. その際, 少量の水をふりかけると, 加熱時間をさらに短縮できる. だいこんを電子レンジで加熱しない場合はゆでる方法で作る. だいこんをひたひたの水でゆでて, やわらかくなれば ゆで汁にしょうゆ, 酒, 砂糖を加え, 煮汁が約半量に煮詰まったころにぶりを加える. （大喜多・池田）

1655　たいのあら炊き

	（3人分）
鯛のあら	1尾分
ごぼう	80 g
水	100 g（100mL）
清酒	100 g（100mL）
みりん	115 g（100mL）
砂糖	27 g（大3）
しょうゆ	115 g（100mL）

❶鯛のあらを5〜8 cmの大きさに切る.

❷沸騰した湯で❶をさっとゆで，すぐに水にとる．水の中で血合いやうろこを取り除く.

❸ごぼうはよく洗い，太いものは縦に2〜4つ割りにし，5 cmの長さに切りそろえる.

❹鍋に水，酒，みりんを沸騰させ，❸を入れ，その上に❷を入れる．沸騰後，砂糖を入れ，落としぶたをして5分ほど煮る．しょうゆを加えてさらに中火で10〜15分煮る.　　　　　　（時岡）

1661　きんぴらごぼう

ごぼう	50 g（小 1/2本）
赤とうがらし	0.1 g（1/4本）
油	6 g（大 1/2）
┌ 清酒	5 g（小 1）
│ 砂糖	3 g（小 1）
│ しょうゆ	9 g（大 1/2）
└ 水	15 g（大 1）
いりごま	1 g（小 1/3）

❶ごぼうは皮をたわしでこすって洗う．長さ4 cmの細いせん切りにし，水に10〜15分浸けて灰汁を抜き（☞），水気を十分に切っておく（ささがき，p.21参照）にしてもよい）.

❷赤とうがらしは，種子を除き，1 mm幅の輪切りにする.

❸鍋を熱して油を入れ，❶と❷を加えてごぼうがしんなりするまで強火で炒め，合わせておいた酒，砂糖，しょうゆ，水を鍋のふちから入れて混ぜながら汁気がほとんどなくなるまで弱火で煮る.

❹小鉢に盛り，いりごまをふりかける.　　　（大喜多・池田）

1662　ひじきと油揚げの炒め煮

ひじき（乾物）	5 g（戻すと約40 g）
油揚げ	4 g（1/8枚）
┌ かつおだし	45 g
│ 砂糖	8 g
│ しょうゆ	9 g
└ みりん	9 g
油	1.4 g

❶ひじきはさっと洗い，たっぷりの水につけて15分程度置き，戻す．ざるにあげて水切りをする．長いものがあれば食べやすい大きさに切っておく.

❷油揚げは0.5×3 cmの短ざくに切る（ひじきは油とよく合うので油抜きはしなくてもよい）.

❸鍋に油を熱して❶❷を入れ，1〜2分中火で炒める.

❹だし汁を加え，砂糖を入れて中火で4〜5分煮てからしょうゆとみりんを入れ，落としぶたをして弱火で15〜20分程度煮る.

❺煮汁がほとんどなくなるまで途中数回かき混ぜながら煮る.　　　　　　　　　　（東根）

食品 1655　魚のあら：魚をおろした後に残る頭や中骨などをさす．脂肪が少なくコラーゲンなどのたんぱく質を多く含む．うま味があり，たい，ぶり，ひらめ，さけなどのあらを，汁，煮こごりなどに用いる．　　　（時岡）

☞　ごぼうの灰汁抜き：ごぼうは切ったらすぐに水に浸す．浸しすぎると香りやうま味が抜ける.
　　　　　　　　　　（大喜多・池田）

応用 1661　材料の応用：うど，にんじん，セロリ，ピーマン，れんこん，ブロッコリーの茎など.
　　　　　　　　　　（大喜多・池田）

科学 1662　鉄の吸収率：動物性食品に多く含まれる二価のヘム鉄は吸収率が15〜30％，植物性食品に多い参加の非ヘム鉄は5％以下である．非ヘム鉄はビタミンCや消化酵素によって二価鉄となり吸収される．ひじきなど非ヘム鉄の多い食品を使う時は献立を工夫し，野菜や果物，肉類や魚類とともに摂取できるようにする．　（時岡）

応用 1662　材料の応用：にんじん，れんこん，さやえんどう，こんにゃく，とうもろこしなどを加えると色鮮やかになる．　　　（東根）

応用 1662　鶏五目ひじき（ポリ袋使用の簡易真空調理）：ひじき（水戻し）20 g，鶏むね肉20 gとにんじん10 gは1 cm角に切る，だいず（水煮）10 g，しょうゆ6 g，砂糖3 g，みりん2 g，塩少々を1051応用の要領でポリ袋に入れ，空気を抜き，口をくくる．98℃以上の湯で30分湯せんする．ポリ袋を取り出し，5〜10分ほど味をなじませる．ポリ袋をゆでた鍋で，斜め切りしたきぬさやえんどう5 gをゆでる．器に取り出し，ゆがいたきぬさやえんどう，ごま油少々を混ぜる．　　　　　　　　　（時岡）

1663 筑前煮(☞)

鶏もも肉	20 g ＿＿＿＿
れんこん	15 g ＿＿＿＿
こんにゃく	20 g ＿＿＿＿
にんじん	15 g ＿＿＿＿
ごぼう	5 g ＿＿＿＿
グリンピース	5 g ＿＿＿＿
油	2.4 g ＿＿＿＿
砂糖	3 g ＿＿＿＿
しょうゆ	6 g ＿＿＿＿
みりん	6 g ＿＿＿＿
かつおだし	50 g ＿＿＿＿

❶こんにゃくは,塩もみして水洗いし,一口大にちぎる.それを空の鍋に入れ,火にかけて,鍋を動かしながら水分をとばす.ゆでてもよい.

❷ごぼうはたわしで皮をこそげとり,乱切りにし水につける.れんこんは洗って皮をむき,小さめの乱切りにして酢水につける.

❸鶏肉は一口大,にんじんは厚さ7 mmで梅型に抜く.または乱切りにする.

❹鍋に油を入れて,鶏肉を入れて炒めて,色が変わったら❶❷とにんじんを加えて中火から強火で炒めて(形が崩れないようにていねいに炒める),かつおだしを入れる.

❺浮いてくる灰汁をすくい取り,砂糖,しょうゆ,みりんを加えて煮汁がなくなるまで落としぶたをして煮る(つやが出てくる).

❻最後にゆでたグリンピースを入れる.

(☞)

(東根)

☞ **筑前煮**:鶏肉と根菜類の炒め煮のことで,いり鶏,福岡ではがめ煮と呼び,骨付きの鶏肉を用いる.正月料理にも向く.なるべく同じ大きさに切り,煮崩れないように注意する.さといもやたけのこ,ぎんなん,さやえんどうなどの材料も用いる.
(東根)

☞ 炒めた鶏肉の代わりに,鶏肉に下味をつけ,から揚げにした物を加えて煮ても味が濃厚になっておいしい.また,グリンピースのかわりに,さっとゆでたさやえんどうを散らしても色鮮やかである. (東根)

1664 ゴーヤチャンプル(☞)

にがうり(ゴーヤ)	50 g ＿＿＿＿
根取もやし	50 g ＿＿＿＿
木綿豆腐	100 g ＿＿＿＿
ごま油	5 g ＿＿＿＿
ポークランチョンミート(☞)	30 g ＿＿＿＿
卵	25 g ＿＿＿＿
塩	0.5 g ＿＿＿＿
清酒	5 g ＿＿＿＿
うすくちしょうゆ	3 g ＿＿＿＿
黒砂糖	1 g ＿＿＿＿
かつお削り節	1 g ＿＿＿＿

❶にがうりは縦半分に切り,種を除いて厚さ2〜3 mmの小口に切る.もやしは洗ってしっかりと水を切る.

❷木綿豆腐は水切りしておく.

❸ポークランチョンミートはもやしのようにせん切りにする.

❹卵は溶き卵にしておく.

❺フライパンにごま油を熱し,❷の豆腐を崩しながら入れて両面に焼き色を付けて取り出す.

❻続けて❸を入れて焼き色を付ける.

❼❻の脂がにじみ出てきたら❶を入れてすぐに塩,酒を加えて強火で炒める.❺を戻し入れてうすくちしょうゆと黒砂糖を加える.

❽❹の溶き卵を全体に回し入れ,2〜3秒で消火し余熱で火を通す.

❾器に盛り付け,上にかつお削り節をふりかける. (作田)

☞ **チャンプル**:沖縄料理.豆腐を主材料に野菜を炒める. (作田)

☞ **ポークランチョンミート**:缶詰になったソーセージの豚肉加工品.沖縄の一般的な食材である.塩分が100 gあたり2%程度である.ポークランチョンミートのかわりに豚ばら肉を用いてもよい.この場合,塩0.5 gとこしょう0.01 gを追加する. (作田)

科学 **1664 ゴーヤの苦味**:ゴーヤの苦味を呈すモモルデシは水溶性である.水さらし,下ゆでなどによって溶出させる.または,薄くスライスし,油によって短時間調理することで細胞内からの溶出を防ぐ.どちらかの調理法によって苦味の軽減ができる. (時岡)

1671 湯豆腐

絹ごし豆腐	125 g（1/2丁）＿＿＿
昆布	1.5 g ＿＿＿
塩	適量（0.5%）＿＿＿
だししょうゆ	
┌ かつお・昆布だし（一番だし）	17.5 g ＿＿＿
┤ しょうゆ	9 g（大1/2）＿＿＿
└ 花かつお	0.8 g ＿＿＿
薬味	
┌ 青ねぎ	5 g ＿＿＿
┤ しょうが	3 g ＿＿＿
└ のり	1 g ＿＿＿

❶かつお・昆布だし（一番だし）をとり，温かいうちにしょうゆと花かつおを加え，一煮立ちさせてしばらくおき，こしてだししょうゆを作り，小鉢に入れる．

❷ぬれぶきんで汚れをふき取った昆布を鍋に敷き，❶を鍋の中央に置き，0.5%塩水を張って火にかける（☞）．

❸青ねぎは小口切りにする．しょうがは皮をむいておろしておろししょうがにする．のりは細かく切る．

❹豆腐を3cm角（やっこ）に切って❷に入れて加熱し，浮き始めたところを器にすくい取り，だししょうゆをつけ，薬味を添えて食す． （久保）

☞ 豆腐は塩水やでん粉液（1%程度）中で加熱するとすが立ちにくい． （久保）

1672 ちり鍋（たいちり）

	(4人分)
まだい	正味500 g（1kg1尾）＿＿
昆布	鍋底大 ＿＿
はくさい	400 g（1/2〜1株）＿＿
ほうれんそう	100 g（1束）＿＿
絹ごし豆腐	250 g（1丁）＿＿
生しいたけ	80 g ＿＿
しゅんぎく	80 g（1束）＿＿
ポン酢じょうゆ（☞）	
┌ だいだい	汁80 g ＿＿
└ しょうゆ	（汁の1.5倍）120 g ＿＿
もみじおろし（☞）	
┌ 赤とうがらし	0.4 g（2本）＿＿
└ だいこん	100 g ＿＿
青ねぎ	10 g（1本）＿＿
のり	2 g（1枚）＿＿

❶たいのうろこ，内臓，えらを除き，腹腔内をよく洗い，頭を胸びれ，腹びれをつけて切り離す．頭を左右に切り離し，口から左右に眼玉を中心に2つに形よく割る．身は二枚おろしにし，3cmにぶつ切りにし，尾びれは形を整える．それぞれに塩（分量外）をふる．

❷はくさいとほうれんそうはさっとゆで，ほうれんそうを芯にしてはくさいを巻きすで巻き，水気を絞って長さ3cmに切る．豆腐は3cm角（やっこ）に切る．生しいたけは，軸を除く．しゅんぎくは根を除いて洗い，水気を切る．

❸大皿の向こう側に，はくさい巻きの切り口を上にして重ね盛り，それに尾びれを立てかける．胸びれは左右に，切り身は中央に盛り重ねる．たいの頭は正面の左右に並べて立てかけ，そのほかの野菜や豆腐を美しく添えて盛り合わせる．

❹だいだいを絞り，しょうゆと合わせてポン酢じょうゆを作り，しょうゆ差しに入れておく．とうがらしとだいこんは一緒におろしてもみじおろしを作り，青ねぎは刻んで水にさらす．薬味皿にももみじおろしと青ねぎ，細切りにしたのりを盛り合わせる．

❺ふきんで汚れをふき取った昆布を土鍋に敷いて水を入れて火にかけ（☞），沸騰直前に昆布を取り出し，たいや野菜を入れて煮ながら❹につけて食す． （久保）

☞ ポン酢じょうゆ：ポン酢とは，かんきつ類（ゆず，すだち，だいだいなど）の果汁に酢酸を加えて味を調えたものであるが，これにしょうゆを加えたポン酢じょうゆをポン酢ということも多い． （久保）

☞ もみじおろし：だいこんの皮をむき，菜箸で2か所穴を開け，赤とうがらしをぬるま湯につけてしんなりさせ種を除いてだいこんの穴に押し込む．これをおろし金でおろし，軽く汁を除く． （久保）

☞ 土鍋は外側（特に底）がぬれていると，火にかけたときにひび割れるので，水気をふき取ってから火にかける． （久保）

1673 牛肉の水だき（しゃぶしゃぶ）

牛ロース肉（薄切り）	75 g _____
はくさい	75 g _____
しゅんぎく	25 g（1/4束）_____
えのきだけ	12.5 g（1/4束）_____
生しいたけ	20 g _____
ピーマン	15 g（1/2個）_____
カリフラワー	25 g _____
豆腐	62.5 g（1/4丁）_____
はるさめ	7.5 g _____
ごまだれ（☞）	
ポン酢じょうゆ	
┌ だいだい	汁20 g _____
└ しょうゆ	（汁の1.5倍）30 g _____
もみじおろし	
┌ 赤とうがらし	0.1 g（1/2本）_____
└ だいこん	25 g _____
青ねぎ	2.5 g（1/4本）_____

❶はくさいは長さ4 cmのざく切りに，しゅんぎくは根を除いて洗い，えのきだけは下部を切り除き，生しいたけは洗って軸を除く．ピーマンは縦2つ割にして中の種を除き，縦に2〜3個に割る．カリフラワーは小房に分け，塩をひとつまみ入れた熱湯に入れて固めにゆでる．はるさめは湯の中に入れて戻し，水気を切る．豆腐は3 cm角（やっこ）に切る．

❷❶を形よく大皿に盛り合わせ，別皿に牛肉を一枚ずつ取りやすいように盛る．

❸ごまだれ（☞）とポン酢しょうゆ（1672 ☞），薬味にもみじおろし（1672 ☞）と刻んだねぎを用意する．

❹鍋に湯を煮立て，箸で肉をつまんでさっと色が変わる程度にふり動かし，

☞ **ごまだれの作り方**：ごま（白または黄7.5 g）を炒ってねっとりするまでよくすり，くるみ7.5 gとピーナッツ5 gを刻んで加えてすり混ぜる．しょうゆ13.5 gを少しずつ加えながらさらにすり混ぜ，練りからし2 g，みりん13.5 g，かつお・昆布だし（一番だし）11.3 gを加えてすり混ぜる．好みで砂糖4.5 gを混ぜる．　（久保）

ごまだれ，またはポン酢じょうゆに薬味を入れた小鉢にとって食す．❶は最初から煮ながら食す．途中で浮く灰汁を除く．　　　　　　　　（久保）

1674 鶏の水だき

（6人分）	
若鶏　正味740 g（1羽分1.2 kg）_____	
だいこん	300 g _____
にんじん	150 g _____
はくさい	450 g _____
しゅんぎく	150 g（1.5束）_____
えのきだけ	75 g（1.5束）_____
生しいたけ	120 g _____
焼き豆腐	300 g（1.5丁）_____
もち	120 g（6切れ）_____
ポン酢じょうゆ	
┌ だいだい	汁120 g _____
└ しょうゆ	180 g（汁の1.5倍）_____
もみじおろし	
┌ 赤とうがらし	0.6 g（3本）_____
└ だいこん	150 g _____
青ねぎ	15 g（1.5本）_____

❶1羽分の若鶏（さばいたもの）をむね肉，もも肉，がらに分け，骨付きのままぶつ切りにして，足先やがらとともに熱湯にくぐらせる．

❷だいこん，にんじんは皮をむき，厚さ7 mmの短ざく（飾り切りならなおよい）に切る．

❸はくさい，しゅんぎく，きのこ類は1673と同様に下ごしらえし，焼き豆腐は縦2つに切って厚さ2 cmに切る．これらにもちを添えて大皿に盛る．

❹❶を深鍋に入れ，かぶるくらいの水（5 C程度）を加えて火にかけ，表面に浮く灰汁と脂肪を除きながら約25分間静かに沸騰させる．煮汁を布ごしし，骨付き肉を別の皿に入れておく．がらや足先は取り除く．

☞ 骨入れ用に中の見えにくい小つぼを用意しておくとよい．細長い冷めにくい湯飲みに煮汁をとり，皮をむいておろして絞ったしょうが汁を少し加えて飲むとおいしく，体が温まる．　　　　　　（久保）

❺土鍋に❹の煮汁を八分目まで入れ，骨付き肉，だいこん，にんじんの一部を入れて点火する．

❻小鉢にポン酢じょうゆ（1672 ☞）をとり，薬味（1672参照）を入れて，鶏や野菜を煮ながら食す．途中で残りの煮汁をつぎたす．

（☞）　　　　　　　　　　　　　　　　　　　　　　　　　　　（久保）

1681　ぼたん鍋（☞）

豚肉（薄切り）	75 g	___
はくさい	75 g	___
しゅんぎく	25 g（1/4 束）	___
生しいたけ	20 g	___
焼き豆腐	50 g（1/4 丁）	___
さといも	50 g	___
だいこん	12.5 g	___
にんじん	10 g	___
ごぼう	12.5 g	___
もち	20 g（1 切れ）	___
白みそ	37.5 g	___
赤みそ	12.5 g	___
清酒	12.5 ～ 25 g	___
昆布だし	150 g	___
砂糖	12.5 g	___

❶ はくさい，しゅんぎく，しいたけ，豆腐は 1673 と同様に準備する.

❷ さといもは皮をむき，厚さ 5 ～ 7 mm に切り，さっとゆでる.

❸ だいこん，にんじんは皮をむいて厚さ 7 mm の輪切りか半月切りにし，それぞれさっとゆでる. ごぼうはささがきにして水にさらして灰汁を抜き，同様にゆでる.

❹ ❶～❸ ともちを大皿に盛り合わせ，豚肉は別皿に美しく盛る.

❺ 昆布だしにみそを溶き，土鍋に入れて酒を加える. 砂糖は好みで加える. 沸騰したら ❹ を適宜入れて煮，汁とともに器に取りながら食す.

（久保）

☞　ぼたん鍋：猪肉が正式であるが，豚肉で代用する. 汁の中に酒を多く入れるので体が温まる鍋物である. 酒とみそにより，肉の臭みをマスキングする.　（久保）

1682　かきの土手鍋

かき（むき身）	80 g	___
白ねぎ	20 g（1/2 本）	___
しゅんぎく	25 g（1/4 束）	___
糸こんにゃく	50 g	___
焼き豆腐	50 g（1/4 丁）	___
生しいたけ	20 g	___
練りみそ		
赤みそ	25 g	___
砂糖	12.5 g	___
清酒	7.5 g（大 1/2）	___
昆布	0.5 g（2.5 cm 角）	___

❶ かきはざるに入れて塩（分量外）を多めにふり，水を張ったボウルにつけてふり洗いし，汚れやぬめりを除き，水をかえてすすぐ.

❷ 白ねぎは厚さ 1.5 cm の斜め切りにする. しゅんぎくは根を除いて洗う. 糸こんにゃくは洗って 2 ～ 3 か所切って熱湯に通す. 焼き豆腐は 3 cm 角（やっこ）に切る. 生しいたけは軸を取って 2 つ切りにする.

❸ 赤みそ，砂糖，酒を小鍋に入れて艶が出るまで加熱しながらよく練る.

❹ 水 150 g にこんぶを 20 ～ 30 分間浸してだしをとる.

❺ 土鍋の中央に ❹ の昆布を置き，その上に ❸ を土手のようにこんもりと置き，回りに ❷ を形よく入れ，❶ の一部を入れて火にかける. ❹ を少しずつ加えてみそを溶き伸ばし，一煮立ちしたところで汁とともに食す. 途中で適宜 ❶ を鍋に入れる（❸ を鍋の縁にぐるりと貼り付けてもよい）.

（久保）

1691 すき焼き(関西風)

牛肉(薄切り)	70g _____
白ねぎ	50g (1/2本) _____
たまねぎ	60g (中1/4個) _____
しゅんぎく	25g (1/4束) _____
生しいたけ	20g _____
えのきだけ	12.5g (1/4束) _____
糸こんにゃく	25g _____
焼き豆腐	50g (1/4丁) _____
焼きふ(乾)	5g _____
牛脂	2g (1cm角) _____
卵	55g (1個) _____
砂糖	10g _____
しょうゆ	20g _____

❶牛肉は4〜5cmに切って皿に盛り付ける.

❷白ねぎは厚さ1.5cmの斜め切りにする. たまねぎは1cm幅に切る. しゅんぎくは半分に切る. 生しいたけは石づきを取り, えのきだけは石づきを取って半分に切る. 糸こんにゃくは2〜3か所切って熱湯に通し, 水気を切る. 焼き豆腐は3cm角(やっこ)に切る. ふは水につけてやわらかくし, 絞る. これらを❶とは別の大皿に盛り付ける.

❸すき焼き用浅鍋を強火にかけて熱し, 鍋全体に牛脂をひき, 肉と半量の砂糖を入れて十分に炒め, 半量のしょうゆを加える. 野菜を入れて煮込み, 各自の取り鉢の溶き卵をつけて食す. 材料は鍋の片側から追加し, 味が薄くなったら砂糖としょうゆ適量を追加する. (☞)　　　　　　(久保)

食品 1691 糸こんにゃく:製造過程で凝固剤として水酸化カルシウムを用いているため, 牛肉とともに長く煮ると牛肉がかたくなる. 糸こんにゃくと牛肉は離して入れるほうがよい.　　　　　　(久保)
☞ 食べ終わった煮汁にうどんを入れてもおいしい.　　　　　　(久保)

1692 おでん(関東だき)

	(4人分)
こんにゃく	125g (1/2丁) _____
だいこん	400g _____
じゃがいも	400g (4個) _____
卵	220g (4個) _____
ちくわ	300g (2本) _____
厚揚げ	150g (1枚) _____
ごぼう天	160g (4本) _____
かつお・昆布だし(二番だし)	
	1.2kg _____
しょうゆ	115g (1/2C) _____
砂糖	40g _____
練りからし	8g _____

❶こんにゃくは三角に4個に切り, 表裏に格子に切りこみを入れ, 塩もみして洗う. だいこんは皮をむいて厚さ2cmの輪切りにする. じゃがいもは皮をむく. 卵は半熟にゆで, 殻をむく. ちくわは斜めに2つに切る. 厚揚げは味を浸透させるために箸で数か所突き刺し, 4つに切る.

❷鍋底にこんにゃくを入れ, それ以外の❶とごぼう天を入れ, だし汁(☞)としょうゆ, 砂糖を入れ, 落としぶたをして中〜弱火でゆっくりと煮込む.

❸煮えたら好みで練りからしをつけて食す.　　　　　　(久保)

☞ だし汁は, 鶏がらからとったものでもよい. 牛すじ肉あるいはくじらのころを入れるとこくが出ておいしい.　　　　　　(久保)

科学 1692 ゆで卵の殻をむきやすくするには:卵白と卵殻の間には卵殻膜(薄皮)がある. 卵をゆでると, 卵白に含まれる二酸化炭素の膨張により卵白が膨れ, 薄皮が卵殻に密着する. その結果, 殻をむく時に薄皮とともに卵白が崩れるため, 卵白の表面に凹凸ができてしまう. この現象を防ぐには, ゆでる前に気室側の卵殻に, 小穴をあけたり小さいひび割れを入れておくとよい. ゆでている間に, その部分から二酸化炭素が卵殻の外に出るので, 卵白と薄皮がくっつきにくくなり, 殻がむきやすくなる. 新鮮卵の殻がむきにくいのは, 二酸化炭素の含量が多いためである. ゆで終わった卵は, すぐ冷水に浸す. 温度変化により卵白が縮まり, 縮んだ隙間に水が入り込むため, むきやすくなる.

（大喜多・池田）

1701 滝川豆腐（☞）

絹ごし豆腐	35 g _____
寒天	1 g _____
水	70 g _____
砂糖	0.5 g _____
塩	0.5 g _____
かけ汁	
かつお・昆布だし（二番だし）	25 g _____
しょうゆ	4.5 g（小 3/4）_____
みりん	4.5 g（小 3/4）_____
練りわさび	1 g _____
ゆずの皮	1/8 個 _____

❶寒天を水で戻し（1912 ❶参照），定量の水で煮溶かし，塩，砂糖を加えて，2/3 量に煮詰める．

❷豆腐を裏ごしして，すり鉢でなめらかになるまでよくする．

❸❷に粗熱の取れた❶を徐々に混ぜ入れ，やや温かい状態で流し箱に入れて冷やす．

❹かけ汁の材料を一煮立ちさせ，冷やす．

❺固まった❸を型から取り出し，0.3 〜 0.4 cm の線状に切る（ところ天つきがあれば利用する）．

❻❺を器に入れ，ゆずの皮のすりおろし（1613 ☞）を上にのせ，わさびを添えて，かけ汁を静かに流し入れる． （淺井）

☞　**滝川豆腐**：細長い豆腐を滝川に見立てた夏向きの料理．豆乳を用いてもよい． （淺井）

1711 ごま豆腐

あらいごま（白）	10 g _____
くず粉	10 g _____
水	70 g _____
砂糖	1 g _____
塩	0.5 g _____
清酒	1.3 g（小 1/4）_____
練りわさび	1 g _____
しょうゆ	3 g（小 1/2）_____

❶ボウルにくず粉と水を入れ，溶かしておく．

❷片手鍋にごまを入れ，中火にかける．鍋をふりながら，香ばしい香りがするまでいり，いりごまを作る．

❸❷をすり鉢に移し，完全にすりつぶしてから❶を少しずつ加えてよく混ぜて，さらしのこし布で絞りこす．

❹鍋に❸の液を入れ，砂糖，塩，酒を加えて中火にかけ，木べらで混ぜながら練る．だんだんとろみがついて，鍋肌から離れるようになったら力を入れて，液量が約半分になるまで練る．

❺❹を水でぬらした流し箱に入れ，底を氷水に浸けて冷まし，冷蔵庫で十分冷やす．

❻型から出して，器に合わせて切り分け，わさびをのせ，しょうゆをかけて供する． （淺井）

応用 **1711　練りごまのごま豆腐**：（プディング型 4 個，4 人分）❶鍋に練りごま 40 g，くず粉 30 g，水 280 g，砂糖 4 g，塩 1 g，清酒 20 g を入れ，木べらで混ぜ合わせる．❷中火にかけて混ぜながら加熱し，とろっとし始めたらやや弱火にして練り混ぜる．鍋肌から離れるようになり，プルンプルンになるまで練りながら加熱する．味見して粉っぽさがなくなれば，火から下ろす．❸水でぬらした型に分け入れ，冷やす．❹固まれば型を裏返して取り出し，上に練りわさびをのせ，しょうゆを添える． （大喜多・池田）

1721 卵豆腐

卵	55 g（M1 個）_____
だし汁	60 g _____
塩	0.5 g _____
うすくちしょうゆ	0.5 g _____
みりん	1.5 g（小 1/4）_____
かけ汁	
だし汁	50 g _____
塩	0.5 g _____
しょうゆ	1.5 g（小 1/4）_____
木の芽	0.1 g（1 枚）_____

❶卵を泡立てないようにほぐし，だし汁と調味料を加えて，裏ごしする．

❷流し箱に❶を入れ，表面の泡は除く．

❸沸騰した蒸し器にふきんを敷いて皿を置き，直接流し箱が触れないようにしてから，つゆどめ（1924 ☞）をして，弱火またはふたをずらして❷を約 30 分間加熱する．火のあたりが強いとすが入る．竹串を刺して，白く濁った汁が出なければ水に取って冷まし，冷蔵庫で冷やす．

❹かけ汁を一煮立ちさせ，冷まして冷蔵庫で冷やす．

❺型から出して，器に合わせて切り分け，木の芽をあしらい，かけ汁をかける． （淺井）

応用 **1721　金銀豆腐**：絹ごし豆腐を熱湯に静かに入れ，1 〜 2 分ゆでて水に取り冷ます．水気を切った豆腐と卵豆腐を盛り合わせて，だししょうゆと好みの薬味を添える． （淺井）

1801 しらす干しの佃煮

	（作りやすい量）	
しらす干し	100 g	_____
しょうゆ	36 g（大2）	_____
砂糖	30 g（大3）	_____
清酒	15 g（大1）	_____
みりん	18 g（大1）	_____

❶しらす干しをざるに入れ，熱湯をかけ，やわらかくしておく．
❷鍋に❶と調味料を入れ，泡が出てくる程度の火かげんで煮る．
❸煮汁がなくなる頃には，焦げないように混ぜ，好みの濃さに煮詰める．
（細見・境田）

1802 かつおの角煮

	（作りやすい量）	
かつお	200 g	_____
だし汁	150 g	_____
砂糖	18 g（大2）	_____
しょうゆ	36 g（大2）	_____
清酒	30 g（大2）	_____
しょうが	10 g	_____

❶かつおは1.5～2 cm角に切る（1281参照）．
❷鍋に砂糖，しょうゆ，だし汁を入れ沸騰させ，しょうがのせん切りと❶を入れ，時々鍋をゆり動かして汁気のなくなるまで煮る．
（細見・境田）

1803 塩こんぶ

	（作りやすい量）	
昆布	50 g	_____
水	400 g	_____
酢	50 g	_____
しょうゆ	130 g	_____
みりん	35 g	_____

❶鍋に水と酢を入れ，その中へ乾いたふきんでふき取った昆布を1.5 cm角に切り，1時間以上浸漬する．
❷❶を火にかけ，はじめは中火，沸騰したら，沸騰が続く程度の火にして，やわらかくなるまで煮る．汁気がなくなってきたら，しょうゆを入れ汁気がなくなるまで煮る．
❸最後に，みりんを入れ，強火にしてかき混ぜ，一気に水分を飛ばし，火からおろす．
（細見・境田）

1804 こんぶの佃煮

	（作りやすい量）	
昆布	50 g	_____
水	300 g	_____
砂糖	25 g	_____
しょうゆ	80 g	_____
みりん	40 g	_____
水あめ	40 g	_____

❶1.5 cm角に切った昆布を水に十分つけておく．
❷❶を火にかけ，やわらかくなるまで煮る．
❸❷に砂糖，しょうゆ，みりんを加え，沸騰したら，弱火で煮詰める．
❹最後に，水あめを加え，照りが出るまで煮る．好みで，さんしょうの実，
（細見・境田）
ごま，かつお節などを加えてもよい．

応用 1801　ちりめんさんしょう：1801にさんしょうの実を加えるとちりめんさんしょうになる．さんしょうの実の旬は6～7月でピリッとした辛味が特徴．下ゆでの処理をしてから用いる．（細見・境田）

科学 1802　血合い肉：いわし，さば，かつお，まぐろなどの，赤身魚の側線の直下にある赤色の筋肉で，毛細血管が多く，ミオグロビン，ヘモグロビンなどの色素たんぱく質を多く含む．エキス分は少なく生食には適さないが，濃く味付けする佃煮などによい．（細見・境田）

応用 1804　こんぶの佃煮（だしがら冷凍使用）：だしを取ったあとの昆布は冷凍保存しておき，ある程度の量貯まれば，佃煮にする．❶だしを取ったあとの昆布100 gをせん切りに切り揃え，ひたひたの水と酢7.5 gを加えて，やわらかくなるまで弱火で加熱する．砂糖18 gを加えて弱火で煮る．❷汁を少量残した状態でしょうゆ18 gを加え，汁けがなくなるまで弱火で煮る．この時，だしを取ったあとのかつおがあれば，適量加えてもよい．調味は薄味であるため，保存性は低い．冷蔵庫に保存し，早めに食す．
（大喜多・池田）

応用 1804　だしがらの佃煮（4人分）：かつお節：だしをとった後のもの（だしをとる前約17 g），昆布：だしをとった後のもの（だしをとる前約17 g），しょうゆ36 g，きび砂糖（またはてんさい糖）18 g，いりごま7 g．❶だしを取ったの後のかつお節を押して絞る（絞った汁はえぐ味があるので捨てる）．❷昆布は，幅を半分くらいに切ってから細切りにする（ぬめりがあるので気を付けて切る），❸❶のかつお節をフライパンに入れてよくほぐし，❷の昆布を加えて混ぜ，調味料を入れてよく混ぜる．❹中火にかけて，箸で混ぜる．水分がなくなってくれば弱火にして炒める．❺仕上げに，いりごまを加える．（濱口）

応用 1804　さんしょうの実の佃煮：さんしょうの実250 g，しょうゆ90 g，みりん40 g，酒50 g．❶さんしょうの実を水にさらし，3分ぐらいゆで，水につけてさらす（一晩）．❷調味料を沸騰させ❶のさんしょうを加え弱火で煮詰める．100 gくらいの熱湯を入れて煮詰める．（細見・境田）

1805　きゃらぶき

	（作りやすい量）
ふき	100 g _____
しょうゆ	35 g _____
砂糖	10 g _____
みりん	10 g _____

❶ふきは熱湯（水の3％の重曹を入れた）でやわらかくなるまでゆで，1時間ほど水にさらして筋を取り，4～5 cm長さに切る．
❷鍋で調味料を沸騰させ，❶を入れ，弱火で煮詰めていく．（細見・境田）

1811　のりの佃煮

	（作りやすい量）
のり（☞）	10 g（3枚分） _____
しょうゆ	20 g _____
清酒	20 g _____
砂糖	10 g _____

❶調味料を沸騰させ，のりを入れてふやかしておく．
❷❶を火にかけて，木じゃくしで練りながら煮詰める．
（細見・境田）

☞ 香りがなくなったり，変色したり，湿ったりしている古くなったのりを佃煮にすれば，余計な添加物のない安心して食べられるのりの佃煮ができる．（細見・境田）

1812　梅びしお

	（作りやすい量）
梅干し（肉厚・大きめ）	
	200 g（20個） _____
砂糖	65 g（1/2 C） _____
みりん	30 g _____

❶梅干しは，水に1時間ほどつけて，塩抜きする．
❷ほうろう鍋に❶を入れひたひたに水をはり，ふたをして弱火で約20分煮る．冷ましてから種を取り細かくたたく．
❸❷を鍋に戻して調味料を入れ，木じゃくしで練りながらジャム状になるまで弱火で煮る．
（☞）
（細見・境田）

☞ ジャムに似た風味で，お茶うけやかゆ，薄切りのかまぼこに塗ったり，れんこんをあえたりしてもよい．（細見・境田）

1821　きんかんの甘露煮

	（作りやすい量）
きんかん	200 g（除種180 g） _____
砂糖	100 g（正味の60％） _____
水	（きんかんがかぶる量） _____

❶きんかんは洗って，一晩水につけ，灰汁を抜く（へたは，水を吸って皮が破れることがあるので取らない）．
❷1粒に，縦10～12本の切り込みを入れてしばらく水にさらす．
❸❷を鍋に入れ，たっぷりの水を入れて火にかけ，灰汁を取りながら沸騰後10分ほどゆでる．ゆで汁を捨て，水を替えて，1粒ずつ上下を指ではさんで押しつぶし（菊花型になる），切り込みの間から種子を残らず取り除き，水分も除く．この時の正味重量を計る．
❹❸の重量の60％の砂糖を加えて火にかけ，灰汁を取りながら，煮汁がほぼなくなるまで中～弱火でゆっくりと煮詰める．
（☞）
（細見・境田）

☞ 風邪予防，おせち，お茶うけ，焼き魚や揚げ魚などのあしらいによい．瓶に入れて保存可．（細見・境田）

1822 くりの甘露煮

	（作りやすい量）
くり	300 g（皮むき200 g）_____
みりん	20 g（10%）_____
水	200 g（100%）_____
砂糖	100 g（50%）_____

❶くりを洗い，熱湯に10分くらいつけて皮をやわらかくし，皮と渋皮をむく（実を割らぬように丸のまま）．正味の重量を計る．

❷0.5％みょうばん水（水200 gに焼きみょうばん小1/3）と，くりを鍋に入れ，約5分ゆでる（ふたを開けたまま）．または，みょうばん水に一晩置いてもよい．よく洗い，沸騰するまでゆでる．

❸みょうばんの渋味を除くため，ゆで水を捨て，くりも鍋も洗って，再びかぶる程度の水を入れて，弱火でくりがおどらぬように気を付けながらゆでる（落としぶたまたは紙ぶた使用）．これを2～3回くり返す．

❹新たに分量の水と砂糖を鍋に入れて火にかけ，砂糖が溶けたところへくりを入れ，みりんを加えて弱火で紙ぶたをして煮る．煮汁に浸しておく．
（☞）
(細見・境田)

☞ 黄色を強調したい時には食用着色剤くちなしを使う．瓶詰保存可．焼き魚のあしらいに❹を焼いて焦げ目をつけたものもよい（1432☞）．
(細見・境田)

科学 1822 **みょうばん**：みょうばんはアルミニウムとカリウムの硫酸塩でわずかに渋味がある．アルミニウム塩は天然色素を固定するのでくりをゆでる時やなすの漬け物の時に用いる．くりやさつまいもでは組織を固め，煮崩れを防ぐ作用がある．
(細見・境田)

1823 くりの渋皮煮

	（作りやすい量）
くり	1 kg（皮むき700 g）_____
重曹	12 g（大1）_____
砂糖	300 g _____
水	300 g _____
塩	3 g（小1/2）_____

❶くりは熱湯につけて鬼皮をむき，重曹を入れたたっぷりの水で約1時間静かにふきこぼさないように煮る．

❷ざるに取り，再び同様にして30～45分静かに煮る．

❸別鍋に砂糖，水，塩を入れてはちみつくらいに煮詰め，くりも火を通して漬ける．
(細見・境田)

1831 はくさい漬け

	（作りやすい量）
はくさい	1.5 kg（1株）_____
塩：下漬け	（材料の3%）50 g _____
：本漬け	（1.5%～2%）25 g _____
赤とうがらし（干）	
	0.2 g（1本）_____
昆布	2.5 g _____

❶はくさいはかたい外葉を1～2枚取って別にしておく．根元に十文字の切り込みを入れ，手で裂いて，よく洗い，半日ほど陰干しする．

❷容器の底に一握りの塩をふり，❶を1列並べて，一握りの塩をふりながら，根株が重ならぬように交互に並べる．一番上に❶の外葉を置き，残りの塩をふって押しぶたをして材料の重量より重い重石をする．

❸4～5日して水が上がったら重石を半減し，3～4日置く（下漬け）．（☞）

❹昆布は長さ4 cmに切ってごみやほこりをふきんでふき取る．

❺❸のはくさいを取り出し，水気を絞って本漬け用の塩を入れ（容器の水を捨てる），赤とうがらしと❹を散らし，半減した重石で漬けなおし冷所に置く．
（☞）
(細見・境田)

☞ はくさい漬けの塩分は，2～3日で食べきる場合は2～5%，日もちさせる場合は10%以上．
(細見・境田)

☞ **漬け物の種類**：塩漬け，みそ漬け，こうじ漬け，ぬか漬け，酢漬け，甘酢漬け，しょうゆ漬け
(細見・境田)

1832 梅干し

(作りやすい量)	
完熟したうめ	1 kg _____
塩	150 g _____
赤じそ	150 g 以上 _____
塩	18 g（大 1） _____

❶うめのへたを取って軽く洗い，うめがゆったりつかるくらいの水につけて一晩置く．

❷❶をざるにあけて水気を切る．うめがまだぬれているうちに，塩を1粒1粒のうめにまぶしつけるようにして容器に入れ，押しぶたをして，重しをする．毎日朝と夕方の1回ずつ容器をあおって上下をかえし塩を均一にする．3〜10日くらいで水が上がる（＝白梅酢・うめとひたひたくらいまで上がってくる）．赤じそが出回るまで冷暗所で保存する．

❸しその葉と葉柄を水でよく洗い，ボウルに入れ，塩大1をふりかけ，もみ，かたく絞って，出てくる黒い汁（灰汁）を捨てる．これを2〜3回繰り返す．

❹❷に❸をかぶせるように入れ，再び押しぶた，重石，ふたをしておく．

❺梅雨があけて土用になったら，晴天の日を選んで，❹のうめをざるに並べて干す（3日3晩の土用干し）．再び容器に戻し，❹同様に軽い重石で3か月以上保存する（赤梅酢と分けて別に保存してもよい）．（☞）

（細見・境田）

☞ **梅干しを漬ける時**：うめは熟成していて1〜2日で黄色に色づくと思われるくらいのものがよい．酸が強いので，漬ける容器は長期間使用しても腐食しないホーローが使いやすい．初心者は塩を多く使うほうが失敗が少ない．慣れれば年々減らせばよい．塩は最低20%，ただし酒を200 g 程度加えると15%まで減塩できる．重石はうめの重量の1/2以上あること．（細見・境田）

☞ **漬け物の塩分**

3〜4%	即席漬け，一夜漬け，浅漬け，ぬかみそ漬け
15〜20%	保存漬け，たくあん漬け，梅漬け

（細見・境田）

1833 たくあん漬け

(作りやすい量)	
だいこん	10 kg _____
こめぬか（☞）	700 g _____
塩	500 g _____
赤とうがらし	10 g _____
＊仕上げ漬け	
漬けあがりだいこん	1 kg _____
┌ 砂糖	150 g _____
│ 酢	20 g _____
│ しょうちゅう	90 g _____
└ 水	180 g _____

❶【乾燥】だいこんは汚れをきれいに洗い落とし，中心部の新葉のみを除いて（すが入るのを防ぐ）葉のついたまま4〜5本ずつ1束にまとめ，葉をくくって棒にかけ，日なたで1週間くらい干す（夜は取り入れたり，おおいをかぶせる）．しなる（曲がる）ようになったら葉のつけ根を浅く切り，葉を別にする．ひげ根を切る（☞）．

❷塩とぬか（軽く炒って水分を除く）を合わせておく．

❸容器（たる）の底に❷を3 cm 厚さに一面に敷き，❶のだいこんをきっちりと隙間のないように並べ，❷をふりながらさらに並べ，上部に❷と刻んだ赤とうがらしをふりながら，その上に❶の葉をかぶせる．押しぶたをして材料と同じ重量以上の重石をする．1か月くらいで重石を半減させる．2か月から仕上げ漬けを行う．

❹【仕上げ漬け】調味液と❸を漬け込み，75℃で30分加熱すると，2〜3日で出来上がる．

（細見・境田）

☞ **こめぬか**：精米時にとれるので精米店でも購入できる．（細見・境田）

☞ **干しだいこんの乾燥の目安**："く"の字：乾燥期間4〜6日（水分90%くらい），"つ"の字：乾燥期間7〜10日（水分88%くらい），"の"の字：乾燥期間10〜15日（水分85%くらい）（細見・境田）

1834　ぬか漬け

（作りやすい量）	
米ぬか	1 kg
塩	130 g
水	1 L
昆布（10×10 cm 程度のもの）	2枚
赤とうがらし	3本
かつお節	4 g
捨て漬け野菜（☞）	適量
きゅうり	2本
なす	1本
あら塩	適量

【ぬか床づくり】

❶鍋に1Lの水を入れ火にかける．食塩を加えて溶かした後，冷ましておく．

❷大きめのボウルに米ぬかを入れ，❶を加え，全体になじむまで手でよくかき混ぜる．

❸昆布，赤とうがらし，かつお節を入れてよくかき混ぜ，清潔な容器に移す．

❹捨て漬け野菜を埋め込み，ぬか床の表面を押して空気を抜く．さらに表面を平らにならして常温で保管する．

❺1日2回程度底からかき混ぜ，捨て付け野菜の交換を3～4日おきごとに行う．

❻夏場であれば2週間，冬場であれば3週間程度でぬか床が完成する．

【本漬け】

❼きゅうりとなすは洗い，水気を切っておく．なすは縦半分に切っておく．きゅうりとなすの表面をあら塩でこする．

❽ぬか床に1日ほど漬ける．

（☞）　　　　　　　　　　　　　　　　　　（菅）

☞ キャベツの外皮，だいこんやにんじんの皮など　　　　　　（菅）

☞ **ぬか漬けの栄養素と乳酸菌**：ぬか漬けにはビタミン B_1 や B_2，乳酸菌を多く含む．これはぬか床の米ぬか由来のものである．また，捨て漬け野菜由来の植物性乳酸菌がぬか床中で増殖しているため，ぬか漬けには乳酸菌も豊富に含まれている．
（菅）

1841　らっきょう漬け（甘酢漬け）

（作りやすい量）	
らっきょう	1 kg
塩	100 g
甘酢	
酢	450 g
砂糖	100（～150）g
赤とうがらし	1.5 g（7本）

❶らっきょうはよく洗い，上下を切り落とし（上は直径4 mm くらいのところ，下はひげ根を切り落とす），塩をして，軽く重石をする．らっきょうとひたひたの水（500 g くらい，できれば湯冷まし）を入れ，押しぶたをし，軽く重石をし（1 kg 強），10日くらいおく（下漬け☞）．

❷❶のらっきょうを水でよく洗い，半日くらい水につけておき，十分塩気を除く．ざるに並べさっと熱湯を通し，冷ます．

❸鍋に酢，砂糖，種を抜いて薄く輪切りした赤とうがらしを入れ一煮立ちさせ，完全に冷ましておく．

❹保存瓶に❷を入れ，❸を注ぎ入れて押しぶたをし，らっきょうが液から出ないよう軽く重石をする．冷所に1か月置くと味がなじむ．　　（細見・境田）

☞ 下漬けしないでらっきょうを洗ってきれいにふいて❸に移る方法もある（長く保存しておくとカリカリとした歯ざわりがなくなる）．このときは❸の甘酢に塩を大3ほど入れること．食べられるのは2か月目くらいから．　（細見・境田）

1842　新しょうがの甘酢漬け

（作りやすい量）	
新しょうが（☞）	300 g
甘酢	
酢	200 g
砂糖	45 g
塩	3 g

❶甘酢を火にかけ一煮立ちさせて冷ます．

❷新しょうがは，皮をむき，縦に2～3 mm の薄切りにし，ゆでて手早くざるにあげる．

❸❷が熱いうちに❶に漬け込む．冷蔵庫で保存できる．　　（細見・境田）

☞ 新しょうがは6～7月に出回る．夏の食欲のない時や，あしらい，天ぷらにもよい．　（細見・境田）

1843 みょうがの甘酢漬け

	（作りやすい量）	
みょうが	200 g	_____
塩	4 g	_____
甘酢		
┌酢	100 g	_____
└砂糖	60 g	_____

❶みょうがをせん切り，ゆでて灰汁を取り，塩をかけて冷ます．
❷甘酢を一煮立ちさせ冷まして，❶を漬ける． 　　　　　（細見・境田）

1851 青うめのしょうちゅう漬け（カリカリ漬け）

	（作りやすい量）	
小うめ	500 g	_____
塩	50 g	_____
しょうちゅう	50 g	_____
砂糖	20 g	_____

❶青くかたい未熟な小うめを水洗いし，水につけて灰汁を取る．
❷水気をふき取り，小枝を取り除く．
❸消毒した瓶にうめ，塩の順番につけていく．
❹砂糖としょうちゅうを注ぎ入れる．
❺ふたをして冷蔵庫に入れ，4〜5日置くと水（白梅酢）が上がってくる．

（細見・境田）

1861 みそ

	（作りやすい量）	
だいず	500 g	_____
米こうじ	500 g	_____
塩	225 g	_____

❶だいずを洗い，体積の3倍の水に一晩つけておく．
❷だいずは，ゆったりつかる程度の水を入れてやわらかくなるまでゆでる（泡立つので注意）．圧力鍋を用いてもよい．やわらかさの目安は親指と小指ではさんでつぶれるくらい．
❸❷のまめをミンチ状につぶす（ミキサーなどで）．ゆで汁は残しておいて，必要であれば種水として使う．35〜40℃以下によく冷ます．
❹米こうじ，塩を混ぜ合わせ，塩きりこうじを作る．
❺冷えただいずに，❹の塩きりこうじを混ぜる．だいたい混ざったら，残しておいた種水を加え，さらによく混ぜ合わせる（種水の量は，混ぜ合わせたもので山を作った時，崩れない程度の粘度様のかたさにする．水分過多にすると，異常発酵してすっぱいみそになる．市販のみそより少しかため）．ゲンコツ2個程度のみそ玉を作る．
❻殺菌した清潔なホーロー容器か密封できる容器に❺を押しつぶしながら隙間のないように固く詰める（＝仕込む）．分量外の塩と乾いたガーゼで表面を覆い，さらにラップフィルムなどで密着させ，押しぶたをし，風通しのよい冷暗所におく．1か月ごとに上下をよく混ぜ，再び同じ手順で密閉する．半年程で食べられるが，1年くらい熟成させるとおいしく，色もよいあめ色になる．

（細見・境田）

健康・栄養 1861 だいず：だいずは「畑の肉」といわれる．その理由は，牛・豚・鶏などの肉と同様，良質のたんぱく質をもつからである．すなわち，ヒトの体に必要な必須アミノ酸をバランスよく含んでいる．また，だいずには以下のような豊富な栄養成分が含まれている．
イソフラボン：強い抗酸化作用をもち，コレステロール値上昇を抑える．
ダイズサポニン：血圧低下，がん予防．レシチン：記憶力向上，老年認知症の予防．食物繊維：便秘解消．さまざまなだいず加工品（豆腐，豆乳，納豆，油揚げ，厚揚げ，高野豆腐，おからなど）を利用することで，1日1回は積極的に取り入れたい食品である． 　　（大喜多・池田）
応用 1861 甘口みそ（白みそ）：だいず1 kg，米こうじ1.2 kg，塩100 g，作り方は1861と同じ．2か月後くらいから食べられるが，日持ちはしない． 　　（細見・境田）

1871　梅酒

（作りやすい量）

青うめ	1 kg _____
氷砂糖	700 g _____
しょうちゅう（ホワイトリカー）	
	1.8 kg _____

❶青うめは青々した実が固く粒が大きいもの，傷のないものを選び，1粒ずつていねいに洗ってざるにあげ，水気を切り，水分をふき取る（☞）．
❷漬け込み用の保存瓶を消毒してきれいにし，❶のうめと氷砂糖（うめ酒用，大きいほどよい）を交互に入れ，隙間のないようにバランスよく入れる．上からしょうちゅうを静かに注ぎ入れて密封し，暗く涼しい場所で保存する．
❸1週間では氷砂糖はまだ完全に溶けず，うめは浮いてくる．1か月で梅酒が少し琥珀色に変わる．2か月で液が琥珀色になり，いったん浮き上がったうめが沈みかける．6か月ぐらいからおいしく飲める．　　　　（細見・境田）

1881　卵酒（☞）

卵	30 g _____
砂糖	10 g _____
清酒	100 g _____

❶鍋で，砂糖と卵を混ぜ合わせ，酒を加えて火にかけて温める．
❷湯気があがってとろみが付き，鍋の縁から2〜3粒泡が出たら火からおろす（熱し過ぎると卵が凝固するので注意する）．　　　　（中平）

1882　甘酒（発酵）

（10人分）

米こうじ	200 g _____
こめ（うるち米）	300 g _____
水	450 g _____
ぬるま湯	400 g _____
おろししょうが	10 g _____

❶炊いた飯にぬるま湯を加え60 ℃程度まで冷まし，米こうじを混ぜる．
❷ラップをして55〜60 ℃で6〜8時間発酵させた後，急冷して冷蔵庫で保存する．
❸おろししょうがを加えてもよい．　　　　（中平）

1883　梅シロップ

青うめ	500 g _____
氷砂糖	500 g _____

❶うめの実はよく洗い，1〜2時間ほど水につけて灰汁を抜いておく．
❷竹串でうめのへたを取り除き，冷凍庫に一晩入れておく．（☞）
❸保存瓶は，鍋に入る場合は，煮沸して消毒しておく．大きい場合は，除菌用アルコールでふき，乾燥させておく．
❹瓶の底からうめと氷砂糖を交互に入れ，冷暗所で保存する．
❺氷砂糖が溶け10日ほど経過したら，うめを取り除く．　　　　（菅）

1884　赤しそジュース（☞）

（作りやすい量：500 mLボトル約5本分）

赤しその葉	300 g（茎は除く）_____
水	1.8 L _____
きび砂糖（てんさい糖）	700〜800 g _____
クエン酸	25 g _____

❶大きめの鍋に分量の水を入れ，沸騰させる．
❷大きなボウルで赤しその葉を洗い，水気を切る．沸騰した❶に入れ，赤色が抜け青くなるまで浮いてくる葉を箸で押さえしっかり煮出す（数分）．
❸大きなボウルにざるを置き，汁をこす．ざるに残った葉の上から，玉じゃくしなどで押さえて汁気を絞る．こした汁を鍋に戻してきび砂糖を入れて煮溶かし，クエン酸を加える（☞）．
❹水や炭酸水で2〜3倍に薄めて飲む．　　　　（濱口）

☞ うめの実は，漬け込む前に竹串でついて，表面に穴をあけると，しわにならずふっくらとしておいしいが，梅酒をおいしく飲むためには，穴をあけずに静かに十分に皮を通して浸出させたほうがよい（うめはしわだらけで固くなる）．（細見・境田）

応用 1871　果実酒：青うめを他の果実（かりん，くわの実，レモン，みかん，いちごなど）にかえ，砂糖，アルコールを混ぜ数か月保存．果実の香味成分（色と風味を楽しむ）を浸出させたリキュール．特に赤色は最大限液に出た時に果実を引き上げることが大切．アルコール度数が高いと，果実の成分の浸出を早め保存性も高い．　　　　（細見・境田）

☞ 風邪のときや寒い夜などに飲むと，体の芯からあたたまる．（中平）

応用 1882　即席の甘酒：板状の酒かすを湯に溶かして砂糖を加えてもよい．　　　　（中平）
☞ 青うめを一度冷凍すると，融解時に組織が破壊され，氷砂糖に溶ける時間を短縮できる．　　　　（菅）

応用 1883　レモンシロップ：レモン5個を洗い，塩でこする．再度水で洗い，薄い輪切りにして，梅シロップと同様に漬け込む．　　　　（菅）
☞ 保存用の容器（ビンやペットボトル）はきれいに洗い，完全に乾かしたものを使用する．クエン酸は，薬局で販売されている．砂糖は，上白糖よりもきび砂糖やてんさい糖を使用するほうが，コクがあり栄養面でも優れる．　　　　（濱口）

☞ 赤しそに含まれるアントシアニンは，水溶性のため煮出すと溶け出す．色調はpHにより変化し，中性では紫色・藍色，アルカリ性では青色・緑色，酸性では鮮やかな赤色になる．赤しその煮出し汁にクエン酸（酸性）を加えると明るい赤色に変化する．　　　　（濱口）

応用 1884　赤しその炒め煮：1884の残りの葉300 g，ごま油24 g，しょうゆ36 g，みりん36 g，もやし200 g，ラー油36 g，炒りごま9 g．❶しその葉をせん切りにしてほぐす．❷フライパンにごま油をひき，しその葉ともやしを入れて炒める．❸しょうゆとみりんを加えて炒め，ラー油を回しかけ，炒りごまをふりかける．　　　　（濱口）

1891 番茶

番茶	2 g	
熱湯	100 g	

❶急須に茶葉を入れ，熱湯を注ぐ．
❷30秒くらいして茶碗に注ぐ．必要な量だけ湯を入れ，急須の中に湯を残さないようにする（☞）．　　（濵口）

1892 せん茶

せん茶	2 g	
湯（80℃）	80 g	

❶急須と茶碗に熱湯を入れて温め，約3分置くと80℃くらいになる．
❷急須の湯を捨ててせん茶を入れ，❶の茶碗の湯を注ぐ．約1分おき，茶こしで茶葉を受けながら，茶碗に注ぐ（☞）．
　　（濵口）

1893 玉露

玉露	3 g	
湯（50℃〜60℃）	50 g	

❶1892❶❷と同じ要領．急須に注ぎ入れる湯の温度は50〜60℃，2〜3分したら茶碗に注ぐ．　　（濵口）

1894 抹茶

抹茶	1 g（小1/2）	
湯（60℃）	50〜70 g	

❶抹茶碗に熱湯を注いで温めておく．湯を捨てて茶碗を拭いておく．
❷抹茶を入れ，湯（60℃くらい）を注いで茶せんで泡立てる．茶せんは真っすぐに持って川の字を書くように前後に小刻みに素早く動かし，空気を含ませる．
　　（濵口）

1895 桜の花茶（☞）

桜の花の塩づけ	1個	
熱湯	80 g	

❶桜の花は少量の湯にしばらくつけて余分の塩を抜く．
❷ふた付きの湯呑み茶碗に熱湯を入れて温める．
❸茶碗の湯を捨て，桜の花を一輪入れ，熱湯を注ぐ．　　（濵口）

1896 麦茶

麦茶	5 g	
熱湯	150 g	

❶やかんに熱湯を煮立てる．
❷弱火にして麦茶を入れる（急激にふきあがってくるので注意する）．
❸火をさらに弱めて，約3分煮出す（火が強すぎたり，長く煮出すと汁が濁り，香りが少なくなる）．
❹火を止めて30分放置し，こして用いる．ゆっくり温度が下がり，甘みやうま味がしっかりと抽出され，さらに苦味が抑えられる．　　（濵口）

1897 玄米茶

玄米茶	2 g	
熱湯	120 g	

❶急須に茶葉を入れ，熱湯を注ぐ．
❷30秒くらいで，茶こしで茶葉を受けながら茶碗に注ぐ（☞）．　　（濵口）

1898 ほうじ茶

ほうじ茶	2 g	
熱湯	120 g	

1897❶❷と同様に入れる．　　（濵口）

食品 1891 〜 1894, 2901, 3881　茶：茶の原料となるのは，ツバキ科に属する常緑樹（学名はカメリア・シネンシス）のチャの木の葉であり，加工時の酸化酵素（ポリフェノールオキシダーゼ）による発酵の度合いにより，不発酵茶，半発酵茶，発酵茶に分類される．緑茶は不発酵茶で新鮮な葉を加熱し，酸化酵素を不活性にしたもので水色は鮮緑色である．ウーロン茶は半発酵茶で，茶葉を短時間発酵させるため水色は薄い茶色である．紅茶は発酵茶で，茶葉中の酵素を十分に作用させ，水色は濃い茶色である．　　（濵口）

食品 1891 〜 1893　緑茶：緑茶は，ビタミンCを多く含む．うま味成分は，テアニン（アミノ酸の一種）で，渋味や苦味の成分はタンニンである．玉露やせん茶はタンニンを多く含むため低温でタンニンの抽出を抑え，うま味成分を浸出させる．番茶はうま味成分が少ないため高温でタンニンを適度に浸出させる．立春（2月4日頃）から数えて88日目にあたる八十八夜は5月1日か2日頃であり，この時期に摘む茶葉はやわらかくて品質がよく，この新茶を飲むと長生きするといわれている．緑茶の渋み成分であるカテキン類には抗酸化作用，生活習慣病やがんの予防効果などがあることが明らかにされている．　　（濵口）

☞ 多人数分の茶を注ぐ：並べた茶碗に順番に1/3量ずつ注ぎ，逆の順序で1/3量注ぎを繰り返す（濃さを均一にするため）．　　（濵口）

☞ 桜の花茶：桜の香りと美麗な花を視覚的に楽しむことができる．祝いの席に用いられる．　　（濵口）

☞ 急須と茶碗を温める．1891 番茶，1897 玄米茶，1898 ほうじ茶も，あらかじめ温めておくとよい．　　（濵口）

麦茶 ORS

麦茶 500 g，砂糖 20 g，塩 1.5 g を混ぜる．ORS（経口補水液）は発展途上国におけるコレラなどの脱水症改善のために開発されたものであり，WHO によって推奨されている．腸における吸収が速やかなナトリウムとブドウ糖の含有量に調整されている．麦茶で作ることによりカリウムの摂取も促され，また，飲みやすい味となる．熱中症や発熱時の脱水予防に有効である． （時岡）

1901 みつ豆

粉寒天	1 g _____
┌ 水	125 g _____
└ 砂糖	10 g _____
シロップ	
┌ 砂糖	20 g _____
└ 水	15 g _____
白玉粉	10 g _____
┌ 水	8 g _____
├ 食紅（水溶き）	少々 _____
└ 抹茶（水溶き）	少々 _____
パインアップル	20 g _____
バナナ	20 g _____
さくらんぼ	6 g（1 個）_____
甘納豆（あずき）	7 g _____

❶寒天は分量の水で煮溶かし，砂糖を加えて中弱火で 2 分程度煮る．これをぬらした流し箱に入れ，冷蔵庫で冷やし固める．

❷シロップ用の砂糖と水を火にかけて沸騰させ，砂糖が溶けたら，火からおろして冷まし，冷やしておく．

❸白玉粉に分量の水を加えてこね，三等分して白（そのまま），桃（食紅で着色），緑（抹茶着色）の三色にし，それぞれ丸めて，指先で上下から中央部を押さえて平たくする．これを沸騰水中でゆで，浮き上がったら冷水に取り，冷まして水を切る．

❹バナナを厚さ 5 mm の小口切りにし，パインアップルも同様の大きさに切る．さくらんぼは洗っておく．

❺すべての材料をよく冷やしてから，❶の寒天は 1 cm の角切りにして，❸❹と甘納豆（赤えんどうの代用）と盛り合わせ，上から❷をかける． （浅井）

科学 1901 みつ豆：砂糖溶液を加熱すると，煮詰められて濃度が高くなり，沸騰点も上昇する．シロップは煮詰め温度 102 〜 103℃で，砂糖濃度 50 〜 60％の溶液の状態で用いられる．砂糖の飽和溶液の濃度は 0℃でも 4％であるためシロップを冷却しても結晶が析出することはない． （浅井）

健康・栄養 1901 砂糖，三温糖，黒砂糖の栄養比較：砂糖は約 98％がしょ糖（ぶどう糖と果糖が結合）である．三温糖は原料糖から上白糖を取り除いた糖液を煮詰めて製造され，栄養価は上白糖とほぼ変わらない．黒砂糖のしょ糖含有は 80％であり，上白糖，三温糖に比べカリウム，カルシウム，鉄などのミネラルが多い．体内への吸収は黒砂糖が最も緩やかである． （時岡）

1902 いちごかん

（ゼリー型 4 個分，4 人分）	
いちご果汁	
	100 g（いちご約 120 g）_____
いちご	30 g（中 2 個）_____
粉寒天	4 g _____
┌ 水	400 g _____
└ 砂糖	80 g _____
レモン汁	5 g（小 1）_____

❶いちごは飾り用 2 個を除き，洗ってへたを取り，果肉をスプーンでつぶしてふきんで絞り，果汁を 100 g とる．

❷寒天を定量の水で煮溶かし，砂糖を加えて中弱火で煮詰める．

❸4/5 量程度になったら火からおろし，50℃くらいまで冷ます．

❹❸に❶を混ぜ，水でぬらしたゼリー型に入れて冷やし固める．

❺飾り用のいちごを縦半分に切り，❹を型から抜き出して器に盛った横に飾る． （浅井）

科学 1902 いちごかん：寒天液は，熱い状態で果汁を混ぜると，酸分解によって凝固能力を失う．また果汁の風味やビタミンＣの保持のためにも 60 〜 70℃まで冷まして混ぜるようにする． （浅井）

応用 1902 日の出かん：みかん 300 g（4 個），粉寒天 4 g，水 300 g，砂糖 50 g，白ワイン 15 g（大 1）．みかんはへた側の 1/6 を切り落とし，スプーンで中身をくりぬき，器にする．中身はふきんで絞って果汁を 200 g とっておく．寒天は「いちごかん」のようにして 3/4 量に煮詰め，火からおろして白ワインを加え，少し冷ましておく．これに果汁を加えて，みかんの器いっぱいに流し込み，冷やし，完全に固まってから，上面を花型に切る． （浅井）

1903 水ようかん

（小流し箱1個分，6人分）

あずき	80 g _____
粉寒天	4 g _____
⎰ 水	300 g _____
⎱ 砂糖	150 g _____
塩	1 g _____

❶生こしあん（約150 g）を作る（1921 ❶～❻）.
❷寒天を分量の水に煮溶かし，砂糖を加えて，❶と塩も加え，全体量が5/6量（約500 g）になるまで煮詰める.
❸❷を鍋ごと冷水につけて，かき混ぜ

ながら冷やし，45℃になったらぬらした流し箱に流し入れて固める.
❹冷蔵庫で冷やしてから流し箱をはずし，切り分ける.　　　　　　　（淺井）

1904 梅花かん

（流し箱1個分，4人分）

棒寒天	8 g（1本）_____
砂糖	150 g _____
水	600 g（3 C）_____
みかん果汁	100 g（みかん2個分）_____
食紅	適量 _____
卵白（☞ 3781）	35 g（1個）_____

❶みかんの汁を絞り，こして100 g用意する.
❷寒天はよく洗い，かたく絞ってから細かくちぎり，水に30分間浸した後，600 gの水とともに火にかけ，寒天が溶けたらこす.砂糖を加えて400 gになるまで煮詰める.
❸❷の半量に❶を加え，必要に応じて

食紅で色を補い，ぬらした流し箱に入れる.
❹❷の残りの半量はさらに煮詰め，粗熱を取ってからかたく泡立てた卵白に少しずつ加え，流し箱に重ね入れる.この時，重ね入れるタイミングを見計らい，混ざり合わず，離れないようにする.（☞）
❺❹が固まったら梅型に抜き，紅白2種の梅にする.　　　　　　　（久保）

1911 練りようかん

（流し箱1個分，6人分）

あずき	160 g _____
粉寒天	8 g _____
⎰ 水	300 g _____
⎱ 砂糖	400 g _____
塩	1.5 g _____

❶生こしあん（約300 g）を作る（1921 ❶～❻）.
❷寒天を分量の水に煮溶かし，砂糖を加えて，❶と塩も加え，全体量が2/3量（約650 g）になるまで練りながら煮詰める.（☞）
❸❷を火からおろし，粗熱を取ってぬ

らした流し箱に流し入れ，木じゃくしで表面を手早くならす.
❹完全に冷めたら流し箱をはずし，切り分ける.　　　　　　　（淺井）

1912 こはくかん（錦玉かん）

（小流し箱1個分，4人分）

棒寒天	8 g（1本）_____
⎰ 水	300 g _____
⎱ グラニュー糖	250 g _____
水あめ	30 g _____
梅酒	100 g（1/2 C）_____
甘納豆（あずき）	15 g _____
赤じそのふりかけ	少々 _____

❶寒天は洗ってからたっぷりの水（分量外）に30分以上つけて戻し，かたく絞ってからちぎる.
❷❶を分量の水で煮溶かし，完全に寒天が溶けてからグラニュー糖を加える.グラニュー糖も溶けたらふきんでこして，約半量まで煮詰める.
❸❷に水あめを加え，梅酒，甘納豆，赤じそのふりかけも加え，かき混ぜ

ながら粗熱を取り，ぬらした流し箱に流し入れる.
❹❸をよく冷やしてから切り分ける.　　　　　　　（淺井）

科学 **1904　塩の効果**：呈味物質の相互作用の中で，塩には特に対比効果や抑制効果が期待できる（かくし味）.**対比効果**：2種類の異なる呈味成分を混ぜた時，主になる味が強く感じられること.例）甘味に少量の塩味を加えると甘味が増す.例）うま味に少量の塩味を加えるとうま味が増す（だし汁の調味）.**抑制効果**：2種類の異なる呈味成分を混ぜた時，一方の味，または両方の味が，弱く感じられること.例）酸味に少量の塩味を加えると酸味が弱まる（酢の物や梅干し）.　（淺井）
☞ 寒天液に比重の異なるものを混ぜる場合は，寒天液が熱いままだと固まる際に分離するので，寒天液の温度を下げ，さらに凝固温度近くまで攪拌操作を続ける.　（淺井）

☞ 砂糖濃度約60%の練りようかんとなる.　（淺井）

科学 **1912　離漿**：ゼリーのようなゲル状の物質を放置するとゲル中の液相が徐々に分離し，水がしみ出してくる.この現象を離漿という.寒天ゼリーは離漿しやすいが，高濃度の砂糖の添加（最終濃度60%以上）によって離漿を防ぐことができる.また，砂糖濃度が高いほど透明度が高く，かたくなる.　（淺井）

1913　いもようかん

（流し箱1個分，10人分）

さつまいも(皮むき)	400 g	＿＿＿＿
砂糖	80 g	＿＿＿＿
塩	2 g	＿＿＿＿

❶さつまいもは皮をむき，約1cmの輪切りにして水に一度さらしてから蒸す．

❷やわらかく蒸せたら手早く裏ごし，熱いうちに砂糖と塩を加えてよく混ぜる（スティックミキサーを使用するとよい）．

❸熱いうちに，流し箱に隙間なくぴっちりと入れ，上からラップフィルムなどをかけて強く押し付ける．

❹冷蔵庫で冷やす．冷めるとようかんがしまり，周囲に隙間ができる．

❺よく冷めたら，型からはずしてまな板に移し，切り分ける．　　　（作田）

1921　おはぎ

（12個分）

あずき	160 g	＿＿＿＿
砂糖　（生こしあんの50％量）	150 g	＿＿＿＿
もち米	240 g	＿＿＿＿
うるち米	80 g	＿＿＿＿
水(☞)	360 g	＿＿＿＿
塩	4 g	＿＿＿＿
きな粉	15 g	＿＿＿＿
┌砂糖	15 g	＿＿＿＿
└塩	0.5 g	＿＿＿＿
黒ごま	15 g	＿＿＿＿
┌砂糖	10 g	＿＿＿＿
└塩	0.5 g	＿＿＿＿

❶あずきを洗って不良粒を除き，約3倍量の水とともに鍋に入れて強火で加熱する．

❷沸騰したら冷水を加え，水温を50℃以下に下げる（びっくり水，1061 ☞）．

❸再沸騰したらざるに開けて水をかける（渋切り，灰汁の除去，1061 ☞）．

❹5〜6倍の水を加えてふたをし，豆が踊らないように弱火でやわらかくなるまで煮る（煮あげ）．

❺ボウルに裏ごし器を逆に置き（中ごし，3181 ☞）そこに❹を入れ，水を加えながら豆を押しつぶす．上に皮が，下にあん粒子(呉)と水がたまる．皮についているあんは手でつぶし，水をかけて下に落とす．呉を静置して上澄みを捨てることを2〜3回繰り返す．

❻呉を布袋に入れて絞る（生こしあん）．

❼❻を鍋に入れ，同重量の水を加えて混ぜる．

❽❼にあん重量（約300 g）の1/2量の砂糖を加え，中火にかけ焦がさないように木じゃくしで絶えずかき混ぜる．角が立つくらいのかたさまで練る（練りあん）．

❾もち米とうるち米を混ぜて洗米し，分量の水に30分以上浸漬した後，塩を加えて炊飯器で炊く．蒸らした後，すりこぎで粒が残る程度につく．

❿❽の練りあんの1/2をあんおはぎ用に，残りをごま用ときな粉用に2等分し，❾の飯は1/4をあんおはぎ用に，残りをごま用ときな粉用に2等分する．

⓫❿のそれぞれを4分割し，丸めておく．あんおはぎはかたく絞ったふきんの上に練りあんを広げて飯をのせ，小判型に包み込む．

⓬きな粉に砂糖と塩を混ぜておく．きな粉おはぎ用あんを飯で小判型に包み，冷めないうちに転がしてきな粉をつけ，形を整える．

⓭黒ごまを煎り，すり鉢でよくすって砂糖と塩を混ぜ，⓬と同様，ごまおはぎ用あんと飯で包み，まわりにごまをつける．3種類のおはぎの大きさをそろえるようにする．　　　（浅井）

食品 **1913　いもようかん**：さつまいもでん粉の凝固性を利用して固める．長期に貯蔵されたいもはアミラーゼによりでん粉が分解されて使いにくい．品種は金時いもがよい．
（作田）

応用 **1913　いもようかん（2種）**：時期的によい状態のいもが手に入らないときは寒天や上新粉を用いて水ようかんや蒸しようかんにするとよい．**水ようかん**：鍋に粉寒天4 gと水60 gを入れ沸騰させる．しっかり煮詰めて50 gの寒天液にする．1913②に寒天液を加えて混ぜ，濡らした流し箱に入れて冷蔵庫で冷やす．**蒸しようかん**：水溶きした上新粉（水50 g，上新粉30 g）を1913②に加えて蒸し器で20分蒸す．　　　（作田）

☞ **もち米を炊飯器で炊く**：うるち米を混ぜて水量を増すことによってもち米も炊飯器で炊くことができる．その際の加水量は重量で，（もち米×1.0＋うるち米×1.5）で求める．　　　（浅井）

食品 **1921　あんの種類**
- 生あん：水分60〜65％
- さらしあん：生あんを乾燥させたもの（水分4〜5％）．使用時は水を加えて戻す．
- 練りあん：生あんやさらしあんに砂糖を加えて練り上げたもの．
- こしあん：裏ごしして種皮を除いたもの．
- つぶあん：豆の形を残してやわらかく煮あげ，甘味を加えて練ったもの．
- つぶしあん：つぶあんをつぶしたもの（種皮は取り除かない）．
（浅井）

食品 **1921　市販の練りあんを用いる**：あずき160 g，砂糖150 gを用いてあんを作るかわりに，市販の練りあんを約400〜450 g用いる．やわらかい場合は，適当なかたさに練り上げる．その判断は，指で触ってくっつかない程度にする．
（濵口）

1922 ぜんざい（☞）

あずき	30 g ＿＿＿＿
水	適量 ＿＿＿＿
砂糖	40 g ＿＿＿＿
もち	40 g（1個）＿＿＿＿
塩こんぶ	5 g（2枚）＿＿＿＿

❶あずきをやわらかく煮て（1921 ❶～❹），砂糖を加え，灰汁を取りながら好みの濃度まで煮詰める．
❷もちを焼いて椀に入れ❶を注ぐ．または軽く焼いて❶に入れて煮てもよい．
❸小皿に塩こんぶ（1803または市販品）を添える． （淺井）

☞ 関西ではつぶしあんの汁を「ぜんざい」，こしあんの汁を「しるこ」というが，関東では汁気のあるものはすべて「しるこ」と呼び，「ぜんざい」は汁気のないあんをもちに添えたものをいう． （淺井）

1923 しるこ

あずき	30 g ＿＿＿＿
砂糖	35 g ＿＿＿＿
水	100 g ＿＿＿＿
切りもち	20 g（小1切れ）＿＿＿＿
塩こんぶ	5 g（2枚）＿＿＿＿

❶生こしあん（約55 g）を作る（1921 ❶～❻）．すっきりした味に仕上げるには渋切りの回数を増やし，3回ほど行う．
❷鍋に❶と分量の砂糖，水を入れ，とろみがつくまでかき混ぜながら静かに煮立たせる．
❸切りもちはかためにゆでておく（白玉だんご（1901 ❸）でもよい）．
❹椀に❷を入れ，上に❸をのせ，ふたをして供する．
❺小皿に塩こんぶ（1804または市販品）を添える． （淺井）

1924 くり蒸しようかん

（12 × 7.5 cm 流し箱1個分，8切れ分）

あずき	80 g（1/2 C）＿＿＿＿
砂糖	80 g ＿＿＿＿
薄力粉	25 g ＿＿＿＿
かたくり粉	9 g（大1）＿＿＿＿
くりの甘露煮	80 g（6個）＿＿＿＿

❶鍋の重さを測ってから 1952 ❶を参照してやわらかいつぶあんを作る．砂糖は80 gでよい．
❷砂糖を入れたあとの練り終わりは320 gくらいで火からおろす．
❸くりを粗く刻む．
❹❷が冷めたら薄力粉，かたくり粉，❸を入れて混ぜる．とろりとしているが，くりが沈まない程度のかたさになるとよい．
❺水でぬらした流し箱に入れて表面を平らにし，強火で30分間つゆどめ（p.23参照）をして蒸す．
❻冷めたら型から出して8切れに切り，くろもじを添え，ほうじ茶とともに供する． （大喜多・池田）

応用 1924 別法1：薄力粉を上新粉に替えて同様に作る．粘りが少ない．別法2：薄力粉を上新粉に替えて❹で火にかけてやや粘りが出るまで練って❺へ移る．弾力のある口あたりになる． （大喜多・池田）

1925 黄味しぐれ（☞）

（10個分）

生地	
┌白練りあん	250 g ＿＿＿＿
│ゆで卵の黄身	20 g ＿＿＿＿
│卵黄	20 g ＿＿＿＿
└上新粉	6 g ＿＿＿＿
白練りあん	200 g ＿＿＿＿

❶ゆで卵を作る．水から卵を入れて沸騰したら10分間ゆで，黄身を取り出して裏ごしする．
❷生地の材料を合わせ，火にかけながら練り，水分を飛ばして10個に分ける．
❸中に包む白練りあんを10等分して丸め，❷で包む．
❹蒸気の出た蒸し器で，つゆどめをして8分間蒸す．上に割れ目ができて中のあんが少し見えるとよい．
❺少し冷ましてから取り出すと崩れない． （中平）

☞ 黄身しぐれともいう．白あんに卵黄を混ぜてこね，蒸した和菓子．表面が割れているのが特徴．（中平）
応用 1925 夏枯れ：白あんをあずきのあんにかえて，黄味しぐれと同様に仕上げる．夏に雨が降らず，田の表面にひびが入ったような感じにできるので，この名がついたと思われる． （中平）

1926 こなし(蒸こなし)

(8個分)

生地
白練りあん	200 g
もち粉	3.5 g
上新粉	2 g
薄力粉	3.5 g
砂糖	25 g

練りあん　200 g

食品色素(好みの色)　少々

❶練りあん(☞)は,1個25gに丸めておく.

❷白練りあんは,鍋に入れて練り上げ,火取りあん(☞)を作る.

❸ボウルにもち粉,上新粉,薄力粉,砂糖を入れ,色が均一になり,ねばりが出るまで,手でしっかり混ぜる.さらに,❷の火取りあんを入れ,手で下からすくうように混ぜ,その後しっかり混ぜ合わせる.

❹乾いたふきんで❸を包んで蒸し器に入れ,つゆどめをして強火で15分間蒸す.

❺蒸し上がったら台の上に取り,熱いうちにぬらして絞ったふきんの上からよく練ってまとめる(こなす).こなすと色が白くなっていく.そのままふきんをかけて冷ます.

❻表面の皮張り(バリバリになること)を防ぐために,もう一度5分間蒸す(❹と同様).

❼再びよく練る(❺と同様).このように,蒸す・練るの作業を2回繰り返すことによってしっとりとした"こなし生地"が出来上がり,固くなることはなくなる(この状態で冷凍保存可能).

❽こなし生地は好みにより着色し,8等分して❶のあんを包み,桜の花,茶巾など好みの形に整え仕上げる.　　　　　　　(濱口)

1927 練り切り

(10個分)

白練りあん
白生こしあん	250 g
砂糖	150 g
水	30 ～ 50 g

ぎゅうひ
| もち粉 | 10 g |
| 水 | (もち粉の80%) 8 g |

練りあん　250 g

食用色素(好みの色)　少々

❶練りあんは,1個25gに丸めておく.

❷鍋に白生こしあんを入れ,固さをみて水を加える(30 ～ 50 g).そこへ砂糖を加えて火にかけ,中火で下からすくいあげるようにていねいに混ぜながら,軽く角が立つくらいの固い状態になるまで炊き上げる.

❸ぎゅうひを作る.ボウルにもち粉と水を加えて混ぜ,ある程度まとまったらボウルから出して台の上でしっかりと練る.2つに分けて丸め,平らに伸ばし真ん中をくぼませておく.鍋に熱湯を沸かしておき,その中に入れる.浮いてきてしばらくしたらひっくり返し,また浮いてきたらひっくり返して炊き上げる.炊き上がったら水気を切る.

❹❷に❸のぎゅうひを加え,木べらでつぶしながら均一な状態になるまでよく混ぜて炊き込んで仕上げる.炊き上がったら,鍋肌につけて広げておく.

❺台の上に❹を取り,熱いうちに木べらで練りながら広げ,その後ぬらして絞ったさらしのふきんで包んだ上から,手でちょうどよい固さになるまで(耳たぶくらいの固さ)よく練り,さらしのふきんをかけてねかす.また台の上に広げる→練る→広げる→練るを繰り返す.

❻生地を好みで着色して10等分し,❶のあんを包み,菊,あやめ,くりなど好みの形に整え仕上げる.三角べら(1937 ☞)を使って形を整えてもよい.型を使用する際は,型をあらかじめ水の中にしっかりとつけておき,ふきんでふいて使用すると型離れがよくなる.　　　　　　(濱口)

☞ 練りあんは,和菓子専門書では「並あん」と呼ばれる.生こしあんに加える砂糖の割合(配糖率)によって並あん(約70%以下),中割あん(約75%),上割あん(約80%以上)に分けられる.並あんは一般によく使われる.　　　　(濱口)

☞ 火取りあんとは,白練りあんの水分を飛ばし,ポロポロの状態になるまでよく火を通したあんのこと.はじめは強火にして,木じゃくしであん全体を混ぜながらしっかりと火を通す(周りがカリカリにならないように注意してよく混ぜる).その後中火にしてさらに混ぜるとだんだんと鍋につかずに木じゃくしにからまるようになる.さらにしっかりと練り上げ,木じゃくしにもつかなくなり,握ったらボロンと割れるくらいの状態になれば火からおろし,鍋肌につけるようにして広げ,上からぬれぶきんをかけて冷ましておく.使用する前日に作っておくとよい.　　　　(濱口)

食品 1926, 1927　こなしと練り切り:「こなし」は,火取りあんにもち粉と薄力粉などを混ぜ合わせ,蒸してから熱いうちにこなすことから,この名前がついたといわれている.小麦粉のグルテンを利用して生地としての粘りを出している.関西地方で作られることが多い.「練り切り」は　白練りあんにぎゅうひ(もち生地)を混ぜて粘りを出したもので,関東地方で作られることが多い.なお,京菓子の練り切りは,つくねいもを白あんに混ぜた練り切りのみをさす.　　　　(濱口)

1931 三色だんご

	(8本分)
上新粉	150 g _____
熱湯(上新粉の80〜90%)	
	120〜135 g _____
砂糖	100 g _____
手水	
⎰ 砂糖	10 g _____
⎱ 水	15 g (大1) _____
食紅	少々 _____
抹茶	2 g (小1/3) _____
だんご用串	8本 _____

❶上新粉をボウルに入れ，熱湯を加えて耳たぶくらいの固さにこねる(☞)．4つに分けて細長くして蒸し器にぬれぶきんをしいて，沸騰したところに入れ，つゆどめをして強火で15分蒸す．

❷❶をボウルに移し，1つにまとめて熱いうちに手で十分こねる(最初の熱い間は，すりこ木でついてもよい．少々熱くても早くから手でこねたほうが，だんごのこしが強くなる)．次に砂糖を大2ずつ練りこんでいく(砂糖は何回かに分けて入れる．砂糖の最終が入る頃もだんごの熱で砂糖が溶けるくらいでなければならない．砂糖はよく混ぜ込んでから次を入れるようにしないと，砂糖が溶けて液状となり生地と混ざらなくなる)．

❸3等分して白と，桃(食紅)，緑(抹茶)で着色し(☞)，それぞれ棒状にして8等分にする．

❹だんご状に丸めて3色を串に刺し，最後にさっと蒸す(蒸気の上がったところへ入れ，ふたをし，強火で再び蒸気が上がったら1分くらいでよい．蒸しすぎると砂糖が溶けて形が崩れる)取り出し，手早くあおいでつやを出す．(☞)

(東根)

1932 みたらしだんご

	(8本分)
上新粉	150 g _____
熱湯	120〜135 g _____
たれ	
⎰ 砂糖	55 g _____
｜ しょうゆ	32.4 g (大2) _____
｜ 水	60 g (大4) _____
⎱ かたくり粉	6 g _____
手水	1931と同じ
だんご用串	8本 _____

❶1931❶と同じように上新粉をこねて蒸す．

❷❶を砂糖水で表面をぬらしたまな板にとり，手水をつけながらよくこねる(1931☞)．冷えるまで十分にこねるとこしのあるだんごになる．

❸❷を4等分して棒状にし，さらに8等分して32個のだんごに丸めて(平たくしてもよい)，串1本に4個を刺す．

❹焼き網にのせ，❸に軽く焼き色をつける(串の手元にアルミはくを巻くとよい．長く火にかざしているとだんごが乾燥してかたくなるので強火でさっと焼き色をつける)．

❺鍋に砂糖，しょうゆ，水，かたくり粉までを加え，混ぜながら加熱し，十分にとろみをつける(だんごの周囲にからみつく程度のとろみ)．

❻❹のまわりに❺をたっぷりかける．

(東根)

科学 **1931　米粉をこねる**：米粉(上新粉)はだんご，かしわもち，草もちなどに用いる．小麦粉のようにグルテンをもっていないので，米粉の場合は水ではなく，熱湯を加えてでん粉を糊化させる．そうすると粘りも出て成形しやすい．だんごのかたさは，米粉の粒の大きさ，こね加減，添加材料によって異なる．粒子の小さいものを上用粉と呼ぶ．

(東根)

☞ こねるとは，人差し指から小指の4本指で外側から内側へ生地をおり込み，その上を手首で上から押し付け圧力を加える操作をまんべんなく繰り返す操作をいう．(東根)

☞ 串だんごの色は下から緑・白・桃色，茶・白・桃色などのパターンがある．桃色は桜の花，白は春霞，緑は葉，茶は木の色を示すといわれている．(東根)

☞ 抹茶と食紅は少量の湯で溶き，生地の中に混ぜ込む．緑はよもぎをゆでて細かくしたものを使っても香りがよい．(東根)

☞ ❷❸❹で手水をつけると楽にできる．また，❷❹で冷めてしまったら再度蒸すか電子レンジで加熱する．なお，砂糖の量は100 gより150 gのほうがだんごのつやも日持ちもよくなる．(東根)

1933 月見だんご(☞)

	(10個分)
練りあん	200 g _____
上新粉	75 g _____
熱湯	70 g _____

❶練りあん(やや硬め)を10等分する.
❷上新粉は1931❶, ❷のようにして蒸した生地をこね, 10等分し, 5 cm程度の長さの両端が細い棒状に丸めて, 再び1分くらい蒸して取り出す. つやが出る.

❸かたく絞ったぬれぶきんの上に❶を楕円に広げ, ❷に帯状に巻きつけ, 皿に4個, 3個, 2個, 1個と順に上に重ねて盛る. (東根)

☞ 月見だんご:関西では細長いだんごにあんを巻いて「芋名月」に供える「衣被:きぬかつぎ(小芋を皮付きのまま蒸したもの)」を模した月見だんごであるが, 他地域では白いだんごを積み上げていくところもある. (東根)

1934 よもぎもち(草もち)

	(8個分)
上新粉	80 g _____
かたくり粉	8 g _____
熱湯	75 g _____
よもぎ(生, 葉のみ)	20 g _____
練りあん	160 g _____
きな粉	7 g _____
⎰砂糖	10 g _____
⎱塩	少々 _____

❶練りあんを8等分し, 丸めておく.
❷よもぎの若い葉だけを塩熱湯で2分程度ゆでる. ゆで上がったらすぐに水に取り出し, その後20分程度つけて灰汁抜きをする(かたい場合は重曹を入れることもある). かたく絞ってみじん切り(フードプロセッサーでも可)にした後, すり鉢ですりつぶす.
❸上新粉とかたくり粉を混ぜ合わせ, 熱湯を加えて耳たぶくらいの固さにこね, 4〜5個の塊にちぎって平たくし, ぬれぶきんを敷き, つゆどめをした蒸し器で強火で20〜25分蒸す.
❹ボウルに❸を入れて手水(1931)をつけよくこねる(熱い間はすりこぎでつく).
❺❹がひと肌くらいに冷めたら, ❷のよもぎを加え色が均一になるまでよくこねる.
❻8つに分け, 包むあんの大きさを考えて, 楕円形に平たく伸ばす. あんを包んで二つ折りにして端を押さえる. 大福もち風のよもぎもちもある.
❼出来上がりにきな粉を上からかける. (東根)

☞ よもぎの冷凍保存:春によもぎが出てきた頃, 新芽を摘んで処理し(1934❷), 1回分ずつラップフィルムに包んで冷凍保存するとよい. 注意点はゆですぎないこと. よもぎをゆで, 乾燥させたものも販売されている. (東根)

1935 かしわもち

	(8個分)
上新粉(☞)	200 g _____
砂糖	20 g _____
熱湯	180 g _____
食紅	少々 _____
練りあん	60 g _____
白生あん	30 g _____
⎰砂糖	45 g _____
⎱白みそ	15 g _____
⎱みりん	15 g _____
かしわの葉(乾燥)(☞)	8枚 _____

❶上新粉と砂糖をボウルの中でよく混ぜ合わせ, 箸でかき混ぜながら熱湯を注ぐ. さらによく混ぜ, 途中から手でこねる(☞). 2等分して一方を食紅でピンクに染める.
❷ぬれぶきんを敷いた蒸し器を沸騰させ, ❶のそれぞれを4つに分けて平たくしたものを色が混ざらないように並べ, 強火で15分蒸す(1931❶).
❸❷を色別にひとまとめにして, 手水をつけながら粘りが出るまでよくこね, それぞれを4等分して丸める.
❹白生あんは調味料を加えて加熱し練り上げ, 4等分にする. 練りあんは1個15 gのあんに丸める(さらしあんを使ってもよい)(☞).
❺葉は熱湯に浸して戻しておく.
❻❸を厚さ5 mmの楕円に伸ばし, 白い皮には小豆あん, ピンクの皮には白みそあんを入れ, 二つ折りにしてはさみ, 合わせ目を軽く押さえる(☞).
❼❻を葉で包んで, 5分ほど蒸してかしわの葉の香りを移す. (東根)

☞ 上新粉に20〜30%の白玉粉を加えると生地がやわらかくなり, 一層おいしい. (東根)
☞ 柏の葉:新芽が出てこないと古い葉が落ちないことから, 家系が絶えない, 子孫繁栄の象徴とされている. そのため, 子どもの成長を祝う(願う)端午の節句にかしわもちを食べるようになった. 柏の葉が手に入らない地域では, サルトリイバラの葉を使う. (東根)
☞ 上新粉だんごのこね方:砂糖を20%程度加える時は粉と一緒, または手水とともに加える. 砂糖の量が多い時はこねながら少量ずつ入れていく. (東根)
☞ さらしあんの戻し方:約3倍の水を加えてよく混ぜる. そのまま静かに置いておく. 上澄みを捨てる. この操作を2回くらい繰り返すと臭みもとれて上澄みがきれいになる. ざるにふきんを広げて, あん粒子(呉)を絞り取る. さらしあんの2.5〜3倍の呉ができる. (東根)
☞ 皮の縁の膨らみをつぶさぬよう注意しながらあんを包むことが大切である. (東根)

1936 ういろう（白ういろう）

（14.5×11 cm流し箱1個分，10人分）

白双糖（☞）	100 g _____
塩	0.4 g _____
水	80 g _____
上新粉	100 g _____
水	80 g _____

❶白双糖と塩，半量の水を鍋に入れて溶けるまで加熱する．
❷上新粉を加えて混ぜる．
❸残りの水を加えて再度混ぜる．
❹❸をざるでこしながらラップフィルムを敷いた流し箱に流し入れ，強火の蒸し器で蒸す．
❺生地の中央に竹串を刺して生地がつかなければ蒸し上がりである（30〜40分程度）．
❻完全に冷ましてから，型からはずして切り分ける．
（☞）

(作田)

1937 ういろう（野菊）

（10個分）

白玉粉	40 g _____
上新粉	60 g _____
砂糖	150 g _____
水	80 g _____
食用色素（黄）	少々
かたくり粉（打ち粉）	30 g _____
白練りあん	150 g _____
くりの甘露煮	100 g（約8個）_____

❶白玉粉，上新粉，砂糖をボウルに入れ，泡立て器で固まりのないようによく混ぜ合わせる．
❷水の半量を❶に加えながら，なめらかになるまで混ぜ合わせる．次に残りの水を加え，だまのないとろりとした生地になるように混ぜ合わせる（☞）．
❸流し箱にぬらして固く絞ったふきんを敷き，沸騰している蒸し器にいったん入れて蒸気を当てる．このことにより，ふきんの目が詰まり，やわらかい生地でもふきんからもれずに，すぐに火が通って固まる．
❹❸の流し箱に生地を入れ，強火で25分〜30分蒸す．蒸し上がりの目安は，泡が浮かび始めた頃，生地の中心を少量食べてみて粉っぽくなければ蒸し上がっている．
❺蒸している間に，くりの甘露煮を熱湯でさっと火を通してから刻み，白練りあんに混ぜて10等分しておく．
❻生地が蒸し上がったら，ふきんから生地をはがしてボウルに入れ，熱いうちに水でぬらしたすりこぎでよく練る．ボウルが熱くなっているので注意する．
❼食用色素（黄）を少量の水で溶かし，❻に1〜2滴入れて混ぜ，色が均一になるようにさらによく練る．
❽まな板の上にかたくり粉（打ち粉☞）をふり，生地を取り出す．生地を10等分し，くりあんを包み，形を整える．余分な粉を刷毛ではらう．
❾三角べら（☞）の細いほうの先端をぬらして固く絞ったふきんで湿らせ，❽の中心部分に強く押し当て，花芯の模様をつける．

(濱口)

☞ **白双糖**（ざらめ糖）：高級和菓子に用いられる2〜3 mmの粒の砂糖．ショ糖の純度が高い白双糖を用いるのはより白く仕上げるためである．甘さも上品でくせがない．混ぜものがある時は上白糖でもよい．
(作田)

☞ マチのあるビニール袋に生地を入れ，口をタコ糸や輪ゴムでとめて蒸すと出来上がり時に取り扱いやすい．電子レンジでは600 Wで5〜6分で完成する．このとき，電子レンジ対応容器に生地を入れる．
(作田)

応用 1936 ういろう3種：抹茶ういろう：上新粉に抹茶2 gを混ぜ合わせる．**黒糖ういろう**：白双糖の半量を黒糖に置き換える．**あずきういろう**：白生地の半量を先に蒸し，残りに水分を切った粒あんを加えて混ぜた生地を流し入れて蒸す．
(作田)

☞ 白玉粉は，分量の水を最初から入れるとだまができ，なめらかになりにくい．まず半量の水を入れて，よく溶けてから残りの水を入れる．
(淺井)

☞ **打ち粉**：めん生地やもちが台やめん棒に粘着するのを防ぐために，台や生地にふる粉のこと．多いと生地がかたくなったり，まとまりなくなるので，使用量は必要最小限にとどめる．
(淺井)

☞ **三角べら**：和菓子の細工時に使う，三角柱のへら．三角柱のそれぞれの辺で細い線，太い線，二重線がつけられる．先端に丸いくぼみがあり，花芯などを作るのに用いる．

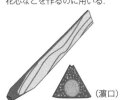

(濱口)

1941 ぎゅうひもち

(8個分，4人分)

あずき	80 g ＿＿＿＿
砂糖(生こしあんの50％量)	
	75 g ＿＿＿＿
白玉粉	60 g ＿＿＿＿
水	120 g ＿＿＿＿
砂糖	60 g ＿＿＿＿
かたくり粉(打ち粉)	30 g ＿＿＿＿

❶生こしあんを作り(1921 ❶〜❻)，あん重量(約150 g)の半量の砂糖を加え練りあん(1921 ❽)を作る．出来上がりがかたいと皮と合わないので，やわらかめに仕上げる(冷えるとかたくなり成形できる)．

❷❶のあんを8等分し，丸めておく．

❸鍋に白玉粉と分量の水の半分を入れ，手でなめらかになるまで混ぜ合わせる(1937 ☞)．

❹だまがなくなったら残りの水と砂糖を❸に加え，木じゃくしで絶えずかき混ぜながら中火にかける．粘りが出てくると底や側面が焦げ付きやすくなるので注意しながら，もちのようによく粘り，かき混ぜる手に抵抗感が出て艶やかになるまでよく練る．

❺乾いたまな板にかたくり粉(打ち粉)をふり，その上に❸をとる．かたくり粉をまぶした包丁かスケッパーで8等分する．あまり熱いときにあんを包むとと生地がだれ，下の方へ生地がたまるが，完全に冷めると包みにくい．また打ち粉(1937 ☞)が生地の中に入り込むと包みにくくなるので，余分な粉は刷毛ではらいながら❷のあんを包んで丸く形を整える． (淺井)

1942 桜もち(蒸し)

(6個分)

道明寺粉	100 g ＿＿＿＿
｛水	150 g (3/4 C) ＿＿＿＿
｛砂糖	20 g ＿＿＿＿
｛食紅	少々 ＿＿＿＿
手水(水大さじ1，砂糖大さじ1)	
練りあん	150 g ＿＿＿＿
桜の葉の塩漬け(☞)	6枚 ＿＿＿＿

❶練りあんを6等分して丸めておく．手水の水と砂糖を混ぜ合わせておく．

❷❶の間に桜の葉を薄い食塩水につけ，塩抜きをする．

❸鍋に水と砂糖を入れて火にかけ，沸騰したら食紅の水溶きを加えて，薄いピンク色にする．火からおろし，道明寺粉を加えて手早く混ぜ，ふたをして12〜13分蒸らす．

❹❸を全体に軽く混ぜ合わせ，6等分して，ぬれぶきんの上に手水をつけて広げ❶を包み，丸めてやや扁平な形に整えて皿に並べる．

❺沸騰している蒸し器に❹を入れてつゆどめ(p.23参照)をして中火で4〜5分蒸してから取り出し，❷の葉の水気をふき取ったもので包む(包んで蒸すと色が出たり，香りが強く出るので蒸し上がってから包む)． (☞) (東根)

応用 1941 うぐいすもち：白玉粉に抹茶(小1/2)を加え，生地を作る．かたくり粉の代わりに青きな粉(うぐいす粉)を手粉として，あんをもちで薄く包み込み，台の上で両端を親指と人差し指でつまんで手前に引き，うぐいすの形に整える．茶こしでさらに上から青きな粉をふりかける． (淺井)

食品 1941 きな粉と青きな粉：だいずを炒って皮を除き，挽いて粉末状に作られたものがきな粉である．黄色大豆から作られたものが一般的に「きな粉」と呼ばれているものである．青大豆が原料の「青きな粉」は，その色がうぐいすに似ていることから「うぐいす粉」とも呼ばれる． (濵口)

☞ 桜の葉の塩漬け：葉がやわらかい大島桜の葉を使うとよいが，手に入らなければ八重桜の葉などを使う．葉がやわらかいうちに摘み取り，水で洗った後，熱湯をかけ色止めをする．水気を切って20％の塩をし，少量の水を加え，重しをのせて3週間ほど置く．漬かった葉は，密閉容器に入れるか，ラップフィルムに包んで冷蔵庫で保存する．使用するときは，塩気を抜いてから使う．桜の葉は塩漬けすることにより香りの成分(クマリン)が出てくる． (東根)

応用 1942 電子レンジで作る桜もち：蒸す方法よりも水分を多くする．道明寺粉100 gに対して190 gの熱湯を準備する．道明寺粉と砂糖を混ぜた中に，熱湯を加え食紅で着色する．その後ラップフィルムをかけて5分間放置する．その後600 Wの電子レンジに3.5分かける．レンジから取り出し全体を混ぜ，もう一度電子レンジに3分かける．道明寺の生地をふきんに広げ，あんを包んで成形し，桜の葉で巻く(葉脈が見えるほうが外側)． (東根)

応用 1942 椿もち：桜の葉の代わりに椿の葉を上下に置き，もちをはさんだもの． (東根)

1943 いちご大福

	（10個分）
もち粉	100 g
砂糖	80 g
水	110 g
白練りあん	250 g
いちご	50 g（10個）
かたくり粉（打ち粉）	30 g

❶もち粉，砂糖をボウルに入れ，泡立て器で固まりのないようによく混ぜ合わせる．

❷水の半量を❶に加えながら，なめらかになるまで混ぜ合わせる．次に残りの水を加え，だまのない生地になるよう混ぜ合わせる．

❸流し箱にぬらして固く絞ったふきんを敷いて，沸騰している蒸し器に入れ蒸気を当てる（1937 ❸参照）．

❹❸の流し箱に生地を入れ，強火で 25 〜 30 分蒸す．乳白色であった生地が，黄色っぽい半透明の状態（もち状）になれば蒸し上がっている．

❺蒸している間に，白練りあんを 25 g ずつに分けて丸め，いちごはへたを切り落として，あんで包んで丸めておく．

❻生地が蒸し上がったら，ふきんから生地をはがしてボウルに入れ，熱いうちにぬらしたすりこぎでよく練る．

❼バットにかたくり粉（打ち粉）をふり，その上に練った生地をとり，10 個に分割する．この時，生地の中にかたくり粉を混ぜないように注意する．

❽丸く平べったくした生地でいちご入りのあんを包み，いちごの先が上になるように仕上げる．

❾もちについた粉を刷毛ではらってアルミカップに入れて仕上げる． （濵口）

1951 桜もち（焼き）（☞）

	（5個分）
白玉粉	10 g
水	70 g
砂糖	15 g（大 1 と 1/2）
塩	小 1/8
薄力粉	50 g
食紅	少々
練りあん	100 g
桜の葉	5 枚

❶練りあんを 5 等分して俵型に丸める．

❷ボウルに白玉粉を入れ，水を少しずつ入れながらゴムべらで混ぜる．

❸❷に塩，砂糖を入れ泡立て器で混ぜ，ふるった薄力粉を入れ，だまのないように混ぜる（30 分ほどふきんをかけてねかせるとなめらかになる）．食紅で薄ピンク色にする．

❹厚手の鉄板またはフライパンを熱し，油を薄く伸ばす．弱火にし❸の生地の 1/5 を鉄板に落とし，玉じゃくしの底で楕円形（あんが包めるくらいの大きさ 7 × 10 cm くらい）に伸ばす（鉄板へ生地を伸ばしたとき，軽くジュッと音がする程度の火力で）．上の面が八分通り乾燥したら裏返して焼く（両面とも焦がさないこと）．

❺はじめに焼いた方を外側にしてあんを包み桜の葉で巻く（乾燥しないような容器に入れるか，ラップフィルムで包み 1 日置くほうがあんと皮がよくなじむ．☞）． （東根）

応用 1943 ショコラもち（材料の応用）：白練りあんの中に入れるいちごの代わりに，3995 ガナッシュ（1 cm 角）を入れる．打ち粉は，かたくり粉の代わりにココアを使用する．ココアは，180℃のオーブンで 2 分加熱し，水分を飛ばして使用する． （濵口）

応用 1943 フルーツ大福（4 個分）：白玉粉 50 g，砂糖 15 g，あん 100 g，バナナ 30 g（1/4 本），かたくり粉適量．❶白玉粉，砂糖，水 60 g を電子レンジ対応容器に入れ，粒がなくなるまで混ぜる．❷あんを人数分に分け，丸める．❸バナナを人数分に分け（1 個 1 cm 程度の輪切り），❷で包む．❹❶にラップフィルムをして電子レンジ（600 W）で加熱する．途中で 2 〜 3 回混ぜながら，合計 2 分間程度加熱し，ぎゅうひを作る．❺❸を❹のぎゅうひで包み，とじ口を下にして形を整える．適宜，かたくり粉を手粉とする（つけすぎないこと）．バナナの代わりにいちご，ぶどう，メロン，キウイフルーツなどを用いてもよい． （久保）

☞ 桜の葉は生の時はよく洗って熱湯をかけ，水気を切る． （東根）

☞ 関西風と関東風の桜もち：関西では蒸しタイプ，関東では焼きタイプが一般的．作られた寺の名前から，関西は道明寺（道明寺もち），関東は長命寺（長命寺もち）とも呼ばれている． （東根）

1952 きんつば

（小流し箱１個分．６人分）	
あずき	80 g
砂糖	100 g
塩	0.5 g
粉寒天	4 g
水	80 g
皮	
白玉粉	5 g
薄力粉	40 g
水	70 g

❶あずきをやわらかく煮て（1921 ❶～❹），砂糖を加え，灰汁を取りながら煮詰める．焦げ付かないようにときどき底からすくうように混ぜ，木じゃくしに取ったときぼってりと流れ落ちるくらいがよい（つぶあん）．

❷❶に塩を加える．

❸寒天は分量の水を加え，かき混ぜながら約3/4量に煮詰める．

❹❷と❸を熱いうちに鍋の中で混ぜ，水に浸けて絶えずかき混ぜながら固まらない程度に冷ます（ほんのり温かい程度）．

❺厚みが 1.5 cm 程度になるように小流し箱に入れ，冷やし固める．

❻皮を作る．白玉粉に水を少しずつ入れて溶かし，薄力粉も入れてだまができないようによく溶かす．

❼❺を６等分に切り分け，一つの面に❻の生地をつける．

❽フライパンを温め，薄く油（分量外）を塗り，生地をつけた面をのせて焼く．焼き色がついたら二つめの面に生地をつけて焼き，同様に６面すべてを１面ずつ焼きつける．火加減が強すぎると中身が溶けるので中弱火で行う．

❾すべての面が焼けたら，フライパンの上で転がして形を四角く整える．（淺井）

1953 三笠焼き

（８個分．８人分）	
あずき	60 g
砂糖	60 g
卵	110 g（M２個）
砂糖	70 g
しょうゆ	6 g（小１）
みりん	6 g（小１）
牛乳	52 g（50 mL）
薄力粉	100 g
ベーキングパウダー	4 g（小１）

❶つぶあんを作る（1952 ❶）．

❷ボウルに卵を入れ，ハンドミキサーで撹拌する．途中砂糖を加えて，さらにかき混ぜ，すくい落としたときに筋が残るくらいまでもったりと泡立てる．

❸❷にしょうゆ，みりん，牛乳を加えよく混ぜる．

❹❸にふるった薄力粉とベーキングパウダーを一度に入れ，だまにならないように手早く混ぜる．

❺フライパンを熱して油（分量外）を薄く塗り，中火にして，❹の生地を直径７～８cm くらいに丸く流す．生地全体に気泡が出てきたら裏返し，裏面は10秒くらい焼く（170℃のホットプレートで焼くと均一な焼き色がつく）．同様にして 16 枚焼く．

❻つぶあんを８等分し，丸めておく．

❼❺の皮につぶあんをはさみ，生地の縁をつまんで口を閉じる．手のひらで包み込んで形を整える．（淺井）

1961 くりまんじゅう

(10個分, 5人分)	
白練りあん(いんげんまめ)	270 g _____
薄力粉	100 g _____
砂糖	50 g _____
卵	27.5 g (M 1/2個) _____
重曹(☞)	1 g _____
水	5 g _____
くりの甘露煮	40 g (4個) _____
ドリュール(☞)	
卵黄	8.5 g (M 1/2個分) _____
みりん	2 g (小 1/3) _____
けしの実	少々 _____
強力粉(打ち粉)	少々 _____

❶卵を泡立てないようにほぐし，砂糖50 gを加えてよくすり混ぜる.
❷重曹を少量の水で溶き❶に加える.
❸ふるった薄力粉を❷に入れて，粘りが出ないように，軽く切るように混ぜる. 生地は手に付かないくらいが目安(耳たぶのかたさ).
❹台に打ち粉(1937☞)をふって，❸の生地をのせ，棒状に伸ばして，10個に切り分け，それぞれ丸める.
❺あんに細かく刻んだくりを混ぜ，10個に丸める.
❻❹の皮で❺を包み，包み終わりを下にして形を整え，ドリュールを塗り，好みでけしの実をふる.
❼クッキングシートを敷いた天板に並べ170℃のオーブンで約17分焼く.(淺井)

☞ **重曹**：膨化剤として重曹を用いると，小麦粉のフラボノイドが黄変して生地が黄色くなる. くりまんじゅうの場合はこの色がくりらしさを表現する. (淺井)
☞ **ドリュール**：艶出しの方法. みりんを用いるとアミノカルボニル反応によりつやが焦げ茶色に仕上がる. (淺井)

1962 浮島(☞)

(流し箱 1個分, 6人分)	
卵黄	60 g _____
白練りあん	200 g _____
砂糖	30 g _____
薄力粉	15 g _____
上新粉	15 g _____
塩	0.1 g _____
卵白	120 g _____
青えんどうの蜜漬け	35 g _____

❶流し箱にクッキングシートを敷く.
❷砂糖，薄力粉と上新粉，塩を合わせてふるう.
❸ボウルに卵黄を入れ，白練りあんを加えてよく混ぜる.
❹❸に❷を加えて混ぜる.
❺別のボウルに卵白を入れて八分くらいに泡立てて，❹を加えて混ぜ合わせる.
❻流し箱に生地を流し入れ，青えんどうを散らす.
❼蒸気の上がった蒸し器に入れ，強火で約30分間蒸す.
❽蒸し上がったら流し箱から出し，クッキングシートを敷いた台の上に，まだ熱い状態のまま裏返して置き，ゆっくりとシートをはがす. はがしたクッキングシートと流し箱を上に置き，軽く押して形を平らに整える.
❾蒸し上がった面を表にして，冷めてから切り分ける. (中平)

☞ **浮島**：あんを使った蒸し菓子. 湖沼の水面に小島が浮かんでいるのをイメージした和菓子. 白練りあんに白いんげんまめの甘煮を使ってもよい. (中平)

1971　じょうよまんじゅう（上用まんじゅう）

（8個分）

やまのいも（すりおろし）	
正味 30 g	＿＿＿＿
砂糖	50 g ＿＿＿＿
上新粉	50 g ＿＿＿＿
手粉，打ち粉（上新粉）	少々 ＿＿＿＿
練りあん	約 200 g ＿＿＿＿
┌ あずき	80 g（1/2 C）＿＿＿＿
└ 砂糖	生のあんの 50%＿＿＿＿
食紅（水溶き）	少々 ＿＿＿＿
へぎ板（3×3 cm アルミはく）	
	8 枚 ＿＿＿＿

❶やまのいもは灰汁の少ない部分を選び，皮をむいて酢水につけて灰汁抜きをする．

❷1921 を❶〜❽参照し練りあんを作る．少しやわらかめ（冷めるとややかたくなり丸められる）で練り終え，冷まして 8 個に丸める．

❸❶の水気をふいてすり鉢ですりおろし，さらに 5 分間ほどすりこ木でよくする．（☞）

❹すり続けながら砂糖を 1/3 量ずつ加えてさらによくする．弾力が出てくる．

❺上新粉を加えて手で混ぜ込むが，粉は大 2 ずつ手のひらにふりかけながら加え，終始生地が手にくっつかないように扱う．押さえつけたりこねたりせず，引っ張り伸ばして粉のない部分に粉をくっつけるつもりで．

❻粉が全量入れば棒状にして，打ち粉をふった板の上に 8 個にちぎり分ける．この時生地がよい状態ならポンと音がしてちぎりとれる．

❼❻を指で 4 cm 径に伸ばし，❷を包み込み，腰高に成形する．（☞）

❽❼の底面にへぎを付け，蒸し器にかたく絞ったぬれぶきんを敷いて，上に並べる．表面に軽く霧を吹き，つゆどめ（p.23 参照）をして強火で 10 〜 12 分蒸す．

❾蒸し上がったら急いであおぐ（表面につやが出る）．

❿竹串の先に食紅をつけ，頂上に赤い点をつける．　　　　　（大喜多・池田）

1972　かるかん

（小流し箱 1 個分，4 人分）

やまのいも	80 g ＿＿＿＿
砂糖	50 g ＿＿＿＿
水	50 g ＿＿＿＿
上新粉	50 g ＿＿＿＿

❶やまのいもの下処理は 1971 ❶に同じ．

❷目の細かいおろし金か，すこし大きめのすり鉢でいもをまわすようにしておろす．さらにすり鉢の中で粘りが出るまでよくする．

❸すり続けながら砂糖と水を少しずつ入れる．

❹空気を含ませるように全体を混ぜ，そこへふるった上新粉を入れ，さっくり混ぜる．

❺流し箱に入れ，とんとんとたたいて空気を抜き，つゆどめ（p.23 参照）をした蒸し器で強火で約 20 分間蒸す．冷めてから切り分ける．　　　（淺井）

☞ 「する」操作とじょうよまんじゅうの膨化：やまのいもの粘着物質はグロブリン様たんぱく質にマンナン（多糖類の一種）が結合したものである．起泡性があるので，すりばちですることにより空気を含み，蒸すことで膨化する．水量を多くして柔らかい生地とし，蒸したものが「かるかん」である．（大喜多・池田）

☞ まんじゅうの成形：皮の厚みが均一になるようあんを包み込み，打ち粉をふった板の上に置く．打ち粉をつけた両手で下部をはさみこんでクルクル回しながら底面積を小さく腰高に形づける．切り口が下図のようになる．

（大喜多・池田）

応用 1971　さまざまなじょうよまんじゅう：祝儀用として全体にピンク色にしたい場合は❹で食紅（水溶き）を入れると混ざりやすい．梅干し（塩抜きする），よもぎ（ゆでる），こしあん，ゆずの皮（すりおろす）などを❹で加えると，色と風味に変化がつく．　　（大喜多・池田）

応用 1971　織部まんじゅう：蒸す前の生地ごく少量に水を加えて伸ばし，食用色素（抹茶色）の水溶きを 1 〜 2 滴加えてよく混ぜる．これを細筆にとり，まんじゅうの端に色をつけ蒸す．蒸した後に ♯（井桁）の焼印をつけて仕上げる．織部まんじゅうは，上用まんじゅうの生地に，「古田織部」が作った焼き物に似せるため，釉薬を思わせる深緑色で色づけし，井桁や梅鉢の焼印を押したものである．

（濵口）

1981　くずまんじゅう

（8個分，4人分）

練りあん	200 g ＿＿＿＿＿
くず粉	30 g ＿＿＿＿＿
┌砂糖	20 g ＿＿＿＿＿
└水	150 g ＿＿＿＿＿

❶あんを8個に丸めておく．

❷小さめのステンレス鍋にくず粉と砂糖と水を入れ，泡立て器で混ぜ材料を十分に溶かす．

❸鍋を火にかけて木じゃくしで練り，底の一部が透明になり始めたら火からおろし，全体が均一になるように練る（色はまだグレー）．再び火にかけて練り，少しとろみがつけばまたおろして練り，また火にかけて全体が半透明（薄いグレー）になるくらいに練る．サラサラの液体状からややとろみがついたころでやめる（注意：完全に糊化（透明）させないこと）．

❹あんに2本の竹串を側面下から中心へ刺して，❸のくず生地の中に入れてあんのまわりにからめる．アルミカップにのせ，皿に並べる（蒸し器に入る大きさの皿）．

❺あらかじめ湯を沸騰させておいた蒸し器に入れ（つゆどめをする），強火で蒸気が出始めてから2～3分蒸す．くず生地の全体が透明になっていればよい．

❻蒸し器から取り出して冷ます（時間があれば冷やしてもよいが，冷やしすぎるとくずが老化して白っぽくなるので注意）．　　　　　　　　（濱口）

1982　くず切り

（4人分）

くず粉	60 g ＿＿＿＿＿
┌砂糖	20 g ＿＿＿＿＿
└水	20 g ＿＿＿＿＿
黒蜜	
┌黒砂糖	40 g ＿＿＿＿＿
└水	30 g ＿＿＿＿＿

❶鍋に黒砂糖と水を入れて煮溶かし，冷やして黒蜜を作る．

❷くず粉に分量の水を加えてよく溶かし，砂糖も加える．

❸生地を流し箱に厚さ5 mmに流し入れ，沸騰した湯にトングなどを使って浮かべる．

❹表面が固まったら，湯に沈めて透明になるまでゆでる．

❺トングなどで流し箱をつまんで，氷水につける．冷めたらへらなどを使って流し箱からはがし，まな板の上で好みの太さに切る．

❻❶の生地がなくなるまで❸～❺を繰り返し，器に盛り付け❶をかける．　（淺井）

1983　わらびもち

わらび粉(☞)	15 g ＿＿＿＿＿
水	75 g ＿＿＿＿＿
三温糖	30 g ＿＿＿＿＿
きな粉	4 g ＿＿＿＿＿

❶ボウルにわらび粉と水の約80%を合わせて，ゴムベラなどを使ってしっかりと混ぜる．その中に三温糖を入れ，再びしっかりと混ぜる．

❷❶の材料を加熱する鍋に移す時に万能こし器を通す．残りの水を使ってボウルの内部に残った材料をすべてきれいに鍋に移す．

❸鍋を火にかけ，スパテラなどでゆっくりと混ぜる．火が入りでん粉が糊化し始めたら，しっかりと底から混ぜる．

❹全体に透明感が出たら加熱をやめる．

❺バットに生地を流し，生地表面にラップフィルムを密着させる．氷水を入れた大きなバットに生地を入れたバットを入れ冷やす．中心部まで冷えたら，きな粉を入れたバットに水が落ちないように取り出し，スケッパーやカードなどを使い，きな粉をまぶしながら食べやすい大きさに切る．　　　　　　（東根）

食品 1981，1982　くず粉：マメ科クズ属のつる性多年草の根から得られるでん粉で，水を加えて加熱した時の透明度が高く，料理や和菓子材料として用途が広い．くずの根は漢方薬としても古くから利用されている．でん粉であるので冷やすと老化して白濁するが，砂糖を加えることで，抑制できる．　　　（淺井）

応用 1981　くずまんじゅう　別法（ラップフィルムを使う成形）：材料は1981と同じ．❶あんを8等分し，丸めておく．❷くず粉を分量の水の1/3量で溶く．よく溶けたら残りの水も加え，こしながら小鍋に加え，さらに砂糖も加える．❸火にかけて鍋の底からしっかり混ぜ，生地の半分くらいが固まり始めたら火を止め，余熱で全体が白くもったりするまで練る．❹木べらの上でまんじゅう1個分の❸の生地をまとめてラップフィルムに置き，❶のあんを押し込むようにのせる．❺ラップフィルムで生地をよせてあんを包み，口をねじってしっかり閉じる．❻❺を氷水の中に入れ，冷やし固める．❼ラップフィルムをはずし，ぬらして軽く絞ったふきんを敷いた蒸し器に並べ，強火で透明になるまで10分程度蒸す．そのまま常温で冷ます．　　　　　（濱口）

☞　わらび粉：わらびの地下茎から取ったでん粉のこと．現在は収穫量が少なく，高価であるため，市販のわらび粉はさつまいもでん粉やくず粉を使用しているものが多い．市販のわらびもちは，タピオカでん粉が使われている商品が多く，冷蔵してもほとんど老化しない．　（東根）

1991　甘納豆

	（6人分）
大納言あずき	100 g ＿＿＿＿＿
水	400 g ＿＿＿＿＿
砂糖	150 g ＿＿＿＿＿
グラニュー糖	10 g ＿＿＿＿＿

❶あずきは皮を破らないよう弱火でやわらかくなるまで煮る.

❷指でつぶせるほどのやわらかさになってから砂糖を2回に分けて入れ，煮汁が煮詰まるくらいまでさらに弱火で加熱する．このとき焦げないように注意する必要があるが，かき混ぜるとまめがつぶれるので，軽く鍋を揺する程度にする．

❸煮えたまめをざるにあげ，バットに広げて冷ます.

❹❸にグラニュー糖をまぶす.

（淺井）

食品 1991　大納言あずき：あずきの中でも特定の大粒品種のものを指し，流通，加工上，普通のあずきと区別されている．加熱したときに皮が破れにくい特徴ももつ．（淺井）

1992　白い豆板

	（流し箱1個分. 4人分）
ピーナッツ	100 g ＿＿＿＿＿
砂糖	50 g ＿＿＿＿＿
酢	5 g ＿＿＿＿＿
水	20 g ＿＿＿＿＿

❶砂糖に水を加えて混ぜないで加熱する.

❷糸を引くよう（140℃）になればピーナッツを加えて手早く混ぜる.

❸流し箱に油を薄く塗り，❷を入れて上から押して板状にする.

❹冷めてかたくなりすぎないうちに切って仕上げる. (☞)

（中平）

応用 1992 ピーナッツの豆板・五色ピーナッツ：白い豆板にココアやひき茶，くちなしの実で色をつけると，五色豆板となる．砂糖液を140℃まで加熱して結晶化しないように手早く混ぜるとピーナッツの豆板ができる．このほか，あられやおかきを混ぜ加えてもよい．（中平）
☞ 半透明の感じで板状にかたく出来上がるのがよい．　　　（中平）

1994　なつみかんの皮の菓子

	（作りやすい量）
なつみかんの皮	150 g（1個分） ＿＿＿＿＿
砂糖	150 g ＿＿＿＿＿
水	30 g（大2） ＿＿＿＿＿
グラニュー糖	100 g ＿＿＿＿＿

❶なつみかんの皮の表面(☞)は，ごく薄くむいて，細長く二口大くらいの大きさに切り，たっぷりの水(塩2%)に一晩つけておく.

❷❶の水をかえて火にかけ，2～3分沸騰を続けた後，ゆで水を捨て，水をかえて再び火にかけ沸騰させる.

❸❷の皮を水洗いしてもう一度火にかけ，白いわたの部分がやわらかくなるまで煮て水にさらし，強く水気を絞り重さを計り，同量の砂糖を用意する.

❹鍋に砂糖と水を入れ火にかける．糸を引く状態（あめ状）になったら❸を入れ，白い部分が透き通り汁気がなくなるまで弱火で煮る．強火にすると急激に砂糖液のみ煮詰まって皮の中心部の水分がそのまま閉じ込められてしまうので注意する．しっかりと糖分を中へ入れ込むことが大切である．

❺グラニュー糖に❹の1つ1つをまぶし紙の上に広げて乾かす．冷めるまで，風にあてるように広げておくときれいにつく．

(☞)

（細見・境田）

☞ 農薬除去：塩（分量外）を用いてきれいに洗う．　（細見・境田）
応用 1994　新しょうが，れんこん，ごぼう，ふき，にんじん，セロリなど（材料の応用）：これらの材料は洗って皮を除き，切り口が大きくなるように厚さ2mmに薄切りしてゆでる（新しょうがは3回くらいゆでこぼす）．ざるに上げて水気を切って重量を計り，その2/3くらいの砂糖を加えて，材料の水分を砂糖とすっかり入れ替えるつもりで，ゆっくり煮含め，煮詰める（十分に時間をかける）．焦げないように混ぜて糸引きの状態になれば火を消して，静かに混ぜながら冷ます．砂糖がフォンダン状になり乾いたら形を整えて終わる．（細見・境田）
☞ オレンジピールとして洋菓子として使用できる．グレープフルーツの皮でもよく，ほろ苦くお茶受け用によい．　　　（細見・境田）

1995 かりん糖（黒）

	（6人分）	
強力粉	50 g	_____
薄力粉（☞）	50 g	_____
ベーキングパウダー	4 g（小1）	_____
砂糖	10 g	_____
塩	1.5 g	_____
水	50 g	_____
黒砂糖	100 g	_____
水	30 g	_____
揚げ油	適量	_____
強力粉（打ち粉）	少々	_____

❶強力粉，薄力粉およびベーキングパウダーを一緒にふるっておく．

❷❶をボウルに入れ，砂糖，塩を加え，水を少しずつ入れながら混ぜ，生地をまとめる．ラップフィルムに包んで，30分ねかせる．

❸❷を四角く整えて，打ち粉（強力粉）をふった台の上に置き，めん棒で3〜4 mm程度の厚さに伸ばす．

❹❸を長さ5〜6 cm，幅3〜4 mmに切り，両手でよじって丸い棒状にする．

❺160℃の油で10分程度，箸でかき回しながら，きつね色になるまでゆっくり揚げる．

❻径が大きく浅い鍋に黒砂糖と水を入れ，火にかけてゆっくり砂糖を溶かす．110℃まで煮詰めて，揚げたての❺を入れ，弱火でからめる．

❼オーブンシートに広げて，乾かす． （淺井）

☞ 強力粉のみのほうがやわらかい生地となるが，伸びにくいので薄力粉と半量にすると扱いやすい．
（淺井）

10章 … 中国風料理

2001 炒飯(焼き飯) チャオファン

飯	160 g
むきえび	15 g
塩	0.5 g
清酒	2 g
焼き豚	15 g
乾しいたけ	1.5 g (1/2 枚)
ゆでたけのこ	10 g
白ねぎ	5 g
しょうが	2 g
卵	25 g (1/2 個)
油	6 g (大 1/2)
ラード	5 g
塩	1 g
こしょう	少々
しょうゆ	4 g (小 2/3)
グリンピース	5 g

❶えびは塩と酒で下味をつける.
❷焼き豚,水で戻したしいたけ,たけのこはさいの目に切る.白ねぎは小口切り,しょうがはみじん切りにする.
❸グリンピースはゆでる.
❹鍋を火にかけ,油を熱してしょうがと白ねぎを炒め,しいたけ,たけのこ,焼き豚,むきえびの順に炒め,塩,こしょうで調味していったん器にとる.
❺鍋を火にかけ,ラードを熱してとき卵を入れたらすぐに飯を加えてほぐしながら混ぜ,❹を加え混ぜ,鍋肌からしょうゆをかけて香りをつけ❸を加える.
(☞) (禾本)

☞ **炒飯の要点**:①炒めるときは温かい飯を使うほうがだまになりにくく,短時間で炒めることができる.②具材は飯重量の30～50%の割合にし,水分の出にくいものにする.③卵の扱い方は,熱した鍋に卵を入れ半熟状のときに飯を加え,手早く混ぜる.米表面に卵がコーティングされパラパラの炒飯となる.(禾本)

2002 什錦糯米飯(五目おこわ) シーチンヌオミーファン

もち米	60 g
焼き豚	20 g
にんにく	0.5 g
しょうが	0.5 g
干しえび	2 g
乾しいたけ	1.5 g (1/2 枚)
ゆでたけのこ	10 g
まつの実	4 g
青ねぎ	2 g
油	6 g (大 1/2)
湯(タン,えびとしいたけの戻し汁)	50 g
しょうゆ	4 g (小 2/3)
塩	0.5 g
清酒	3.75 g
砂糖	0.75 g
オイスターソース	2.25 g

❶もち米は洗米・浸漬後,水切りする.
❷干しえびはぬるま湯,乾しいたけは水に浸して戻す(戻し汁は湯(タン)として利用する).
❸にんにくとしょうが,干しえびはみじん切り,しいたけ,焼き豚,たけのこはあられ切り,青ねぎは小口に切る.
❹湯(タン)に調味料を合わせる.
❺鍋を火にかけ,油を熱してにんにく,しょうがを炒め,香りが立てば火の通りにくいものから順に炒める.
❻温めた❹を加え,もち米を入れて汁気がなくなるまで炒め煮にする.
❼蒸籠(=せいろ)に移し,約25分蒸して仕上げに青ねぎを加える.
(☞) (禾本)

☞ **炊き蒸し法**:おこわの調理法は,通常打ち水をしながら蒸し上げる.初心者には打ち水のタイミングや水加減が難しい.炊き蒸し法は,もち米が水分をしっかり吸水するまで煮た後せいろで蒸すので,少量の水でふっくら仕上がり,打ち水の必要がなく手軽に作ることができる.**打ち水**:もち米を蒸すときに途中でふる水のこと.(禾本)

2003 中華丼 (☞)

油	4 g（小 1）_____
豚もも肉	60 g _____
はくさい	50 g _____
にんじん	20 g _____
えび	20 g _____
いか	20 g _____
合わせ調味料 (☞)	
┌ 湯（タン）	200 g _____
│ 塩	1 g（小 1/6）_____
│ しょうゆ	6 g（小 1）_____
└ 清酒	5 g（小 1）_____
ゆでたけのこ	30 g _____
きくらげ（乾燥）	2 g _____
うずら卵	20 g _____
さやえんどう	10 g _____
かたくり粉	6 g（小 2）_____
ごま油	4 g（小 1）_____
飯	250 g _____

❶豚肉，はくさい，にんじん，たけのこ，戻したきくらげ，えび，いかは食べやすい大きさに切る（☞）．うずら卵はゆでて殻をむく．さやえんどうは塩ゆでしておく．

❷鍋に油を熱し豚肉，はくさい，にんじん，えび，いかを炒める．全体に油がまわったら合わせ調味料と残りの材料を加えて沸騰させる．

❸❷を混ぜながら，倍量の水で溶いたかたくり粉を加える．とろみがつけば火を消し（☞），ごま油をふる．

❹器に飯を盛り付け，❸をかける．

（大喜多・池田）

2004 粽子 (ツォンヅ)（中華ちまき）

もち米	75 g _____
ラード	3.75 g _____
焼き豚	25 g _____
乾しいたけ	1 g（1/2 枚）_____
ゆでたけのこ	12.5 g _____
青ねぎ	12.5 g _____
ラード	2.5 g _____
合わせ調味料	
┌ 湯（タン）（2100）	75 g _____
│ 塩	0.75 g _____
│ しょうゆ	4.5 g（大 1/4）_____
└ 砂糖	1.5 g（小 1/2）_____
竹の皮	1 枚 _____

❶8 〜 10 時間水につけたもち米をラード 3.75 g で炒める．

❷焼き豚と水で戻した乾しいたけとゆでたけのこは 5 mm 大の角切りにし，ねぎは小口切りにする．

❸❷をラード 2.5 g で炒め，合わせ調味料を加えて 2 〜 3 分間煮る．汁と具に分ける．

❹❶と❸の汁を合わせ，汁気がなくなるまで炒め煮する．

❺❸の具と❹を合わせ，竹の皮で包み，たこ糸で縛ってから，強火で 30 〜 40 分間蒸す． （久保）

2011 鶏蓉粥 (ディロンチョウ)（鶏肉入りかゆ）

こめ	35 g _____
手羽元ゆで汁	
（こめ体積の 5 倍量）	230 g _____
鶏手羽元	60 g _____
清酒	2.5 g _____
塩	2 g _____
こしょう	少々 _____
青ねぎ	2 g _____
しょうが	2 g _____
ごま油	0.5 g _____

❶こめを洗う．

❷鍋に水 400 g，酒，手羽元を入れ，灰汁を取りながら，手羽元に静かに火を通す．透明なスープを取る．

❸手羽元を取り出し，肉を取り分けて，粗くほぐす．スープをこして 230 g 取り分ける．

❹厚手の鍋にスープ，❶のこめを入れて火にかけ，沸騰後，弱火で 20 〜 30 分炊く．仕上げに鶏肉と塩，こしょうを混ぜる．

❺青ねぎは小口切りにする．しょうがを針しょうが（1323 ❺）にする．

❻❹を椀に入れ，❺を盛り付け，ごま油をたらす． （時岡）

☞ **中華丼**：中華丼は白米飯に八宝菜をかけた料理である．発祥の地は中国ではなく日本であるといわれる．
（大喜多・池田）

☞ **合わせ調味料**：市販の中華だしの素には，食塩を含むタイプのものが多い．それらを水と混ぜて湯の代わりに用いる場合は，合わせ調味料の塩，しょうゆは不要．味見をして，必要なら少しだけ加える（p.12，表 3.1 参照）． （大喜多・池田）

☞ **にんじんの切り方**：にんじんは薄い短ざく切りにすると火が通りやすいので，下ゆでは不要．
（大喜多・池田）

☞ **加熱の程度**：加熱しすぎるとえび，いかは収縮して硬くなり，はくさいは崩れて歯ごたえがなくなってしまう． （大喜多・池田）

科学 **2003 でん粉の糊化**：とろみは，水溶きかたくり粉（じゃがいもでん粉）が加熱されて糊化することにより生じる．部分的に温度が上がると塊（だま）になるため，混ぜながら加えることが大切．とろみが生じた後も加熱を続けると，とろみが減少する．これは，でん粉糊のブレークダウンが起きるためである．
（大喜多・池田）

食品 **2011 鶏がらのスープ**：鶏がらからは，うま味成分であるグルタミン酸，イノシン酸，グアニル酸を含んだスープが取れる．また，骨髄より脂溶性，水溶性のビタミン類やコラーゲンが溶け出す．少量が必要な場合は 2011 のように手羽元，肉の使用量が少ない場合は手羽中や手羽先などを使用すると手軽にスープを取ることができる． （時岡）

2021 五色涼拌麺（五目冷やし中華そば）
ウーソーリャンバンミェン

中華めん(生)	100 g（1 玉）_____
ハム(薄切り)	20 g（1 枚）_____
きゅうり	30 g（1/3本）_____
卵	25 g（1/2個）_____
塩	少々 _____
乾しいたけ	1.5 g（1/2枚）_____
┌ しいたけ戻し汁	25 g _____
│ 砂糖	2.5 g _____
│ しょうゆ	1.5 g _____
└ みりん	1.5 g _____
ゆであわび	10 g _____
いりごま(白)	1.5 g _____
かけ汁	
┌ 塩	1 g _____
│ 砂糖	9 g（大 1）_____
│ しょうゆ	18 g（大 1）_____
│ 酢	15 g（大 1）_____
│ 湯(タン)	50 g _____
└ ごま油	2 g（小 2/3）_____
練りからし	少々 _____

❶乾しいたけは水で戻して戻し汁，砂糖，しょうゆ，みりんで煮て薄切りにする（1601 参照．うすくちしょうゆをしょうゆに変える）．卵は塩少々加えて薄く焼き，錦糸卵にする．ハム，きゅうりは長さ4 cm のせん切りにし（☞），あわびは薄切りにする．
❷かけ汁を作り，冷やしておく．
❸中華めんをたっぷりの熱湯でゆで，氷水にとり，もみ洗いをしてざるにあげ，ごま油を少量回しかける．（☞）
❹器にめんを盛り，その上に❶を彩りよく並べて，いりごまをふり練りからしを添えて，かけ汁をかける．
（禾本）

☞ **中国料理のきゅうりのせん切り**：斜めにうす切りにし，その後せん切りにする．上下に緑色の皮の部分が入り，見た目に鮮やかである．

（濱口）

☞ **冷やし中華めんのゆで方**：冷やし中華は生めんのゆで加減が重要である．冷やして食すのでやわらかめにゆでる．かためにゆでた後冷やすと，粉っぽい味やめんのかたさが口に残る．またゆでるときは，たっぷりの熱湯でゆで，火が通れば水で表面のぬめりをよく洗い流す．仕上げにごま油をかけることにより，つやと風味がよくなる． （禾本）

2022 炸 醤 麺（肉みそそば）
チャーヂャンミェン

蒸し中華めん	130 g（1 玉）_____
きゅうり	25 g _____
もやし	25 g _____
卵	13.8 g（M 1/4個）_____
肉みそ	
┌ 豚ひき肉	50 g _____
│ 青ねぎ	5 g _____
│ しょうが	3 g _____
│ にんにく	2 g _____
│ 赤みそ	20 g _____
│ しょうゆ	6 g（小 1）_____
│ 砂糖	6 g（小 2）_____
│ トウバンジャン(豆板醤)	1 g _____
│ 清酒	5 g（小 1）_____
└ 水	20 g _____
油	4 g（小 1）_____

❶中華めんは熱湯にくぐらせて氷水にとる．
❷きゅうりは長さ3〜4 cm のせん切り，卵は錦糸卵にする．もやしは塩ゆでして，いずれも冷やしておく．
❸鍋に油とにんにくのみじん切りを入れて熱しながら炒める．さらにしょうがと青ねぎのみじん切りも加えて炒め，ひき肉も炒める．
❹ひき肉の色が変わったら，調味料，水をすべて加えて練りながらとろみがつくまで煮る．冷えるとややかたくなるので少しやわらかいところで火を止め，冷やしておく．
❺冷やした器にめんを入れ，❷を並べて，❹のみそをかける． （淺井）

2023 什錦焼麺（五目焼きそば）（☞）
シーチンシャオミェン

焼そば用中華めん 100g (2/3玉)	
豚ばら肉(薄切り)	20g
清酒	3g
もやし	20g
にんじん	20g
いか(冷凍)	20g
むきえび(冷凍)	20g
生しいたけ	20g
にら	10g
油	6g
中濃ソース	12g
オイスターソース	6g
しょうゆ	3g
こしょう	少々

❶豚ばら肉は1cm幅に切り，酒をもみ込んでおく．もやしはよく洗い，長ければ半分に切る．にんじんは長さ3cmの千六本に．いか，えびは解凍し，食べやすい大きさに切る．しいたけは薄切り，にらは3cmに切る．

❷油の半量をフライパンで熱し，にら以外の具を炒め，取り出す．

❸残りの油をフライパンに入れ，めんをほぐしながら入れて炒める．❷を戻し，調味料で味付けする．(時岡)

☞ **什錦焼麺**：什錦は多種類の材料の入った料理．焼麺は広東料理における点心のこと． (時岡)

食品 2023 オイスターソース：かき油．干かきを作る際の塩蔵中の上澄み液に由来する．市販品は砂糖，でん粉などを加え調味してある．強いうま味とコクがある． (時岡)

2024 什錦湯麺（五目汁そば）
シーチンタンミェン

中華めん(ゆで) 100g(2/3玉)	
豚肉(薄切り)	20g
にんじん	10g
生しいたけ	10g
キャベツ	10g
たけのこ(水煮)	10g
もやし	20g
うずら卵 10g (1個)	
しょうが	3g
ごま油	1.5g
湯(タン)	200g
塩	1.5g
うすくちしょうゆ	10g
かたくり粉(スープの3%)	6g
青ねぎ	3g

❶うずら卵をゆでる(☞)．殻をむき1/2に切る．

❷豚肉は1cm幅に切る．にんじん，キャベツ，たけのこ，しょうがはせん切り．しいたけは薄切り，もやしはよく洗い，長ければ半分に切る．ねぎは斜め切り，細ければ3cmに切りそろえる．

❸ごま油でしょうがを軽く炒め，豚肉，にんじん，しいたけ，キャベツ，たけのこ，もやしの順に炒める．火が通ったら，湯(タン，2100)，塩，うすくちしょうゆで調味し，水溶きかたくり粉でとろみをつける．仕上げに青ねぎを混ぜる．

❹めんをゆで，しっかりとざるなどで水切りし，どんぶりに盛り❸を全体にかける．うずら卵を飾る． (時岡)

☞ **うずら卵のゆで方**：常温の卵を沸騰水中で4分弱ゆで，冷水にとる． (時岡)

食品 2024 即席めん：めんを脱水乾燥したもの．①生めんタイプ：生めんを乾燥させたもの．②生フライめん：めんを蒸して加熱糊化したのち揚げたもの．③ノンフライめん：めんを蒸して加熱糊化したのち熱風乾燥したもの．近年は生めんを高温の熱風で加熱糊化乾燥したものもある．めんの処理により含まれる脂質量が大きく影響され，エネルギーが変わる． (時岡)

応用 2024 什錦炸麺（五目揚げそば）：蒸し中華めんを1/2〜1/4に切り，ほぐす．軽くまとめて180℃の油でゆっくりと気泡がほぼなくなるまで揚げる．初めはめんが散らばり，盛んに気泡がたつので，箸で形を整えつつ，網じゃくしなどで軽く押さえるとよい．2024のあんをかけて供する． (時岡)
シーチンチャーミェン

2031 雲呑(わんたん) ユントゥン

(12個分，4人分)

皮
- 強力粉 — 40 g _____
- 水 — 30 g _____
- 塩 — 0.4 g _____

あん
- 豚ひき肉 — 24 g _____
- 青ねぎ — 12 g _____
- うすくちしょうゆ — 2 g _____
- しょうが — 3 g _____

湯(タン) — 520 g _____
- 塩 — 4 g _____
- 清酒 — 5 g _____

青ねぎ — 4 g _____

❶湯（タン）を取る(2100)．
❷皮を作る．塩を水に溶かし，強力粉に混ぜる．たたきつける，引き伸ばすなどしてこね，グルテンのこしをしっかりと出す．丸めてぬれぶきんをかぶせて30分ほどねかせる．
❸青ねぎをみじん切りする．しょうがはおろす．豚ひき肉に青ねぎ，しょうが，うすくちしょうゆをしっかりと混ぜる．12等分しておく．
❹❷を太さの均一な棒状にし，3等分する．それぞれを15cm角にごく薄く伸ばす．1枚を十字に切って4等分する．
❺❸のあんを包む(☞)．湯（タン）に

塩と酒で味付けをし，沸騰させてから❹を加える．浮いてきたら火が通っているので，青ねぎを加える． (時岡)

2041 焼売(しゅうまい) シャオマイ

(12個分，4人分)

皮(2031 参照)

あん
- 豚ひき肉 — 160 g _____
- たまねぎ — 120 g _____
- しょうが — 6 g _____
- 清酒 — 5 g _____
- うすくちしょうゆ — 6 g _____
- 塩 — 3 g _____
- かたくり粉 — 24 g _____

グリンピース — 12 g (12粒) _____

❶皮を作る(2031 ❷❹)．
❷たまねぎを細かくみじん切りし，おろしたしょうが，豚ひき肉，酒，うすくちしょうゆ，かたくり粉としっかり混ぜる．12等分する．
❸焼売を包む(☞)．仕上げにグリンピースをのせる．
❹蒸し器につゆどめをし，蒸気の上がったところに❸を皿に並べて入れ，強火で20分蒸す．
❺好みでしょうゆと練りからしを添える． (時岡)

☞ **雲呑の包み方**：薄い皮が糊化するころには中身にも火が通っているようにする．皮の対角線上に材料を細長く中央にのせ，2回三角に折り，具のまわりを皮を指先で押さえ，中身が出ないようにする．

(時岡)

食品 **2031 雲呑の皮**：手作りの場合皮はごく薄く伸ばす．歯ごたえ，のどごしなどの好みによりかん水を加える場合もある．

かん水：小麦グルテンに作用し，歯ごたえ，のどごし，風味，色みなどを向上させるアルカリ溶液． (時岡)

応用 **2031 雲呑麺（1人分）**：湯（タン）400 g，しょうゆ3 g，塩3 g，酒2.5 gで好みの葉野菜を炊き，2031の雲呑1/4を加えて仕上げる．別にゆでて水気を切った中華めんに注ぎ，仕上げにごま油を1.5 gたらす． (時岡)

☞ **焼売の包み方**：親指と人差し指で輪を作り，その上に皮をのせる．まとめたあんを皮の上から指の輪に押し込む．円柱形に形を整え，皮の四隅は花弁のように広げる．(時岡)

応用 **2041 揚げ焼売**：蒸さずに180℃の油でカラリと揚げる． (時岡)

応用 **2041 かに焼売**：ずわいがに缶詰の身60 g，豚ひき肉90 gその他の材料は2041と同様．かに身を半分残し，2041の要領で焼売を包む．残した身を分けて上にのせ，仕上げる．グリンピースは好みでよい． (時岡)

応用 **2041 えび焼売**：えびの身60 gとし，かに焼売と同じ要領で作る． (時岡)

2051 鍋貼餃子(焼きぎょうざ)
グオティエチャオ ヅ

（16個分，2人分）

皮		
強力粉	50 g	
薄力粉	50 g	
熱湯	50 g	
塩	1.5 g	
あん		
豚ひき肉	100 g	
はくさい	80 g	
にら	16 g	
しょうが	5 g	
塩	1 g	
しょうゆ	6 g (小 1)	
清酒	7.5 g	
油	12 g (大 1)	
からし酢じょうゆ		
しょうゆ	10 g	
酢	10 g (小 2)	
練りからし	1 g	

❶皮を作る．粉に塩入り熱湯を加えて練る．ぬれぶきんに包み30分ねかせる．16等分にして径7cmくらいに伸ばす．

❷あんを作る．はくさいはみじん切りにして塩を少々ふり，しばらくおいてから絞る．にらは小口，しょうがはみじん切りにする．豚肉に塩，しょうゆ，酒とみじん切りにした材料を加えよく混ぜる．

❸皮の中央にあんをのせて包む．

❹フライパンに油を熱し❸を並べ，焼き色がつけば熱湯を約50g入れふたをして蒸し焼きにする．皿に盛り付けてからし酢じょうゆを添える．

(禾本)

食品 2051 餃子の種類と皮の違い：①焼餃子：小麦粉を熱水で練ることによりもちもちとした生地になる．②水餃子：小麦粉を水で練ることにによりコシの強い弾力のある生地になる．③蒸し餃子：浮き粉（小麦粉でん粉）を使用し熱水で練ることによりもちもちとし，プリっとした食感になる．④炸餃子：市販の皮で作ることができる．低温の油から中温まで徐々に温度を上げて皮をパリっとさせる．　　　(禾本)

2061 春捲(はるまき)
チュンデュアン

（2個分）

皮		
強力粉	50 g	
水	35 g	
塩	0.5 g	
豚肉(薄切り)	40 g	
生しいたけ	10 g	
たけのこ(水煮)	10 g	
にら	10 g	
にんじん	10 g	
はるさめ	2.5 g	
しょうが	1 g	
油	2.3 g	
しょうゆ	3 g	
塩	0.75 g	
こしょう	少々	
薄力粉	3 g	
水	2.5 g	
揚げ油	適量	

❶皮を作る(2031 ❷)．

❷はるさめを八分戻しする(2101 ☞)．ざるで湯切りし水冷したのち水気を切って4cmの長さに切る．

❸豚肉，たけのこ，にんじんは長さ4cmのせん切り，しいたけはスライスし，にらと戻したはるさめは長さ4cmに切りそろえる．しょうがは細いせん切りにする．

❹フライパンに油を熱し，しょうがを炒め，焦げないうちに，豚肉を炒める．その後，にんじん，たけのこ，しいたけ，にら，はるさめの順で炒め，しょうゆ，塩，こしょうで味を付ける．皿やバットに広げて冷ます．個数分に分けておく．

❺皮を半分に切り，15cm角に伸ばす．

❻図の要領で包み(☞)，巻き終わりは水で溶いた薄力粉でとめる．180℃の油で揚げる．

☞ 春捲の包み方

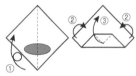

(時岡)

☞ 生春巻4108 参照　　　(淺井)

応用 2061 春捲の皮：薄力粉：水：塩 ＝1：1：0.01 の比で混ぜたものを，極弱火にかけたフライパンに薄く伸ばし，クレープ(3901)の要領で焦がさないように焼く．

(時岡)

❼皿に盛り付ける．斜め二つに切ってもよい．好みでしょうゆと練りからしを添える．

(時岡)

2071 春餅(中華風クレープ)(☞)

強力粉	20g _____
薄力粉	10g _____
熱湯	25g _____
ごま油	2g (小1/2) _____
打ち粉(強力粉)	3g _____
テンメンジャン(甜麺醤)	
┌ 辛みそ	10g _____
│ しょうゆ	2g (小1/3) _____
┤ 砂糖	5g _____
│ 水	10g _____
└ ごま油	2g (小1/2) _____
卵	13.8g (M 1/4個) _____
きゅうり	10g _____
かいわれ	10g _____
白ねぎ	10g _____
ロースハム(薄切り)	5g _____
鶏ささ身	10g _____

❶強力粉と薄力粉は合わせてふるい，熱湯を加えてすばやく混ぜる．軽く練って生地をまとめ，ラップフィルムをかぶせて冷めるまでおく．

❷❶を分割し，切り口を手のひらで押さえて平らにし，片面にごま油を塗って，塗った側を内側にして2枚に重ねる．

❸❷を打ち粉をした台の上でめん棒で直径約15cmに伸ばす．

❹フライパンで片面を焼き，生地が膨らんできたら裏返し，もう一面も焼く．

❺乾いたまな板に❹をたたきつけて2枚にはがす．冷めてしまったら供卓前に蒸す．

❻テンメンジャンの材料をすべて小鍋に入れ，火にかけてよく練り合わせる．

☞ 春餅：小麦粉の生地を薄く伸ばしてクレープ状に焼いた「薄餅（バオピン）」の一種で，中国では立春の行事食としてもちの中にみそと具材を包んで食べる．　　(淺井)

☞ 白髪ねぎ：白ねぎの白い部分に縦に切り込みを入れ，中心のかたい部分を取り除く．必要な長さに切り，何枚かを重ねて繊維に沿って細く切る．水にさらしてから水気を切る．　　(淺井)

❼卵は薄く焼いて錦糸卵に，きゅうりは板ずり(p.23参照)したのちせん切りにする．ハムもせん切り，ねぎは白髪ねぎ(☞)にする．ささ身は筋を取り，酒をふりかけて蒸して指で裂く．すべての材料を長さ5〜6cmにそろえる．

❽皿に❺❻❼を盛り付ける．　　　　　　　　　　　　　　　　　　(淺井)

2081 肉包子（肉まんじゅう）
ロウバオヅ

（6個分）

皮
強力粉	100 g	＿＿＿＿
薄力粉	100 g	＿＿＿＿
砂糖	20 g	＿＿＿＿
ドライイースト	2 g	＿＿＿＿
塩	1 g	＿＿＿＿
水（ぬるま湯）	105 g	＿＿＿＿
ラード	5 g	＿＿＿＿

あん
豚ひき肉	100 g	＿＿＿＿
たまねぎ	50 g	＿＿＿＿
青ねぎ	5 g	＿＿＿＿
乾しいたけ	6 g（約3枚）	＿＿＿＿
ゆでたけのこ	25 g	＿＿＿＿
しょうが	2 g	＿＿＿＿
塩	1.5 g（小 1/4）	＿＿＿＿
砂糖	3 g（小 1）	＿＿＿＿
清酒	15 g（大 1）	＿＿＿＿
ごま油	1 g（小 1/4）	＿＿＿＿
かたくり粉	7 g	＿＿＿＿
しょうゆ	6 g（小 1）	＿＿＿＿
からし（粉）	2 g（小 1）	＿＿＿＿

❶小ボウルにラードと水（ぬるま湯，3051 ☞水温の目安）を入れておく（混ぜずにラードは浮かべるだけでよい）．

❷大ボウルに強力粉，薄力粉，砂糖，ドライイーストを入れて混ぜ合わせる．そこへ塩を入れて混ぜ（3051 ☞塩の混ぜ方），さらに❶を加えて混ぜる．

❸ほぼ混ざったら約50回こねて表面をなめらかにし，球状に丸めてこねたボウルに入れておく．約2倍に膨れるまで（径で2割増）ぬれぶきんをかぶせておく（生地28℃前後，室温25℃前後で15～20分）．

❹あんの野菜全部をみじん切りし，ひき肉とともにごま油で炒めて塩，砂糖，酒を加える．具に火が通ったら火を止めて，大2の水で溶いたかたくり粉を入れ，全体をよく混ぜる．余熱でとろりとなれば6等分し丸めておく．

❺❸が膨れたら6等分して丸め，15分置く（ベンチタイム）．

❻ガス抜きをして1個ずつを平らに円型に伸ばし（周囲は薄く），❹を包んで上部中央で生地のとじ目をひねって5cm角のアルミはくにのせ，ぬれぶきんを敷いた蒸し器に間隔をあけて並べ，15分間仕上げ発酵をする（生地にあたらないようにぬれぶきんを蒸し器にかぶせておく．室温でよい）．

❼つゆどめをして，強火で11分間蒸し，火を消して1分間そのまま置く．熱いところを，からしじょうゆ（からし粉を少量の水で溶き，しょうゆを混ぜる）で食す．　　　　　　　（濱口）

応用 2081 豆沙包子（あんまんじゅう，6個分）：皮は肉包子と同じ．練りあん200 gに，ラード12 g（大1），炒ってあらく切った黒ごま9 g（大1）を練り込んで6個に分けて丸め，皮の生地で包んで（とじ目は下にする）蒸す．（濱口）
トウシャーバオヅ

応用 2081 寿桃（10個分）：作り方は豆沙包子と同様で10個に分け，桃の形に整え，薄く溶いた食紅で色づけし蒸すと，中国で誕生日など祝いの席で食される「寿桃」になる．
ショウタオ

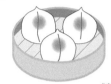

（濱口）

2091 皮蛋（☞）
ピータン

（4人分）

皮蛋	65 g（1個）	＿＿＿＿

つけだれ
しょうゆ	18 g（大 1）	＿＿＿＿
酢	5 g（小 1）	＿＿＿＿
砂糖	1 g（小 1/3）	＿＿＿＿
ごま油	少々	＿＿＿＿

❶皮蛋のもみ殻と泥を除いて洗い，殻をむき，8個程度のくし形に切り，皿に盛り，15分間以上置く．

❷つけだれの材料を合わせる．

❸❶を❷につけて食す．　　　（久保）

☞ 皮蛋は，アヒルの卵をアルカリ性の条件で熟成させて製造する中国の食品．石灰や木炭を混ぜた粘土を卵殻に塗りつけ，その上から籾殻をまぶし，土中または甕の中に入れて2～3か月ほど冷暗所に貯蔵する．アルカリ成分が徐々に殻の内部に浸透し，卵のたんぱく質が変性を起こし，ゼリー状に固まる．　　（久保）

2100 湯（タン）のとり方

（出来上がり約500 g（500 mL）分）

鶏がら	150 g（1 羽分）＿＿＿＿
水	1 kg（5 C）＿＿＿＿
ねぎ	10 g ＿＿＿＿
しょうが	5 ～ 10 g ＿＿＿＿

❶鶏がらに湯をかけ，流水で内臓や脂身などをていねいに除く．適当な大きさにぶつ切りにする．
❷ねぎはつぶし，しょうがは薄切りにする．
❸鍋に水と❶❷を入れて，沸騰までは強火，その後火を弱めて灰汁を除きながら40 ～ 60 分，液量が半量くらいになるまで煮出しこしとる．（☞）　　　　　　　　（禾本）

☞　湯（タン）のとり方の注意点：①鶏がらは，鮮度のよいものを選ぶ．②火加減は，沸騰後1，2 か所沸いている状態にする．火力が弱すぎると灰汁が出ないため黒く濁り，臭みも残る．火力が強いと白く濁る．③鍋の湯をかき混ぜない．かき混ぜると澄んだ湯に仕上がらない．
　　　　　　　　　　　　　　（禾本）

2101 清川鶉蛋（うずら卵のスープ）

湯（タン）	100 g ＿＿＿＿
塩	0.6 g ＿＿＿＿
清酒	3 g ＿＿＿＿
うすくちしょうゆ	2 g ＿＿＿＿
うずら卵	10 g（1 個）＿＿＿＿
はるさめ	2 g ＿＿＿＿
にんじん	5 g ＿＿＿＿
みつば	1 g ＿＿＿＿

❶はるさめを八分戻しする（☞）．7 ～ 8 cm に切る．
❷うずら卵をゆでる（2024 ☞）．殻をむき，なるべく先の細く鋭いナイフや包丁を使って花形に切る．
❸にんじんは3 cm のせん切り，みつばは3 cm に切りそろえる．
❹沸騰した湯（タン）ににんじんを入れ，火が通ったら塩，酒，うすくちしょうゆで味付けし，はるさめとみつばを加え，再沸騰させる．
❺椀に❷を入れ，❹を注ぐ．　　　（時岡）

☞　一般的なはるさめの戻し方：鍋にたっぷりの湯を沸騰させる．はるさめを入れ，箸でほぐす．火を止めて鍋のふたをし，蒸らした後，水冷，水切りする．十分戻し：蒸らし時間10 分．サラダ，あえ物など．八分戻し：蒸らし時間8 分．汁物，鍋物など　　　　　　　（時岡）

食品 2101　はるさめの種類：はるさめはでん粉を糊化させた後凍結し，再び水に戻したものを乾燥させている．①でん粉はるさめ：原料はじゃがいもでん粉またはさつまいもでん粉であり，国内で生産されるほとんどがでん粉はるさめである．②緑豆はるさめ：原料は緑豆の粉または緑豆のでん粉である．中国では緑豆の粉を原料としたものが多い．
　　　　　　　　　　　　　　（時岡）

2102 三鮮湯（三色スープ）

湯（タン）	100 g ＿＿＿＿
豚肉（薄切り）	15 g ＿＿＿＿
いか	15 g ＿＿＿＿
たけのこ	5 g ＿＿＿＿
しゅんぎく	5 g ＿＿＿＿
乾しいたけ	1 g ＿＿＿＿
しょうゆ	1 g ＿＿＿＿
清酒	2 g ＿＿＿＿
塩	0.4 g ＿＿＿＿
油	2.5 g ＿＿＿＿

❶2100 を参照して湯（タン）をとり，塩，酒，しょうゆで味を付ける．
❷いかは鹿の子に切れ目を入れ，ほかの材料も長さ3 cm の短ざくに切りそろえる．
❸鍋で油を熱して，豚肉，いか，たけのこ，戻したしいたけの順に入れて炒める（焦がさないこと）．
❹❶を注ぎ調味してしゅんぎくを入れる．　　　　　　　　　　　　　（中平）

食品 2101　めん状食品のエネルギーと食物繊維量：100 g あたり（はるさめは4 倍量に戻るとして25 g）①中華めん（ゆで）149 k cal・1.3 g，②でん粉はるさめ85.5 kcal・0.35 g，③しらたき6 kcal・2.9 g　　　（時岡）

健康・栄養 2101　スープの味付け：湯（タン）の代わりに市販品の中華だしの素を使用する場合は，塩が含まれているので，レシピどおりの塩を入れないよう味見をして調整すること（p.12 表3.1 参照）．
　　　　　　　　　　　　　　（濱口）

2103 鶏火絲冬瓜燕湯（とうがんのスープ）（☞）

湯（タン）	100 g ＿＿＿＿
塩	0.5 g ＿＿＿＿
清酒	5 g（小 1）＿＿＿＿
しょうゆ	3 g（小 1/2）＿＿＿＿
とうがん（しろうり）	30 g ＿＿＿＿
鶏ささ身	10 g ＿＿＿＿
ハム	10 g ＿＿＿＿
ねぎ	2 g ＿＿＿＿

❶2100 を参照して湯（タン）をとり，塩，酒，しょうゆで吸物味に仕立てる．
❷とうがんは薄く皮をむき，2 mm 角くらいのできるだけ長いせん切りにそろえて切り，沸騰した湯でさっとゆでて冷水にとっておく．
❸ささ身は筋を取り，透き通るほど薄くそぎ，せん切りにする（筋取り1104 ❶）．
❹ハムも細いせん切りにし，さっとゆでて臭味を取っておく．
❺❶の中で❷❸と刻みねぎを煮て，浮いてくる油や灰汁を取る．とうがんが透明になればハムを加え，汁の量が少なければ補い，味を調えて仕上げる．（大喜多・池田）

☞　冬瓜燕：冬瓜（とうがん）が透明で，なめらかな口ざわりになり，それが燕窩（海ツバメの巣）と似ているため冬瓜燕という料理名がついている．　　　　（大喜多・池田）

2111　榨菜肉絲湯（ザーサイと豚肉のスープ）
ヂャーツァイロウスータン

ザーサイ（☞）	10 g
豚もも肉（薄切り）	15 g
┌ 清酒	1.25 g
└ かたくり粉	0.75 g
乾しいたけ	1.5 g（1/2枚）
ゆでたけのこ	10 g
青ねぎ	2 g
湯（タン）	150 g
清酒	3.75 g
塩	0.4 g
うすくちしょうゆ	1 g

❶2100 を参照して湯（タン）をとる.
❷ザーサイは細切りにして，水にさらして塩抜きをする.
❸豚肉は繊維に沿って細切りにし，酒をふり，かたくり粉をまぶす.
❹たけのこと水で戻したしいたけはせん切り，青ねぎは斜めせん切りにする.
❺湯（タン）を火にかけて沸騰したら❷と❹を入れ❸の豚肉を加えてほぐし，一煮立ちしたら灰汁を除く.
❻酒，塩，うすくちしょうゆで調味して青ねぎを散らす（味付けはザーサイからの塩分も考慮する）.　（禾本）

☞　ザーサイ（榨菜，搾菜）：中国の漬物で，四川省特産品. カラシ菜の変種（四川では青菜頭ともいう）で，根元近くの茎の肥大した部分を使用する. 塩漬けしてから水分を除き，とうがらし，さんしょうなどの香辛料と塩を加え，甕（かめ）の中で漬けこみ熟成させたもの. 独特の香りと辛味が特徴.　（禾本）

2112　川肉丸子（肉だんご入りスープ）
チュワンロウワンヅ

豚ひき肉（☞）	35 g
┌ しょうが	1.5 g
│ ねぎ	2 g
│ 塩	少々
└ かたくり粉	2 g
ゆでたけのこ	10 g
にんじん	8 g
青ねぎ	2 g
湯（タン）	150 g
清酒	3 g
塩	0.8 g
うすくちしょうゆ	2.5 g
┌ かたくり粉	1.5 g
└ 水	4 g

❶2100 を参照して湯（タン）をとる.
❷しょうがとねぎはみじん切りにする.
❸たけのことにんじんはせん切りにする.
❹ボウルにひき肉と❷と塩，かたくり粉を入れてよく混ぜ，径2cmに丸める.
❺湯（タン）を火にかけて沸騰したら，たけのことにんじんを入れ，❹のだんごを加えて一煮立ちしたら灰汁を除く.
❻酒，塩，うすくちしょうゆで調味して，水溶きかたくり粉でとろみをつけて，斜めせん切りにした青ねぎを散らす.　（禾本）

☞　豚ひき肉の代わりに鶏ひき肉,魚のすり身やえびのすり身などを用いてもよい.　（禾本）

2113　蝦丸子湯（えびだんご入りスープ）
シャーワンヅタン

湯（タン）	150 g
小えび（無頭）	30 g
┌ 卵白	2.5 g
└ 塩	0.25 g
かたくり粉	2 g
はるさめ	5 g
ほうれんそう	10 g
清酒	2 g
塩	0.8 g

❶2100 を参照して湯（タン）をとる.
❷えびは洗って殻をむき，背わたをとって卵白と塩を加え，フードプロセッサーにかけてすり身にする.
❸1.5 cm くらいに丸め，周囲にかたくり粉をつけて下ゆでする.
❹はるさめはゆでて戻し，10 cmに切る.
❺ほうれんそうは塩ゆでして冷やし，5 cmに切る.
❻塩，酒で調味して煮立て，❸のえびだんご, はるさめとほうれんそうを加える.　（中平）

2121 酸辣湯（スワンラータン）（酸味と辛味の五目スープ）

豆腐	25 g _____
鶏ささ身	10 g（小 1/2 枚）_____
┌ 清酒	1.25 g _____
│ しょうが汁	0.5 g _____
└ かたくり粉	0.75 g _____
ゆでたけのこ	10 g _____
きくらげ（乾）（☞）	0.5 g _____
卵	12.5 g（1/4 個）_____
さやえんどう	3 g _____
湯（タン）	150 g _____
清酒	3.75 g _____
塩	0.6 g _____
うすくちしょうゆ	4 g（小 2/3）_____
こしょう	少々 _____
┌ かたくり粉	2 g（小 2/3）_____
└ 水	7 g _____
酢	2.5 g _____
ラー油	少々 _____

❶ 2100 を参照して湯（タン）をとる．
❷豆腐は拍子木切りにする．
❸ささ身は筋を取り，観音開き（☞）にして細切りにし，酒，しょうが汁，かたくり粉をまぶす．
❹たけのこは細切り，きくらげはぬるま湯で戻して細切りにする．
❺さやえんどうはゆでて細切りにする．
❻湯（タン）を火にかけ沸騰したら，ささ身を入れ灰汁を除き，❹を加える．
❼酒，塩，うすくちしょうゆ，こしょうで調味し，❷を入れ水溶きかたくり粉を加え，溶いた卵を回し入れる．
❽火を止めて，酢，ラー油とさやえんどうを入れる．　　　（禾本）

☞ **きくらげ（木耳）**：きのこの一種で形が人の耳に似ていることから「木耳」．コリコリとした食感が特徴で，水またはぬるま湯で戻す．ビタミンD，鉄分，カルシウム，食物繊維が豊富な食材である．（禾本）

☞ **観音開き**：身の厚いものを薄く切るときに用いられる方法．身の中央に厚みの半分まで切り込みを入れて，その切り口より両側左右に切り開く．　　（禾本）

2122 西湖魚羹（シーフゥユイゴン）（白身魚と卵白のスープ）（☞）

湯（タン）	150 g _____
白身魚	15 g _____
┌ 清酒	1 g _____
└ 塩	0.4 g _____
青ねぎ	2.5 g _____
しょうが	0.25 g _____
清酒	1 g _____
塩	0.5 g _____
かたくり粉	2 g _____
卵白	10 g _____

❶ 2100 を参照して湯（タン）をとる．
❷白身魚は 2 ～ 3 cm にそぎ切りにして塩，酒をふって 10 分ほどおき，水気をふいてかたくり粉をまぶし，さっとゆでて冷水にとり，水を切る．
❸ねぎは 5 ～ 6 cm の斜め細切り，しょうがはまな板の上でたたきつぶす．
❹湯（タン）を火にかけ，しょうがを入れて煮立ったら取り出し，酒，塩で調味して水溶きかたくり粉でとろみをつけ，魚，ねぎを入れて加え卵

☞ **西湖魚羹**：風光明眉の景勝地である西湖に魚が遊泳しているさまに見立てたスープで，羹とは汁が多めで材料が少ないとろみのついたスープのこと．　　（中平）

白をかき混ぜながら加え，煮立ったら火からおろして温めた器に注ぐ．（中平）

2123 桂花蟹羹（クェイホワシエゴン）（かにと卵のうすくず汁）

かに	10 g _____
卵	25 g（1/2 個）_____
青ねぎ	2 g _____
湯（タン）	150 g _____
清酒	2.5 g _____
塩	0.6 g _____
うすくちしょうゆ	4 g _____
┌ かたくり粉	2 g（小 2/3）_____
└ 水	7 g _____

❶ 2100 を参照して湯（タン）をとる．
❷かに身はほぐす．
❸青ねぎは斜めせん切りにする．
❹湯（タン）を火にかけて沸騰したら，かに身を入れる．
❺酒，塩，うすくちしょうゆで調味し，水溶きかたくり粉でとろみをつける（☞）．
❻溶いた卵を細く回し入れ，青ねぎを散らす．　　　（禾本）

☞ かたくり粉（でん粉）を加えることにより，とろみがつきなめらかな口触りになり，温度降下が緩やかになる．またとろみをつけてから溶き卵を加えたほうが卵がきれいに分散し，浮きあがる．　　（禾本）

2131 玉蜀黍奶湯（とうもろこし入りスープ）

スイートコーン		
（クリームスタイル）	50 g	_____
むきえび	20 g	_____
さやえんどう	3 g	_____
牛乳	52.5 g（50 mL）	_____
湯（タン）	75 g	_____
塩	1 g	_____
こしょう	少々	_____
かたくり粉	2 g（小 2/3）	_____
水	7 g	_____

❶ 2100 を参照して湯（タン）をとる．
❷ コーンは裏ごしする．
❸ むきえびは，洗い背わたを除きゆでる．
❹ さやえんどうは，ゆでて斜めせん切りにする．
❺ 鍋に湯（タン）と❷を入れて沸騰したら，塩，こしょうで調味し牛乳を加えて一煮立ちさせ，水溶きかたくり粉でとろみをつける．
❻ えびを入れ．さやえんどうを散らす．
(禾本)

2201 如意捲（すり身の卵巻き）

	（4 人分）	
卵	110 g（2 個）	_____
むきえび	80 g	_____
白身魚切り身	80 g	_____
砂糖	3 g	_____
清酒	5 g（小 1）	_____
塩	4.5 g（小 3/4）	_____
しょうが	3 g	_____
かたくり粉	6 g（小 2）	_____
さやえんどう	10 g	_____
揚げ油	適量	_____

❶ 卵の卵白 1/4 個分（9 g）を別に取り分け，残りの卵に塩 3 g（小 1/2）とかたくり粉 3 g（小 1），水 5 g（小 1）を加え，焦がさないように薄焼き卵を 2 枚焼く．
❷ しょうがをみじん切りにする．
❸ むきえび，魚の身を細かく刻んでよくすり，砂糖，酒，塩 1.5 g（小 1/4），❷を加え，すり混ぜる．
❹ ❶で取り分けた卵白とかたくり粉 3 g（小 1）でのりを作る．
❺ さやえんどうは板ずりして青ゆでし（1334 科学），細長くせん切りにする．
❻ ぬれぶきんに❶1 枚を縦長に広げ，手前と向こう端 1 cm を残して全面に薄くかたくり粉（分量外）をふり，❸の 1/2 量をぬらしたナイフで薄く広げる．両端 1 cm の卵を折り曲げ，折り曲げた先に❺の 1/2 量を線状に並べ，両端から中央に向けて巻き，合わせ目に❹を塗ってくっつけ，ふきんで巻く．これを 2 本作る．
❼ ❻を蒸し器に入れ，静かに蒸気が上がるくらいの火で 20 分間蒸す（強火で蒸すと，膨れて見苦しくなる）．
❽ ❼のふきんを取って 170 ℃の油で揚げて卵をカリッとさせ，厚さ 2 cm に切り分けて切り口を見せて皿に並べる（1 人分は 1/2 本）．☞ (久保)

☞ 蒸しただけで仕上げることもあるが，油で揚げたほうが外観も食感もよい． (久保)

2211 珍珠丸子（肉だんごのもち米蒸し）（☞）

だんご		
豚ひき肉	50 g	_____
しょうが	1 g	_____
白ねぎ	1 g	_____
清酒	0.5 g	_____
しょうゆ	1 g	_____
塩	0.5 g	_____
卵	5 g	_____
かたくり粉	3 g	_____
もち米	15 g	_____

❶ もち米は 30 分以上（4 時間くらい）水につけた後，ざるにあげる．
❷ しょうが，白ねぎはみじん切りにする．
❸ だんごの材料をよく混ぜ合わせ，直径 2.5 cm くらいのだんごを作る．
❹ もち米をまぶす．
❺ クッキングシート（☞）を敷いた蒸し器に並べて，強火で 25 分間蒸す．
(中平)

☞ 珍珠丸子は点心の一種．点心とは，焼売や餃子，春巻き，ごまだんごや杏仁豆腐などの軽食やおやつのこと． (中平)
☞ クッキングシートの代わりに野菜（レタス，キャベツ，ハクサイなど）を使用してもよい． (中平)

2221 黄花蒸肉（肉だんごの菜の花蒸し）
ホワンホワチョンロウ

豚ひき肉	50 g _____
ねぎ	5 g _____
乾しいたけ	1 g _____
ゆでたけのこ	8 g _____
ほたてがい貝柱（缶詰）	10 g _____
かたゆで卵	35 g _____
卵	8 g _____
しょうが	1.5 g _____
┌ 清酒	4 g _____
│ しょうゆ	1 g _____
│ 砂糖	1 g _____
┤ 塩	0.5 g _____
│ こしょう	0.01 g _____
└ かたくり粉	1.5 g _____
なばな	8 g _____
┌ しょうゆ	適量 _____
└ 練りからし	適量 _____

❶ゆで卵は卵白と卵黄に分け，卵黄は裏ごしする．

❷卵白，ねぎ，戻したしいたけ，ゆでたけのこはみじん切りにする．しょうがはすりおろす．

❸ボウルに❷とひき肉，ほたて貝柱，調味料，卵を入れて混ぜ合わせ，直径3cmくらいのだんごに丸めて表面に卵黄❶をまぶす．

❹クッキングシートを敷いた蒸し器にだんごを入れ，20分ほど中火で蒸す．

❺❹を菜の花に見立てて器に盛り，ゆでたなばなを葉のようにして飾る．からしじょうゆで食す．　　（中平）

2301 黄瓜海蜇（きゅうりとくらげのあえ物）
ホワングワハイチョー

塩くらげ(☞)	25 g _____
だいこん	25 g _____
きゅうり	25 g (1/4 本) _____
塩	少々 _____
┌ 酢	7.5 g (大 1/2) _____
┤ 塩	少々 _____
└ ごま油	2 g (小 1/2) _____
トマト	40 g (1/4 個) _____
香菜(☞)	少々 _____

❶塩くらげは70〜80℃の湯につけ，縮れてきたら流水で1時間くらい塩抜きをする．水気を切り，食べやすい長さに切る．

❷だいこん，きゅうりは3〜4cm長さのせん切りにしてそれぞれ塩を少々ふり，しばらくおいて水気を絞る．

❸酢，塩，ごま油を合わせて調味液を作る．

❹トマトは薄切りにする．

❺ボウルにくらげと❷を入れて，❸の調味液を加えて混ぜる．
❻皿の周囲にトマトを並べ，❺を盛り付けて香菜を飾る．　　（禾本）

☞ **塩くらげ**：生くらげをみょうばんで脱水した後，塩漬けにしたもの．コリコリとした歯ごたえが特徴で中国料理の前菜に欠かせない食材である．　　（禾本）

☞ **香菜**：別名中国パセリ，コリアンダー，タイではパクチョイともいう．セリ科のハーブで独特な香りが特徴．中国料理やエスニック料理に用いられる．　　（禾本）
ファンツァイ

2302 （涼）拌三絲（三色のあえ物）
リャン　バンサンスー

卵	15 g _____
塩	少々 _____
きゅうり	15 g _____
ハム（薄切り）	10 g (1/2 枚) _____
はるさめ(☞)	8 g _____
かけ酢	
┌ 酢	5 g (小 1) _____
│ しょうゆ	8 g (大 1/2) _____
┤ ごま油	1 g (小 1/4) _____
└ 練りからし	1 g _____

❶溶き卵に塩を少々加えて，薄く焼き，錦糸卵にする．

❷きゅうりは長さ3〜4cmのせん切りにする（2021 ☞）．

❸ハムは長さ3〜4cmのせん切りにする．

❹はるさめは熱湯につけて戻し，食べやすい長さに切る．

❺かけ酢を合わせておく．

❻皿に❹を盛り，その上に❶〜❸をきれいに並べ，かけ酢を添える．

　　（禾本）

☞ **はるさめの煮崩れ**：中国産はるさめは緑豆でん粉から作られ，アミロース含量が高いので老化しやすいが煮崩れしにくくコシが強い．日本産はるさめはさつまいもやじゃがいもでん粉から作られ，緑豆に比べてアミロース含量が低いので老化しにくいが煮崩れしやすい．　　（禾本）

2311 酸辣洋白菜(キャベツのラー油あえ)
スワンラーヤンパイツァイ

キャベツ	75g
かけ酢	
┌ ごま油	2g
│ 赤とうがらし	0.1g
┤ しょうゆ	6g
│ 砂糖	2.5g
└ 酢	6g

❶キャベツの葉は3～4cm角の食べやすい大きさに切り、さっとゆでる.
❷とうがらしは種を取り除き、ごま油に入れて黒くなるまでゆっくり加熱し取り出す. しょうゆ、砂糖、酢を加え混ぜ、キャベツにかける.

(中平)

2312 麻辣五絲(くらげとはるさめの辛味酢じょうゆかけ)(☞)
マーラーウースー

くらげ(塩蔵)	15g
若鶏もも肉	15g
きゅうり	15g
ハム	5g (1/4枚)
はるさめ	8g
辛味酢じょうゆ	
┌ しょうゆ	9g (大1/2)
│ 酢	2.5g (小1/2)
│ ラー油	0.5g
┤ さんしょうの粉	0.125g
│ ごま油	1.5g (小1/2)
└ 砂糖	0.25g

❶くらげは流水でもみ洗いし、たっぷりの水に30分程度浸して塩を抜く. 塩抜きした物を、ボウルにひたひたの水と入れ、熱湯を回しかけ、全体が少し縮めばすぐざるにあけ、冷水に放す. 4～5cm長さに切る.
❷鶏肉は熱湯に入れてゆで、十分火を通す. 冷ましてせん切りにする(斜めに薄くそいでからせん切りにするとよい).
❸きゅうりとハムは2302❷❸と同じ.
❹はるさめは、熱湯にさっと通し(2302 ☞)、透明になったらざるにあけ、冷水に放ってから水を切り、箸で取り分けられる程度の長さに切る.
❺盛り付け皿にはるさめを敷き、その上に❶❷❸をきれいに盛り合わせる.
❻辛味酢じょうゆを、食べる時にかける.

(大喜多・池田)

☞ **麻辣五絲**:「麻」はごま、「辣」はとうがらしの辛味、「五」は5種類の材料、「糸」はせん切りを表す.

(大喜多・池田)

2321 辣白菜(はくさいの甘酢漬け)
ラーバイツァイ

はくさい	100g (1枚)
塩	2.5g
赤とうがらし	1/4本
しょうが	2.5g
┌ 酢	7.5g (大1/2)
┤ 砂糖	4.5g
└ うすくちしょうゆ	1.5g
ごま油	3g (小3/4)

❶はくさいは、軸と葉の部分に切り分けて軸は長さ4cm、幅1cm、葉は4cm四方に切る. 塩をふり(☞)重石をして30分くらい置き、水気を絞る.
❷赤とうがらしは種を除いて小口切りにする.
❸しょうがは針切りにする.
❹酢、砂糖、うすくちしょうゆで調味液を作る.
❺はくさいに❷、❸を加え調味液であえる.
❻熱したごま油をかけて混ぜる.
❼よく冷やして器に盛る.

(禾本)

☞ 野菜にふり塩をすると、食塩の浸透圧作用により、野菜から水分が放出する. このあと調味料液を加えると吸収され味のなじみがよい.

(禾本)

2322　涼泡黄瓜（きゅうりのあえ物）　リャンパオホワングワ

きゅうり	25 g ＿＿＿＿
ごま油	0.75 g ＿＿＿＿
┌ 砂糖	2.25 g ＿＿＿＿
│ 酢	7.5 g ＿＿＿＿
│ しょうゆ	1 g ＿＿＿＿
└ 赤とうがらし	0.1 g ＿＿＿＿

❶赤とうがらしはへたを切り落とし，ぬるま湯につけてやわらかくし，小口切りする．

❷調味料を混ぜ，❶を加える．

❸きゅうりを縦に四つ割りにし，5 cmに切りそろえる．ごま油で色鮮やかになる程度に炒め，取り出して冷まし，❷をかける．（☞）　（時岡）

2331　拌粉篠（はるさめのあえ物）　バンフェンシャオ

はるさめ	10 g ＿＿＿＿
きゅうり	20 g ＿＿＿＿
ハム	10 g ＿＿＿＿
ごま酢じょうゆ	
┌ 酢	5 g ＿＿＿＿
│ 砂糖	2 g ＿＿＿＿
│ うすくちしょうゆ	2 g ＿＿＿＿
└ 白ごま（あらいごま）	2 g ＿＿＿＿

❶はるさめを十分戻しする（2101 ☞）．5 cm 程度に切る．

❷きゅうりは3 cm くらいの斜めせん切り，ハムも同様のせん切りにする．

❸白ごまをフライパンなどでいる．すり鉢で，酢，砂糖，うすくちしょうゆとすり混ぜる．❶❷をあえる．　（時岡）

2341　棒棒鶏（鶏肉のごまだれあえ）（☞）　バンバンヂィ

鶏むね肉（☞）	50 g ＿＿＿＿
清酒	5 g（小 1）＿＿＿＿
┌ しょうが	1.5 g ＿＿＿＿
└ 青ねぎ	2.5 g ＿＿＿＿
きゅうり	40 g ＿＿＿＿
トマト	40 g（1/4 個）＿＿＿＿
ごまだれ	
┌ 芝麻醤（練りごま）ヂーマージャン	12 g ＿＿＿＿
│ オイスターソース	1.5 g ＿＿＿＿
│ しょうゆ	3 g ＿＿＿＿
│ ごま油	1 g（小 1/4）＿＿＿＿
│ 酢	5 g（小 1）＿＿＿＿
│ しょうが	0.5 g ＿＿＿＿
│ 青ねぎ	1 g ＿＿＿＿
└ ラー油	0.5 g ＿＿＿＿

❶鶏肉は酒をふり，薄切りにしたしょうがとつぶしたねぎをのせて強火で約 15 〜 20 分間蒸す．冷めたら裂いておく．

❷きゅうりは長さ4 cmのせん切り，トマトは薄切りにする．

❸ごまだれは，ボウルに芝麻醤，すりおろしたしょうが，みじん切りにした青ねぎと調味料を加え混ぜる（かたい場合は❶の蒸し汁でゆるめる）．

❹皿の周囲にトマト，中央にきゅうりを放射状に並べてその上に鶏肉をのせてごまだれを添える．　（禾本）

☞ 前菜用には緑が美しい出来上がりすぐの物を使う．1 日置くと酸によりクロロフィルが変色し茶色くなる．漬物として利用する．　（時岡）

応用 2331　麻醤拌海蜇（くらげのごま酢じょうゆあえ）：❶くらげ 20 g を塩抜きし（1332 ☞），3 cmに切る．❷きゅうり 30 g を斜めせん切りにする．❸2331 のごま酢じょうゆであえる．好みで赤とうがらしの小口切り（2322 ❶）やごま油を加える．塩くらげの成分は少量のたんぱく質，糖質のほかは塩蔵に使われた塩と水である．低エネルギーで歯ごたえがあることからダイエット食品としての利用に向く．2331 と 2331 応用の出来上がり重量はほぼ同じであるが，エネルギーは 79 kcal，18 kcal と大きく異なる．　（時岡）

☞ 棒棒鶏：伝統的な作り方では，鶏肉をゆでた後，棒で叩いてやわらかくし，裂いてから調味液であえる．棒で叩くという操作からこの料理名の由来がある．　（禾本）

☞ 鶏むね肉のおいしさ：脂肪が少なく，淡白な味わい．うま味成分であるイノシン酸が多く，抗酸化作用のあるカルノシンを多く含有している．　（禾本）

2351　怪味鶏（若鶏の冷菜）（☞）
^{クワイウェイディ}

（4人分）		
若鶏もも肉	400 g（小 1 羽） _____	
清酒	10 g _____	
しょうが	20 g _____	
青ねぎ	20 g _____	
きゅうり	200 g _____	
みそだれ		
しょうが	10 g _____	
にんにく	4 g _____	
しょうゆ	72 g（大 4） _____	
酢	24 g _____	
砂糖	10 g（大 1） _____	
練りごま	36 g _____	
赤みそ	6 g _____	
ごま油	12 g _____	
ラー油	2 g _____	

❶鶏は 2341 と同様に下ごしらえ，切り方は短ざく，または一口大の乱切りにする.
❷きゅうりは乱切り，または蛇の目切り（1561 ☞）にする.
❸❶を大皿に盛り，まわりを❷で飾る.
❹しょうがとにんにくはみじん切りにする.
❺❹に残りのみそだれの材料を合わせる.
❻小皿にみそだれを少量とり，❸と食す.
（中平）

☞ 怪味とは，甘い，すっぱい，辛いなどが交じり合った複雑でバランスのよい味がすることを意味する.
（中平）

2401　木犀肉（豚肉と卵の炒め物）
^{ムゥシィロウ}

豚もも肉（薄切り）	25 g _____	
しょうが汁	1 g _____	
清酒	1 g _____	
塩	少々 _____	
油	6 g（大 1/2） _____	
卵	25 g _____	
油	4.5 g _____	
青ねぎ	6 g _____	
もやし	20 g _____	
ゆでたけのこ	20 g _____	
きくらげ（乾）	0.5 g _____	
にんじん	10 g _____	
清酒	5 g（小 1） _____	
塩	0.5 g _____	
うすくちしょうゆ	3 g（小 1/2） _____	
ごま油	0.5 g _____	

❶豚肉は一口大に切り，しょうが汁，酒，塩で下味をつける.
❷鍋に油を熱し，溶いた卵を軽くふんわりと炒めて半熟状になれば皿に取り出す.
❸青ねぎは斜め切りにする.
❹たけのことにんじんは薄切り，きくらげはぬるま湯で戻して一口大に切る. もやしは熱湯にくぐらせ水気を切る.
❺鍋に油を熱し，豚肉を炒めて色が変われば❹を入れて炒め，ねぎを加える.
❻酒，塩，うすくちしょうゆで調味して❷を加え混ぜ，鍋肌からごま油を回しかけ，皿に盛り付ける.
（禾本）

応用 2401　榨菜炒肉絲（ザーサイと豚肉の炒め物）^{チャーツァイチャオロウスー}：豚肉（薄切り）25 g，たまねぎ 40 g，たけのこ 15 g，ザーサイ 15 g，ピーマン 10 g，油 6 g，しょうゆ 4 g，ごま油 1 g. ❶材料を長さ 3 cm のせん切りにする. ❷鍋に油を熱して豚肉を炒め，色が変わればたまねぎ，たけのこ，ザーサイ，ピーマンを順に炒め，しょうゆ，ごま油で調味する.
（禾本）

2402 炒米粉（ビーフンと肉野菜の炒め物）
チャオミーフェン

ビーフン(☞)	30g ＿＿＿＿
豚もも肉(薄切り)	20g ＿＿＿＿
生しいたけ	10g (1枚) ＿＿＿＿
もやし	10g ＿＿＿＿
ピーマン	15g (1/2個) ＿＿＿＿
ゆでたけのこ	20g ＿＿＿＿
青ねぎ	10g ＿＿＿＿
油	6g (大1/2) ＿＿＿＿
┌ しょうが	1g ＿＿＿＿
└ にんにく	1g ＿＿＿＿
┌ 清酒	3g ＿＿＿＿
│ 砂糖	2g (小2/3) ＿＿＿＿
┤ しょうゆ	4g (小2/3) ＿＿＿＿
│ 塩	1.5g ＿＿＿＿
└ こしょう	少々 ＿＿＿＿
ごま油	2g (小1/2) ＿＿＿＿

❶ビーフンはたっぷりの熱湯に入れて2～3分透明感が出るまでゆで，水気を切る．食べやすい長さに切り，両面を煎り焼く．
❷豚肉，しいたけ，ピーマン，たけのこはせん切りにし，もやしは熱湯にくぐらせる．
❸青ねぎは斜め切りにする．
❹鍋に油を熱し，みじん切りのしょうがとにんにくを炒め，香りが立てば豚肉，たけのこ，しいたけ，ピーマン，もやし，青ねぎの順に炒める．
❺❶を加え手早く混ぜ，ほぐす．
❻酒，砂糖，しょうゆ，塩，こしょうで調味して，鍋肌からごま油を回しかけ，皿に盛り付ける． （禾本）

☞ ビーフン：戻したビーフンは，炒める前に少量の油を用いて弱火で薄く色づく程度に両面を煎り焼くことにより，こめの香りが引き立つ．
（禾本）

2411 回鍋肉（豚肉のみそ炒め）（☞）
ホエイグオロウ

豚かたロース肉(薄切り)	50g ＿＿＿＿
しょうが	10g ＿＿＿＿
ピーマン	40g ＿＿＿＿
キャベツ	80g ＿＿＿＿
油	14g ＿＿＿＿
にんにく	5g ＿＿＿＿
ねぎ	20g ＿＿＿＿
トウバンジャン(豆板醤)	2g ＿＿＿＿
テンメンジャン(甜麺醤)(または赤みそ)	8g ＿＿＿＿
清酒	8g ＿＿＿＿
しょうゆ	9g ＿＿＿＿
砂糖	5g ＿＿＿＿
ごま油	1g ＿＿＿＿

❶豚肉は大きめの一口大に切る．キャベツはざく切り，ピーマンはへたと種をとって一口大に切る．
❷しょうがは半量を薄切り，残りをみじん切り，にんにく，ねぎはみじん切りにする．
❸鍋に水と薄切りにしたしょうがを入れ沸騰して香りがついたら豚肉を入れる．豚肉が煮えたらざるに上げて水気を切る．
❹キャベツとピーマンもさっとゆでて水気を切る．
❺フライパンに油を入れ熱して，にんにく，しょうが，ねぎ，トウバンジャンを入れ，豚肉を入れて軽く炒める．ピーマンとキャベツも加えて炒める．
❻テンメンジャン，酒，しょうゆ，砂糖，ごま油を混ぜて加え，強火で手早く炒める． （中平）

☞ 回鍋とは，一度調理した食材を再び鍋に戻して調理すること．
（中平）

2421 八宝菜（五目炒め物）
バーパオツァイ

豚もも肉(薄切り)	40 g	_____
いか	20 g	_____
乾しいたけ	3 g (1枚)	_____
ゆでたけのこ	30 g	_____
たまねぎ	30 g	_____
キャベツ	20 g	_____
にんじん	20 g	_____
さやえんどう	5 g	_____
油	6 g (大 1/2)	_____
しょうが	2 g	_____
湯(タン, しいたけの戻し汁)		
	50 g	_____
⎰塩	1.5 g	_____
⎪砂糖	0.75 g	_____
⎪清酒	3 g	_____
⎱しょうゆ	2 g (小 1/3)	_____
⎰かたくり粉	3 g (小 1)	_____
⎱水	10 g (小 2)	_____
ごま油	0.5 g	_____

❶豚肉は 2 cm 幅に切る.
❷いかは花切りにする.
❸乾しいたけは水で戻し, 1 cm 幅の
そぎ切り, たけのことにんじんは短
ざく切り, たまねぎは 1.5 cm 幅の
くし形切り, キャベツは 3 cm 四方
に切り, さやえんどうはゆでる.
❹湯(タン) に塩, 砂糖, 酒, しょう
ゆを合わせる.
❺鍋に油を熱し, みじん切りにした
しょうがを炒め, 豚肉を炒めさやえ
んどう以外の材料を炒めて, ❹を加
え少し煮る.
❻さやえんどうを加え, 水溶きかたく
り粉でとろみをつけて, ごま油を鍋
肌から回しかける. (☞) (禾本)

☞ **炒菜の要点**：①火通りが均一に
なるように材料の大きさ, 厚みは揃
える. ②鍋を十分熱してから油を入
れ, 材料を加え, 強火短時間で仕上
げる. ③油の量は材料の 5 ～ 10%
が適量である. ④材料を入れ過ぎる
と, 鍋の温度が下がるので鍋の大き
さの 1/3 ～ 1/2 量にとどめる. ⑤
余熱も考慮して, 八分通りに炒め野
菜類の食感を生かす. (禾本)

2431 炒 魷魚（いかの炒め煮）
チャオヨウユイ

いか(胴のみ)	65 g	_____
⎰塩	0.5 g	_____
⎪清酒	2.5	_____
⎱しょうが汁	1.5 g	_____
かたくり粉	2.25 g	_____
たまねぎ	15 g	_____
生しいたけ	15 g	_____
にんじん	15 g	_____
さやえんどう	7.5 g	_____
油	3 g	_____
⎰湯(タン)	12 g	_____
⎪塩	0.5 g	_____
⎱清酒	2.5 g	_____
⎰かたくり粉	0.5 g	_____
⎱水	1.25 g	_____

❶いかは皮をむき鹿の子に切れ目を入
れて(☞), 長さ 4 cm の菱形に切り
塩, 酒, しょうが汁の調味液に漬け
る.
❷❶にかたくり粉をまぶし, 熱湯にく
ぐらせて, すぐに冷水にとり, 水気
を切る.
❸たまねぎはくし形切り, しいたけは
そぎ切り, にんじんは長さ 4 cm の
短ざく切り, さやえんどうはゆでる.
❹湯(タン) に酒, 塩を合わせる.
❺鍋に油を熱し, たまねぎ, にんじん,
しいたけを入れて炒めて, ❹といか,
さやえんどうを加え炒め, 水溶きか
たくり粉でとろみをつける. (禾本)

☞ いかに切り目を入れることによ
り食べやすくなり, 味も浸透しやす
く見栄えもよくなる. 加熱すると切
り目を入れた反対側に丸まり, 裏に
切り目を入れたほうが表側に強く丸
まる. (禾本)

2441 宮保鶏丁（鶏肉とピーナッツの炒め物）
ゴンバオジィディン

鶏もも肉	40 g
┌ 塩	少々
│ こしょう	少々
│ 清酒	1 g
└ しょうゆ	0.5 g
かたくり粉	3 g（小 1）
揚げ油	適量
ピーナッツ（☞）	10 g
揚げ油	適量
きゅうり	15 g
セロリ	20 g
赤ピーマン	10 g
赤とうがらし	1/3 本
花椒（2501 食品）	5 粒
白ねぎ	8 g
しょうが	1.5 g
┌ しょうゆ	4 g（小 2/3）
│ 砂糖	1.5 g
└ 清酒	2.5 g
┌ かたくり粉	1 g（小 1/3）
└ 水	3 g
油	1 g（小 1/4）
酢	2.5 g

❶鶏肉はさいの目切りにして，塩，こしょう，酒，しょうゆで下味をつける．

❷赤とうがらしは種を除いて小口切り，しょうがはみじん切りにする．

❸セロリ，きゅうり，赤ピーマンはさいの目切りにする．ねぎは1cm幅に切る．

❹❶にかたくり粉を加え混ぜ，油通し（100 ～ 130℃）をする．

❺ピーナッツを油通し（120 ～ 130℃）する．

❻鍋に油を熱し，花椒と赤とうがらしを炒めて取り出し，しょうがを加え炒める．

❼❸～❺を加えて炒め，しょうゆ，砂糖，酒で調味し水溶きかたくり粉でとろみをつけ，さらに油と酢を入れて仕上げる． （禾本）

☞ ピーナッツをカシューナッツに代えると腰果鶏丁という料理名になる．
ヤオグオディティン
（禾本）

2451 麻婆豆腐（ひき肉と豆腐のとうがらし炒め）
マーボードウフ

木綿豆腐	100 g（1/3 丁）
豚ひき肉	25 g
┌ しょうが	2 g
│ にんにく	1 g
└ 青ねぎ	2 g
トウバンジャン（豆板醤）	1.5 g
テンメンジャン（甜麺醤）	13.5 g
油	6 g（大 1/2）
┌ 湯（タン）	50 g
│ 清酒	3.75 g
└ しょうゆ	1.5 g
┌ かたくり粉	1 g（小 1/3）
└ 水	5 g（小 1）
ごま油	1 g（小 1/4）
花椒粉（2501 食品）	少々
ホワジャオファン

❶豆腐は1.5 ～ 2cm角に切り，湯通しをする．（☞）

❷しょうが，にんにく，青ねぎはみじん切りにする．

❸湯（タン）に酒，しょうゆを合わせる．

❹鍋を火にかけ油を熱し，ひき肉をよく炒める．❷とトウバンジャンとテンメンジャンを加え炒める．

❺❸を加えて一煮立ちしたら，豆腐を入れて静かに混ぜ，炒め煮にする．

❻水溶きかたくり粉でとろみをつけて，ごま油を回しかける．

❼器に盛り付けて，花椒粉をふりかける． （禾本）

☞ **豆腐のす立ち**：豆腐を水中で加熱すると，豆腐中の Ca^{2+} がたんぱく質と結合して硬化し，食感が悪くなる（＝豆腐のす立ち）が，煮汁に Na^+ が存在すると硬化しにくくなる．豆腐の湯通しを行う際，湯に対して0.5 ～ 1%の食塩を加える．
（禾本）

食品 2451 豆腐 絹ごし豆腐は，濃度の高い豆乳に塩化マグネシウム（にがり）や硫酸カルシウムなどの凝固剤を加えてたんぱく質を凝固させたもの．なめらかな食感が特徴．木綿豆腐は凝固させる際に木綿布を敷いた箱に流し入れて脱水成形するため，表面に布目がつき，ややかたい食感になる．豆腐は栄養価としてはカルシウムが豊富な食品であるが，製法によってその含量は異なる．
（大喜多・池田）

2461 乾焼明蝦(えびのチリソース煮)
ガンシャオミンシャー

くるまえび(無頭)	75 g(3尾) _____
紹興酒	2.5 g _____
うすくちしょうゆ	2 g(小1/3) _____
青ねぎ	2 g _____
赤とうがらし	1/4本 _____
にんにく	1.5 g _____
しょうが	1.5 g _____
湯(タン)	5 g _____
しょうゆ	6 g(小1) _____
砂糖	3 g(小1) _____
清酒	3.75 g _____
ケチャップ	7.5 g _____
かたくり粉	0.5 g _____
水	2 g _____
油	5 g _____
白ねぎ	5 g _____
サラダな	10 g _____

❶えびは背側に切り込みを入れて背わたを除き，紹興酒とうすくちしょうゆで下味を付ける．
❷青ねぎ，にんにく，しょうがはみじん切り，赤とうがらしは種を除いて小口に切る．
❸湯(タン)にしょうゆ，砂糖，酒，ケチャップを合わせる．
❹白ねぎは白髪ねぎにする．
❺鍋を火にかけ油を熱し，❷を炒め香りが立てばえびを加える．
❻えびの色が変わったら，❸を入れて1～2分加熱する．
❼水溶きかたくり粉を加える．
❽皿にサラダなを敷き，えびを盛り付けて中央に白髪ねぎを飾る．（禾本）

食品 2461 えびの成分特性：特有の甘みはアミノ酸のグリシンであり，加熱によって赤くなるのは，殻に含まれるアスタキサンチンと結合しているたんぱく質が変性してアスタシンになるからである．（禾本）

2471 奶溜白菜(はくさいのあんかけ)
ナイリュウバイツァイ

はくさい	125 g _____
ハム(薄切り)	10 g(1/2枚) _____
ラード	3 g _____
湯(タン)	40 g _____
牛乳	52.5 g(50 mL) _____
清酒	4 g _____
塩	1 g _____
こしょう	少々 _____
かたくり粉	2 g(小2/3) _____
水	7.5 g _____

❶はくさいは軸の部分はそぎ切りに，葉の部分は一口大に切る．
❷ハムは長さ4 cmの細切りにする．
❸鍋を火にかけラードを熱し，❶を炒めて酒，塩，こしょうで調味する．
❹湯(タン)を加えて少し煮て，牛乳を加える．
❺水溶きかたくり粉でとろみをつける．
❻皿に盛り付けてハムを散らす．
（禾本）

科学 2471 牛乳の調理特性：野菜に牛乳を加えて煮ると，野菜中の有機酸やタンニンなどによりカゼインが凝固する場合がある．これを防ぐには牛乳は最後に加えて加熱は短時間とする．またでん粉などで粘性をつける．（禾本）

2481 紙包鶏(鶏肉の紙包み焼き)(☞)
ヂーバイヂィ

鶏ささ身	25 g _____
しょうが	1 g _____
生しいたけ	8 g _____
ピーマン	2.5 g _____
青ねぎ	2.5 g _____
塩	少々 _____
砂糖	0.75 g _____
しょうゆ	1 g _____
ごま油	少々 _____
清酒	1.25 g _____
油	12 g _____
アルミはく(または硫酸紙)	15 cm角 _____

❶ささ身は筋を除き，そぎ切りにする．
❷しょうがはみじん切り，しいたけ，ピーマン，青ねぎはせん切りにする．
❸❶と❷を混ぜ合わせて，塩，砂糖，しょうゆ，ごま油，酒で調味する．
❹❸をアルミはくの中央にのせて，二つに折り(三角形になる)合わせ目を右側より折り空気を出しながら包み込んでいく．
❺フライパンに火をかけて中火で油を熱し，❹を入れふたをして時々ゆすりながら5分くらい蒸し焼きにする．
❻そのまま皿に盛る．（禾本）

☞ 紙包み焼き：紙に包むことにより，蒸し焼きになるため材料のもつうま味や水分が逃げず，鶏肉もふっくらと仕上がる．同様に紙に包んで高温の油で揚げたりオーブンでの調理法もある．（禾本）

2491 芙蓉蟹（かにたま）（☞）

フゥロンシェ

かに身	15 g
たけのこ	10 g
青ねぎ	2 g
乾しいたけ	1.5 g (1/2枚)
グリンピース	3 g
卵	50 g
┌ 塩	0.5 g
│ 砂糖	1 g (小1/3)
└ 清酒	3.75 g
油	6 g (大1/2)
あん	
┌ 湯(タン)	25 g
│ うすくちしょうゆ	1.5 g
│ 砂糖	1 g (小1/3)
└ かたくり粉	1 g (小1/3)

❶かに身はほぐしておく.
❷たけのこ，青ねぎは長さ3 cmのせん切りに，しいたけは水で戻してせん切りにする.
❸グリンピースはゆでる.
❹ボウルに卵を入れてほぐし，❶❷を混ぜ，塩，砂糖，酒で調味する.
❺鍋を火にかけ油を熱し，❹を入れ大きくかき混ぜ，全体が半熟状になれば形を整え，火を弱め薄く焼き色が付けば裏返し，ふたをして2分ほど焼き，皿に取る.
❻小鍋にあんの湯(タン)，うすくちしょうゆ，砂糖，かたくり粉を鍋に入れて一煮立ちしたら❺にかけてグリンピースを飾る. (禾本)

☞ **芙蓉蟹**：芙蓉（ハス）の花のように卵をふんわりと仕上げた料理. 卵は凝固しすぎないように，手早くかき混ぜ半熟程度に加熱すると，口当たりがよい. (禾本)

2501 蝦仁吐司（えびすり身のパン揚げ）

シャーレントウスー

(食パン1枚分，4人分)	
むきえび(冷凍)	100 g
かたくり粉	9 g
卵	2 g
食パン(14枚切り)	25 g (1枚)
揚げ油	適量
花椒塩 (または五香粉)	少々
パセリ	3 g

ホワヂャオ / ウーシャンフェン

❶むきえびを解凍する(☞). 背わたがあれば竹串などで取る. 細かく刻み，包丁でたたく，またはすり鉢でする. かたくり粉，卵を混ぜる.
❷パンの耳を切り取り，図のように三角か長四角に切る(☞). ❶を中高な山のように塗る.
❸きれいな新しい油を用意し180℃でえび側から揚げはじめ，両面色よく仕上げる.
❹皿に盛り，花椒塩または五香粉をかけてパセリを飾る. (時岡)

☞ **むきえびの解凍**：流水解凍で解凍する. 臭みがあるので，えび100 gに対し塩2 g，かたくり粉3 gをもみ込み，しばらく置いてから洗い流す. (時岡)

☞ **パンの切り方**

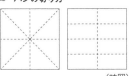

(時岡)

食品 2501 花椒塩，五香粉：花椒塩：花椒は日本のさんしょう（山椒）とは風味が異なる. 花椒を粉末にし，適量の食塩を加えたもの. 五香粉：桂皮（シナモン），陳皮（みかん類の皮），丁香（クローブ），他数種類が含まれる.「五香」は数種類のという意味. 中国だけではなく東南アジアで広く使われる. (時岡)

2502 高麗蝦仁（えびの卵白衣揚げ）

ガオリーシャーレン

えび(無頭)	50 g (2尾)
薄力粉	少々
衣	
┌ 卵白	30 g (1個分)
│ かたくり粉	18 g (大1)
└ 塩	1 g
揚げ油	適量
チャービル	少々
花椒塩	少々

ホワヂャオイエン

❶えびは背わたを除いて尾を残して殻をむく. 腹側に切り目を2〜3か所入れる.
❷適温の油(150〜160℃)を準備する.
❸衣を作る. ボウルに卵白，塩を入れてよく泡立て(☞)，かたくり粉を加えて泡を潰さないように混ぜる.
❹えびに薄力粉をまぶし，❸の衣をつけて色がつかないように白く揚げる.
❺皿に盛り付けて，チャービルを飾り花椒塩を添える. (禾本)

☞ **卵白の泡立て**：泡立てを阻害しないように，器具に油気が付着していないことや，卵白に卵黄が混入しないようにする. また，泡立てた後，時間が経過すると卵白から水分が離水するので，粉を混ぜてすぐに揚げる. (禾本)

2511　炸 丸子（揚げ肉だんご）

デャーワンツ

豚ひき肉	50 g
卵	15 g
白ねぎ	5 g
乾しいたけ	1.5 g
しょうが	1.5 g
清酒	2 g
塩	0.5 g
オイスターソース	0.75 g
しょうゆ	0.75 g
五香粉	0.01 g
かたくり粉	5 g
ししとうがらし	20 g（2本）
揚げ油	適量

❶乾しいたけを水で戻し，軸を取ってみじん切りにする．白ねぎ，しょうがもみじん切りにする．

❷豚ひき肉に❶，溶き卵，酒，塩，オイスターソース，しょうゆ，五香粉を加え，粘りが出るまで混ぜる．3個に分け，かたくり粉をまぶす．

❸ししとうがらしは軸を少し残して切る．破裂しないように，数か所切込みを入れておく．

❹180℃の油で❷❸を揚げ，盛り付ける．練りからしを添えてもよい．

（時岡）

応用 2511　炸 蝦球（揚げえびだんご）：むきえび 100 g を 2501 ❶の要領で処理し，かたくり粉 10 g，卵白（または全卵）20 g をすり混ぜ，スプーンでだんごに形作りながら 180℃の油であげる（8個ほどできる）．仕上げに花椒塩または五香粉をかけ，レモンを添える．

（時岡）

2521　炸 蛋捲（肉と野菜の卵巻き揚げ）

デャータンデュアン

	（4人分）
豚肉（薄切り）	150 g
ゆでたけのこ	80 g
乾しいたけ	4 g（中2枚）
しょうが	10 g
白ねぎ	5 g
ラード	25 g
しょうゆ	18 g（大1）
かたくり粉	10 g
湯（タン）	30 g（大2）
卵	110 g（2個）
卵黄	20 g（1個分）
塩	1 g
かたくり粉	20 g
水	30 g（大2）
卵白	35 g（1個分）
かたくり粉	20 g
揚げ油	適量

❶豚肉，ゆでたけのこ，戻したしいたけはせん切りにする．

❷ねぎは2つ割りにして斜めに細く切り，しょうがは押しつぶしてからみじん切りにする．

❸ラードを鍋で熱し，❷を炒めて香りを出し，豚肉を炒め，色が変われば豚肉以外の❶も加えて炒め，しょうゆとかたくり粉を湯（タン）に混ぜて加え，煮詰める．

❹卵白にかたくり粉を入れてのり状にする．

❺卵と卵黄に水溶きかたくり粉と塩を混ぜ，薄焼き卵を3枚焼き，まな板の上に焦げ目を上にして広げる．

❻❺の表面に❹を塗り，❸の具を3等分して手前半分に広げ，手前からかために半分まで巻き，左右の端を中へ折り込み，❹をさらに塗って最後まで巻き，終わりは離れないように❹を塗ってとめる．

❼160℃に熱した油で❻を色づくまで揚げ，油をよく切って 4 ～ 5 cm に切って盛り付ける．

（久保）

2531 乾炸鶏（鶏肉のから揚げ）ガンチャーヂィ

鶏もも肉(塊)	100 g
しょうゆ	3 g (小 1/2)
塩	0.5 g
清酒	3.75 g
卵	5 g
しょうが	2 g
かたくり粉	9 g (大 1)
揚げ油	適量
花椒塩(2501 食品)ホワヂャオイエン	少々
パセリ	少々

❶鶏肉は一口大（3 cm 角）に切り，しょうゆ，塩，酒，卵，すりおろしたしょうがで下味を付けて 10 〜 15 分置く．

❷かたくり粉をまぶし，低温(150 〜 160℃) の油でゆっくり揚げて一度引きあげる．油を高温(180℃) に上げて色よくカラリと揚げる．

❸皿に盛り付け，パセリを飾り，花椒塩を添える． （禾本）

2541 軟炸鶏（鶏の衣揚げ）ルワンチャーヂィ

鶏むね肉(皮付き)	80 g
清酒	2 g
しょうが	2 g
塩	0.5 g
こしょう	0.01 g
かたくり粉	5 g
卵白	5 g
揚げ油	適量

❶しょうがをおろす．

❷鶏肉は 5 cm 角程度にそぎ切りする．❶と酒をもみ込み漬け置く(30 分〜一晩)．（☞）

❸塩，こしょうで下味を付ける．かたくり粉を全体に行き渡るように肉をたたきつけていく．卵白を同様になじませる．

❹ 180℃の油で焦がさないようにカラリと揚げる．好みで，練りからし，花椒塩などを添えて供する． （時岡）

2551 古老肉（酢豚）グゥラオロウ

豚もも肉(塊)	80 g
しょうゆ	3 g (小 1/2)
清酒	2.5 g
かたくり粉	4.5 g
揚げ油	適量
たまねぎ	40 g
にんじん	20 g
ゆでたけのこ	15 g
生しいたけ	25 g (1 枚)
ピーマン	20 g (1/2 個)
油	6 g
湯(タン)	50 g
しょうゆ	12 g (小 2)
砂糖	6 g (小 2)
酢	10 g (小 2)
かたくり粉	2 g (小 2/3)
水	7.5 g

❶豚肉は 2 cm 角に切り，しょうゆと酒で下味を付け 10 分置き，かたくり粉をまぶし中温の油で揚げる．

❷たまねぎは 1.5 cm 幅のくし形切り，にんじんはかためにゆでて，たけのことピーマンは乱切りに，しいたけはいちょう切りにする(ピーマンは油通ししてもよい(☞))．

❸湯(タン)，しょうゆ，砂糖を合わせる．

❹鍋に油を熱し，野菜(ピーマン以外)は火の通りにくいものから順に炒め，❸を入れ沸騰したら❶とピーマンを加え混ぜる．

❺酢を入れて水溶きかたくり粉でとろみをつける． （禾本）

食品 2541 **鶏むね肉**：鶏肉中でもささ身に次いで高たんぱく質，低エネルギーである．たんぱく質には必須アミノ酸の BCAA（分枝アミノ酸），近年注目されるイミダゾールペプチドが豊富に含まれる．また，糖質代謝にかかわるナイアシン，骨に Ca を沈着させるビタミン K も豊富である．脂質が少なく加熱調理によってかたくパサつきやすい．下記を参照に食べやすく調理を工夫する． （時岡）

☞ **肉をやわらかくする下ごしらえ**：①そぎ切りして筋線維を短くする．②酸による軟化．酢やヨーグルトの乳酸菌を利用する．③酵素の利用．キウイ，いちじく，パインアップルなどは酵素作用が強い．たまねぎ，しょうがは臭みを取り風味を付けつつ酵素の利用ができるが酵素はあまり強くないので漬け込み時間を長くする． （時岡）

☞ **油通しの効果**：炒菜の前処理として低温の油で揚げる操作をいう．野菜は色彩やかで歯ざわりもよくなり，肉では収縮が少なくやわらかい食感になるなどがある．
目安の揚げ油温度
野菜類：150 〜 160℃
肉類　：100 〜 140℃ （禾本）

2552　糖醋溜丸子（肉だんごの甘酢あんかけ）
タンツゥリュウワンヅ

豚ひき肉	80 g
┌ しょうゆ	3 g（小 1/2）
│ 清酒	2.5 g
│ 青ねぎ	3 g
┤ しょうが汁	2 g
│ 卵	8 g
└ かたくり粉	6 g（大 2/3）
揚げ油	適量
甘酢あん	
┌ 湯（タン）	40 g
│ しょうゆ	9 g（大 1/2）
┤ 砂糖	6 g（小 2）
│ 酢	7.5 g
└ かたくり粉	2 g（小 2/3）
サラダな	5 g

❶青ねぎはみじん切りにする．
❷ボウルにひき肉を入れ，しょうゆ，酒，青ねぎ，しょうが汁，卵，かたくり粉を入れてよく練り，4等分にして丸める．
❸中温の油で❷を揚げる．
❹甘酢あんを煮立てて❸のだんごを入れてからめる．（☞）
❺皿にサラダなを敷き，❹を盛り付ける．　　　　　　　　　　（禾本）

☞ 甘酢あんは，煮すぎるとあんがかたくなり，滑らかさや色艶が悪くなるので注意する．　　　（禾本）

2561　蕃茄溜魚片（揚げ魚のケチャップ煮）
ファンチェリュウユィピエン

白身魚（さわらなど，三枚おろし）	70 g
しょうが汁	2 g
清酒	2.5 g（小 1/2）
かたくり粉	2 g
揚げ油	適量
たまねぎ	40 g
にんにく	5 g
油	2 g（小 1/2）
湯（タン）	25 g
ケチャップ	10 g（小 2）
砂糖	3 g（小 1）
塩	1.5 g（小 1/4）
グリンピース（冷凍）	4 g
かたくり粉（とろみ用）	0.8 g（小 1/4）

❶魚（さわらなどの白身魚）は下処理（☞）の後，一口大に切り，しょうが汁と酒をふりかけておく．
❷❶にかたくり粉をまぶし，180℃で黄金色に揚げる．
❸たまねぎはくし形，にんにくは薄切りにして，油で炒める．
❹❸に湯（タン，2100），ケチャップ，砂糖，塩を加えて煮立て，水溶きかたくり粉（倍量の水で溶く）を入れて，❷とさっとゆでたグリンピースと混ぜる．　　　　　　　（淺井）

☞ **切り身魚の扱い方**：切り身魚は調理前に重ならないようにざるにのせて，流水をまんべんなくかけた後，キッチンペーパーなどで軽く押さえて水気を取る．水分が多く崩れやすい切り身の場合は軽く塩をふってしばらく置き，同様に水気を取る．　　　　　　　　　　　（淺井）

2571 糖醋(鯉)魚 （魚のから揚げ甘酢あんかけ）

（1尾分．3人分）

魚（あじ）	180 g（300 g大1尾）	___
しょうゆ	54 g	___
しょうが	10 g	___
かたくり粉	20 g	___
揚げ油	適量	___
ゆでたけのこ	60 g	___
にんじん	30 g	___
乾しいたけ	6 g（2枚）	___
油	12 g（大1）	___
甘酢あん		
湯（タン）	200 g（1 C）	___
砂糖	18 g（大2）	___
しょうゆ	18 g（大1）	___
酢	15 g（大1）	___
かたくり粉	9 g（大1）	___
水	30 g（大2）	___
香菜	少々	___

❶魚はうろこ，えら，内臓を取り，きれいに洗い，水気を取り両側面に3本くらい深く切り込みを入れ，しょうゆとすりおろしたしょうがに30分くらい漬ける．

❷汁気を取り，かたくり粉を全体，切り込み部分にもまぶし，160℃の油でゆっくり揚げ，最後は高温にしてからりと揚げる．（☞）

❸たけのこ，にんじん，水で戻したしいたけはせん切りにする．

❹鍋に油を熱し，❸を炒めて湯（タン）と砂糖，しょうゆ，酢を加え一煮立ちしたら水溶きかたくり粉でとろみをつけて甘酢あんとする．

❺器に❷を盛り，❹をかけて香菜を飾る．　　　　　　　　　　　　（禾本）

☞　**二度揚げ**：厚みのあるものや火の通りにくいものなどを揚げる場合，低温の油でゆっくり中まで火を通した後，材料をいったん取り出す．次に高温の油で表面に残っている水分を飛ばすように，短時間でからりと揚げる．　　　　　　　（禾本）

2601 醬油肉 （豚肉のしょうゆ煮）

（4人分）

豚肉（赤身の塊）	300 g	___
青ねぎ	15～30 g	___
しょうが	15 g	___
塩	（肉の1％）3 g	___
熱湯	肉塊がかぶる量	___
清酒（紹興酒でもよい）	30 g（大2）	___
しょうゆ	25 g	___

❶豚肉は，たこ糸で巻いて形を小さくまとめる（繊維に直角に薄切りにするので，方向を考える（☞））．

❷青ねぎは1 cmのぶつ切り，しょうがは薄切りにする．

❸小さい深手の鍋に❶を入れ，❷と塩を入れて熱湯を十分にかぶるくらいに注ぎ，火にかけて上下回しながらふたをして約40分加熱する（中心部まで加熱する）．（☞）

❹❸からねぎとしょうがを取り除き，残っている煮汁に酒，しょうゆを加えて上下を返しながら，汁が少なくなるまで煮詰めて味を付ける．

❺❹を繊維に直角に厚さ2～3 mmに切り，皿に盛り付け，残った煮汁をかける．（☞）　　　　　　　　　　　　（濱口）

☞　**豚肉の巻き方**

繊維方向

（濱口）

☞　**正月用に作る場合**：2601 ❸のあとに肉を取り出し，しょうゆ100 g，酒50 g，本みりん50 g，酢50 g（好みでおろしたしょうがとにんにくを加えてもよい）を鍋に入れて火にかけ，煮立ったら肉をつけて一晩～数日置いて切り分ける．　　　　　　　　　　　　（濱口）

☞　キャベツ甘酢漬け（3001 ❾）とともに盛り付けるとよい．（濱口）

2602　茶 葉 蛋(茶卵)

（卵2個分，4人分）

卵	110g（M2個）＿＿＿＿
水	200g＿＿＿＿
紅茶	10g＿＿＿＿
しょうゆ	30g（大2）＿＿＿＿
塩	10g＿＿＿＿
五香粉(2501食品)	少量＿＿＿＿
紹興酒(清酒でもよい)	10g（大2/3）＿＿＿＿
八角(2631食品)	1個＿＿＿＿
花椒塩(2501食品)	適量＿＿＿＿

❶卵を卵黄が中心になるように水から入れて沸騰後2分まで静かに回しながらゆで，さらに沸騰させたままあと3分ゆでる.

❷❶を水につけて急冷し，スプーンの腹で，殻に細かくひびを入れる.

❸鍋に分量の水で湯を沸かし，紅茶を煮出す.

❹❸に❷としょうゆ，塩，五香粉，紹興酒，八角を加え，静かに沸騰が続く程度の火加減で40分ほど転がしながら煮る.

❺卵を取り出し，殻をむいて，縦十文字に切り，皿に並べ，花椒塩を添える.（淺井）

2611　紅焼魚翅(ふかひれの煮込み)

ふかひれ(散翅，冷凍)	12g＿＿＿＿
鶏ささ身	15g＿＿＿＿
乾しいたけ	2g＿＿＿＿
ゆでたけのこ	10g＿＿＿＿
はくさい	15g＿＿＿＿
湯(タン)	120g＿＿＿＿
清酒	1.7g（小1/3）＿＿＿＿
塩	1.5g（小1/4）＿＿＿＿
しょうゆ	3g（小1/2）＿＿＿＿
油	4g（小1）＿＿＿＿
かたくり粉	0.8g（小1/4）＿＿＿＿

❶乾しいたけは戻し，ささ身は筋を除いてから，たけのことともにそれぞれ長さ4～5cmの絲（細切り）に切りそろえる. はくさいも繊維に沿って同様に細切りにし，一緒に油で炒める.

❷湯(タン，2100)に❶と解凍したふかひれを入れて加熱し，酒，塩，しょうゆで味を整え，水溶きかたくり粉（倍量の水で溶く）でとろみをつける.（淺井）

食品 2611　ふかひれ：大型のサメ類のひれを乾燥し，加工した中国料理の食材で，形状を保ったものを「排翅」，ほぐしたものを「散翅」と呼ぶ. 姿煮には排翅が，スープなどには散翅が用いられる.（淺井）

2621　叉 焼 肉(焼き豚)

（作りやすい量，4人分）

豚もも肉(塊)	300g＿＿＿＿
⎧しょうが	3g＿＿＿＿
⎪にんにく	3g＿＿＿＿
⎪砂糖	70g＿＿＿＿
⎨しょうゆ	60g＿＿＿＿
⎪清酒	30g＿＿＿＿
⎪オイスターソース	10g＿＿＿＿
⎩こしょう	少々＿＿＿＿
サラダな	8g＿＿＿＿

❶豚肉の形を整え，たこ糸で固定する.

❷しょうが，にんにくをおろす. 砂糖，しょうゆ，酒，オイスターソース，こしょうと混ぜ合わせる.

❸豚もも肉に❷をすり込む. そのまま半日～1日漬け込む（ビニール袋などに入れ，空気を抜いて漬け込むと味の含みがよい）.

❹オーブンを200℃に予熱し，油を塗った網に❸の肉を置いて40分焼く. 途中，上下を返しながら，❸の漬け込みだれを塗って色，照りよく仕上げる. 串を刺しても血が出ないことが目安である. 中心温度75℃を確認する.

❺冷めてから糸をはずし，薄切りする. 皿にサラダなを敷いて盛り付ける. 好みで練りからしとしょうゆを添える.（時岡）

健康・栄養 2621　豚肉のビタミンB$_1$：豚肉に特徴的に含まれるのはビタミンB$_1$（VB$_1$）である. VB$_1$は糖質代謝に欠かすことができず，疲労回復に効果がある. 水溶性のため豚肉の調理は焼く，炒めるが望ましい. 煮る，炊くの場合は汁も一緒にとれるような味付けをするとよい. にんにく，たまねぎ，にらなどのアリシンとアリチアミンを形成すると吸収率がよくなるので，疲労時はこれらを考慮して料理の組み合わせを工夫する.（時岡）

2631 東坡肉（トンポーロウ）（豚のやわらか煮）

（作りやすい量，5人分）	
豚ばら肉(塊，皮付き)	300 g _____
┌ しょうゆ	18 g _____
└ 清酒	15 g _____
油	9 g _____
┌ 長ねぎの葉	1～2本分 _____
│ しょうがの皮	1個分 _____
└ 八角	1個 _____
┌ 肉のゆで汁	100 g _____
│ しょうゆ	36 g _____
│ 清酒	30 g _____
│ 砂糖	9 g _____
│ かたくり粉	2.55 g _____
│ （液体の1.5%）	
┌ チンゲンサイ	150 g _____
└ 塩	少々 _____

❶しょうゆと酒を豚肉にもみ込み，30分ほど置く（ビニール袋などに入れ，空気を抜いて漬け込むと味の含みがよい）.

❷湯を沸騰させておく.

❸フライパンを強火で熱し，油をなじませ❶を焼く．手早く前面に焼き色を付ける.

❹❷の湯に❸を入れ，長ねぎ，しょうがの皮，八角とともに40分ほど静かに煮込み，そのまま冷ます．脂（ラード）が浮いていれば取り除く.

❺ゆで汁を100 g取り置く．冷めた肉を厚さ1 cmに切る.

❻ボウルに並べ，キッチンペーパーで落としぶたをし強火で60分間蒸す.

❼チンゲンサイは株を6つ割にし，塩ゆで，水冷し軽く絞る.

❽❺のゆで汁，しょうゆ，酒，砂糖を沸騰させ，水溶きかたくり粉でとろみをつける.

❾器に❼を円を描くように並べ，蒸し上がった❻の肉を並べる．仕上げに❽をかける.　　　　　　　　　　　　　　（時岡）

食品 2631　八角（パーヂャオ）：トウシキミの果実を乾燥させたもの．形状からスターアニスとも呼ばれる，八角状の星形をしているスパイス．強い芳香とほのかな苦味がある．五香粉（ウーシャンフェン）の中心的なスパイスである（食品2501）.　　　　　　　　　　（時岡）

応用 2631　豚の角煮：❶ 2631 ❶❸の後，❹厚手の鍋，または圧力鍋に入れ，やわらかくなるまで煮る（圧力鍋であれば20～30分）．❷チンゲンサイは❼同様に仕上げる．❼汁に味付けし，さらに煮含める．皿にチンゲンサイと冷めてから2 cm幅に切った肉を盛り付ける.　　　　　　　　　（時岡）

2641 什景(錦)火鍋子（シーチン フオグオツ）（五目寄せ鍋）（☞）

（4人分）	
豚ひき肉	150 g _____
┌ しょうが汁	5 g _____
│ ねぎ	4 g _____
│ 塩	1.5 g _____
│ 卵	15 g _____
└ かたくり粉	6 g (小2) _____
揚げ油	適量 _____
鶏もも肉	160 g _____
えび	100 g (4尾) _____
白身魚(切り身)	160 g _____
生しいたけ	80 g (4枚) _____
白ねぎ	100 g (1本) _____
ゆでたけのこ	60 g _____
はくさい	240 g _____
はるさめ	20 g _____
┌ 湯(タン)	1000 g (5 C) _____
│ 塩	8.4 g _____
│ うすくちしょうゆ	22.5 g _____
└ 清酒	15 g (大 1) _____
薬味(さらしねぎ，おろししょうが)	適量 _____

❶湯(タン)をとり，塩，うすくちしょうゆ，酒で調味する.

❷揚げだんごを作る（2552 ❶～❸）.

❸はるさめは沸騰湯に入れて2～3分置き，食べやすい長さに切る.

❹しいたけは飾り切り，白ねぎは斜め切り，たけのこは短ざく，はくさいは一口大に切る.

❺鶏肉は一口大に切り，白身魚は3 cm角に切り，えびは背わたを除き，熱湯でさっとゆで冷水にとる.

❻火鍋子（または土鍋）の底にはくさいを敷き，その他の材料を入れ❶を注ぎ火をつけて煮る．薬味を別器に添える.　　　　　　　　　（禾本）

☞　火鍋：中国では鍋料理を「火鍋」という．中央に煙突穴が開いている部分に炭を入れて加熱する「火鍋子」という鍋からの由来である．火鍋は調理法が単純なので，鮮度のよい食材を使うことが大切である．（禾本）

2701 凍蟹肉（かにの寄せ物）（トンシェロウ）

（かに缶（固形量100 g）1缶分，4人分）	
かに缶	100 g _____
（ずわいがにほぐし身）（固形量）	
みつば	4 g _____
缶の汁＋水	240 g（240 mL）
ゼラチン（顆粒タイプ）	10 g _____
清酒	4 g _____
うすくちしょうゆ	4 g _____
塩	1.6 g _____
レモン汁	2 g _____

❶かに缶の固形部分と汁を分ける.
❷かに缶の汁と水を混ぜ，合わせて240 gとする.
❸みつばをゆでて長さ1 cmに刻む.
❹❷の残りの汁＋水に酒，うすくちしょうゆ，塩で味をつけ，かに缶の固形部分を混ぜ，一煮立ちさせる. ゼラチンを混ぜ溶かす.
❺氷や水をあてながら混ぜ，粗熱を取り，レモン汁とみつばを混ぜる.
❻ぬらした流し箱またはバットなどで冷やし固める. 8等分する. 1人2切れとし，皿に盛り付ける.　　　（時岡）

2801 奶豆腐（牛乳かん）（ナイトウフ）

	（4人分）
｛角寒天	4 g（1/2本）_____
｛水	400 g（2 C）_____
｛砂糖	27 g（大3）_____
牛乳	210 g（1 C）_____
レモンエッセンス	2〜3滴
シロップ	
｛砂糖	40 g _____
｛水	80 g _____
｛ペパーミント	10 g（小2）_____
さくらんぼ（缶詰）	20 g（4個）_____

❶寒天は表面のごみを洗い流し，かたく絞って分量の水を入れた鍋に細かくちぎり入れ，膨潤させる.
❷シロップは砂糖を水に溶かして一煮立ちし，冷やしておく. 好みでペパーミントを入れる.
❸弱火で❶を加熱し，煮沸して溶かした後に砂糖を加え，溶けたらふきんでこし，2/3量に煮詰めて火からおろす.
❹❸に牛乳，レモンエッセンスを入れて混ぜ，広く浅い盛り付け用の器を水でぬらして流し込み，泡をスプーンで取り除いて冷まし，冷蔵庫に入れる. 固まったら包丁で菱型に底まで切り込みを入れる.
❺❹に❷を縁から流し込み，器をゆり動かすと，牛乳かんとシロップの比重の違いで❹が浮き，切れ目が目立ってくる. さくらんぼを飾って供する.　　　（濱口）

2802 杏仁豆腐（杏仁入りの寄せ物）（シンレントウフ）

	（4人分）
｛角寒天	4 g（1/2本）_____
｛水	400 g（2 C）_____
｛砂糖	27 g（大3）_____
｛杏仁粉（杏仁霜）	25 g _____
｛牛乳	100 g（約1/2 C）_____
シロップ	
｛砂糖	30 g _____
｛水	30 g _____
さくらんぼ（缶詰）	20 g（4個）_____

❶寒天の膨潤，シロップは2801 ❶❷と同様にする. ただし，シロップにペパーミントは入れない.
❷杏仁粉に水を少しずつ加えて溶き伸ばし，一煮立ちする. 加熱しすぎないこと，とろみがつけばよい.
❸❶の寒天を煮溶かし300 gに煮詰め，砂糖と❷を加えてよく混ぜる.
❹広く浅い盛り付け用の器を水でぬらし，❸を静かに流し入れ，冷やし固める. 固まったら包丁で菱型に底まで切り込みを入れ，シロップを流し込む（2801 ❺参照）. さくらんぼを飾って供する.　　　（濱口）

食品 2701　ゼラチン：動物の体（特に骨や皮）に含まれるコラーゲンを抽出・精製したもの. ゼラチンとコラーゲンの違いは，分子量，構造の違いであり，栄養的にはほぼ変わらない. ゼラチンは8種類の「必須アミノ酸」と，10種類の「アミノ酸」で構成されている. 特に必須アミノ酸であるリジンを多く含む. リジンは体内でのブドウ糖の代謝促進，カルシウムの吸収に関与し，成長に欠かせない. しかし，リジンはこめ，小麦の第一制限アミノ酸である. また，ゼラチンには必須アミノ酸のトリプトファンが含まれない. これら，食材に含まれる必須アミノ酸の特徴を勘案してアミノ酸スコアが高い献立を作成することが重要である.　　　（時岡）

食品 2801　牛乳，加工乳，乳飲料：牛乳は生乳（せいにゅう）だけを原料にしたものであり，牛乳には次の4種類がある. ①牛乳：生乳を加熱殺菌したもの. ②成分調整牛乳：生乳から乳成分の一部（水分，乳脂肪分，ミネラルなど）を除去し成分調整したもの. ③低脂肪牛乳：生乳から乳脂肪分の一部を除去したもの. ④無脂肪牛乳：生乳からほとんどすべての乳脂肪分を除いたもの. 加工乳は，生乳を主原料にして，脱脂粉乳，クリーム，バターなどの乳製品を加え加工したもので，脂肪の量の調節によって低脂肪や濃厚な味にしたものなどがある. 乳飲料は，生乳に乳製品や乳製品以外のものを加えた飲料である. カルシウムや鉄，ビタミンなどを加え栄養強化したもの，嗜好によりコーヒーや果汁などを加えたもの，乳糖を分解したものなどがある.　　　（時岡）

健康・栄養 2801　牛乳と豆乳の栄養比較：牛乳と調整豆乳を比較した場合，エネルギー，たんぱく質，脂質はほぼ同量である. カルシウム量は牛乳のほうが3倍以上含み，吸収率もよいが，豆乳には牛乳には含まれない鉄が含まれる.　　　（時岡）

2803 芒果布甸（マンゴープリン）

（デザートグラス4個分，4人分）

ゼラチン（顆粒タイプ）	5 g _____
マンゴーピューレ	200 g _____
砂糖	24 g _____
牛乳	100 g _____
レモン汁	7.5 g _____
飾り	
生クリーム	20 g _____
砂糖	少々 _____
セルフィーユ	4枚 _____
マンゴー	少々 _____

❶鍋に牛乳，砂糖を入れて火にかけ，沸騰直前まで加熱する．
❷ボウルに移し，ゼラチンを加え溶かす．
❸マンゴーピューレ，レモン汁を加え混ぜ，冷却して器へ流し，冷蔵庫で冷やし固める．
❹生クリームに砂糖を加えて泡立てる．
❺❸に❹を絞り，角切りのマンゴーをのせ，セルフィーユを飾る．（禾本）

食品 2803　追熟：マンゴー，バナナ，洋なしなどは，未熟なうちに収穫されるので，かたくて酸味が強いため食べごろになるまで待つ．追熟すると呼吸作用の上昇，エチレンガスの排出，酵素活性化により成熟して果肉がやわらかくなり，甘く，芳香が出てくる．　　　（禾本）

2804 西米椰汁（タピオカ入りココナッツミルク）

（デザートグラス4個分）

タピオカ（☞）	25 g _____
ココナッツミルク	120 g _____
牛乳	126 g（120 mL） _____
砂糖	30 g _____
黄桃	60 g _____
ミントの葉	4枚 _____

❶鍋にたっぷりの湯を沸かし，タピオカを入れて約15〜20分ゆでる．
❷ざるにあげて水に放つ．
❸鍋にココナッツミルクと牛乳，砂糖を入れて火にかけ，砂糖が溶けたら冷やす．
❹器に❸を注ぎ，タピオカを入れて角切りにした黄桃を加え，ミントを飾る．　　　（禾本）

☞　タピオカ：キャッサバといういもの根茎から採取したでん粉で，もちもちとした独特な食感が特徴である．　　　（禾本）

2811 湯元宵（あん入り白玉だんごのゆで菓子）（☞）

練りあん	30 g _____
白玉粉	20 g _____
水	18 g _____
シロップ	
砂糖	9 g _____
水	50 g _____

❶シロップを作り冷やす．
❷練りあんを弱火で焦げないように練り直し，だんごにしやすいかたさより，少しゆるめで止める（すぐにかたくなりすぎるので注意する）．2つに丸める．
❸白玉粉に水を加え，耳たぶ程度のかたさに調節し，2つに分けて広げ，❷を包んで丸める．
❹❸をゆでて冷水にとり，シロップをかけて供する．　　　（時岡）

☞　湯元宵：「元宵節」（げんしょうせつ）旧暦1月15日に食する行事食．元宵は湯円とも呼ばれる．丸い形は円満や団欒を象徴する．シロップをかけず温かいまま食する場合もある．　　　（時岡）

応用 2811　豆腐白玉：水の代わりに絹ごし豆腐を使う．豆腐の量は水とほぼ同量であるが，耳たぶ程度のかたさになるように調節する．豆腐の利用により，たんぱく質，カルシウムの補給ができる．また，だんごの切れがよくなるので，子どもや高齢者も食べやすくなる．白玉粉の半量を上新粉に変えるとさらに切れがよくなる．　　　（時岡）

2821 抜絲地瓜（さつまいものあめ煮）

（4人分）

さつまいも	400 g _____
油	6 g（大1/2） _____
砂糖	100 g _____
水	18 g _____
揚げ油	適量 _____

❶さつまいもは皮を厚めにむいて，大きめの乱切りにして水にさらす．
❷水気をふき，160℃の油で揚げる．最後は180℃に温度を上げて薄く色付くくらいまで揚げる．
❸鍋に油，水，砂糖を入れ，火にかけ淡黄色まで色づいたら，揚げたてのさつまいもを加えからませる．　　　（禾本）
❹油を薄く塗った皿に盛り付ける．

食品 2821　中華あめ：抜絲には，銀絲と金絲がある．銀絲（インスー）：140〜145℃のあめで着色しないのが特徴．金絲（チンスー）：160〜165℃のあめで淡黄色に色づくのが特徴．　　　（禾本）

2831　地 瓜糖衣(さつまいもの砂糖衣がけ)
ティーグワタンイー

さつまいも	90 g _____
揚げ油	適量 _____
砂糖	18 g _____
水	7.5 g _____

❶さつまいもはよく洗い，二口大に乱切りにする．水にさらして変色を防ぐ(☞)．

❷180℃の油で揚げる．色は少し濃くなるようにすると仕上がり時，糖衣との色の対比が美しい.

❸砂糖と水を混ぜ煮溶かす．糸引きの初期に❷のいもを加え，鍋ごとゆすって衣をからませる．白く乾かすが，箸などでさわると衣がはがれる原因となるので注意する. （時岡）

2841　高麗香蕉(バナナの卵白衣揚げ)
ガオリーシャンジヤオ

（バナナ1本分，2人分）	
バナナ	100 g（1本）_____
┌卵白	18 g（1/2個）_____
│薄力粉	9 g _____
└砂糖	5 g _____
揚げ油	適量 _____

❶薄力粉と砂糖はそれぞれふるう.

❷卵白に砂糖の1/3を加えて泡立てる．残りの砂糖も泡立てながら1/3ずつ加える．かたく泡立てて泡を消さないように薄力粉をさっくりと混ぜる.

❸バナナを二口大に手早く切る.

❹衣をつけ，160℃の油で白く揚げる．仕上げに粉糖をふってもよい. （時岡）

2851　豆沙麻球(揚げごまだんご)
トウシャーマーチュウ

（8個分）	
あずき並あん(1926)☞	120 g _____
┌浮き粉(☞)	20 g _____
│熱湯	30 g _____
│白玉粉	100 g _____
│砂糖	45 g _____
│水	70 g _____
└ラード	25 g _____
白ごま(あらいごま)	30 g _____
揚げ油	適量 _____

❶あずき並あんは8等分にして丸める.

❷浮き粉に熱湯を入れて混ぜる.

❸別のボウルに白玉粉，砂糖，水を入れて混ぜる．その中に❷を加えよく練る.

❹均一に混ざったら，ラードを加える.

❺めん台において押し広げるようにしっかりと練る.

❻8等分にして，❶のあんを包む.

❼だんごの表面に水をつけて白ごまをまぶす.

❽150〜160℃の油できつね色になるまで揚げる. （禾本）

☞　さつまいもの褐変：さつまいもに含まれるクロロゲン酸が酸化すると変色をおこす．クロロゲン酸はポリフェノールであるため，水溶性の性質を利用して水にさらす．（時岡）

食品 2831　さつまいも：さつまいもは糖質，ビタミンCなどを含む．また，食物繊維に富み，間食，補食の食材として大変有効である．特異成分としてヤラピンが含まれる．ヤラピンはさつまいもの切り口からでる白い乳液状の成分である．胃の粘膜保護，腸の蠕動運動促進，緩下作用などがある．さつまいもは便秘に効果があるとされるが，豊富な食物繊維とヤラピンの相乗効果によると考えられる． （時岡）

応用 2841　高麗苹果 (りんごの卵白衣揚げ)：りんごを砂糖と水でコンポートにし，水気を切る．2841と同様に揚げる． （時岡）
ガオリーピングォ

☞　浮き粉：小麦粉から採取したでん粉．白玉粉の生地に加えることにより加熱すると弾力が加わる.
（禾本）

2861 八宝飯（もち米の飾り蒸し菓子）（☞）

バーパオファン

（こめ1C分，8人分）	
もち米	170g＿＿＿＿
熱湯	130g＿＿＿＿
砂糖	27g＿＿＿＿
ラード	4g＿＿＿＿
飾り材料	
┌ ラード	2g＿＿＿＿
│ らっかせい	10g＿＿＿＿
│ 干あんず	20g＿＿＿＿
│ 干いちご	20g＿＿＿＿
│ プルーン	10g＿＿＿＿
└ パインアップル（缶詰）	20g＿＿＿＿
溜（リュウ）	
┌ 砂糖	20g＿＿＿＿
┤ 水	100g＿＿＿＿
└ かたくり粉	5g＿＿＿＿

❶もち米を洗米し耐熱容器またはボウルに入れ，熱湯を加え30分置く．そのまま強火で30分間蒸す．

❷飾り材料を用意する．らっかせいは薄皮を取り，半分に割っておく．そのほかの材料は適宜，偶数に切りそろえる．どんぶり（あまり広がりのない丸みのあるもの，多用丼）の内側にラード2gをまんべんなく塗り，飾り材料を底を中心に放射状に対角に色よく配置する．

❸蒸し上がった❶に砂糖とラードを混ぜ込む．こめの粒はなるべく残すように注意する．ぬらしたすりこ木などを使うとよい．❷のどんぶりの飾りが崩れないようにしっかりと詰める．

❹再度強火の蒸し器で10分間蒸す．

❺溜を作る．水に砂糖とかたくり粉を溶かし，弱火でとろみがつくまで，よく混ぜながら加熱する．全体的に少し重く仕上げる．

❻蒸し上がった❹を皿にあける．真上から❺を全体にかかるように一気にかけ，なめらかで艶やかに仕上げる．温かいところを供する． （時岡）

☞ 八宝飯：中国の春節を祝う菓子．北京をはじめ中国各地で祝いの席に用いられる．温かいものを食する．北京点心料理．八宝燉飯に溜をかけないものを指す場合もある．（時岡）

応用 2861 八宝燉飯（あん入りもち米の飾り蒸し菓子）：2861 ❸で，もち米を中央がくぼむように半分詰め，そこにこしあん50g，砂糖15g，ラード4gを加熱して練ったものを置き，さらに残りのもち米を詰める．2861と同様に仕上げる． （時岡）

バーパオトウンファン

2871 馬拉糕（中華蒸しケーキ）（☞）

マーラーカオ

（18cm丸型ケーキ型1個分，8〜10人分）	
薄力粉	200g＿＿＿＿
ベーキングパウダー	11g＿＿＿＿
重曹	3.5g＿＿＿＿
ブラウンシュガーまたは三温糖	120g＿＿＿＿
卵	180g＿＿＿＿
牛乳	100g＿＿＿＿
はちみつ	44g＿＿＿＿
油	47g＿＿＿＿

❶薄力粉，ベーキングパウダー，重曹は合わせてふるう．蒸し器にたっぷりの水を入れて火にかける．型を用意する．

❷大きなボウルに卵を入れ，溶きほぐし，砂糖を入れ泡立て器で混ぜる．牛乳，はちみつ，油を加えてよく混ぜる．

❸❶の粉類を❷に加えて，軽く混ぜる．型に流し入れる．

❹湯気の上がった蒸し器で，強火で30〜35分間蒸す． （中平）

☞ 馬拉糕：牛乳やはちみつの入ったマレーシア風の中華蒸し菓子．重曹が小麦粉のフラボノイド色素と反応して褐色に仕上がる．バナナを入れてもおいしい． （中平）

2872 蒸蛋糕（中国風蒸しカステラ）（☞）

ジョンタンカオ

干しぶどう	15g＿＿＿＿
卵	1個
砂糖	50g＿＿＿＿
上新粉	40g＿＿＿＿
油	適量＿＿＿＿

❶上新粉をふるっておく．

❷流し箱にごく薄く油を塗っておく．

❸干しぶどうを熱湯に入れてふやかし，1粒を2〜3個に切り，❶のうちの大さじ1/2分の上新粉をまぶしておく．

❹卵を泡立て（共だて，40℃くらいの湯せんをするとよい），砂糖を2回に分けて入れる．これ以降，卵の泡立ちをなくさないように手早く蒸す作業まで進める．

❺❹に❶を混ぜ合わせ，❷に移して大きな泡を消して❸を入れ，つゆどめして中火から強火で20分間蒸す．竹串を刺してついてこなければ出来上がり．火力が強いと表面が割れるので注意．型から出し，切り分ける． （久保）

☞ 中国風の蒸しカステラで，出来上がってから食紅で「壽」などと書いて飾り，お祝いの食べ物にもする．糕：材料としておもに米の粉が用いられる点心．蛋：卵のこと．卵の起泡を利用して膨化させた菓子．しっかりと起泡させ，加熱準備した蒸し器ですばやく加熱することでふっくら仕上げる． （久保）

2901 中国茶

ウーロン茶	3 g _____
熱湯	200 g _____

❶蓋碗(ガイワン)(☞) に湯を注ぎ温めておく. 蓋碗の湯を捨て, 茶葉を入れ熱湯を注ぎ, ふたをして蒸らす. 茶葉が沈むまで待つ(約2〜3分).

❷茶たくごと持ち上げ, ふたをずらして茶葉を向こう側へよけながら飲む.
❸なくなればふたを取り, 湯を追加して飲む(2〜3回おいしく飲める).
（☞）　　　　　　　　　　　　　　　　　　　　　　（濵口）

2911 炸 麻花餅(チャーマーホワビン)(ねじり揚げ菓子)(☞)

	(4人分)
薄力粉	160 g _____
シナモン	4 g _____
砂糖	60 g _____
卵	60 g _____
水	12 g _____
薄力粉(打ち粉)	適量 _____
ごま油	12 g _____

❶薄力粉, シナモンをボウルにふるい入れ, 砂糖を加えて混ぜる. 真ん中に卵を割り落とし, 水を加えて混ぜ合わせ, 耳たぶくらいのかたさにこねる. ラップフィルムに包んで10分間ほどねかせておく.

❷まな板に打ち粉を敷き❶をめん棒で厚さ1 cmに伸ばし, 表面にごま油を薄く塗り, 2等分して2枚を重ねる. これを3〜4回くり返して最後に厚さ5 mmに伸ばす.

❸❷を5×2 cmくらいの長方形に切り, 上部を5 mmほど残して縦半分に切り, 2本を巻きつけてねじる.
❹油を熱し, やや低めの温度できつね色に揚げる.　　　（中平）

2921 沙 起瑪(シャーチィマー)(中国のおこし)

	(13×11 cm流し箱1個分)
薄力粉	60 g _____
卵	30 g (1/2個) _____
水	5 g (小 1) _____
揚げ油	適量 _____
砂糖	80 g _____
水	15 g (大 1) _____
水あめ	50 g _____
干しぶどう	20 g _____
白ごま	6 g (小 2) _____

❶ボウルに薄力粉, 卵, 水を入れ, 耳たぶよりかために練り, 厚さ2 mmに伸ばし, 上下に打ち粉を多めにふり, びょうぶたたみにして2〜3 mmの太さに小口から切る. 粉をふってほぐしておく.

❷干しぶどうは細かく切る. 白ごまは炒る.
❸流し箱にクッキングシートを敷く.
❹❶を150℃の油で白っぽく, しっとり揚げる(泡の出が静まるまで. 食べるとやわらかいが, 生ではない状態).

❺平鍋に砂糖, 水, 水あめを入れて, 火にかける. 沸騰後, 液を箸の先に付着させて箸を開き, 糸が引いたら火からおろし, ❹と❷を入れて混ぜる.
❻流し箱に入れ, 上から押さえつけて密着させ, 平らに整える(クッキングシートをかぶせて押すとよい. 熱いので注意する).
❼冷めてから一口大に切る.　　　　　　　　　　　　（禾本）

☞ 蓋碗は, 上の「蓋」と本体の「碗」, 下の「托」の3点で構成される, ふた付きの湯呑み茶碗のこと. 茶杯(飲杯)は, 湯呑み茶碗のこと.（濵口）

☞ 茶壷(チャーフウ)(きゅうす)で抽出する場合：茶壷に茶葉を入れて抽出する場合は, ❶茶盤(チャーパン)(中に水をためるタイプの小型の竹製の台)の上に茶壷を置き, 茶壷に湯を入れ, さらに茶杯(チャーペイ)へと湯を移しながら温める. 茶壷の湯を捨て, 茶葉を入れ高い位置から熱湯を勢いよく注ぐ. ❷ふたをした茶壷の上から熱湯をかけ, 外側からもさらに温める. 数分蒸らしてから, 茶杯に注ぎ入れる.（濵口）

食品 2901　中国茶：半発酵茶で香気の強い「烏龍茶(ウーロン茶)」, 中国の緑茶に乾燥させた茉莉花(まつりか)の花を混ぜた「茉莉花茶(モーリーホワチャー)(ジャスミン茶)」, 緑茶にコウジカビを繁殖させた「普洱茶(ブーアルチャー)(プーアル茶)」などがある.（濵口）

☞ 炸麻花餅：シナモンを入れた中華ねじり揚げ菓子.（中平）

2931 開口笑（カイコウシャオ）(中国風ドーナツ) (☞)

（8個分，8人分）

┌ 薄力粉	120 g _____
└ ベーキングパウダー	6 g（大 1/2）_____
ラード	8 g（小 2）_____
砂糖	50 g _____
卵	40 g _____
水	15 g _____
卵白	30 g（1 個分）_____
白ごま（あらいごま）	適量 _____
揚げ油	適量 _____

❶薄力粉とベーキングパウダーを合わせふるう．

❷ボウルにラード，砂糖を入れて混ぜ，卵を数回に分けて加え混ぜる．

❸水を加え混ぜ，❶を軽く混ぜる．

❹8等分にして丸め，ほぐした卵白をつけてごまをまぶす．

❺150 〜 160℃の油でゆっくり揚げる．割れ目ができて，きつね色になるまで揚げる． （禾本）

☞ **開口笑**：揚げると亀裂が入るので「口を開けて笑う」という名前がついたお菓子．粉を混ぜすぎると揚げたとき開きが悪くなる． （禾本）

2941 杏仁酥（シンレンスウ）(アーモンドクッキー)

（天板 1 枚分，12 個）

ショートニング	50 g _____
砂糖	50 g _____
卵	20 g _____
スライスアーモンド	15 g _____
薄力粉	100 g _____
ベーキングパウダー	2 g（小 1/2）_____
卵（ドリュール用）(☞)	8 g _____
粒アーモンド	15 g（12 粒）_____

❶粒アーモンドはオーブン（150℃，15 分）で焼く．

❷薄力粉とベーキングパウダーを合わせて 2 回ふるう．

❸ボウルにショートニングを入れ，泡立て器でクリーム状にすり混ぜ，砂糖を入れてすり混ぜ，卵を入れてふんわりするまですり混ぜる．

❹❸にスライスアーモンドと❷を入れて木じゃくしで切るように混ぜ，あずき粒大にポロポロになれば手でひとまとめにし，12 個に分けて丸める．

❺❹を手のひらで押して直径 5 cm くらいに平たくし，天板に並べる（4 × 3 個）．中央を指で押してくぼませ，ドリュールを上面のふちまでていねいに塗る．中央のくぼみに❶をのせて少し押し込む．

❻オーブン（170℃）で，膨らんで細かいひび割れが入り，こんがりきつね色になるまで約 15 分焼く．サクっとした素朴なクッキーである． （大喜多・池田）

☞ **ドリュール**：フランス語が語源で，焼き菓子やパンの表面につや出しのために塗る溶き卵のこと．
（大喜多・池田）

科学 **2941 油脂のショートネス性とショートニング**：パイ，クラッカー，クッキーなどをかみ砕いたとき，もろさ，砕けやすさを与える性質をショートネス性という．バター，マーガリン，ラード，綿実油から鶏の油にいたるまで油脂類はほとんどこの性質を与えるが，なかでもラードが特にすぐれているため，その代用として開発されたのがショートニングのはじまりである．現在はショートネス性に限らず，クリーミング性，可塑性，乳化性，酸化安定性などの機能別のショートニングが開発され，各種の焼き菓子に広く普及しており，ショートニングの名称は不適とされている．
（大喜多・池田）

応用 **2941 材料の置換**：ショートニングを太白ごま油，砂糖をきび砂糖（てんさい糖），薄力粉の 2 割を全粒粉に置換すると，ひと味違ったコクのある杏仁酥になる．（濵口）

2951　月餅（げっぺい）
（ユエビン）

（6個分）

皮
薄力粉	100 g	
砂糖	18 g（大 2）	
ラード	60 g	
水	15～30 g（大 1～2）	

あん
練りあん	200 g	
ラード	25 g	
ピーナッツ	50 g	
干しぶどう	50 g	
白ごま（あらいごま）	9 g（大 1）	

つや出し
卵黄	9 g（約 1/2 個）	
みりん	1.5 g（小 1/4）	
強力粉（打ち粉）	適量	

❶皮を作る．薄力粉をボウルに入れ，砂糖とラードを加えて泡立て器でよく混ぜ，ほぼ混ざったところへ水を加えて混ぜ，全体を手でよくこねて直径 6 cm の円筒状にして，ラップフィルムに包み冷蔵庫でねかせておく．

❷ピーナッツ，干しぶどうを粗く刻み，白ごまは炒って切りごまにする．

❸鍋に練りあんとラードを入れて火にかけて練り，さらに❷を入れて練り上げ，鍋肌に広げて冷ます．冷めたら直径 6 cm の円筒状にまとめ，6個に切る．

❹冷えた❶を 6 個に切り，切り口を上にして広げて❸を包む．

❺❹の表面をめん棒で平らにして厚さ1.5 cm，直径 6～7 cm の円筒状にし，径 7 cm の月餅型の中に入れて押し，模様をつける（型に強力粉〈打ち粉〉をふって入れる）．余分な粉を刷毛ではらい取り，つや出しを塗り，190℃のオーブン中段で 17 分くらい焼く．

（☞）　　　　　　　　　　　　　　（濱口）

☞ **月餅の食感**：油脂分の多い菓子は，焼きたてはかたいが，日をおいた（ねかせる）ほうが，砂糖などの糖分と油脂類が粉となじんで落ちつくので，しっとりと重厚感のある食感が味わえる．焼きたての食感と食べ比べてみるとよい．　（濱口）

2952　中秋月餅（中秋げっぺい）（☞）
（チョンチュウユエビン）

（4個分）

皮
薄力粉	100 g	
シナモン（粉）	2 g（小 1/2）	
砂糖	30 g	
卵	30 g（約 1/2 個）	
水あめ	14 g（小 2）	
ラード	12 g（大 1）	

あん
薄力粉	30 g	
干しぶどう	20 g	
あんず（乾）	20 g	
くるみ（いり）	20 g	
ピーナッツ	20 g	
砂糖	40 g	
ラード	12 g（大 1）	
水	20 g	

つや出し
卵黄	9 g（約 1/2 個）	
砂糖	1.5 g（小 1/2）	
しょうゆ	3 g（小 1/2）	
強力粉（打ち粉）	適量	

❶皮用の薄力粉とシナモンを一緒にふるいにかけて混ぜておく．

❷砂糖，卵，水あめ，ラードを混ぜ，その中へ❶を加え，耳たぶくらいのかたさにこね，4 等分する．ラップフィルムに包み，冷蔵庫でねかせておく．

❸あんを作る．干しぶどう，あんず，くるみ，ピーナッツは粗いみじん切りにする．薄力粉はきつね色になるまでいる．これらを混ぜ合わせ，さらに砂糖，ラード，水も加えて弱火で練り上げ 4 個に分けて丸める．

❹❷を広げて❸を包み，強力粉（打ち粉）をふった月餅型に入れ形を作る．余分な粉を刷毛ではらい取る．

❺天板にクッキングシートを敷き，型の模様のついた方を表にして並べる．つや出しの材料を混ぜ合わせ，刷毛で表面に塗る．

❻180～200℃のオーブンで約 15 分焼く．途中で 1 回つや出しを塗る．

（濱口）

☞ **月餅，中秋月餅**：中国料理の点心（菓子）の一種．中国では陰暦 8月 15 日の中秋節に，月に供える風習がある．小麦粉・ラード・砂糖・卵などで作った皮に，あずきあんや，木の実，ドライフルーツなどを包み，平たく円形に焼いたもの．　（濱口）

11章 洋風料理

3001 カレーライス

こめ	85 g（1/2 C）＿＿＿＿
たまねぎ	100 g ＿＿＿＿
牛肉（角切り）	50 g ＿＿＿＿
ブイヨン	150 g（3/4 C）＿＿＿＿
にんにく	1 g（小 1/4 片）＿＿＿＿
しょうが	3 g ＿＿＿＿
バター	5 g（小 1/4）＿＿＿＿
カレールー	
┌ バター	5 g ＿＿＿＿
│ 小麦粉	20 g ＿＿＿＿
│ カレー粉	2.5 g ＿＿＿＿
└ 水	50 g（1/4 C）＿＿＿＿
バター	5 g ＿＿＿＿
即席キャベツピクルス	
キャベツ	40 g ＿＿＿＿
┌ 塩	0.8 g ＿＿＿＿
│ 酢	4 g ＿＿＿＿
└ 砂糖	5 g ＿＿＿＿

❶こめは体積の 1 割増しの水を加え，かために炊く．

❷煮込み用鍋にバターを溶かし，みじん切りにしたにんにくとしょうがを加え，香りが出るまで弱火で炒める．その後，たまねぎを炒める．

❸牛肉は繊維に直角にさらに 2 ～ 3 個に薄く切り，❷に加えて炒める．

❹❸にブイヨンを加え，最初強火，沸騰後は沸騰が続く程度の火加減にして，灰汁を取りながら，液量が半分程度になるまでふたをして 40 ～ 60 分煮込む．

❺【カレールー】フライパンにバターを溶かし，小麦粉を加えて木じゃくしでさらさらになるまで炒め，ブラウンよりやや淡色のルーを作る．最後にカレー粉を加えて火を止め，水を少しずつ加え，十分に混ぜ合わせる．

❻❹が十分煮えたら水量を加減し，塩味をほぼ調えて❺を加え，焦げつかないよう混ぜながら 15 分程度煮込む．

❼仕上げ時にバターを入れて火を消す（香りが飛ぶので加熱しない）．

❽皿の右に飯，左にカレールーを盛る（ミート皿に❶，ソースチューリンに❼を盛り付けてもよい）．

❾キャベツは 2 cm 角に切り，塩をしてしっかりもみ，絞って甘酢に漬けておき，小皿に入れて添える．（☞） 　（東根）

食品 3001　カレー粉：カレー粉に使われるスパイスは，30 種類以上あり，世界中から集められ，それを粉にし，配合，焙煎，熟成されたものである．香りをつけるスパイスはコリアンダー，カルダモン，フェンネル，シナモン，ナツメグなど，辛みはブラック・ホワイトペッパー，ジンジャー，マスタード，色はターメリック，パプリカ，サフランなどである．多くのスパイスの効果が期待できる．　（東根）

☞ カレーの薬味：カレーにアクセントをつけてくれる薬味は，甘味，酸味，塩味，カリカリぱりぱりしたものがあると変化が楽しめる．従来から日本では福神漬けとらっきょうが定番であったが，オニオンチップやオリーブ，ピクルス，干しぶどうなども添えられるようになった．　（東根）

3002　ハヤシライス

飯	200 g
牛赤身肉(薄切り)	50 g
塩	0.2 g
こしょう	少々
油	2 g
たまねぎ	70 g
マッシュルーム	30 g
トマトソース	
バター	10 g
薄力粉	10 g
スープストック	80 g
ホールトマト(缶詰)	50 g
赤ワイン	10 g
塩	1.5 g
こしょう	少々
(ホールトマト缶汁)	30 g
ブーケガルニ	適宜
グリンピース	5 g

❶牛肉は3〜4cm幅に切る．たまねぎは縦2つ割にしてから繊維にそって2mm幅にくし形に切る．マッシュルームは縦に3〜4切れにスライスする．

❷厚手の鍋に油を入れ，牛肉を炒めて塩，こしょうする．たまねぎを加えて炒め，マッシュルームを加えてさらに炒める．

❸【トマトソース】3531❺のブラウンルーを作る(☞)．これをスープストックでのばし，ホールトマト(カットタイプ)を入れて中火で煮詰め(このときトマト缶汁も煮込みに用いるとよい)，全体量が1人分で130〜150gになるように調整する．赤ワインを入れて塩，こしょうで味を調える．

❹❷に❸を入れ，ブーケガルニを加えて30分程度弱火で煮込む．

❺器に飯を盛り❹を盛り付ける．色よくゆでたグリンピースを添える．　　　(作田)

☞薄力粉をフライパンに入れ，中火で乾煎りする(焼き小麦粉)．これを利用するとルーのバターが不要となり，脂質を抑えることができる．スープストックで溶いて用いるが，ホワイトソースには浅く色づいたもの，ブラウンソースには茶褐色になるまで加熱したものを使うとよい．まとめて作って保存できる．190℃のオーブンに広げ20分加熱してもよい．　　　(作田)

食品 3002　ブーケガルニ：引き上げやすいように，不織布のパックなどにタイム，ベイリーフ，パセリの軸やセロリの葉などを入れて使用するとよい．　　　(作田)

3003　ドライカレー

飯	250 g
豚ひき肉	80 g
たまねぎ	50 g
にんじん	30 g
ピーマン	30 g
油	4 g (小1)
水	適量
カレールー	15 g
ゆで卵輪切り	25 g (1/2個分)
ミニトマト	10 g (1個)

❶野菜はみじん切りにする．

❷鍋に油を熱し，ひき肉と❶を炒め，火が通ったら水少々(目安はそれらの深さの5分目くらい)とカレールーを加えて弱火で煮る．汁気がわずかに残る程度に煮詰まったら，加熱を終える(☞)．

❸器に飯を盛り，❷をのせ，ゆで卵，ミニトマトを添える．

　　　(大喜多・池田)

応用 3003　材料の応用：好みで，豚ひき肉を炒める前に，しょうが，にんにくのみじん切りを炒めておいてもよい．だいずの水煮75gを加えてもよい．カレールーとともに，ウスターソース，ケチャップを少量加えてもよい．出来上がり直前にレーズンを加えてもよい．

　　　(大喜多・池田)

☞加熱の時間：野菜をみじん切りにし，市販のカレールーを利用することによって，煮込む時間，調理時間を短縮した作り方である．

　　　(大喜多・池田)

3011 チキンライス

こめ	85 g (1/2 C)
バター	1 g
塩	0.6 g
こしょう	少々
スープストック	110 g
ケチャップ	12 g
グリンピース	4 g
鶏肉	25 g
たまねぎ	15 g
乾しいたけ(☞)	1.5 g
バター	1.5 g
パセリ	少々

❶こめは洗ってざるにあげ，30分置く．

❷鶏肉を1 cm角切り，しいたけは戻して短めのせん切り，たまねぎはみじん切りにする．フライパンにバター1 gを溶かし，鶏肉を炒め，次にたまねぎしいたけを炒め，塩，こしょうをする．

❸厚手の鍋(炊飯可能な鍋)にバター1.5 gを溶かし，❶を透き通ってパラパラになるまで炒め，❷とスープストック，ケチャップを入れ，焦がさないように(ケチャップが入ると焦げやすい)弱火で20分程度炊く．(☞)

❹❸にゆでたグリンピースを入れて混ぜ，皿に盛りパセリを添える． (東根)

☞ 乾しいたけのかわりに，生しいたけ，しめじ，エリンギなどを使ってもおいしい． (東根)
☞ 炒めた材料を炊飯器に移し，沸騰させたスープストックとケチャップを加えてスイッチを入れ，炊き上げてもよい． (東根)

3012 オムライス

チキンライス	3011と同じ
卵	55 g (1個)
塩	少々
こしょう	少々
油	4 g
パセリ	少々

❶卵1個を割りほぐし，塩，こしょうをして，油をなじませたフライパンの全面に，薄く大きく広げる(少し火から離す)．(☞)

❷フライパンをゆり動かして卵の底を離し，表面が半熟になったら3011❸の1人分を中央にまとめて入れ，向こうにずらし皿に盛る(3201 ❹)．

❸ぬれぶきんで形を整え，中央にケチャップ，向こう側にパセリを添える． (東根)

☞ フライパンは，直径15 cm程度のテフロン加工のものが使いやすい．油の代わりにバターを使うと香りが増す． (東根)
応用 3012 即席オムライス：合びき肉とたまねぎ，にんじんのみじん切りを炒め，飯も加えた後，ケチャップを入れて味を調え，3012同様に仕上げる． (東根)

3013 しばえびのピラフ(洋風炊き込み飯)

こめ(無洗米)	75 g
バター	5 g
たまねぎ	15 g
ロースハム(薄切り)	12 g
生しいたけ	15 g
しばえび	25 g
バター	4 g
ブイヨン	120 g
グリンピース	6 g

❶たまねぎはみじん切り，ハムは1 cm角の色紙切り，しいたけは5 mm角に切り，しばえびは背わたを除く．フライパンにバターを溶かし，順に加え炒める．

❷❶からいったん具を取り出し，バターを溶かし，こめを入れ炒め，パラパラになれば❶を戻す．

❸❷を炊飯器に入れ，ブイヨンを加えて炊く(固形コンソメを使用する場合は塩加減に注意)．

❹グリンピースをライス型の底に散らしておき，❷を詰め，皿に返す． (三浦・山本)

食品 3013 ピラフ (仏)：元はペルシア語で，中近東を起源とする．こめを油脂 (バター) で炒め炊きあげたもの．こめを炒めるとこめ粒の表面の細胞が損傷され油や水がこめ内部に入るが，中心部への吸水は悪く，芯のある出来上がりになりやすい．炒め時間が長いほど粘りが少なくかたくなる． (三浦・山本)

3014　ライスグラタン（ドリア）

ケチャップライス	（3011と同量）＿＿＿
鶏ささ身	25g＿＿＿
生しいたけ	10g＿＿＿
たまねぎ	20g＿＿＿
バター	5g＿＿＿
塩	0.2g＿＿＿
こしょう	少々＿＿＿
ホワイトソース	（3031と同量）＿＿＿
粉チーズ	2g（小1）＿＿＿
生パン粉	3g（大1）＿＿＿
バター	5g＿＿＿
パセリ	少々＿＿＿

❶3011の具なしでケチャップライスを炊く.

❷3031❷❸同様にホワイトソースを作る.

❸鶏肉，しいたけ，たまねぎはいずれも1cm角に切り，バター5gで炒めて，軽く塩，こしょうする．これを❷に混ぜ込む.

❹グラタン皿にバター（分量外）を塗り，❶を入れ，❸をかけて，チーズ，パン粉，パセリみじん切りをふりかけ，5mm角バターを散らして，250℃のオーブンで約7分焼いて焦げ目をつける.（☞）（大喜多・池田）

3015　パエリア（ミックスパエリア）（☞）

	（2〜3人分）
こめ（無洗米）	160g＿＿＿
鶏もも肉	60g＿＿＿
オリーブ油	15g＿＿＿
するめいか	60g＿＿＿
えび（殻付き）	45g（3尾）＿＿＿
あさり（またははまぐり）	30g（3個）＿＿＿
ムール貝	15g（3個）＿＿＿
チョリソー（またはサラミ）	15g＿＿＿
さやいんげん	30g＿＿＿
赤パプリカ	30g＿＿＿
スープストック	200g＿＿＿
ピカーダ（☞）	30g＿＿＿
ソフリット（☞）	100g＿＿＿
サフラン	少々＿＿＿
白ワイン	30g＿＿＿
塩	3g＿＿＿
こしょう	少々＿＿＿
レモン	適量＿＿＿

❶鶏肉は2cmの角切りにする．いかは胴を輪切りにする.

❷えびは殻のまま背わたを除く．貝は殻をこすり合わせて洗う.

❸チョリソーは薄い輪切りにする.

❹さやいんげんは半分に切る．赤パプリカは1cm幅の短ざく切りにしておく.

❺サフランは白ワインに入れて温めて色を出す.

❻ふたのできるフライパン（あればパエリア鍋約30cm径）にオリーブ油を半量入れ，❶を入れて炒め，いったん取り出す．火を弱めてから残りのオリーブ油を加えてこめを入れて炒める.

❼こめにオリーブ油をなじませるように炒め，スープストック，ピカーダ，ソフリット，❺のサフランを白ワインごと入れ，塩，こしょうを入れてよく混ぜ，そのまま強火で煮る.

❽煮ながら❼の上を平らにならし，❷❸❹を置き，❻で取り出した鶏肉といかを並べてふたをする．この時点で水分はひたひた程度である.

❾そのまま10分程度強めの弱火で水気が引くまで加熱する．パチパチと音がすれば3秒程度強火にしてから火を止め，そのまま10分置く．このときできるだけ冷めないよう保温するとよい.

❿くし形に切ったレモンを添えて鍋ごと食卓に供す.　　　　（作田）

☞ **ソースと出来上がりの状態**：主材料が魚介，鶏にはホワイトソース，牛，豚にはトマトソースかブラウンソースが合う．グラタンとは表面が皮を張ったようになり，焦げ目のついた料理．したがってソースのなめらかさがおいしさを左右する．用いるグラタン皿によって表面積が異なるので，少しやわらかめのソースが表面にたっぷりかかるように分量を加減する．供卓直前に焼き上げ，受け皿にのせて熱いところをすすめる．　　　　（大喜多・池田）

応用 **3014　即席ライスグラタン**：ケチャップライスは冷飯をバターでよくほぐして炒め（または電子レンジで温め），ケチャップ，塩，こしょうで味を調えたもので代用．ソースに混ぜ込む材料はほかに肉類（えび，ハム），きのこ類（マッシュルーム，しめじ），野菜類（ピーマン，ブロッコリー）などに応用できるが，たまねぎは不可欠．　　　（大喜多・池田）

☞ パエリアは，スペインの地中海側に面したバレンシア地方（ジャポニカ種のこめの産地）の料理．口が広くて浅いパエリア鍋を用い，ありあわせの食材で作られることが多い．こめの代わりに細いパスタを3cm程度に折って用いることもある．簡単に調理するには，にんにくを多めのオリーブ油で炒め，こめを洗米せずに炒めたところに，魚介やトマト，サフランで色出ししたスープストックを入れ，中火で炊く（もしくは200〜220℃のオーブンで15分程度加熱する）．その後ふたをして10分程度蒸らす．（作田）

食品 **3015　チョリソー**：細かく切った肉に塩，にんにく，パプリカなどと炒めた香辛料を混ぜ合わせて腸詰めにして乾燥させたスペインのソーセージ．　　　　　（作田）

☞ **ピカーダ**（出来上がり60g）：ローストしたナッツをベースにしたスペインの合わせ調味料である．にんにく10g，アーモンド60g，パセリ20g，オリーブ油30gをペーストにして用いた（白ワインを適量加えることもある）．炒め物に使用すると香りがよい．　　（作田）

☞ **ソフリット**（出来上がり250g）：みじん切りにした野菜を多めのオリーブ油で炒めたもの．まとめて作って冷凍する．オリーブ油30gでたまねぎ300g，にんにく20gを炒め，ホールトマト400g（1缶），タイムパウダー（小1/4）を加えて中火で30分煮詰め500gとする．魚介の煮込みやパスタソースに使える．　　（作田）

3021　ミートスパゲッティ

スパゲッティ(乾)	70 g	_____
⎰ 水 (めんの6倍)	420 g	_____
⎱ 塩 (水の1%)	4.2 g	_____
牛ひき肉	50 g	_____
たまねぎ	30 g	_____
にんにく	2 g	_____
バター	8 g	_____
マッシュルーム	10 g	_____
薄力粉	8 g	_____
トマトピューレ	30 g	_____
ケチャップ	15 g	_____
赤ワイン	10 g	_____
ブイヨン	75 g	_____
ブーケガルニ	適量	_____
パルメザンチーズ	5 g	_____
パセリ	3 g	_____
塩	少々	_____
こしょう	少々	_____

❶たまねぎ, にんにくはみじん切り, マッシュルームは薄切りにする.

❷厚手の鍋にバターを熱し, 弱火でにんにくをゆっくりと炒めた後, たまねぎを加え薄く色づくまで炒める.

❸❷にひき肉を入れ, 肉の色が変わるまで炒めた後, 薄力粉を入れてさらに炒める.

❹次にマッシュルームを加えざっと炒め合わせ, 赤ワイン, ブイヨン, トマトピューレ, ブーケガルニを加えて煮る.

❺沸騰したら, 灰汁を除いてふたをし, 弱火で30分くらい煮込む(ふたを取り混ぜながら煮詰める). ある程度煮詰まったら, ブーケガルニを取り出し, ケチャップを加え, 塩, こしょうで味を調味する.

❻スパゲッティは塩熱湯の中にさばくように入れ, アルデンテ(食品3021)にゆでる.

食品 3021　スパゲッティ：パスタの1種. パスタのうち棒状のロングパスタ(直径1.5～2.7 mm)をスパゲッティと呼ぶ. スパゲッティの語源は細いひもという意味. 超硬質小麦であるデュラム小麦を製粉したセモリナ粉に水を加えてよく練ると強い粘弾性をもったドウができる. これを押し出し式でひも状に圧延し適当な長さに切断する. ゆで方は1%程度の塩を入れたたっぷりの湯(スパゲッティの重量の6倍)に入れる. 中心部に針先ほどの芯が残っているかため(アルデンテ)にゆで上げる. 加熱時間の表示より1分ほど短めが目安である.
（三浦・山本）

食品 3021　ブーケガルニ：香草の束という意味. パセリの茎, セロリの軸, タイムの枝, ローリエ葉などを糸でくくって束にする. 煮込み料理やスープをとるときに香りづけと臭み消しの目的で材料とともに煮込む.
（三浦・山本）

❼ゆで上げたスパゲッティを温かいミートソースの中に入れてあえ, 温めた皿に盛り付け, おろしたパルメザンチーズとパセリをふりかけて供する. （三浦・山本）

3022　スパゲッティ・ペペロンチーノ(☞)

スパゲッティ(乾)	80 g	_____
(ゆで水 1%食塩水)		
⎰ 水	1 kg	_____
⎱ 塩	10 g	_____
みずな	50 g	_____
アンチョビ	5 g (1枚)	_____
にんにく	3 g	_____
赤とうがらし	0.5 g	_____
オリーブ油	12 g	_____

❶たっぷりの湯に塩を加え, スパゲティをかためにゆでてざるにあげる.

❷みずなは3 cmに切り, アンチョビは粗みじん, にんにくは薄切り, 赤とうがらしは輪切りにする.

❸フライパンにオリーブ油, にんにく, 赤とうがらしを入れ, 弱火でじっくりにんにくの香りを引き出し, アンチョビを加える.

☞　ペペロンチーノ：イタリア語でペペロンチーノはとうがらしの意. ペペロンチーニは複数形. にんにく, オリーブオイル, とうがらしの3つの素材をソースに用いたパスタ料理をさす. （中平）

❹❸に❶のゆで汁を玉じゃくしで(1杯/人)加えて火を消し, スパゲッティとみずな(飾り用に少し残す)を加えてあえる.

❺皿に盛り, 飾り用のみずなを飾る. （中平）

3023　スパゲッティ・カルボナーラ（☞）

スパゲッティ（乾）	50 g ＿＿＿＿
（ゆで水 1％食塩水）	
⎰ 水	1 kg ＿＿＿＿
⎱ 塩	10 g ＿＿＿＿
ベーコン	25 g ＿＿＿＿
にんにく	3 g（1 かけ）＿＿＿＿
オリーブ油	8 g（小 2）＿＿＿＿
卵ソース	
⎧ 卵	60 g（1 個）＿＿＿＿
⎪ パルメザンチーズ	6 g（大 1）＿＿＿＿
⎨ 生クリーム	15 g（大 1）＿＿＿＿
⎪ 塩	0.1 g ＿＿＿＿
⎩ スパゲッティゆで汁	15 g（大 1）＿＿＿＿

❶ベーコンを 5 mm 角の拍子木に切る.
❷ボウルに卵ソースの材料を入れ, よく混ぜ合わせる.
❸スパゲッティは塩を入れた熱湯でゆでる.
❹フライパンにオリーブ油を入れ, 弱めの中火で, にんにくで香りをつけながら, ベーコンをカリッとするまでゆっくり炒める. にんにくは取り出す.
❺ゆでたてのスパゲッティを❹に加えて手早く混ぜ, 弱火にして❷を加えて混ぜ, ゆで汁を加えてソースをゆるめながらスパゲッティ全体にからめる.

❻全体がとろりとしたら, 皿に盛る.　　　　　　　　　（中平）

☞　**カルボナーラ**（炭焼き風）：山で働く炭焼き人が思いついた料理といわれる. 塩漬け豚, 卵, チーズなどでソースを作ったものが原形.
（中平）

3024　スパゲッティ・ジェノベーゼ（☞）

スパゲッティ（乾）	60 g ＿＿＿＿
（ゆで水 1％食塩水）	
⎰ 水	1 kg ＿＿＿＿
⎱ 塩	10 g ＿＿＿＿
ジェノベーゼソース	
⎧ オリーブオイル	6 g ＿＿＿＿
⎪ 粉チーズ	3 g ＿＿＿＿
⎪ バジルの葉	4 g ＿＿＿＿
⎨ くるみ	2 g ＿＿＿＿
⎪ にんにく	1 g ＿＿＿＿
⎩ 塩	0.3 g ＿＿＿＿

❶ジェノベーゼソースの材料をフードプロセッサーに入れてなめらかにする.
❷スパゲッティは塩を入れた熱湯でゆでる.
❸❶にゆでたてのスパゲッティを加えて手早く混ぜ, スパゲッティ全体にソースをからめ, 皿に盛る.　（中平）

☞　**ジェノベーゼ**：バジルをふんだんに使ったイタリアのジェノバ地方生まれのソース. イタリア料理でジェノベーゼソースを使った料理に用いる言葉. バジルは β - カロテンとビタミン E を豊富に含む.
（中平）

3031　マカロニグラタン（マッシュポテトを含む）

マカロニ	25 g ＿＿＿＿
（ゆで水 1％食塩水）	
バター	1 g ＿＿＿＿
ロースハム（薄切り）	10 g（1 枚）＿＿＿＿
マッシュルーム	7 g ＿＿＿＿
ホワイトソース	
┌ バター	8 g ＿＿＿＿
│ 薄力粉	8 g ＿＿＿＿
┤ 牛乳	100 g ＿＿＿＿
│ 塩	少々 ＿＿＿＿
└ こしょう	少々 ＿＿＿＿
バター（塗り用，のせ用）	5 g，1 g ＿＿＿＿
パルメザンチーズ	2 g ＿＿＿＿
生パン粉	3 g ＿＿＿＿
＊マッシュポテト	
┌ じゃがいも	50 g ＿＿＿＿
│ バター	2.5 g ＿＿＿＿
│ 卵黄	5 g（1/4 個）＿＿＿＿
┤ 牛乳	12.5 g ＿＿＿＿
│ 塩	少々 ＿＿＿＿
└ こしょう	少々 ＿＿＿＿

❶マカロニを塩を入れた熱湯でかために
ゆでる．

【ホワイトソース】

❷浅鍋にバターを入れて火にかけ，溶
け始めたところに薄力粉を入れ，木
じゃくしでよく混ぜる．色がつかな
いように，十分に加熱し40℃くら
いまで冷ます（ホワイトルー）．

❸❷に，60℃くらいに温めた牛乳を
加えてよく撹拌する．これを再度火
にかけて，木じゃくしで混ぜながら，
ソースの濃度に煮詰める．塩，こしょ
うで味を調える．

❹フライパンにバターを溶かし，❶を
炒め，1 cm 角に切ったハム，マッ
シュルームの薄切りを加え炒め，❸
の 1/3 量を加え混ぜる．

❺グラタン皿にバターを塗り，❸の
1/3 量を敷き，❹を入れて，残りの
❸を上からかける．

❻マッシュポテトを作り，絞り出し袋
に入れ，グラタン皿のまわりにデコ

レーションし，おろしたパルメザンチーズチーズ，パン粉，バターをのせてオー
ブン 250℃で 7 分焼く．

＊マッシュポテト

❶じゃがいもは皮をむき，2～3 cm の乱切りにして水にさらしゆでる．熱いう
ちに裏ごしする．

❷鍋にバターを入れて火にかけ，バターが溶けたら❶を入れて炒め，火からおろ
して卵黄と牛乳を混ぜたものを入れて混ぜ合わせ，塩，こしょうで調味する．
デコレーションするときは，火にかけてかたさを調節する．　　　（三浦・山本）

食品 3031　マカロニ：パスタの
1 種．日本農林規格（JAS）では，
直径 2.5 mm 以上の管状のものを
マカロニと呼んでいる．
　　　　　　　　　　　　（三浦・山本）

科学 3031　ルーとソース：炒め
温度と時間によりルーとソースの名
称が異なる（p.32，表 8.1 参照）．
ルーに牛乳などを加えてのばしたも
のがソースである．ルーの炒め温度
が高いほど粘度の低いソースとなる．
小麦粉を炒めると，でん粉粒の
周囲を油脂がコーティングし，でん
粉の膨潤が抑制されるため粘度が低
下する．さらっとした流動状になる
までしっかりと加熱していれば，こ
の後のソース調製時に牛乳やスープ
ストックなどを入れてもだまになら
ずなめらかなソースとなる．用途に
合わせてバターと小麦粉，牛乳の割
合を変えてでき上がりの濃度を調節
する．スープに用いる場合には，さ
らりとした濃度に仕上げるが，他に
材料が入らないポタージュ・リエ
（3142）ではややかために仕上げ
る．　　　　　　　　　　（三浦・山本）

科学 3031　マッシュポテト：ゆ
でたじゃがいもは，熱いうちに崩し
たり裏ごしたりする．熱いうちは，
いもの組織が細胞単位で分離しやす
いので，ほくほくした口溶けのよい
状態に崩れる．冷めると，細胞間に
存在しているペクチン質がゲル化
し，細胞内の糊化でんぷんが細胞外
に出てくるため，粘着性が生じてし
まう．　　　　　　　　　（大喜多・池田）

3041　マフィン

	（6個分）
薄力粉	100 g ＿＿＿＿
ベーキングパウダー	6 g（小 2）＿＿＿＿
バター	13 g（大 1）＿＿＿＿
砂糖	20 g（大 2）＿＿＿＿
卵	30 g（1/2 個）＿＿＿＿
牛乳	100 g（1/2 C）＿＿＿＿
塩	少々 ＿＿＿＿
ジャム（マーマレード）	10 g ＿＿＿＿

❶薄力粉とベーキングパウダーをよく
混ぜて，2 回ふるいにかける．

❷ボウルにバター（室温に戻しておく）
を入れ，よく混ぜ，砂糖を加えて，
クリーム状になるまで混ぜる．卵を
加えさらに塩と牛乳を入れてよくか
き混ぜる．この中へ❶を加えて軽く
混ぜ合わせる．

❸油（分量外）をごく薄く塗るかマフィ
ン紙を敷いたマフィン型に，❷を七
分目ほど入れる．

❹オーブン 180℃で 20～25 分間焼く．

❺ジャム（マーマレード）を塗る．

　　　　　　　　　　　　（細見・濱口）

3042 スコーン(☞)

薄力粉	22 g _____
強力粉	32 g _____
バター	16 g _____
ベーキングパウダー	1.5 g _____
はちみつ	1.6 g _____
牛乳	26 g _____
強力粉(打ち粉)	適量 _____
牛乳(照り出し用)	3 g _____
トッピング	
クロテッドクリーム	5 g _____
ラズベリージャム	
⌈ ラズベリー(冷凍)	10 g _____
⎨ 砂糖	5 g _____
⌊ レモン汁	1 g _____

❶バターを細かく切る.
❷薄力粉,強力粉,ベーキングパウダーを泡立て器でよく混ぜる.
❸❷に❶のバターを入れ,切るように混ぜ,練らないようにさらさらの均質状態になるまでほぐす.
❹❸にはちみつを入れて混合する.
❺❹に牛乳を少しずつ入れて生地を混合し,ひとかたまりにまとめる(☞).
❻打ち粉を敷いた平板状で4〜5回こねてきれいにまとめる.
❼❻を厚さ1.5 cmに伸ばし,直径5〜6 cmの丸型で抜く.
❽クッキングシートを敷いた天板に❻を並べ,表面に牛乳を刷毛で塗る.

❾200℃のオーブンで10〜15分間焼く.
❿鍋にラズベリーと砂糖を入れ,水分が出てきたらレモン汁を加えて,とろみがつくまで煮る.
(中平)

☞ **スコーン**:イギリスのお茶の時間に欠かせないスコーンは,スコットランド地方で生まれたパン菓子.クロテッドクリームとジャム,はちみつを添えて食す.(中平)
☞ **生地のまとめ方**:こねすぎると腹割れしなくなるので,少し粉っぽいくらいでよい.また,気温が高い時は生地を冷蔵庫でねかせると腹割れしやすい.(中平)
応用 **3042 スコーン(チーズ)**:(4〜5個分材料)薄力粉125 g,ベーキングパウダー6 g,バター(食塩不使用)50 g,カッテージチーズ(裏ごしタイプ)50 g,砂糖5 g,卵25 g,牛乳35 g.3042と同様.焼く前に刷毛で牛乳(分量外)を塗るとつやがよくなる.(濵口)

3051 テーブルロール(☞)

	(8個分)
強力粉	200 g _____
ドライイースト	4 g _____
砂糖	20 g _____
脱脂粉乳	6 g _____
塩	3 g _____
卵	20 g _____
水(ぬるま湯,☞水温の目安)	100 g _____
バター(食塩不使用)	30 g _____
卵(ドリュール用)	15 g(約1/3個) _____

❶【1回目ニーディング】大ボウルに強力粉,ドライイースト,砂糖,脱脂粉乳を入れて混ぜ合わせる.そこへ塩を入れて混ぜ(☞),さらに,水と卵を溶き合わせたものを入れて,菜箸でグルグルと混ぜる.全体が箸にからまるようになれば,手で生地をまとめる.全体がひとまとまりになってから50回,手首を使って力を入れてこねる.
❷【2回目ニーディング】油脂入れを行う.室温に戻しておいたバターを生地の上にのせ,もみ込みながら生地に混ぜる.始めはベタベタしていたものがひとまとまりになってから,さらに100回こねる.こねているとなめらかな生地となり,グルテンが形成される.生地を薄く伸ばしても破れないか,グルテン膜をチェックする.
❸【一次発酵】生地を丸めてとじ目を下にして小ボウルに入れる.大ボウルに湯を入れ(☞),小ボウルを入れて大ボウルの上面にラップフィルムをして30〜40分発酵する.約2倍に膨れる.
❹【ガス抜き・分割】フィンガーテスト(☞)を行い発酵具合を確認する.ボウルの側面の生地をはがし,少し押さえてガス抜きをして取り出す.スケッパーで45 g×8個に分割する.
❺【ベンチタイム(☞)】表面がなめらかになるように丸め,とじ目を下にして,かたく絞ったぬれぶきんをかけて乾燥を防ぎ,15分生地を休ませる.
❻【成形:ナプキンロール】とじ目を上にして,軽く押さえてガスを抜き,手首を使って生地を押し広げ楕円にする.上方から3分の1ずつ手前に折りながらコッペ型(両端が細く,中央が太い形)にし,さらに片方だけを細く伸ばして涙型にする.次に,太い方を向こう側になるように縦に置き,めん棒で縦に伸ばして太い方から手前にクルクルと3周になるように巻く.

☞ **テーブルロール**:食卓で食べる小さめのパンをテーブルロールという.ねじったり,結んだり,成形を工夫する.ナプキンロールは,ロール型に成形したパンのことで,ナプキンを丸める形状と似ていることが名前の由来である.(濵口)
☞ **水温の目安**:生地のこね上げ温度を理想の28℃にするために,水温を調整する.目安は,春・秋は約30℃,冬は約40℃,夏は約10℃の水温にする.40℃以上にはしない.(濵口)
☞ **塩の混ぜ方**:塩は,イーストの働きを低下させるため,イーストに直接触れないように入れる.(濵口)
☞ **一次発酵の湯煎の温度**:こね上げ生地温度を測り,約28℃なら約30℃の湯,28℃より低ければ約40℃の湯で湯せんする.

一番上にラップフィルムをする
㊟小ボウルにはラップフィルムをしない
少量の湯を入れる
(濵口)

☞ **フィンガーテスト**:人差し指に粉をつけて2 cmくらい生地に突き刺し,指穴が戻ると発酵不足,だれると過発酵,そのままなら適した発酵具合である.(濵口)
☞ **ベンチタイム**:分割して傷めた生地を休ませるのが目的であり,温度・湿度は不要.(濵口)

❼【仕上げ発酵（二次発酵）：ホイロ】クッキングシートを敷いた天板に間隔を空けて並べ，表面にたっぷりと霧吹きをして，オーブンの発酵機能（30 ～ 40℃）で 20 分間発酵する.

❽【仕上げ・焼成】発酵後すぐにオーブンを 180℃に予熱する. パン生地の表面に刷毛でドリュールを塗り，180℃で 10 分間焼く.　　　　　　　（濱口）

3052　レーズンバンズ

	（9個分）
強力粉	200 g ＿＿＿＿＿
ドライイースト	6 g ＿＿＿＿＿
砂糖	30 g ＿＿＿＿＿
塩	2 g ＿＿＿＿＿
バター（食塩不使用）	35 g ＿＿＿＿＿
卵	40 g ＿＿＿＿＿
水	60 g ＿＿＿＿＿
牛乳	15 g ＿＿＿＿＿
干しぶどう	50 g ＿＿＿＿＿
卵（ドリュール用）	
	15 g（約 1/3 個）＿＿＿＿＿
ざらめ糖	10 g ＿＿＿＿＿

❶干しぶどうは，湯につけてやわらかくし水気を切っておく.

❷3051 ❶❷と同様に生地を作り，レーズンを入れて混ぜ込んで丸める.

❸3051 ❸❹❺と同様に一次発酵，ガス抜き・分割（45 g × 9 個）を行い，ベンチタイムをとる.

❹成形は丸めなおしをして，3051 ❼同様に仕上げ発酵をする.

❺はさみで上部に十文字の切り込みを入れ，ドリュールを塗り，中央にざらめ糖をふりかけて 180℃に予熱したオーブンで 13 ～ 15 分間焼く.

（濱口）

3053　ライ麦パン（☞）

	（6個分）
簡易サワー種（☞）	
┌ ライ麦粉	25 g ＿＿＿＿＿
└ プレーンヨーグルト（無糖）	25 g ＿＿＿＿＿
強力粉	175 g ＿＿＿＿＿
ライ麦粉	75 g ＿＿＿＿＿
ドライイースト	4 g ＿＿＿＿＿
砂糖	13 g ＿＿＿＿＿
塩	4 g ＿＿＿＿＿
バター（食塩不使用）	13 g ＿＿＿＿＿
水	163 g ＿＿＿＿＿
強力粉（仕上げ用）	少々

❶簡易サワー種を作る. ライ麦粉とプレーンヨーグルトを粘りが出るまでよく混ぜ合わせ，冷蔵庫で一晩ねかせる.

❷3051 ❶と同様に生地を作る. 強力粉と一緒にライ麦粉を入れ，生地がまとまってきたら，❶の簡易サワー種を入れてさらにこね，全体がひとまとまりになってから 50回，手首を使って力を入れてこねる. さらに 3051 ❷と同様に生地を作る.

❸3051 ❸❹❺と同様に一次発酵，ガス抜き・分割（80 g × 6 個）を行い，ベンチタイムをとる.

❹成形は丸めなおしをして，3051 ❼同様に仕上げ発酵をする.

❺表面に強力粉をふり（茶こしでふりかけるとよい），上部中央に十字のクープ（3055 ☞）を入れる. 200℃に予熱したオーブンで 13 ～ 15 分間焼く.　　（濱口）

☞ **ライ麦パン**：ライ麦は独特のくせを感じ食べにくい場合も多いため，ライ麦粉の分量を粉の全重量（強力粉＋ライ麦粉）の 30％とし，食べやすい配合とした. ライ麦パンには，ハムやチーズ，塩味のある魚，肉，野菜が合う. ライ麦の比率が高くなるほどパンが固いので，薄くスライスするとよい.　　（濱口・作田）

☞ **簡易サワー種**：正式なサワー種は，ライ麦粉と水でじっくり発酵させて作るが，ヨーグルトなどで最初から乳酸菌を加えることにより，簡易的に作ることができる. 簡易サワー種は，ライ麦粉とヨーグルトを 1：1 で混ぜ冷蔵庫で一晩ねかせる.　　（濱口）

科学 **3053　ライ麦のたんぱく質の特徴**：ライ麦のたんぱく質は，通常では水を加えても粘弾性が出ず，酸性になってはじめてグルテンが形成される. そのためライ麦パンは生地を作る時にサワー種を用いることにより，乳酸発酵するので少し酸味があるのが特徴である.　　（作田）

応用 **3053　ホームベーカリを使用したライ麦食パン**：（1斤分）強力粉 175 g，ライ麦粉 50 g，サワー種（市販品）25 g，塩 5 g，黒砂糖 10 g，ショートニング 10 g，水 190 g，ドライイースト 1.5 g. ❶ホームベーカリのパンケースに，塩，黒砂糖，ショートニング，水を入れる. ❷強力粉，ライ麦粉，サワー種の順に入れ，粉類の上にドライイーストをのせる. ❸通常の食パンコースにセットし，スタートさせる.

（作田）

3054　イタリアン・パン・ド・ミ（☞）

（20×7×7cmパウンド型1個, 約4人分）

薄力粉	100 g ＿＿＿＿
強力粉	100 g ＿＿＿＿
ドライイースト	5 g ＿＿＿＿
塩	5 g ＿＿＿＿
砂糖	5 g ＿＿＿＿
オリーブ油	24 g ＿＿＿＿
卵	60 g ＿＿＿＿
水　（卵と合わせて110gにする）	＿＿＿＿
強力粉（打ち粉）	適量 ＿＿＿＿
粉チーズ	3 g ＿＿＿＿
バジル	0.2 g ＿＿＿＿
タイム	0.1 g ＿＿＿＿

❶イースト，砂糖，水（卵との合計で110 gになる量）をよく混ぜ合わせる．
❷ボウルにドーナツ状に薄力粉，強力粉を合わせておき，❶を混ぜ合わせて全体になじんできたら塩，オリーブ油，卵を加えて15分ほどこねる．丸くまとめてラップフィルムをして25～30℃の室温で2倍に膨らむまで発酵させる（1～2時間）．
❸一度空気を抜き，丸くまとめて冷蔵庫で1時間ほどねかせる．
❹生地は2つに分け，打ち粉をしてめん棒で3～4 mmに伸ばし，粉チーズとバジルを広げる．
❺両端を折り，3枚にたたむ．上3 cmを残し，2本切り込みを入れて三つ編みにして巻きこむ．残りの生地も同様に行う．
❻パン型に入れ，二次発酵（30分）させる．
❼200℃のオーブンで12～15分間焼く．
（中平）

☞ パン・ド・ミとは，フランス語で中身をさし，皮を食べるバケットに対して中を食べることを意味する．チーズとバジル，タイムなどイタリア系の材料を使用した食事パンである．
（中平）

3055　グラハムブレッド

（8個分）

強力粉	200 g ＿＿＿＿
ドライイースト	3.6 g ＿＿＿＿
砂糖	9 g ＿＿＿＿
塩	6 g ＿＿＿＿
オリーブ油	9 g ＿＿＿＿
脱脂粉乳	9 g ＿＿＿＿
全粒粉	100 g ＿＿＿＿
水	198 g ＿＿＿＿

❶3051❶❷と同様に生地を作る（強力粉と一緒に全粒粉も入れる）．
❷3051❸❹❺と同様に一次発酵，ガス抜き・分割（60 g×8個）を行い，ベンチタイムをとる．
❸成形は3051❻のコッペ型にし，3051❼同様に仕上げ発酵をする．
❹中央に縦に1本，または斜めに数本のクープ（☞）を入れる．表面に霧吹きをして，180℃に予熱したオーブンで13～15分間焼く．
（☞）
（濱口）

☞ クープ：カミソリ刃とホルダーが一体となったナイフ（クープナイフ）で，パン生地の表面に入れる切り込みをクープという．

（濱口）

☞ オリーブオイルと岩塩を混ぜたものをつけて食べてもよい．（濱口）

3056　セミハードパン（エピ）

（6個分）

フランスパン用粉	250 g ＿＿＿＿
ドライイースト	3 g ＿＿＿＿
砂糖	5 g ＿＿＿＿
塩	5 g ＿＿＿＿
バター（食塩不使用）	5 g ＿＿＿＿
脱脂粉乳	5 g ＿＿＿＿
水	165 g ＿＿＿＿
ベーコン	90 g（6枚） ＿＿＿＿

❶3051❶❷と同様に生地を作る．
❷3051❸❹❺と同様に一次発酵，ガス抜き・分割（70 g×6個）を行い，ベンチタイムをとる．
❸成形は3051❻のコッペ型にし，めん棒で細長く伸ばす．さらにベーコンをのせ，縦長に巻いてとじ目をつまみ，とじ目を下にして室温で20分間仕上げ発酵をする．
❹エピ（麦の穂）に成形し（☞），表面に霧吹きをして，230℃に予熱したオーブンで10分間焼く．
（濱口）

☞ エピ（麦の穂）の成形：はさみで，均等に生地に深く切り込みを入れ（切り落とさないように），切れた部分を左右に広げる．

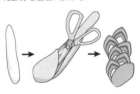

（濱口）

応用 3056　セミハードパンのフィリングの応用：ベーコンと一緒にバジルの葉を巻いてもおいしい．また，オリーブ油を塗って岩塩，ローズマリー，黒こしょうをふり，エピに成形せずにコッペ型に仕上げてもよい．
（濱口）

3057 フォンデュ

	(5人分)	
エメンタールチーズ	200 g	___
グリエールチーズ	200 g	___
白ワイン(辛口)	200 g	___
塩	5 g	___
こしょう(黒)	少々	
ナツメグ	少々	
かたくり粉	10 g	
水	10～20 g	
キルシュ(さくらんぼのブランデー)		
	30 g	
にんにく	1片	
バゲット	200 g	

❶フォンデュ鍋(または厚手の小鍋)の内側全体に，にんにくの切り口をこすりつけておく．
❷チーズはチーズ用のおろし器でおろすか，薄く切っておく．
❸❶の鍋に白ワインを入れて少し温まったら，へらで混ぜながらチーズを入れる．
❹塩，黒こしょう，ナツメグを入れ，なめらかになれば，水溶きかたくり粉を加える．
❺キルシュを入れて風味をつける．
❻卓上の加熱器具などを用いて弱火で温め，一口大に切ったバゲット(必ず皮の部分が残るように切る)をフォークに刺し，チーズをからめるようにして供す．鍋の中のチーズを常にかき混ぜるようにする．
❼チーズが少なくなれば加熱をやめ，チーズのおこげができているのでフォークなどではがす． (作田)

3061 食パン

	(ローフ型1個分，10人分)	
強力粉	350 g	___
ドライイースト	6 g	___
砂糖	17 g	___
塩	6 g	___
水	240 g	___
バター(食塩不使用)	17 g	___

❶ボウルに材料(バター以外)を入れてよく混ぜ，ひとまとまりになったら台に移し，体重をかけてこねたり，生地を台にたたきつけてこねる．
❷なめらかになったらバターを加え，よくこねる．バターが全部混ざって再びなめらかになり，生地の裏から指が透けて見えるほど薄く伸びるようになればよい．
❸きれいに丸めてボウルに入れ，ラップフィルムをかけて2.5倍の大きさになるまで一次発酵させる．
❹生地を4等分して，切り口を中に包み込むように丸める．間隔(その直径の2割くらい)をあけて4個並べ，乾いたふきん，ぬれタオルをかけ約20分ベンチタイムをとる．
❺❹が倍になれば，めん棒で伸ばし，3つ折りにして表面を張らせながら折り目を中に包み込み，形を整える．
❻とじ目が下になるように，ローフ型(食パン型．型には油を塗っておく)に並べて，二次発酵はふきんをかぶせ,倍の高さにし(30℃で約50分),180℃のオーブンで30分くらいで焼き上げる． (細見・濵口)

食品 3057 フォンデュ：鍋料理のこと．チーズフォンデュはスイス料理．フランスではミートフォンデュ(オイルフォンデュ)，イタリアではバーニャカウダなどがある．溶かしたチョコレートで果物やマシュマロを供するチョコレートフォンデュもある． (作田)
食品 3057 チーズフォンデュに用いるチーズ：エメンタールチーズは，カットすると内部に気泡の穴がみられる．ほんのり甘く，ナッツのような香りがする．グリエールチーズは，香りが強くコクがある．どちらも原料は牛乳．スイスの大きな円盤型のチーズ(エメンタールチーズで70kg～グリエールチーズで40kg)．ハードタイプ．一般にはカットして販売されている．そのまま食べても美味であるが，加熱したワインに溶かすことができるのでフォンデュによく用いられる． (作田)
応用 3057 バーニャカウダソース：にんにく50g(1個)，牛乳(にんにくをゆでるために使用)，アンチョビ15g，オリーブ油180g，生クリーム100g，こしょう少々．
❶にんにくは，皮をむき，中心部(芽の部分)を取る．水から5分程度ゆでておく．❷続いて漬る程度の牛乳でにんにくがやわらかくなるまでゆでる．❸にんにくを牛乳から引き上げ，みじん切りにする．❹小鍋にオリーブ油を入れ，みじん切りにしたアンチョビを入れてから加熱する．❸を加えて混ぜる．
❺生クリームを加え，こしょうを加える．❻卓上の加熱器具で温めながら，生野菜，温野菜などにつけながら供する． (作田)

3062　フレンチトースト

食パン(8枚切)	50 g（1枚） _____
卵	30 g（1/2個） _____
砂糖	10 g（大1） _____
牛乳	25 g _____
バニラエッセンス	1〜2滴 _____
バター	5 g _____

❶食パンは1枚を4つに切り，ボウルに卵と砂糖を入れてよくすり混ぜ，牛乳とバニラエッセンスを加えて混ぜ合わせたところへ浸してしっかり中までしみ込ませる．

❷フライパンを火にかけ，バターを半量溶かし❶をこんがり焼く．裏返したらバターを新しく溶かし，フライパンをゆり動かしながら焼く．弾力があれば火が通ったしるし．熱いうちに供する．
（☞）

（細見・濵口）

3063　カツサンドイッチ

食パン(8枚切)	100 g（2枚） _____
バター	10 g _____
｛ケチャップ	40 g _____
｛ウスターソース	10 g _____
豚肉	80 g _____
塩	1 g _____
こしょう	少々 _____
薄力粉	12 g _____
卵	30 g _____
パン粉	30 g _____
揚げ油（☞）	10 g _____
レタス	10 g（1枚） _____
パセリ	3 g（1枝） _____

❶食パンは軽くトーストし，片面にバターを塗る．

❷豚肉は，揚げた時の厚さがその時に使うパンの厚みと同じくらいになるものがよい．平らに揚がるように筋切りをして，食パンの大きさに整えておく（軽くたたいて広げてもよい）．

❸❷の両面に塩，こしょうをし，薄力粉，卵，パン粉をつけて十分に揚げる．

❹ケチャップとウスターソースを混ぜ合わせ，❸の両面に塗り，❶にはさむ．

❺ぬれぶきんで包み，軽く重しをして十分にくっつけておく．

❻10分程度重しで押さえておくと，十分にくっつくので，そのまま崩れないようにパンの耳を切り落として切り分ける．

❼切り口を美しくそろえるように盛り付け，レタスとパセリをあしらう（☞）．
（☞）

（細見・濵口）

応用 3062　フレンチトースト（ソフト食）：フレンチトーストは糖質とたんぱく質の豊富な補食として役立つ．フライパンなどで焼いて仕上げると表面がかたくなるが，電子レンジで仕上げると咀嚼，嚥下が困難な場合でも比較的食べやすくなる．ソフト食とは，形はあるが，押しつぶしが容易，または，箸やスプーンで切れるやわらかさに調整し，口腔内でまとめやすく，嚥下しやすいように配慮された食事形態である．日本摂食・嚥下リハビリテーション学会嚥下調整食分類2013（食事）におけるコード3または4に該当する．食パン4枚切り1枚の耳を切り落とし4×4の16個に切り分ける．卵1個，砂糖9 g，牛乳105 g（100 mL）を混ぜたものに30分ほど漬け込む．皿に広げてラップをし，600 W1分半〜2分加熱する．はちみつをかけて供すると，より食べやすい．また，ビタミンB$_1$により，糖質代謝が進みやすくなる．　　　　（時岡）

☞　バケットでもよい．バターやメープルシロップをかける．

（細見・濵口）

☞　**カツサンドの揚げ油**：脂質は1 g 9 kcalである．揚げ物のエネルギー計算は，揚げる前のトンカツの重さ×揚げ油の吸収率となる．パン粉などの衣がつくと13%が吸収率となる．　　　　（細見・濵口）

☞　好みでレタスをともにはさみ込んでもよい．サンドイッチのレタスやパセリはパンが乾くのを防ぐ役目をする．　　　　（細見・濵口）

☞　**サンドイッチの種類**：①クローズドサンド，②トースティッドサンド，③ダブルデッカーサンド，④スリーデッカーサンド，⑤ロールサンド，⑥オープンサンド，⑦ハンバーガー，⑧ホットドック

（細見・濵口）

3064 クローズドサンドイッチ

(作りやすい量, 2人分)

食パン(12枚切)	270g (8枚)	_____
バター	25g	_____
練りからし	7g	_____

(a)卵サンド

かたゆで卵	60g (1個)	_____
らっきょう	10g (小2個)	_____
カレー粉	1g (小1/4)	_____
マヨネーズ	8g (小2)	_____

(b)ハム・きゅうりサンド

ハム	10g (1枚)	_____
きゅうり	50g (1/2本)	_____
マヨネーズ	8g (小2)	_____

(c)果物サンド

いちご	30g (2個)	_____
みかん(缶詰)	30g	_____
生クリーム	20g	_____
砂糖	2g	_____

(d)ツナサンド

ツナ	50g (1/2本)	_____
たまねぎ	30g (大2)	_____
マヨネーズ	8g (小2)	_____
パセリ	12g (4枝)	_____

❶バターをクリーム状に練り, a c 用の2枚のパンの片面に塗る. 残りのバターに練りからしを練り合わせ, b d 用の6枚のパンの片面に塗る. (☞)

❷(a)卵サンド

卵, らっきょうはみじん切りし, カレー粉, マヨネーズを混ぜ味付けする.

(b)ハム・きゅうりサンド

きゅうりはパンの長さに切った後, 縦に薄切りにして, マヨネーズ, ハムとはさむ.

(c)果物サンド

いちごを塩水で洗い輪切り, みかんは水気を取り, 生クリームであえる.

(d)ツナサンド

たまねぎのスライスとツナを塩, こしょう, マヨネーズであえる.

(a)～(d)をそれぞれパンにはさむ.

❸まな板の上にパンを重ね, かたく絞ったふきんをかけ, 上から軽く押して15分ほど置き, 落ちつかせた後, パンの耳を落とし, 好みの形に切り, 盛り, パセリを添える(☞).

(細見・濱口)

☞ **サンドイッチのバターとからし**:はさむ材料の水分がパンに移らぬように, できるだけ全面に薄く塗る. やわらかいバターでないと薄く塗れず, パンの表面がでこぼこになる. またバターが多いとバターの味がくどくなりすぎる. フルーツ以外には, 味にアクセントをつける意味で練りからしを塗るが, バターは全面に薄く塗って, からしは点々と, ところどころに塗るほうが, 口に入れた時にアクセントとして効果的である. 3064 ❶のように, からしバターにしてしまってもよいが, ハムなどはバターを省略して, からしだけのほうがくどくなくてよい.

(細見・濱口)

☞ **サンドイッチのあしらいと切り方**:レタスやパセリをあしらうのは, 彩りをよくし, パンの乾燥を防ぐためである. 食事用としては厚くて大きめに切ってよいが, パーティー用はパンも具も薄く仕上げて二口大ぐらいに切る. 具は厚みを均等にはさみ, 切り口をそろえて切る.

(細見・濱口)

3065 スリーデッカーサンドイッチ

(2人分)

食パン(16枚切)	100g (4枚)	_____
バター	12g	_____
練りからし	5g (小1)	_____
ゆで卵(大)	30g (1/2個)	_____
マヨネーズ	5g (大1/2)	_____
きゅうり	15g	_____
塩	1g (小1/5)	_____
ハム(角薄切り)	25g	_____
パセリ	6g (2枝)	_____

❶バターをクリーム状にし, 練りからしを加え, からしバターを作っておく.

❷みじん切りしたゆで卵をマヨネーズであえる.

❸きゅうりは斜め薄切りして塩をし, はさむ前に水気を切る.

❹食パン4枚1組とし, 下から, ハム, きゅうり, 卵の順にはさむ. 間になるパンは両面に, 上下のパンは, はさむ面に❶を塗る.

❺上から軽く押して落ちつかせた後, 切る.

(細見・濱口)

科学 3065, 3066 亜硝酸塩:ハム, ソーセージ, ベーコンなどの食肉加工品には発色剤として食品添加物として硝酸塩, 亜硝酸塩が添加されている. 亜硝酸塩から生じた酸化窒素はミオグロビン, ヘモグロビンと結合して耐酸化性, 耐熱性のニトロソミオグロビン, ニトロソヘモグロビンとなり肉の色を保つ.

(細見・濱口)

応用 3065 ロールサンドイッチ:食パン(16枚切)6枚は耳を切り, からしバター30gを塗り軽く巻き, ぬれぶきんをかけておく. バター5gを熱してたまねぎみじん切り15g, 鶏ひき肉150g, 塩・こしょう適量, 小麦粉1.5g (小1/2) を順に炒めて, 牛乳8g (大1/2) を加えてペースト状に練り上げ, 2本の棒状にする. これをそれぞれパンで巻き2本作る. とじ目は下にして落ちつかせる. 同様に, ソーセージ30g (2本), 棒チーズ30g(2本)を芯にして各2本作る. 2等分に切り, セロファンなどで包み盛り合わせる. (細見・濱口)

3066　オープンサンドイッチ

（4人分）

フランスパン（1.2 cm厚）	20 g ＿＿＿＿
食パン（16枚切）	100 g ＿＿＿＿
バター	18 g ＿＿＿＿
クリームチーズ	15 g ＿＿＿＿
┌きゅうり	20 g ＿＿＿＿
└イクラ	7 g ＿＿＿＿
┌グリーンアスパラガス	60 g（2本）＿＿
│きゅうり	40 g ＿＿＿＿
│トマト	150 g（1個）＿
└マヨネーズ	7 g（大1/2）＿
┌かたゆで卵	60 g（1個）＿
│かに缶詰	10 g ＿＿＿＿
│クレソン	10 g（2枝）＿
└黒オリーブ	5 g（1個）＿

❶フランスパンと食パン2枚はトーストしてバターを塗る．残りの食パン2枚にはクリームチーズを塗る．

❷フランスパンには，薄く小口切りにしたきゅうりを丸く並べ，中央にイクラを盛る．

❸食パン（バターを塗ったもの）には湯むきしたトマトの輪切り2枚ときゅうり，塩ゆでしたグリーンアスパラガスとマヨネーズをのせる．

❹食パン（クリームチーズを塗ったもの）にはゆで卵の輪切り，かに，クレソン，半分に切った黒オリーブを形よく盛る．

❺3種のサンドイッチを盛り合わせる．

（細見・濱口）

3071　クロワッサン

（11個分）

フランスパン用粉	300 g ＿＿＿＿
ドライイースト	6 g ＿＿＿＿
砂糖	30 g ＿＿＿＿
脱脂粉乳	6 g ＿＿＿＿
塩	4.8 g ＿＿＿＿
卵	30 g ＿＿＿＿
水	153 g ＿＿＿＿
バター（食塩不使用）	30 g ＿＿＿＿
バター（食塩不使用）（折り込み用）	
	150 g ＿＿＿＿
卵（ドリュール用）	
	15 g（約1/3個）＿
強力粉（打ち粉）	適量 ＿＿＿＿

❶折り込み用バターは，大きめのビニール袋に入れ，めん棒で15×15 cmの大きさに伸ばし，冷蔵庫に入れておく（シート状のバターを使用すると便利）．

❷3051❶❷❸と同様に生地を作り，一次発酵を行う．

❸【ロールイン（☞）】生地は手で軽く押さえてガスを抜き，めん棒で25×25 cmの大きさに伸ばし，❶のバターを生地に対してひし形に置き，角を内側に折ってバターを包み込み，しっかりつまんで閉じる．めん棒で軽く押しながら伸ばし，ある程度広がったらさらに縦25×横55 cmの大き

☞ ロールインとシーティング

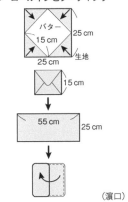

（濱口）

☞ 成形

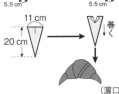

（濱口）

応用 3071　デニッシュ：3071の生地で，縦30×横50 cmに伸ばし，10×10 cmの正方形を15個作る．風車やダイヤ型に成形し，中央にクリームを絞り，果物（缶詰）を飾って仕上げる．

[風車]

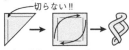

角から中心手前まで対角線に切り込みを入れる．／端をひとつ飛ばしに中央へ折り込む．

[ダイヤ]

切らない!!

頂点の手前まで切り込みを入れる．／広げて，生地を交差させる．

（濱口）

さに伸ばす．三つ折りにしてバットに入れ冷蔵庫で冷やす（4℃以下で20分）．生地がべたつくので打ち粉を使用して行う．

❹【シーティング（☞）】冷蔵庫から出した生地を縦25×横55 cmの大きさに伸ばし，三つ折りにしてバットに入れ冷蔵庫で冷やす（4℃以下で20分）．同様にもう一度シーティングを行う．

❺【成形（☞）】縦20×横66 cmに伸ばし，上辺に11 cmずつスケッパーで印をつける．下辺は，両端は5.5 cm，間は11 cmに印をつける．これで三角形が11個できる．三角形の底辺に少し切り込みを入れ，左右に広げながら巻いていく．巻き終わりは，すれすれ天板に当たる程度にする（残った両端の生地はミニクロワッサンにする）．

❻【仕上げ発酵：ホイロ】オーブンシートを敷いた天板に間隔を空けて並べ，オーブンの発酵機能（30℃）で50分間ゆっくり発酵させる．

❼【仕上げ・焼成】発酵後すぐにオーブンを200℃に予熱する．パン生地の表面に刷毛でドリュールを塗り，高温の200℃15分でカリッと焼く．　　　（濱口）

3072 ブリオッシュ(☞)

(15個分)

強力粉	300 g _____
卵	90 g _____
塩	6 g _____
砂糖	30 g _____
ドライイースト	6 g _____
水(ぬるま湯)	30 g _____
牛乳	90 g _____
バター	60 g _____

❶ボウルにバター以外の材料を入れ，混ぜ合わせてひとまとまりになったら台に出してこねる．なめらかになったらバターを加え，全部が混ざって再びなめらかになり，指が透けて見えるほど生地が薄く伸びればよい．

❷ボウルに❶を入れラップフィルムをかけて2倍になるまで一次発酵(室温25〜30℃なら40〜50分)させる．

❸15個に分割し，ベンチタイムを20分とる．

❹ブリオッシュ型(直径8 cm，高さ3.5 cm，花びら10枚の深めの菊型だが，プリン浅型，またはタルト型，ゼリー型で代用)にバターを薄く塗っておく．

❺❸を成形する．そのまま丸めたり，1/4のところで切り，小さい丸めと大きな丸めを作り，重ねる．

❻型に入れ，二次発酵(35℃ 20〜30分)させる．

❼❻が倍に膨らんだら，表面に溶き卵を塗り，180℃ 10〜15分で焼き上げる．

(細見・濵口)

☞ **ブリオッシュの特徴**：底は丸くて，上部が人形の頭の感じに焼き上げたもの．ブリオッシュ・ア・テート，ブリオッシュ・シュクレ，ブリオッシュ・ムスリームなどがある．パン生地としては多めのバターと卵でドウを作る． (細見・濵口)

科学 3072 **小麦粉生地と食塩**：うどんなどのめん類，雲呑，焼売などの皮類，パイ，パン生地には食塩が加えられる．食塩はグルテンの網目構造を密にし，生地に伸展性とこしを付与する．ガス包蔵力もよくなる．めん類は弾力のある製品となり，乾めんは亀裂の発生が抑制される．パイ生地は浮き，膨化もよくなる． (細見・濵口)

3081 イーストドーナツ

(8個分)

強力粉	200 g _____
ドライイースト	4 g _____
水	110 g _____
砂糖	30 g _____
塩	2 g _____
スキムミルク	10 g _____
卵	20 g _____
バター(食塩不使用)	25 g _____
揚げ油	適量 _____
スイートチョコレート	20 g _____
グラニュー糖	20 g _____

❶小ボウルにぬるま湯(水の一部)にイーストを入れ，よく混ぜてしばらく放置する(表面に泡ができてイーストの発酵を確認する)．

❷ボウルに材料を入れ，混ぜ合わせて，ドウにまとめる．

❸乾いたまな板(大理石)を縦長に置き，❷を取り出して40〜50回打ちつけ，ドウの表面がなめらかになれば球状に丸める．その球の直径を目測し，❷のボウルに戻して，ふきん(ラップフィルム)をかぶせて(表面の蒸発を防ぐ)30分ほどねかせると，2〜2.5倍近く膨れる〈一次発酵(☞)〉．

❹❸を8個に丸め，20分ベンチタイムをとる(☞)．

❺ガス抜きをし，成型する．

ツイスト型：生地を長く伸ばし，ねじりながら二つ折りし両端をくっつける．

リング型：めん棒で5 mmくらいに伸ばしドーナツ型で抜く．

❻天板に並べ，35℃，20分発酵させる(1.5倍くらいの大きさになるまで)〈二次発酵(☞)〉．

❼170℃の油できつね色に揚げる．ツイスト型は，熱いうちにグラニュー糖をふりかける．

❽リング型は，冷めたらスイートチョコレートを湯煎で溶かして絞り袋に入れてリング型に模様を描く． (細見・濵口)

☞ 一次発酵→ベンチタイム→成型
→二次発酵

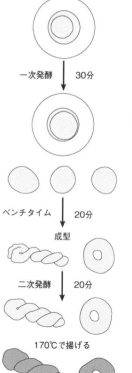

一次発酵 30分

ベンチタイム 20分

成型

二次発酵 20分

170℃で揚げる

(細見・濵口)

3082　かぼちゃパン

	（8個分）
┌ 強力粉	200 g _____
│ 砂糖	20 g _____
│ 塩	3 g _____
┤ ドライイースト	4 g _____
│ 水	106 g _____
│ 卵	20 g _____
└ バター（食塩不使用）	20 g _____
卵（ドリュール用）	
	15 g（約 1/3 個）_____
┌ かぼちゃ：冷凍（栗かぼちゃ）	
│	200 g _____
┤ 砂糖	30 g _____
│ バター（食塩不使用）	15 g _____
└ 生クリーム（植物性）	20 g _____

❶かぼちゃあんを作る．かぼちゃの皮をむき，刻んで鍋に入れ，バターを入れて火にかける．皮は飾りに使うのできれいにむいておく．バターが溶けたら，砂糖，生クリームを入れて，鍋肌から離れるくらいまで加熱する．バットに広げて，ラップフィルムをピタッと密着させ，粗熱が取れたら冷蔵庫で冷やし，冷めたら8等分して丸めておく．

❷3051❶❷と同様に生地を作る．

❸3051❸❹❺と同様に一次発酵，ガス抜き・分割（45 g × 8 個）を行い，ベンチタイムをとる．

❹成形は，生地を裏向けて手首を使って周囲を押し広げ（中央は膨らみを残しておく），かぼちゃあんをのせて包み，閉じる．

❺かぼちゃの皮を飾り切りし（一次発酵中にしておくとよい），❹に貼り付けて模様にする（☞）．貼るときは，ドリュール用の卵を糊として使用するとよい．

❻3051❼同様に仕上げ発酵をする（成形に時間がかかった場合は，適宜省略してよい）．

❼ドリュールを塗り（かぼちゃの皮には塗らないようにする），180℃に予熱したオーブンで 10 ～ 15 分間焼く．　　　　　　　　　（濵口）

☞　かぼちゃパンの成形例
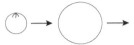
軽くめん棒で伸ばし

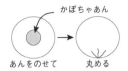
かぼちゃあん
あんをのせて　　丸める

［かぼちゃ］

指でぐっと押さえてくぼみを作る．

はさみで切り込みを入れる．焼く前にかぼちゃの皮で芯を作ったものを入れる．

［顔］

（濵口）

3083　シナモンロール

	（8個分，8人分）
強力粉	300 g _____
スキムミルク	20 g _____
水	180 g _____
砂糖	70 g _____
塩	5 g _____
卵	30 g _____
カルダモン	1 g（小 1/2）_____
ショートニング	40 g _____
ドライイースト	4 g _____
バター（溶）	15 g _____
グラニュー糖	30 g _____
シナモンパウダー	10 g _____
強力粉（打ち粉用）	適量 _____
卵（ドリュール用）	16 g _____
ざらめ糖（白ざら糖）	20 g _____

❶カルダモンは皮をむき黒い粒を刻んでおく．

❷砂糖，塩，卵，スキムミルク，水と❶をよく混ぜ，ドライイーストを入れてから強力粉を加えてこねる．

❸❷がまとまれば，ショートニングを加えて表面がなめらかになるまでこね，約2倍の大きさになるように一次発酵させる．

❹打ち粉をした台の上でガス抜きをして，めん棒で縦 30 cm，横 40 cm の長方形に伸ばす．

❺奥側 3 ～ 4 cm を残して，溶かしバターを塗り，グラニュー糖とシナモンパウダーを全体にふる．

❻手前側から巻き，巻き終わりをつまみながら閉じて下にしておく．

❼❻を端から斜め右，斜め左というように台形に8等分する（☞）．

❽❼の1つ分を長辺を下にして置き，菜箸に強力粉をつけて巻きと垂直の方向に真ん中を菜箸で押しつぶす（☞）．

❾オーブン皿に並べ，40℃で15分程度二次発酵させる．

❿表面にドリュールを塗り，ざらめ糖をふる．180℃に予熱したオーブンで 15 ～ 20 分間焼く．　　　　　　　　　（作田）

☞　作り方❼
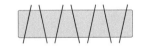

☞　作り方❽
切り分けた生地を上から見た図　　横から見た図
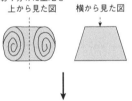

真ん中を菜箸で押し込んだ図

（作田）

3084 メロンパン

パン生地	（4人分）
強力粉	100 g
バター	18 g
砂糖	9 g
スキムミルク	4 g
塩	1.5 g
水（ぬるま湯）	75 g
卵	10 g
ドライイースト	1.5 g
クッキー生地	
バター	35 g
砂糖	30 g
卵	20 g
薄力粉	85 g
ベーキングパウダー	2 g
グラニュー糖	15 g
バニラエッセンス	少々

❶バターと塩を指先で練り合わせ，溶き卵を加えて混ぜる．さらに砂糖を溶かした水（ぬるま湯）を混ぜ，強力粉，スキムミルクを混ぜる．ドライイーストを混ぜ，乾いたまな板の上でよくこね，ぬれぶきんをかけて一次発酵をさせる（35℃で15分間）．
❷❶を4等分して10分間休ませる（ベンチタイム）．
❸バターをクリーム状に練り，砂糖を少しずつ加えながらよく混ぜ，白っぽくなったら卵とバニラエッセンスを加えてさらによく混ぜる．
❹❸にふるった薄力粉とベーキングパウダーを入れてさっくりと混ぜ，ラップフィルムをして冷蔵庫で20分間休ませる．
❺❹を4等分し，直径約10 cmに伸ばし，❷を包む．表面に包丁で筋をつけ，グラニュー糖をまぶし，二次発酵（35℃で30分間）をさせた後，170℃で10分間焼く． （久保）

3091 ピッツァ(☞)

（20 cmパイ皿3枚分，30 cmピザ1枚分，8人分）	
生地	
強力粉	100 g
砂糖	2 g
塩	2 g
ドライイースト	2 g
水	65 g
オリーブオイル	3 g
ピッツァソース	
たまねぎ	50 g
トマト	100 g
トマトピューレ	150 g
ケチャップ	5 g
オリーブオイル	3 g
たまねぎ	60 g
ピーマン	60 g
ベーコン	40 g
ミニトマト	50 g
チーズ	120 g

❶ボウルに強力粉，砂糖，塩，イースト，水を入れて混ぜ合わせ，まとめていく．次に，オリーブオイルを入れてよくこねる（耳たぶより少しやわらかくなり，薄く伸びる生地になればよい）．全体を丸め，ボウル（生地の3倍ぐらい大きなもの）に入れてラップフィルムをかけて30分程度ねかせる．
❷2倍近く膨れたら，3枚焼く場合は3分割し，もう一度丸めなおして生地が乾かないようにふきんをかぶせて20分程度ねかせる（ベンチタイムをとる）．
❸たまねぎのみじん切り，湯むきしたトマトを1 cm角に切り，オリーブオイルで炒め，トマトピューレとケチャップで十分に煮込んでピッツァソースを作る．
❹たまねぎは薄くスライス，ピーマンはせん切り，ベーコンは2 cm幅，ミニトマトは輪切りにする．
❺パイ皿には，あらかじめオリーブオイルを塗っておく．
❻❷の生地を平均に伸ばし，ピッツァソースを塗り，❹の具を置き，チーズをかけてオーブン中段に入れ，200℃で10分程焼く（チーズが溶け，生地の底がきつね色になればよい）． （細見・濵口）

応用　菓子パン，惣菜パン：①あんパン，ジャムパン，クリームパン：生地を広げて粒あん30 g，ジャムやクリーム20 gを入れて丸める．動物の形にしてもよい．②ハムマヨネーズパン：生地を広げてハム1枚をのせて巻く．縦長に半分に折り，輪のほうに切り目を入れ切り口を広げて発酵し，マヨネーズ5 g，ホールコーン6 g，粉パセリ少々を混ぜ合わせたものをのせて焼く．③シュガートップ：成形は丸めなおして発酵し，はさみで上部に十文字の切り込みを入れ，中央にグラニュー糖1.5 g，マーガリン2 gをのせて焼く．④チョコロール：ナプキンロールの巻きはじめに製パン用チョコレートを入れて巻く．⑤黒豆パン：生地を丸く平たく伸ばして，黒豆の甘煮15 gをのせ，手前から巻く．3等分に切り，切り口を上に向けてアルミカップに入れて発酵し，上面にはちみつ3 gをかけて焼く．⑥ピロシキ（カレーパン）：（3個分）3051のパン生地3/8個分，合い挽肉100 g，たまねぎ1/6個，ゆで卵1個，油4 g（小1），(調味料)ケチャップ15 g（大1），ウスターソース18 g（大1），塩・こしょう適量，揚げ油適量．❶ゆで卵を作り，みじん切りにする．❷フライパンに油を入れて加熱し，みじん切りにしたたまねぎを透き通るまで炒める．❸合い挽肉を加え，火が通ったら❶とケチャップなどの調味料を加えて混ぜ，水分がほぼなくなれば火を止めて冷ます．❹パン生地は，3051❹の3個分をそれぞれ楕円に伸ばす．❺❸の具の1/3を入れて包み，しっかりとつまんで閉じる．❻3051❼の二次発酵の後，170℃に熱した揚げ油で全体がこんがりときつね色になるまで揚げる．3051の生地の代わりに市販の食パン（6枚切り）を使用し，耳を取り除き中央をくぼませて具をのせ，周囲に卵をつけて閉じ，揚げ油は少量にして揚げ焼にすると簡単にできる．3001のカレーの残りを具にして同様に作るとカレーパンになる． （濵口）

☞　ピッツァ：イタリア料理で，軽食，日本のお好み焼のようなもの．材料はほかに工夫していろいろ使える． （細見・濵口）
応用 3091　即席ピッツァ：6枚切りの食パンをオーブントースターで焼き（冷凍保存品で4分），取り出して，縁に沿って指先で押さえて全体的に縁以外を下へ押さえて，薄

3092　ピッサ・ラディエール（☞）

（天板1枚分，5人分）

生地

薄力粉	100 g ＿＿＿＿
強力粉	100 g ＿＿＿＿
塩	6 g ＿＿＿＿
オリーブ油	25 g ＿＿＿＿
水（ぬるま湯）	50 g ＿＿＿＿
ドライイースト	5 g ＿＿＿＿
砂糖	30 g ＿＿＿＿
卵	60 g ＿＿＿＿
強力粉（打ち粉）	適量 ＿＿＿＿
たまねぎ	400 g ＿＿＿＿
ミニトマト	200 g（20個）＿＿＿＿
アンチョビ	20 g ＿＿＿＿
ブラックオリーブ	50 g（10個）＿＿＿＿
ケッパー	適量 ＿＿＿＿
タイム	適量 ＿＿＿＿

❶イースト，砂糖，ぬるま湯をよく混ぜ合わせる．

❷ボウルに薄力粉，強力粉をドーナツ状におき，❶を加えて混ぜ合わせ全体になじんできたら塩，オリーブ油，卵を加えて15分ほどこねる．丸くまとめてラップフィルムをしてオーブンで発酵，または40℃で30分間発酵，または室温で2倍に膨らむまで発酵させる．

❸一度空気を抜き，丸くまとめて冷蔵庫で30分間ほどねかせる．

❹たまねぎは薄切りにし，オリーブ油で薄いきつね色になるまで約30分火を入れて冷まし，アンチョビのみじん切りを加える．

❺生地は打ち粉をしてめん棒で3〜4 mmに伸ばし，天板へ広げ5分ほど置く．

❻生地の上にたまねぎを広げ，上からスライスしたオリーブ，ケッパー，半分に切ったミニトマト，タイムをのせてアンチョビオイルをたらし，200℃のオーブンで焼き色がつくまで12〜15分間焼く．　　　　　　　　　　　（中平）

3093　グリッシーニ

（40本分）

強力粉	250 g ＿＿＿＿
砂糖	12.5 g ＿＿＿＿
塩	5 g ＿＿＿＿
ドライイースト	2.5 g ＿＿＿＿
ショートニング	20 g ＿＿＿＿
水	125 g ＿＿＿＿
卵（ドリュール用）	15 g（約1/3個）＿＿＿＿

❶3051 ❶〜❹と同様に生地を作り，一次発酵，ガス抜きをし，200 g×2個に分割し，ベンチタイムをとる．

❷生地をそれぞれ20×20 cmに伸ばして1 cm幅に20本切る．天板に間隔を空けて並べて20分間自然発酵させる．

❸発酵後，ドリュールを塗り，乾いたらさらに湯を塗って，210℃に予熱したオーブンで13〜15分間焼く．（☞）　　　　　　　　　　　（濱口）

くすると容器状のピッツァ生地に早がわりする．そこに全面にケチャップを塗り，モッツァレラチーズを2〜3 mmの厚さに切って並べ，ベーコン，トマト，ピーマン，たまねぎのスライスをのせて焼く．上からまたチーズを薄く置く．オーブントースターで7分焼いて熱いうちに供する．　　　　　　　　　　　（細見・濱口）

☞ ピッサ・ラディエールは，トマトを使わないフランスのピッサ．朝食として用いられることが多いが，前菜にも使われる．飴色に炒めたたまねぎとアンチョビ，オリーブのトッピングが特徴である．　　（中平）

☞ グリッシーニのアレンジ：焼く前に，ごまやけしの実，シナモンシュガーをふるなど，アレンジできる．　　　　　　　　　　　（濱口）

応用 3093 工芸パン：3093の生地はイーストと水分が少ないため，工芸パン（飾りパン）を作ることができる．リース，かごや人形など，さまざまな形にすることができる．（例：パンのリース）3093 ❶ガス抜き後，80 g×3個をそれぞれ60 cmに伸ばし，三つ編みにして輪にする．残りの生地でミニサイズのパンを作り，ドリュール用の卵を糊として三つ編みの生地につける．180℃に予熱したオーブンで20分間焼き，さらに150℃に温度を下げて15分間乾燥焼きをする（さらに100℃で30分間乾燥焼きをすると数か月〜数年飾ることができる）．　　　　　　　　　　　（濱口）

3100 ブイヨンのとり方

牛すね肉	75 g
油	4 g
鶏がら（または牛骨）	40 g（1/4 羽分）
にんじん	12.5 g
たまねぎ	17.5 g
セロリ	5 g
ローリエ	0.5 g（1/4 枚）
粒こしょう	1 粒
塩	1 g
水	350 g（350 mL）

❶厚手の深鍋に油を入れ，1 cm の角切りにした牛肉を炒め，表面に焦げ色をつける（スープの色）．

❷❶にぶつ切りにして水洗いした鶏がらと分量の水を入れて火にかける．このときふたはせず，浮き上がってくる灰汁と油をていねいにすくい取りながら，静かに沸騰を続けるような火加減で 1 時間煮る（火が強いと蒸発量が多く，澄んだスープができない）．

❸1 cm くらいにざく切りしたにんじん，たまねぎを油で炒め焦がし（スープの色），セロリ，ローリエ，粒こしょう，塩とともに❷に加えてさらに 1 時間静かに煮る．

❹火を止めてこし，表面の脂肪を除く．

(三浦・山本)

3101 コンソメ・ア・ラ・ロワイヤル（☞）

牛肉ブイヨン	175 g
卵白	10 g（1/4 個）
こしょう	少々
卵豆腐（ロワイヤル）	8 g

❶卵白と冷めているブイヨンを十分に混ぜ合わせる．

❷❶をかき混ぜながら火にかけて，沸騰後はかき混ぜをやめ，10 分ほど静かに沸騰させる（懸濁物を卵白が吸着して凝固する）．

❸液が十分に透明になれば火を止め，布かペーパーでこす．野菜は肉の焦げ色でやや着色しているが，薄ければカラメルで着色してもよい．

❹吸物程度の塩味を付け，こしょう（入れすぎないように注意）を加える．

❺スープ皿を温め，卵豆腐（ロワイヤル☞）を入れ，熱い❹を注ぐ． (東根)

3111 コンソメ・ペイザンヌ

じゃがいも	18 g
にんじん	3 g
キャベツ	18 g
ベーコン	3 g
ブイヨン	150 g
パセリ	1 g
塩	少々
こしょう	少々

❶材料はすべて皮をむいてペイザン（☞）に切りそろえる．じゃがいもは水にさらす．

❷厚手鍋にベーコンを熱し，にんじん，じゃがいも，キャベツの順に入れて炒める．焦がさないよう，崩さないように気を付ける．

❸❷へブイヨンを加え，浮き上がる灰汁を除きながら静かにやわらかくなるまで煮て，塩，こしょうで味を調える．

❹供卓直前に温めた皿に注ぎ，粉パセリ（パセリの葉をみじん切りしてふきんに包み，流水でもみ，絞ったもの）を散らす． (濱口)

食品 3100 ブイヨン：洋風のだし汁．スープストックともいう．鳥獣肉（例えば牛すね肉，鶏がらなど），魚の肉または骨を主材料とし，副材料として香味野菜（にんじん，たまねぎ，セロリやパセリの茎，タイム，ローリエ）を用い，うま味成分を長時間かけて煮出したもの．フォンは，材料に焦げ目をつけてから煮出す．

(三浦・山本)

健康・栄養 3100 ブイヨンとコンソメの違い：ブイヨンはだし汁で，塩，こしょうなどで調味したものがコンソメである．市販の顆粒・固形コンソメは，味見をして塩は控えめに調味する（p.12 参照）． (濱口)

食品 3101 ロワイヤル：コンソメに添える浮き実の一種． (東根)

科学 3101 卵白の清澄効果：卵白は凝固する時に，灰汁や濁りの原因となる筋漿たんぱく質を包みとる性質があるので，澄んだコンソメスープを作るのに欠かせない．低温のブイヨンに溶きほぐした卵白を加え，中火で加熱し，沸騰後しばらく混ぜ続けて液が完全に澄んだらこす． (東根)

☞ 卵豆腐（ロワイヤル）（4 人分）：ボウルに卵 1 個を割りほぐし，卵と同量の水，少量の塩，砂糖を加えこす．小流し箱に液を流し入れ静かに蒸す．蒸し上がったら串で周囲を離して取り出し 5mm 角に切る（分量が少ないため，すが入りやすいので火加減に注意する）． (東根)

☞ ペイザン：野菜を厚さ 2 mm，1 cm 角を基本とする色紙切りにすること． (濱口)

食品 3111 じゃがいもの褐変：じゃがいもの切り口は空気に触れると褐変する．これは，じゃがいもに含まれる酸化酵素のチロシナーゼにより，アミノ酸の一種であるチロシンからメラニン色素が形成されるためである．じゃがいもを水に浸しておくと，水溶性であるチロシナーゼが溶出し，褐変を防ぐことができる．

(濱口)

3121　冷製コンソメ

	（4人分）
水	1.2 kg
牛すね肉	300 g
粒こしょう（白）	3粒
セロリ	100 g
にんじん	100 g
たまねぎ	60 g
卵白	60 g（2個分）
マデラ酒	20 g
カラメルソース	3 g（小1/2）
ゼラチン（顆粒タイプ）	6 g
塩	5 g（小1）

❶牛肉は筋と，脂を除き，赤身の部分を用いる．小口から1cm角に切る．
❷野菜は2cm角程度の乱切りにする．
❸牛肉，野菜，粒こしょう，卵白を混ぜる．特に卵白が他材料に十分からまるようにかき混ぜる．
❹❸の中へ水200gを入れ，かき混ぜてから残りの水を加える．初めは中火にかけて，沸騰前までは，鍋底に木じゃくしが当たる程度に軽く混ぜながら加熱する．泡が浮き上がりはじめたら混ぜるのをやめ，火を弱めて2時間程度弱火で煮続ける（ふたはしない）．浮き上がった灰汁が表面を膜状に覆うので，これを散らさないように注意する．また時々煮汁を静かにすくい，表面にかけておく．
❺❹の煮込み汁をネル布でこし，ゼラチン（☞），マデラ酒を入れ，表面に浮いている油を紙片に吸い取らせる．最後に塩を適量加え（☞），調味したのち，カラメルソース（☞）で好ましいスープの色にする．ゼリー状になるまで冷やす．
❻よく冷やしてゼリー状にしたものをスープカップに盛り付ける（☞）．　　（東根）

3131　ビシソワーズ（じゃがいもの冷製ポタージュ）

たまねぎ	30 g
じゃがいも	60 g
バター	2 g
ブイヨン	160 g
牛乳	40 g
生クリーム（乳脂肪）	6 g
パセリ	0.25 g
塩	0.5 g
こしょう（白）	少々

❶たまねぎとじゃがいもは皮をむき，薄切りにし，鍋（そのまま煮る）にバターを溶かして，たまねぎを先に十分に炒め，じゃがいもを加えてさらに炒め，ブイヨンを入れてやわらかくなるまで煮る（灰汁は除くこと）．
❷❶を裏ごしあるいはミキサーにかけ，再び鍋に戻し，一度沸騰させて，塩，こしょうで味を調え，冷やしておく．
❸冷やしておいた牛乳と生クリームを供卓寸前に冷えた❷に加え（火にかけないので香りがよい），冷やしておいたカップに入れてパセリのみじん切りを浮かして供する．　　（三浦・山本）

☞ ゼラチンは❺で加えてもよいが，❹の泡が浮き上がり始めたところで加える方法もある．ゼラチンの濁りが取れる．　　（東根）

☞ **塩味を感じる温度**：塩味は冷やすと強く感じられる．スープが熱い時においしいと感じるよりも控えめにする．　　（東根）

☞ **カラメルソースの作り方**：100 gの砂糖に水50 gを加え，165℃以上まで温度を上げて色付けし，少量の湯で薄めたものを用いる．密閉容器に入れ冷蔵庫で3か月ほど保存可能である．　　（東根）

☞ **冷たいスープの提供の仕方**：冷たいものがおいしいので，スープはもちろんのこと，器も冷やしておくことが大切．真夏の時期は，砕いた氷を大きめの器に入れ，その中にスープの器を入れても涼しげである．　　（東根）

食品 3131　**ビシソワーズ**：ビシーのという意味．じゃがいもの冷製ポタージュスープ．フランスのビシー出身の料理人が故郷の料理を思い出して作ったといわれている．　　（三浦・山本）

食品 3131　**クリーム**：一般に「生クリーム」と呼ばれている．「乳脂肪」は生乳から脂肪を分離したもので，乳脂肪18%以上のものをいう．「乳脂肪・植物性脂肪」は，乳脂肪の一部を植物性脂肪に置き換えたもの，「植物性脂肪」は植物油脂に乳化剤や安定剤を加えたものである．　　（三浦・山本）

3141 ポタージュ・ピュレ・ポワフレ（グリンピースのポタージュ）

むきえんどう（☞）	30 g _____
たまねぎ	35 g _____
油	3 g _____
ブイヨン	150 g _____
薄力粉	5 g _____
バター（食塩不使用）	5 g _____
牛乳	84 g _____
パセリ	1 g _____
生クリーム（植物性）	5 g _____
塩	少々 _____
こしょう（黒）	少々 _____

❶鍋に油を入れて熱し，薄切りにしたたまねぎを入れて炒める．そこへ，さやから取り出したえんどうとブイヨンを入れ，弱火で煮込む．まめがやわらかくなったら，色が悪くならないうちに加熱をやめる．

❷ミキサーに❶を入れ（あふれないよう数回に分ける），なめらかな状態にする（☞）．

❸3031 ❷❸同様にホワイトソースを作る（科学 3031）．

❹❸へ❷を加える．火にかけて温め，塩，こしょうで味を調え，温めておいたスープ皿に盛り，生クリームを回しかける．中央に粉パセリ（3111 ❹）を散らす．供卓寸前に仕上げる．　　　（濵口）

☞ さや付きの場合は 67 g（廃棄率 55%）．　　　（濵口）

☞ ブレンダーやフードプロセッサーを使用してもよい．　（濵口）

3142 ポタージュ・リエ

固形コンソメ	1.3 g（1/4 個）_____
熱湯	80 g _____
牛乳	40 g _____
薄力粉	3.25 g _____
バター（食塩不使用）	2.25 g _____
生クリーム	10 g _____
塩	0.25 g _____
こしょう（白）	0.01 g _____
クラッカー	1 g（1/4 枚）_____
パセリ	1 g _____

❶コンソメを熱湯に溶かす．

❷鍋にバターを入れて火にかけ，溶けたらふるった薄力粉をふり入れ，弱火で焦がさないようにじっくり数十分間炒める．❶を徐々に入れて伸ばし，牛乳を加えてごく弱火でしばらく火にかけ，塩，こしょうで味を調える（科学 3031）．

❸温めた皿に注ぎ，供する直前に生クリームと砕いたクラッカー，粉パセリ（3111 ❹）を散らす．　　（久保）

3151 キャロットポタージュ

にんじん	40 g _____
たまねぎ	20 g _____
バター	2.5 g _____
水	120 g _____
固形コンソメ	1.7 g（1/3 個）_____
こめ（飯なら 10 g）	5 g _____
牛乳	50 g _____
生クリーム	10 g _____
塩	0.3 g _____
ローリエ	少々 _____
パセリ	少々 _____

❶にんじんは輪切り，たまねぎは薄切りにする．

❷鍋にバターを溶かし，たまねぎとにんじんを炒める．

❸たまねぎがしんなりしたら，水，コンソメ，ローリエ，こめを加えて 15 分ほど煮る（☞）．

❹ローリエを除き，ミキサーにかける．

❺鍋に戻し，牛乳を入れて一煮立ちしたら塩，こしょうで調味し，仕上げに生クリームを加える．

❻器に注ぎ，刻んだパセリを散らす．

（禾本）

☞ こめのもつでん粉を利用してスープに粘度をつける．　（禾本）

3152　ポタージュ・クリーム・ド・マイーズ（コーンポタージュ）

スイートコーン		
（缶詰クリームスタイル）	40 g	_____
バター	5 g	_____
薄力粉	5 g	_____
牛乳	40 g	_____
ブイヨン	50 g	_____
生クリーム（乳脂肪）	12 g	_____
クルトン	適量	_____
パセリ	0.25 g	_____
塩	少々	_____
こしょう	少々	_____

❶バターと薄力粉でホワイトルーを作り（3031 ❷），牛乳とブイヨンを加えて加熱する．

❷❶にスイートコーンを加えて煮立て，塩，こしょうで味を調え，生クリームを加えてすぐに火を止める．

❸クルトン，粉パセリを浮かせて供する．
　　　　　　　　　　　　　　（三浦・山本）

食品 3152　とうもろこし：イネ科1年生草本．糖含量の高い甘味種の未熟のものが野菜として利用されている．糖類はショ糖，ブドウ糖，果糖で，成熟すると糖が結合してでん粉となり甘味が減る．生では鮮度が重要である．加工品として，つぶしてクリーム状にしたクリームスタイルの缶詰はスープを作るのに便利である．　　　　（三浦・山本）

3153　ポタージュ・クリーム・ド・パンプキン（かぼちゃのポタージュ）

西洋かぼちゃ	50 g	_____
たまねぎ	17 g	_____
バター	5 g	_____
薄力粉	4 g	_____
ゆで汁＋ブイヨン	50 g	_____
牛乳	50 g	_____
パルメザンチーズ	3 g	_____
パセリ	0.3 g	_____
塩	少々	_____
こしょう	少々	_____

❶かぼちゃは種と皮を除き，2 cm くらいの乱切りにして，たまねぎとともにやわらかくゆで，裏ごしし，ゆで汁も残しておく．

❷スープ鍋でバターと薄力粉からホワイトルー（3031 ❷）を作り，ゆで汁とブイヨンを加えて火にかけ，❶を加えて，灰汁を除き，牛乳を加えて塩，こしょうで調味する（牛乳を加えたら一煮立ちで火を消す）．

❸パルメザンチーズと粉パセリを散らして供する．　　　　（三浦・山本）

食品 3153　かぼちゃ（南瓜）：ウリ科1年生草本．日本で栽培されているかぼちゃは日本かぼちゃ，西洋かぼちゃが主体で，西洋かぼちゃは水分含量が少ない．ともに主成分は炭水化物で多くはでん粉である．そのため野菜類であるが生食はしない．かぼちゃの甘味は，ショ糖とブドウ糖によるものである．西洋かぼちゃにはビタミンCが多く含まれるが，ビタミンC酸化酵素（アスコルビナーゼ）が果皮の部分に多くすりおろすと活性化し，ビタミンCを酸化する．　　（三浦・山本）

3161　ポタージュ・ヴルーテ

たまねぎ	20 g	_____
にんじん	10 g	_____
バター（炒め用）	1 g	_____
ルー		
┌バター（食塩不使用）	6 g	_____
└薄力粉	7.5 g	_____
ブイヨン	150 g	_____
卵黄	4 g（約1/4個）	_____
生クリーム（植物性）	13 g	_____
パセリ	1 g	_____
塩	少々	_____
こしょう（黒）	少々	_____

❶たまねぎとにんじんは皮を除いて薄切りし，厚手の鍋に入れ，バターで炒める．ブイヨンを加えてやわらかく煮込み，ミキサーでなめらかにする（3141 ❷）．

❷ホワイトルーを作り（3031 ❷），❶を加えて煮立て，塩，こしょうで調味する．

❸供卓直前に❷を再加熱し，煮立ったら火を消す．小ボウルに卵黄を入れ，生クリームで溶き，❷を少量加えて卵黄濃度を薄めたものを❷へ加えて，卵黄が凝固しないよう全体に混ぜ込み，温めたスープ皿に注ぎ，粉パセリ（3111 ❹）を散らす．　　　　（濱口）

3171 ガスパチョ(☞)

トマト(完熟)	85g
きゅうり	10g
赤パプリカ	5g
にんにく	0.5g(少々)
食パン	8g
水	50g
┌ オリーブ油	6g(大1/2)
│ 赤ワインビネガー	1.25g
│ レモン汁	3.75g
│ 塩	0.8g
│ 粗びきこしょう	少々
└ パプリカ粉末	少々
きゅうり(浮き実)	少々

❶トマトは湯むきをして種を除き,適当な大きさに切る.

❷きゅうりは皮をむき,2cm幅に切る.浮き実用は,かのこ切りにする.

❸にんにくはすりおろし,食パンは耳を落とし,分量の水につける.

❹ミキサーに❶～❸と赤パプリカを入れ,撹拌する.

❺オリーブ油,赤ワインビネガー,レモン汁,塩,こしょう,パプリカ粉末を加え再び撹拌する.

❻ざるにこして,冷蔵庫で1時間以上冷やし,味をなじませる.

❼器に注ぎ,浮き実を飾る.　　(禾本)

☞ **ガスパチョ**:スペインのアンダルシア地方発祥の夏野菜の冷製スープ.パンを用いてスープの分離を防ぐ.　　　　　　　(禾本)

3172 ミネストローネ

マカロニ	5g
ベーコン	5g
油	1g
たまねぎ	15g
にんじん	5g
キャベツ	10g
水	160g
顆粒コンソメ	2g
トマト(水煮)	20g
じゃがいも	20g
塩	少々
こしょう	少々

❶ベーコン,たまねぎ,にんじん,キャベツ,トマト,じゃがいもは,厚さ3mm,1～1.5cm角の色紙切りにする.煮込み鍋に油を入れ,ベーコンを弱火で軽く炒める.次にたまねぎ,にんじんを炒める.

❷❶に水を加え,沸騰してきたらコンソメ,トマトを加えて煮る.5分程度たったらマカロニとじゃがいもを入れる.また5分程度たったらキャベツを入れる.じゃがいも,にんじんがやわらかくなったら塩,こしょうで味を調える.(☞)　(東根)

☞ しめじやズッキーニ,白いんげん,だいずの水煮などを加えてもおいしい.　　　　　　　(東根)

☞ **ポタージュ材料の裏ごしと中ごし**:裏ごしは力を加えて押し出すので,裏ごしの目より粗いものも通ってしまう.これはポタージュの舌ざわりを悪くするので,もう一度,中ごし(力を加えない)して,自然には通らない粗さのものを除く.中ごしはていねいなやり方である.素材丸ごとの味を賞味するときは,裏ごしをせず,ミキサーにかけ,その後適度な濃度まで煮詰めるとよい.　　　　　　　(東根)

応用 **3173 クレーム・アフリケイヌ(カレー味のスープ)**:❶深鍋にバター2.5gを溶かし,薄切りたまねぎ20gを十分に炒め,飯15gとブイヨン150gを加え,ふたをして40～50分弱火で煮る.❷じゃがいも4g,なす4gは5mm角に切り,水にさらしてから50gのブイヨンでじゃがいもを煮崩れないようにゆで,ブイヨンから取り出す.次になすをゆでて取り出す(いずれも灰汁を除きながらゆでる).❸カレー粉1gをバター2.5gで軽く炒める(短時間加熱で香りをよくする).❹❶を裏ごしして❸と❷のゆで汁を加え,塩,こしょうで調味する.食べる前に火にかけて温め,生クリーム8gを加え,❷を加えて,温めたスープ皿に盛る.　　　　　　　(東根)

3173 トマトスープ

トマト(完熟)	100g
たまねぎ	40g
飯	15g
ブイヨン	200g
バター	5g
生クリーム	13g
アルファベットパスタ	1.2g
塩	少々
こしょう	少々

❶たまねぎは薄切り,トマトは湯むきにして横2つに切り,種を除いて1cm角に切る.深めの鍋にバターを溶かしてたまねぎとトマトを炒め,飯とブイヨン(または固形コンソメ＋水)を加え,灰汁を除きながらやわらかく煮込み(20分程度),裏ごしをする.汁も裏ごしを通す.

❷パスタはゆでて(3021❻)おく.

❸深い鍋に❶をカップで計り入れ,4人分の場合は3Cくらいまで煮詰めて中ごしする.(☞)

❹食べる直前に再加熱し,塩,こしょうで調味し,バターと生クリームを加えてひと混ぜしてから火を消し,温めた皿に盛❷を散らす(3101❺).　　　　　　　(東根)

3174　オニオングラタンスープ

たまねぎ	75 g
バター	7 g
薄力粉	3 g（小1）
（またはコーンスターチ）	
ブイヨン	200 g（1 C）
（または水＋固形コンソメ1/4個）	
塩	少々
こしょう	少々
フランスパン（1 cm厚）	8 g（1枚）
チーズ（溶けるタイプ）	20 g

❶たまねぎは2つ割りにし，繊維に沿って薄く切る．
❷厚手の鍋にバターを溶かし，❶を加えて，最初は強火，しんなりしたら中火，薄茶色になったら弱火にして濃い茶色になるまで20分くらいかけて炒める．黒く焦がさないこと．（☞）
❸薄力粉を加えて軽く炒め，混ぜながらブイヨンを加える．鍋についているものもすべて液中へ混ぜ込む．

❹一度煮立てて灰汁を取り，4〜5分間煮込んで味をみて塩少々，こしょうで薄味に調味する．
❺フランスパンをトーストする．
❻耐熱性のスープカップに❹を注ぎ，❺をのせてチーズをのせ，オーブン（200〜220℃），またはオーブントースターの上火でチーズに少し焦げ目がつくまで焼く．
❼受け皿にのせ，焼きたてを供する．
（大喜多・池田）

☞ **たまねぎの加熱による変化**：生たまねぎの刺激臭と辛味は硫化アリルによる．この成分は，加熱によりプロピルメルカプタン（ショ糖の50〜70倍の甘味をもつ）に変化するため甘味を生ずる．炒め時間が長いほど，甘味は強くなり，糖質がカラメル化するので褐色度も増し，独特の風味を呈する．十分炒めたものは洋風料理のスープ，ソースや煮込み料理のかくし味として用いられることがある．（大喜多・池田）

応用 3174　オニオンスープなど：にんにくを用いて❷で1かけを入れて炒めたり，❺で1/3かけをパンにこすりつけて香りを移す場合もある．また，❹に❺をのせて，粉チーズ，パセリのみじん切りなどをかけて供するとオニオンスープとなる．（大喜多・池田）

3175　ポット・オ・フ

牛かた肉（すね肉）	70 g
水	200 g
塩	1 g
ローリエ	1/4枚
クローブ	1/2本
にんじん	40 g
セロリ	20 g
じゃがいも	50 g
小かぶ	40 g
たまねぎ	40 g
さやいんげん	20 g
にんにく	1 g
こしょう（黒）	少々

❶煮込み用の厚手の鍋に牛肉，水，塩を入れ火にかける．初めは強火，沸騰したら弱火にして，灰汁を取りながら1時間以上煮る．
❷にんじんは斜めに2〜3等分，セロリは大きめに切り，じゃがいもは皮をむき半分に切る．たまねぎ，さやいんげんは4等分にする．小かぶはそのまま．
❸❶に❷の野菜の煮えにくいにんじんから先に入れ，順に時間をずらして入れていく．半分に折ったローリエ，ニンニクのみじん切り，クローブ，こしょうも入れて，1時間煮る．

❹具は全部取り出し，肉は適当な大きさに切り，野菜とともに彩りよく皿に盛る．
❺煮汁は調味して煮立て，スープとして供する．
❻粒マスタードを添えてもよい．
（三浦・山本）

食品 3175　ポット・オ・フ（pot au feu）（仏）：フランス語で火にかけた鍋の意味．肉や大ぶりに切った野菜を香草とともに時間をかけて煮込んだ料理．肉には牛，豚，鶏以外にベーコン，ソーセージなどが使われる．（三浦・山本）

3181　えびのビスク（☞）

えび（殻付き）	100 g
たまねぎ	25 g
にんじん	15 g
セロリ	15 g
トマト	50 g
オリーブオイル	2 g（小 1/2）
バター	6 g（大 1/2）
白ワイン	20 g
生クリーム	30 g
固形コンソメ	0.8 g
水	75 g
塩	少々
こしょう	少々

❶えびは殻をむき，背わたを取り除く．殻と身に分けておく．

❷たまねぎとセロリは薄切り，にんじんはみじん切り，トマトは皮つきのまま種子を取り，粗く切る．

❸厚手の鍋にオリーブオイルを熱し，えびの殻を焼き付けるように炒める．白ワインとえびの身を加え，汁気がなくなるまで加熱する．

❹バターを足して，❷を加え，時々野菜をつぶしながら，にんじんがしんなりするまで弱火で炒める．

❺粗熱を取り，ハンドブレンダーで鍋の中身がなめらかになるまでよくつぶし（☞），裏ごし器でこして（p.23 参照）鍋に戻す．

❻水，固形コンソメ，生クリームを加えて沸騰させない程度に加熱し，味をみて塩こしょうをして調え，温めておいたスープ皿に注ぐ．　　　　　（池田）

☞ **ビスク**：甲殻類（えび，かになど）の殻をローストしてから野菜とともに煮出したあと，ミルクやトマトペーストで伸ばして作る濃厚なクリームスープ．　　　　（池田）

☞ **ハンドブレンダーを使ったつぶし方**：ハンドブレンダーを鍋で使用するときは，鍋を傾けてえびの殻や身など食材をまとめてつぶすと効率がよい．　　　　　　　（池田）

3191　クラムチャウダー（☞）

はまぐりむき身	60 g（殻付き150 g，中5個）
水	150 g
ベーコン	5 g
たまねぎ	20 g
じゃがいも	38 g
バター	3.5 g
薄力粉	4.5 g
牛乳	53 g（1/4 C）
固形コンソメ	1.3 g（1/4 個）
パルメザンチーズ	1.5 g（大 1/4）
塩	少々
こしょう（黒）	少々

❶殻付きのはまぐりは 2％の食塩水に一晩つけ，砂を吐かせる．

❷分量の水を沸騰させ，水道水でよく洗った❶を入れ，貝の口が開いたら30秒間煮て取り出し，殻から身をはずす．

❸❷のゆで汁を布ごしして砂を除く．

❹たまねぎは薄切り，ベーコンは5 mm幅に切り，じゃがいもはいちょう切りにする．厚手の鍋にバターを入れて熱し，野菜とベーコンを炒め，たまねぎが半透明になれば薄力粉を加え，弱火で全体によくからまるまで炒める．

❺❸のゆで汁とコンソメを加えて煮て（途中灰汁を取る），野菜がやわらかくなれば牛乳を入れて加熱する（煮立てないこと）．さらにチーズを加えて混ぜ，溶けたらはまぐりの身を入れ，塩，こしょうで味を調え，温めたスープ皿に注ぐ．

（濱口）

☞ **クラムチャウダー**：クラムとは二枚貝という意味で，はまぐりを用いたアメリカ特有のスープ．あさりを使用してもよい．貝にはうま味成分の一つであるコハク酸が含まれ，ベーコンには肉類のうま味成分であるイノシン酸，さらにパルメザンチーズのグルタミン酸が加わり，うま味が増す．　　　　　（濱口）

3201 プレーンオムレツ

卵	110 g（2個） _____
牛乳	15 g（大1） _____
生クリーム	15 g（大1） _____
塩	0.5 g _____
こしょう	少々 _____
油	3.3 g（小1弱） _____
トマトジュース	50 g（約1/4 C） _____
パセリ	2.5 g（1枝） _____

❶トマトジュースをソースのかたさ（☞）まで火にかけて煮詰める.
❷卵をほぐし，牛乳と生クリーム，塩，こしょうを加え，軽く混ぜ合わせる.
❸フライパンに油を入れて火にかけ，十分になじませる（☞）. ❷を一気に流し込み，大きくかき混ぜて全体が半熟になれば，フライパンの向こう側へ集め，火から少し離して，左手でフライパンの柄をたたきながらロールして，木の葉型の膨らみのある感じに仕上げる. 中は半熟状態になるよう手早く仕上げる.
❹左手に盛り付ける皿を持ち，右手でフライパンの柄を下から持って（手のひらは上向き），かぶせるように皿に移し，❶をかけパセリを添える. （濱口）

☞ **ソースのかたさ（粘度）**：ソースは，流れる状態（ポタージュ状）に仕上げる. 冷めると少しかたくなるため，作りたいかたさの少し手前で火を止める. （濱口）

☞ **油の温度**：卵液を流し込むとジュッと音がするくらいに油が高温になっていることがきれいなオムレツを作るために大切である. フッ素樹脂加工のフライパンのほうが油の量が少なくてすみ，きれいに仕上がる. 慣れないうちは，菜箸やフライ返しを使って仕上げるとよい. （濱口）

3211 ミックスオムレツ

卵	110 g（2個） _____
牛ひき肉	30 g _____
たまねぎ	30 g _____
塩	0.5 g _____
こしょう	少々 _____
油（炒め用）	1.2 g _____
油（仕上げ用）	5 g（小1強） _____
ケチャップソース	
┌ ケチャップ	15 g（大1） _____
└ ウスターソース	6 g（小1） _____
パセリ	2.5 g（1枝） _____
キャベツ	10 g _____

❶たまねぎのみじん切りを油で炒め，塩，こしょうし，さらにひき肉を加えて炒める.
❷小ボウルに卵と❶を入れ混ぜ合わせる.
❸フライパンに油を入れて火にかけ，全体によくなじませ，強火で手早く❷を入れて焼き上げる（焼き方・盛り付け方→3201❸❹）.
❹盛り付け皿に，付け合わせのパセリとせん切りキャベツを盛り，オムレツにケチャップソースを帯状にかけて供する. （濱口）

科学 **3201, 3211 卵**：卵黄の色は，飼料中のカロテノイドに由来するものであり，栄養価と関係がない. サルモネラ属菌による食中毒は，卵が原因になることが多い. 卵はきれいで，ひび割れのない新鮮なものを購入し，使う分だけ，使う直前に割ってすぐに調理する. 割卵した卵を放置すると，細菌が増殖しやすくなる. 賞味期限は，生食できる期限の表示であり，賞味期限を過ぎた卵は，卵黄も卵白もかたくなるまで加熱する（サルモネラ属菌は70℃1分以上の加熱で死滅）. （濱口）

3221 スペイン風オムレツ

卵	120 g（2個） _____
牛乳	15 g _____
塩	1 g _____
こしょう	少々 _____
オリーブ油	3 g _____
ロースハム	15 g _____
にんじん	20 g _____
トマト（完熟）	20 g _____
たまねぎ	20 g _____
オリーブ油	3 g _____
塩	少々 _____
こしょう	少々 _____

❶たまねぎ，にんじん，湯むきしたトマトを粗みじんに，ハムは5mm角に切り，この順に油で炒め，塩，こしょうで調味し，冷ましておく.
❷卵を割りほぐし，牛乳，塩，こしょうを入れ混ぜ，冷めた❶を入れ混ぜる.
❸フライパンを熱くし，油を入れてなじませ（5～10gバターをたしてもよい），❷を入れ，手早くかき混ぜながら平らな半熟状態にし，底に薄く焼き目がついたら丸いまま裏返し焼き目をつけ皿にとる. 2人分ずつ焼いて切り分けてもよい. （三浦・山本）

食品 **3221 トルティージャ（tortilla）**：スペイン風オムレツ. 具を入れ丸く平らに焼いた卵料理. スペイン語の語尾のllaは，地域によってジャあるいはヤと発音する. じゃがいもを入れることも多い. （三浦・山本）

食品 **3221 スペイン料理**：オリーブ油，にんにく，トマトを用いたものが多い. パエリヤ，ガスパチョ，トルティージャ，コシードなどが有名. （三浦・山本）

3231　スクランブルドエッグ(洋風いり卵)

卵	55g (L1個) ＿＿＿＿
牛乳	7.5g (大1/2) ＿＿＿＿
塩	0.25g (少々) ＿＿＿＿
こしょう	少々 ＿＿＿＿
油	4g (小1) ＿＿＿＿

❶フライパンを熱し油をひく.
❷卵, 牛乳, 塩, こしょうをよく混ぜて❶に流し入れ, 木べらで静かにかき混ぜ, 半熟でひとまとまりになれば火からおろす(火は中火, 手早く, 焦がさず).
(☞)　　　　　　　　(大喜多・池田)

3241　フライドエッグ(目玉焼き)

卵	55g (L1個) ＿＿＿＿
塩	0.25g (少々) ＿＿＿＿
油	1.33g (小1/3) ＿＿＿＿

❶熱したフライパンに油を薄くひき, 弱火にして卵を割り入れる.
❷ふたをして, 卵黄の表面が白っぽくなるまで蒸し焼きにする(卵黄中心部は生).
❸塩少々をふりかけ, フライ返しで皿へ盛り付ける.　　　　　　(大喜多・池田)

3251　ポーチドエッグ(落とし卵)

卵	55g (L1個) ＿＿＿＿
ケチャップ	5g (小1) ＿＿＿＿
キャベツ	40g ＿＿＿＿
バター	8g (小2) ＿＿＿＿

❶鍋にたっぷりの湯を沸かし, 酢と塩を加える.
❷ボウルに卵を割り入れて❶の軽く沸騰している中へそっと入れ, 90～95℃で2分程度置き, 卵白が固まったら(卵黄はまだやわらかい)網じゃくしですくい上げて皿に盛る.
❸ケチャップに同量の熱湯を加えて, 流れる程度のかたさに調節する.
❹❷に❸をかけ, キャベツせん切りのバター炒めを添える.
(☞)　　　　　　　　(大喜多・池田)

3261　ボイルドエッグ(ゆで卵)

卵	55g (L1個) ＿＿＿＿

❶卵と多めの水を鍋に入れ火にかける.　(☞)
❷沸騰したら時々卵を鍋の中で転がしながら(卵黄が偏らないよう)ゆでる.
❸沸騰後1～3分で半熟卵, 5～7分で少しやわらかめのゆで卵, 10～12分でかたゆで卵となる.
❹冷水中にとり, 冷やしてから殻をむく(科学1692参照).　　(大喜多・池田)

3271　卵のココット

卵	55g (L1個) ＿＿＿＿
ほうれんそう	80g ＿＿＿＿
バター	8g (小2) ＿＿＿＿
塩	0.5g ＿＿＿＿
こしょう	少々 ＿＿＿＿

❶ココット(容量200mLくらいの耐熱容器)の内側にバターを薄く塗る.
❷ほうれんそうはゆでて3cmくらいに切る.
❸❶に❷と残りのバターを入れて卵を割り入れ, 塩, こしょうをしてオーブントースターで卵の表面が焼き固まるまで焼く.　(☞)　　(大喜多・池田)

☞　いり卵の具材：①ハム, ベーコン(みじん切り), ②粉チーズ, ③たまねぎ, ほうれんそう, きのこ類(食べやすい長さに切って炒める)　　　　　(大喜多・池田)

応用 3241　ハムエッグ：ハム薄切り1枚を少し焼いた上に卵を割り入れて同様に仕上げる.
　　　　　(大喜多・池田)

科学 3251　卵白の凝固と酢, 塩：酢と塩は, たんぱく質の凝固(変性)を促進する作用がある. そのため湯の中で卵白が散らばりにくくなり, ポーチドエッグが形よく仕上がる. 水1kgに酢15g, 塩6gを入れ, 軽く沸騰している湯に卵を落とす. 冷たい卵を使う場合や, 湯の量が少ない場合は, 卵を落とした時に湯の温度が下がり, 卵白の凝固が速やかに行われず卵白が分散しやすい. 卵は濃厚卵白の多い新鮮卵がよい.
　　　　　(大喜多・池田)

☞　ポーチドエッグの仕上げ：パプリカ, 粉チーズ, パセリみじん切りなどをかけてもよい.
　　　　　(大喜多・池田)

☞　ゆで卵の注意：塩水, 酢水でゆでると殻が破れても流出した卵白は凝固する(3251科学). 低温の卵を急激に加熱すると加熱のむらができ割れやすい. 室温に置くか, しばらくぬるま湯につけてから加熱する.
　　　　　(大喜多・池田)

科学 3261　半熟卵：3分ゆで, 5分ゆでなどの, いわゆる半熟卵は, 沸騰後3～5分間ゆでたもので, 卵白は凝固し, 卵黄は半熟のゆで卵をいう場合が多い. 8～10分間のゆで卵は, 卵黄の黄橙色が最も鮮やかであり, おいしそうに見える.
　　　　　(大喜多・池田)

科学 3261　硫化第一鉄：卵白が加熱されると含まれる硫黄が硫化水素となり, 卵黄に含まれる鉄と結合し, 暗緑色の硫化第一鉄となる. そのため, 卵黄の表面が暗緑色に変色し, 彩りが悪くなる. この変色を防ぐには, 新鮮な卵を用い, 所定時間ゆでた後, 冷水中で急冷し, 過度の加熱を避ける.　(大喜多・池田)

☞　電子レンジで加熱する場合：ラップフィルムまたは陶器の皿でふたをする. 500～600Wでは, 加熱むらが生じるため, 弱い出力で卵の凝固の程度を見ながら加熱する. 急激な温度上昇で卵が破裂する場合があるので, 加熱前に卵黄を崩しておくとよい.　(大喜多・池田)

3301　オードブル・ヴァリエ(☞)

(a)スタフドエッグ

卵	30 g（1/2 個）_____
マヨネーズ	4 g_____
スタフドオリーブ	1 g_____

(b)シューキャビア

シュー（皮）（1 個分）	
水	2 g_____
バター	1 g_____
薄力粉	1 g_____
卵	2.2 g_____
キャビア	0.5 g_____
レモン汁	0.2 g_____

(c)コンコーンブルファルスイ

きゅうり	7.5 g_____
塩	少々_____
レモン汁	少々_____
イクラ	3 g_____

(d)サーディン・カナッペ

食パン（12 枚切り）	3 g_____
オイルサーディン	7 g_____
マヨネーズ	1 g_____
レモン	2 g_____

(e)レバーのベーコン巻き

レバー	10 g_____
ベーコン	10 g_____
イタリアンパセリ	少々_____

(f)セロリのスモークサーモン巻き

セロリ	10 g_____
スモークサーモン	10 g_____
ケイパー	1 g_____

(g)サラミソーセージ

	10 g_____

(h)チーズ・きゅうり

チーズ	10 g_____
きゅうり	10 g_____

(i)ミニトマトの詰め物

ミニトマト	45 g_____
さけの粗ほぐし缶	5 g_____
たまねぎ	3 g_____
ゆで卵	5 g_____
パセリのみじん切り	少々_____
マヨネーズ	3 g_____

(j)小だいの酢漬け

	24 g_____

(k)ポテトチップ

じゃがいも	20 g_____
油	3 g_____
塩	少々_____

(a)スタフドエッグ

卵は沸騰後 12 分ゆでて皮をむき，縦あるいは横半分に切る．底を削りすわりをよくする．卵黄は取り出して裏ごしし，マヨネーズを加えて味とかたさを調節し絞り袋に入れ，卵白の中に美しく絞り出す．その上にスタフドオリーブの薄切りをのせる．

(b)シューキャビア

シューを一口大に焼き上げる（3971 参照）．上から高さ 1/3 を水平に切って，ふたを底へ裏返して入れる．キャビアにレモン汁をふりかけて詰める．

(c)コンコーンブルファルスイ

きゅうりは洗って塩をつけて板ずりし，熱湯にさっとくぐらせて鮮やかな緑色にし，長さ 4 cm に切る．その中央を小ナイフで花型に切り込みを入れて 2 つに切り分け，花型切り口の中央をえぐり取ってへこませ，レモン汁をふりかける．イクラを中央に盛る．

(d)サーディン・カナッペ

食パン 1 枚を 8 等分に切り耳を切り落としておく．トースターで少し焦げ目をつけ，オイルサーディンをのせ，マヨネーズを細く線状に絞り出し，上に輪切りレモンを置く．

(e)レバーのベーコン巻き

レバーは塩水で洗い（血抜き），一口大に切り，ローリエやパセリなどの香味野菜を入れた湯でゆでて，ベーコンで一巻きし，ようじでとめフライパンで炒める．上にイタリアンパセリを飾る．

(f)セロリのスモークサーモン巻き

スモークサーモンでせん切りセロリ数本を巻き，ケイパーを添える．

(g)サラミソーセージ

端から厚さ 2 mm の薄切りにする．

(h)チーズ・きゅうり

きゅうりは板ずりをする．チーズときゅうりは 1.5 cm 程度に切って，交互にスティックに刺す．

(i)ミニトマトの詰め物

ミニトマトの上 1/4 を切って，小さなスプーンで種を出し，カップ型にしておく．さけの粗ほぐし，たまねぎのみじん切り（塩もみしてさらし，水気をしっかりと切ったもの），ゆで卵を細

☞　オードブル：前菜のこと．スープの前に提供される冷肉・野菜などを取り合わせた軽い料理．英語ではアペタイザー（appetizer）．3301 (a)〜(k)から材料が重複しない数品を選んで組み合わせる．　　（時岡）

食品 3301　キャビア，イクラ，ケイパー：キャビア：ちょうざめの卵．高価で品薄なので最近ではランプフィッシュの卵が安く売られている．**イクラ**：ロシア語で魚卵のことで，さけ以外の魚卵もイクラという．日本ではさけの卵を網目を通してバラバラにして塩蔵してから植物油をまぶして保存される．一粒ずつ切り離されていない塊はすじことして売られている．人工イクラも市販されている．**ケイパー**：白い花のフウチョウボクのつぼみを酢漬けにしたもの．豆粒大のうぐいす色でスモークサーモンに添えると色と香りがよく合う．ホワイトソースやマヨネーズに刻んで使うのもよい．イタリア語ではカッペリ．　　（三浦・東根）

かくしたもの，パセリのみじん切りを加えてマヨネーズであえ，トマトカップに盛り付ける．

(j)小だいの酢漬け（購入する☞）

(k)ポテトチップ

じゃがいもは皮をむき，1 mm の厚さに切って水につける．その後ざるにあげ，しっかりと水気を取って揚げる．油に入れたら時々かき混ぜながら，泡が出なくなるまで揚げて，油を切り，塩をふる． （三浦・東根）

☞ 小だいを三枚おろしにし，塩をして酢漬けにしたもの．若狭の名産品である． （三浦・東根）

3311 カナッペ・ヴァリエ（☞）

☞ **カナッペ**：一口大の食パン（16枚切り），クラッカー，パイ生地などの上に少量で食欲をそそる彩りのよい材料を飾った前菜．食べる時は手でつまんでよい． （久保）

（作りやすい量）

食パン（16枚切り，みみなし）	75 g（5枚）	＿＿＿＿
(a)トマトカナッペ		
トマト	50 g（1/3 個）	＿＿＿＿
塩	少々	＿＿＿＿
こしょう	少々	＿＿＿＿
バター	3 g	＿＿＿＿
練りからし	1 g	＿＿＿＿
マヨネーズ	4 g	＿＿＿＿
(b)きゅうりカナッペ		
きゅうり	30 g（1/3 本）	＿＿＿＿
ハム	20 g（2 枚）	＿＿＿＿
マヨネーズ	7 g	＿＿＿＿
(c)チキンカナッペ		
若鶏もも肉	40 g	＿＿＿＿
塩	少々	＿＿＿＿
こしょう	少々	＿＿＿＿
バター	3 g	＿＿＿＿
マヨネーズ	4 g	＿＿＿＿
ケチャップ	4 g	＿＿＿＿
(d)スクランブルドエッグカナッペ		
卵	28 g（1/2 個）	＿＿＿＿
ハム	10 g（1 枚）	＿＿＿＿
油	4 g（小 1）	＿＿＿＿
バター	3 g	＿＿＿＿
(e)シュリンプカナッペ		
えび	30 g	＿＿＿＿
バター	3 g	＿＿＿＿
マヨネーズ	3 g	＿＿＿＿
添え野菜		
レタス	10 g	＿＿＿＿
パセリ	2 g	＿＿＿＿
ラディッシュ	30 g（4 個）	＿＿＿＿
レモン	30 g（4 切れ）	＿＿＿＿

(a)トマトカナッペ

バターと練りからしを混ぜ，食パンに塗る．厚さ5 mm の輪切りにしたトマトに塩，こしょうをしてパンに並べ，切り分け，上にマヨネーズを飾る．

(b)きゅうりカナッペ

食パンにマヨネーズ3 g を塗る．熱湯にくぐらせて色出しをし，縦に厚さ2 mm に切ったきゅうりをパンに並べて切り分け，せん切りにしたハムとマヨネーズ4 g を飾る．

(c)チキンカナッペ

食パンにバターを塗る．ゆでて薄切りにした若鶏に塩，こしょうをしてパンに並べ，切り分け，マヨネーズとケチャップを飾る．

(d)スクランブルドエッグカナッペ

食パンにバターを塗る．卵を割りほぐし，ハムのみじん切りを加えて油で半熟に炒め，パンの一面に平らに広げ，切り分ける．

(e)シュリンプカナッペ

食パンにバターを塗って切り分ける．えびの背わたを取って洗い，さっとゆで，皮をむき，厚さ2〜3 cm の小口切りにし，マヨネーズであえ，パンにのせる．

　以上5品を1枚の大皿に盛り，レタス，パセリ，ラディッシュ，輪切りレモンをあしらう． （久保）

3321　ゼリー寄せ・ヴァリエ

（20 × 8 × 6 cmパウンド型1個，約8人分）

材料	分量	
スモークドサーモン	10 g	_____
ずわいがに（水煮缶詰）	5 g	_____
ヤングコーン	10 g	_____
オクラ	15 g	_____
枝豆	10 g	_____
にんじん	15 g	_____
ゼラチン（顆粒タイプ）	2 g	_____
フォン・ド・ポアソン	60 g	_____
┌　水	150 g	_____
│　たいのあら	70 g	_____
│　セロリ	15 g	_____
│　たまねぎ	15 g	_____
│　レモングラス	1 g	_____
│　レモンバーム	1 g	_____
│　塩	0.1 g	_____
└　こしょう	少々	_____
ラズベリーソース		
┌　ラズベリー（冷凍）	20 g	_____
│　オレンジジュース	20 g	_____
│　水	5 g	_____
└　砂糖	2 g	_____

❶フォン・ド・ポアソン（☞）を作る．たいのあらは霜降りにする．たまねぎ，セロリは大きめに切る．鍋に水，たいのあら，たまねぎ，セロリを入れて沸騰後，レモングラス，レモンバームを入れて沸騰が続く火加減で水分量が半分くらいになるまで煮込む．

❷にんじんは型の長さに合わせて1 cm幅に切る．

❸ヤングコーン，オクラ，枝豆，にんじんはゆでる．

❹フォン・ド・ポアソンを温め，塩，こしょうで味を調え，ずわいがにとゼラチンを加えて氷水にあてて冷やす．

❺パウンド型にラップフィルムを敷き，❷を❹に浸しながら入れていく．スモークドサーモンを入れ隙間に❹を流しながら，交互になるように具材を入れる．

❻ラップフィルムでふたをして冷やし固める．

❼ラズベリーソースを作る．ソースの材料をすべて入れて少し濃度がつくまで煮詰め，種をざるでこす．

☞　フォン・ド・ポアソンとは，魚の洋風だしのことである．　（中平）

❽皿にラズベリーソースを敷き，ゼリーをのせる．　　　　　　　　　　　　　　　（中平）

3331　ハムのコルネ・ゼリー詰め

材料	分量	
ロースハム（丸）	20 g	_____
ゼリー		
┌　ゼラチン（顆粒タイプ）	2 g	_____
│　固形コンソメ	0.5 g	_____
│　水	45 g（大3）	_____
└　白ワイン	1 g	_____
うずら卵	25 g	_____
オリーブ	10 g	_____
レタス	5 g	_____
香草（☞）	適量	_____

❶鍋に水とコンソメを入れて火にかけ，均一に溶けたら冷ましてゼラチンを入れて溶かす．

❷❶の粗熱が取れたら，白ワインを入れ，水でぬらした流し箱へ入れて冷やし固める．

❸うずら卵をゆでて皮をむき，ようじに1個ずつ突き刺し，先端にオリーブを1個ずつ刺しておく．

❹ハムを半分に切って円錐形になるようにクルッと巻いて，合わせ目をようじで止め，コルネ型にする．❷を2～3 mm角にみじん切りし，コルネ型のハムに詰める．

❺一口大にちぎったレタスと香草（好みのハーブ），❸と❹を盛り合わせる．

☞　**香草（ハーブ）**：日本のハーブは，木の芽，青じそ，ねぎなどがあるが，洋風のハーブは乾燥させた香辛料に代わって，生の葉がよく用いられる．さわやかな香りを添えるためにパセリやクレソン，ミント，セージ，セルフィーユ，シブレット，タイム，バジル，フェンネル，オレガノなどがある．　　　　　　（細見・境田）

（細見・境田）

3341　かにのカクテル（☞）

ずわいかに	80 g _____
レモン	7.5 g（1/8 個） _____
サラダな	2.5 g（1 枚） _____
カクテルソース	
ホースラディッシュ	5 g _____
果実酢	1 g _____
ケチャップ	10 g _____
トマトジュース	4 g _____
レモン汁	0.5 g _____
ウスターソース	1 g _____
こしょう	少々 _____
タバスコ	少々 _____
たまねぎの汁	0.5 g _____
砂糖	1 g _____
塩	少々 _____

❶加熱したかにを縦に 2 つ割りして身を取り出し，筋を除いてほぐしておく（缶詰でもよい）.

❷サラダなをちぎり，カクテルグラスの底に敷き，❶のかにを盛る.

❸ホースラディッシュはおろす. ボウルにカクテルソースの材料を混ぜ合わせて味を調えておく.

❹レモンは，縦にくし型切り.

❺供する前に❷の上にソースをかけ，レモンを添える.　　　（三浦・山本）

☞ **カクテル**：西洋料理のオードブル（前菜）の 1 種. 果物，野菜，えび，かになどをカクテルグラスに盛り合わせ，カクテルソース（ケチャップ，レモン汁，白ワイン，ホースラディッシュ，タバスコなどを合わせたもの）をかけたもの.
（三浦・山本）

食品 **3341　ホースラディッシュ**：わさびだいこん，西洋わさびともいわれる. チューブ入りの練りわさび，粉わさびなどの原料となる.
（三浦・山本）

3351　プティキッシュ・ヴァリエ（☞）（3 種類のキッシュ）

（7 〜 8 cm 径菊浅型，12 個分）

パイ皮	
薄力粉	150 g _____
バター	75 g _____
卵	15 g _____
冷水	45 g（大 3） _____
クリームソース	
卵	80 g _____
生クリーム	100 g（約 1/2 C） _____
粉チーズ	3 g（大 1/2） _____
ナツメグ	少々 _____
こしょう	少々 _____
塩	1 g（小 1/6） _____
ベーコン	30 g _____
ハム	30 g _____
トマト	30 g _____
たまねぎ	30 g _____
バター	10 g _____
ほうれんそう（葉先）	30 g _____
バター	5 g _____
バター	8 g _____
小麦粉（打ち粉）	適量 _____

❶練り込み法（☞）でパイ生地を作る. ボウルに薄力粉とよく冷えたバターを入れ，泡立て器でバターをあずき粒くらいに刻む.

❷卵と冷水を合わせて❶に入れ，手で軽くひとまとめにしてぬれぶきんに包み（少しパラつくのでまとめるように包む）冷蔵庫へ入れておく.

❸クリームソースの材料を混ぜる.

❹ベーコンは熱湯をかけて 1 cm 色紙に切る.

❺ハムは 1 cm 色紙，トマトは 1 cm 角さいの目切り，たまねぎは薄切りにし，一緒にバターでしんなりするまで炒める.

❻ほうれんそうは 1 cm 幅にぶつ切り，バターでさっと炒める（少量なのでゆでない）.

❼12 個の 7 〜 8 cm 径菊浅型に溶かしバターを刷毛でまんべんなく薄く塗り，小麦粉をたっぷりまぶして裏返しトントンと台にたたき余分を落とす.

❽❷を打ち粉をふった台にとり，めん棒で 20 × 30 cm くらいに伸ばし，

3 つ折りにして向きを変え，再び伸ばし 3 つ折りにし…をあと 2 回繰り返す.

❾❽を型より一回り大きめに 12 枚に切り抜き，❼にぴったりと入れ，底と側面にフォークで穴をあける.

❿❹❺❻にそれぞれクリームソースを 1/3 ずつ入れてあえる. おのおのを 4 等分し，❼へ分け入れ，200 ℃のオーブンで 15 分くらい，表面にやや焼き色がつくまで焼く. 焼き上がったらすぐ型から出す（冷めると出しにくい）.

⓫焼き立ての温かいものを供する.（☞）
（大喜多・池田）

☞ **キッシュ**：卵，生クリーム，チーズなどをパイ皮に入れて焼いたパイ料理.　　（大喜多・池田）

☞ **練り込み法によるパイ生地**：3351 ❶❷❽は，練り込み法によるパイ生地の作り方である. パイ皮の食感の特徴はもろく，砕けやすい性質（ショートネス性）をもつことである. そのため，生地調製の段階でバターが溶けたり，焼成温度が低いと，小麦粉生地が層状にならず，くっついて焼き上がり，せんべいのような外観，食感となってしまう. 特に気温が高い時期は，❽の成形操作中にもバターが溶けるので，手早く行うこと.　　（大喜多・池田）

☞ **温かい前菜**：小型のキッシュは，温前菜（オードヴル・ショー）向きである. 食材によって型の形を変えてもよい.　　（大喜多・池田）

3361 ラタトゥユ(☞)

なす	20g _____
ズッキーニ	20g _____
黄ピーマン	15g _____
赤ピーマン	15g _____
たまねぎ	10g _____
トマト	30g _____
にんにく	2g _____
オリーブ油	5g _____
塩	0.5g _____
オレガノ	0.1g _____
バジル	0.1g _____
こしょう	少々 _____
トマトピューレ	5g _____

❶なすは1cmの輪切りにして両面に軽く塩(分量外)をふり15分置く。水ですすいで水気を切る。

❷ズッキーニは縦半分に切り，1cmの厚さに切る。黄ピーマン，赤ピーマン，たまねぎは1.5cmの色紙切りにする。

❸トマトは皮をむいて一口大に切る。にんにくはみじん切りにする。

❹にんにくとたまねぎをオリーブ油で炒め，残りの野菜を加えて炒める。

❺塩，オレガノ，バジル，こしょうを入れて混ぜながら炒める。

❻トマトピューレを加え，やわらかくなるまで弱火で煮る。　(中平)

☞ ラタトゥユは，夏野菜を炒めて香草と煮込む。南仏の家庭料理。
(中平)

3401 ムニエル

あじ(まあじ)	正味70g (150g大1尾) _____
塩	0.7g _____
こしょう(黒)	少々 _____
薄力粉	9g (大1) _____
油	2g _____
バター(食塩不使用)	2g _____
レモン	10g (1枚) _____
＊粉ふきいも	
┌じゃがいも	50g _____
┤塩	少々 _____
└こしょう	少々 _____
パセリ	2.5g (1枝) _____

❶あじは三枚おろし(☞)にし，正味の重量を計り，塩(1%)とこしょうを少々ふり10分置き，にじみ出た生臭い汁をキッチンペーパーでふき取って，両面に薄力粉をまぶしつける。

❷フライパンに油とバターを熱し，余分な粉を落とした❶を，盛り付けて上になる身のほうから先に焼く。最初は強火でフライパンをゆり動かしながら魚を動かし，焦げ目がついたら返して弱火にし，同様に焼く。バターは煙が出やすいので火加減に注意する。

❸魚を皿に盛り付け，輪切りにしたレモンを魚の上にのせる。粉ふきいも，パセリを添える。

＊粉ふきいも

じゃがいもを洗って皮をむき，1.5×1.5×4cmの拍子木切りにし，水にさらしてゆで(食品3111)，竹串がすっと通るくらいになれば湯を捨てて再び火にかけ，鍋をゆり動かして粉をふかせる。塩，こしょうで味付けする。　(濵口)

☞ **あじの三枚おろし手順**：①魚を流水でよく洗い，うろこを取る(魚屋でうろこ取りをお願いすると手間が省ける)。②再び洗って水気をふき取る。③ぜいごを取る。④頭のつけ根を背側から胸びれにかけて斜めに頭を切り落とす。⑤切り口から内臓をかき出して除き，再びよく洗い水気を取る。⑥尾を手前，腹を左に縦に置く。背びれの上の上身に背骨に沿って切り込みを入れ，刃の先は背骨まで達しながら，尾のつけ根まで骨に沿って切り込みを入れる。⑦そのままで尾を向こう側に，背を左に向きを変えて，尾のつけ根のほうから腹びれの上に包丁を入れて，刃先が背骨に達しながら頭の切り口まで切り込む。⑧頭側を左，尾を右に置きかえる，刃を右向きに持って尾のつけ根に近いところの背骨の上に刃先が入るだけの穴をあける。⑨刃を左向きにする。穴に刃先を差し込み，左手は右手の上を越え尾をつかみ，右手の包丁で背骨の上を頭側のほうへ切り離し，上身を離して尾のところを切り離す(二枚おろしとなる)。⑩裏返して下身を腹側，背側の順で同様にする。⑪すだれ骨(内臓のところ)をすき取る。　(濵口)

☞ あじの三枚おろし

③ぜいごを取る
胸びれ　背びれ　ぜいご
尾びれ
両身
腹びれ　肛門　とげ

④頭を切り落とす

⑤内臓を取る
包丁でかき取る
肛門

⑥おろす
背
腹

⑦
尾が手前
腹

反対側

⑩
尾が手前
背

⑪すだれ骨を取る
すき取る
(包丁をねかせる)

⑧⑨身をはがす
穴をあける
穴をあける

(濵口)

3411　スチームドフィッシュ・ホワイトソース

白身魚の切り身（☞）	70 g（1 切れ）＿＿＿＿
塩	1 g（魚の 1.5%）＿＿＿＿
こしょう	少々 ＿＿＿＿
ホワイトソース（☞）	
バター（食塩不使用）	6 g（大 1/2）＿＿＿＿
薄力粉	6.75 g（大 3/4）＿＿＿＿
牛乳	50 g ＿＿＿＿
塩	少々 ＿＿＿＿
こしょう	少々 ＿＿＿＿
ガルニチュール（付け合わせ）	
にんじんのグラッセ	
⎧ にんじん	50 g ＿＿＿＿
⎨ バター	5 g ＿＿＿＿
⎩ 砂糖	2 g ＿＿＿＿
パセリ	3 g ＿＿＿＿

❶魚に塩，こしょうをし，10 分間おき，出てきた生臭い汁をふき取る．

❷にんじんはシャトー型に切り，小鍋にひたひたの水とバター，砂糖とともに入れてふたをして静かに煮る．にんじんがやわらかくなったら，ふたをあけて焦がさないように煮詰める（グラッセはつや煮）．

❸蒸気のよく上がった蒸し器に❶を皿に入れてふきんにのせて縁にかけて強火で 20 分間程度蒸す．

❹ホワイトソースを作り（3031 参照），布ごしをして，使う前に流れるかたさに整える．

❺ミート皿に手前中央に❸の身を上にして置き，❹に❸の汁を加えて温めて周囲一面に流し，向こうに❷とパセリを添える．　　　　　　　　　　（久保）

☞　白身魚として，生たらや甘鯛を用いるとよい．　　　　　（久保）
☞　**ホワイトソース**：スープに用いる場合には，さらりとした濃度に仕上げるが，スチームドフィッシュ・ホワイトソースの場合には，もったりと流れ落ちる程度に仕上がる濃度に仕上げる．　　　（久保）

3412　ホイル焼き

白身魚の切り身	70 g（1 切れ）＿＿＿＿
⎧ 塩	1 g（魚の 1.5%）＿＿＿＿
⎨ こしょう	少々 ＿＿＿＿
⎩ 薄力粉	適量 ＿＿＿＿
油	6 g（大 1/2）＿＿＿＿
ハム	6.5 g（1/2 枚）＿＿＿＿
レモン	7.5 g（1 枚）＿＿＿＿
パセリ	3 g ＿＿＿＿
ソース	
⎧ たまねぎ	5 g ＿＿＿＿
⎪ マッシュルーム	9 g ＿＿＿＿
⎪ バター（食塩不使用）	2.5 g ＿＿＿＿
⎪ 薄力粉	2.5 g ＿＿＿＿
⎨ 白ワイン	7.5 g ＿＿＿＿
⎪ トマトジュース（食塩無添加）	
⎪	37.5 g ＿＿＿＿
⎪ 塩	0.25 g ＿＿＿＿
⎩ こしょう	少々 ＿＿＿＿

❶魚に軽く塩，こしょうをし，薄力粉をまぶし，フライパンに油を熱して，両面に焼き色がつく程度に焼く．

❷鍋にバターを熱し，たまねぎとマッシュルームのみじん切りを炒め，ふるった薄力粉をふり入れてさらに炒め，白ワイン，トマトジュースを加えてとろりとなるまで煮込み，塩，こしょうで調味する．

❸約 25 × 30 cm のアルミはくの中心に油（分量外）を薄く塗り，ハム 1/2 枚を敷いて❶をのせ，❷をかけてレモンの輪切り 1 枚をのせる．アルミはくを半分に折り，端を空気が抜けないように折り込む．

❹220 ℃に温めたオーブンで 5 分間焼き，ホイルが膨らんだら火を止め，5 分間置く．皿に移してパセリをあしらう．　　　　　　　　（久保）

応用 3412　（和風）塩麹漬けさわらとまいたけの包み焼き：さわら 80 g，たまねぎ 小 1/4 個，まいたけ 50 g，パプリカ 赤・黄計 10 g，レモンスライス 1 枚，バター 5 g，塩麹 8 g，アルミはく 25 × 30 cm．❶さわらは骨とひれを取り除き，塩麹をまぶして 30 分以上置く．❷たまねぎは繊維を切るように薄切り．パプリカも薄切り．まいたけは一口大にほぐす．❸アルミはくの中央にたまねぎを敷き，さわら，まいたけ，パプリカ，レモン，バターをのせ，焼いた時に蒸気や焼き汁がもれて出ないように，きちんと包み込む．❹180 ℃のオーブンで 15 分間焼く（1,100 W オーブントースターでは 10 分くらい）．❺食べる時，好みでポン酢しょうゆをたらす．　　　　　　（大喜多・池田）

3421　シーフードシチュー

材料	分量	
しばえび	30 g	___
やりいか	30 g	___
あさり	40 g	___
じゃがいも	30 g	___
たまねぎ	30 g	___
にんじん	10 g	___
ベーコン	5 g	___
オリーブオイル	6 g（大 1/2）	___
バター	5 g	___
薄力粉	10 g	___
牛乳	200 g	___
固形コンソメ	3 g	___
塩	少々	___
こしょう	少々	___
パセリ	少々	___

❶しばえびは殻をむき，あさりは砂抜きをしておく．

❷やりいか，じゃがいも，たまねぎ，にんじん，ベーコンは一口大に切り，オリーブオイルで炒める．

❸バターで薄力粉を炒め，牛乳を少しずつ加え，❷を入れコンソメと塩，こしょうで味を調える（濃度が高い場合は，少量の湯を加えてもよい）．

❹パセリを❸の上に添える．

（細見・境田）

3431　コールドサーモン・ショーフロワソース

材料	分量	
さけ（三枚おろし）	70 g	___
塩	1 g	___
こしょう	少々	___
油	1 g	___
クールブイヨン（☞）		
水	100 g	___
たまねぎ	40 g	___
にんじん	20 g	___
パセリ茎	5 g（1 枚）	___
ローリエ	1 枚	___
粒こしょう	2 粒	___
白ワイン	45 g（大 3）	___
マヨネーズ	20 g	___
ゼラチン（顆粒タイプ）	1 g	___
水	10 g	___
イクラ（塩漬）	1 g	___
フェンネル（またはディル）	適量	___
じゃがいも	50 g	___
塩	0.2 g	___
こしょう（黒）	少々	___
パセリ	3 g	___
レモン	適量	___

❶さけに塩，こしょうをする．

❷クールブイヨンをとる．たまねぎとにんじんを薄切りにし，すべての材料とともに 15 分ほどふたをしないで煮て，ふきんでこす．

❸フライパンに油をひき，❶を並べて強火にかけ，三分通り焼けたところで，クールブイヨンを一度に入れ，ふたをして弱火で汁が煮詰まる程度まで蒸し焼きにする．表面に白く浮き上がった灰汁を取る．

❹バットに金網をのせて，焼き上がったさけをのせ，冷めないうちに皮を取り除く．

❺分量の水にゼラチンを加え，弱火で溶かし，マヨネーズと混ぜる．

❻❹が冷えたら❺を全体にかけ，凝固しないうちにイクラとフェンネルを飾る．

❼付け合わせは 3401 と同様にして，粉ふきいもとし，パセリを添える．ただし，レモンはくし型に切って添える．
（淺井）

食品 **3431　フェンネルとディル**：魚介類によく用いられるセリ科のハーブで共に非常に似ているが，フェンネルには甘みがあり，ディルはほろ苦い．　　（淺井）

☞ **クールブイヨン**：水，香味野菜，白ワイン，香辛料などを短時間煮たもので，おもに魚介類をゆでる際に用いる．　　　　　　（淺井）

3432 ボイルドフィッシュ・タルタルソース

さけ(三枚おろし)	70 g _____
塩	(魚の1%) 0.7 g _____
こしょう	少々 _____
クールブイヨン	100 g (1/2 C) _____
酢	1.3 g (小 1/4) _____
タルタルソース(☞)	40 g _____
スナップえんどう	25 g _____
にんじん	15 g _____
じゃがいも	25 g _____
バター	2 g _____
塩	0.2 g _____
こしょう	0.2 g _____

❶魚(さけ,ます,たらなど淡白なもの)の切り身に塩とこしょうを少々ふって20分置き,出てくる汁をキッチンペーパーでふき取る.

❷魚を重ならないように並べることのできる底面の広い浅鍋にクールブイヨン(3431 ☞)を煮立て,魚を並べて落としぶたをしてゆで,十分火が通れば酢をふりかけて火を止める.

❸付け合わせのにんじんとじゃがいもは1cmの角切り,スナップえんどうは筋を除いて軽くゆで,バターで炒めて,塩,こしょうで味を調える.

❹❷の魚を取り出して皮を除き,身の方を上にして盛り付け,タルタルソースをのせる.❸を魚の向こう側に添える. (淺井)

☞ **タルタルソース** (200 g):マヨネーズ65 g,ゆで卵55 g (M1個),たまねぎ50 g (1/4個),ピクルス20 g (大1),パセリ5 g,レモン汁5 g (小1),塩1.5 g (小1/4),こしょう少々.卵白,たまねぎ,ピクルス,パセリはみじん切りにして,さらにたまねぎとパセリは水にさらしてかたく絞る.卵黄はつぶして,すべての材料を混ぜ合わせる. (淺井)

3441 白身魚のマリネ

白身魚(ひらめ)	60 g _____
塩	少々 _____
こしょう	少々 _____
薄力粉	8 g _____
揚げ油	適量 _____
たまねぎ	25 g _____
トマト	40 g _____
フレンチドレッシング	
┌ 油	10 g _____
│ レモン汁	7.5 g _____
│ 塩	少々 _____
└ こしょう	少々 _____

❶たまねぎは薄切りにする.トマトは湯むきし,さいの目切りにする.

❷フレンチドレッシングを作る.

❸魚は塩,こしょうをし,水気をふいて薄力粉をまぶして揚げる.

❹❸をバットに並べ,❶のたまねぎとトマトを上に散らし,フレンチドレッシングをかけ,30分以上漬けておく.

❺皿に❹の魚を盛り,たまねぎとトマトを上に飾り,漬け汁をかける. (三浦・山本)

食品 **3441 白身魚**:まだい,かれい,ひらめ,たら,ふぐ,きす,すずき,たちうおなど.海底に棲み,回遊性はない.白身魚は,肉に筋肉色素ミオグロビンや血色素ヘモグロビンが非常に少ないのが特徴で,わずかに血合い肉に存在するのみである.生では赤身魚より身がかたいので刺身ではそぎ作りにされる. (三浦・山本)

科学 **3441 マリネ**:フレンチドレッシングに漬け込むことをいう.マリネにするとpHが低下するために肉が軟化する効果もあるので肉料理の下ごしらえとしても利用される. (三浦・山本)

応用 **3441 鶏肉のマリネ**:鶏もも肉70 g,塩0.7 g,こしょう少々,小麦粉適量,揚げ油適量,たまねぎ10 g,にんじん10 g,ピーマン(黄,赤)各10 g,ルッコラ5 g,レタス15 g,レモン汁15 g,油15 g,塩1 g,こしょう少々,セルフィーユ少々.❶たまねぎ,にんじん,ピーマン,レタスはせん切りにする.❷レモン汁に塩を溶かし,こしょうを入れ,油を入れながら混ぜ,❶をあえる.❸鶏もも肉を一口大に切り,塩,こしょうをして小麦粉をまぶし180℃の油で揚げる.❹揚げたてをバットに並べ,❷をかけて漬け込む.❺皿にレタスとルッコラを敷き,鶏肉と漬け込んだたまねぎ,にんじん,ピーマンも彩りよく盛り,セルフィーユを飾る. (三浦・山本)

3451 えびフライ

無頭えび	75 g (3尾) _____
薄力粉	2.5 g _____
卵	8 g _____
パン粉	4 g _____
揚げ油	適量 _____
キャベツ	20 g _____
タルタルソース	40 g _____

❶えびは洗って背わたを除き,尾と尾に近い一節を残して殻をむく.尾は切りそろえ,しごいて水を出しておく.

❷えびをまっすぐに揚げるため,腹側に身の中程まで節ごとに切り込みを入れ,筋を切っておく.

❸尾には粉を付けないようにして,薄力粉,卵,生パン粉の順に衣をつけ,180℃の油で揚げる.

❹付け合わせのキャベツはせん切りにし,タルタルソース(3432 ☞)を添えて盛り付ける. (淺井)

3452 かきフライ

かき(殻なし)	50 g _____
塩	(かきの1%) 0.5 g _____
こしょう	少々 _____
薄力粉	4 g _____
卵	10 g _____
パン粉	6 g _____
揚げ油	適量 _____
レモン	1/8 個 _____
パセリ	2.5 g _____
塩	0.2 g _____

❶かきはざるに入れ，2%の食塩水中でふり洗いをしてよく水を切る．さらにキッチンペーパーで軽く押さえ，水気を十分に取る．

❷❶に塩とこしょうをし，薄力粉，卵，生パン粉の順に衣をつける．

❸パン粉をつけたら1個ずつ両手で包み，軽く押さえて形を整えた後，5分ほど置いて落ちつかせる．

❹付け合わせのパセリは130℃の油にさっと通し，塩をふる．

❺❸を180℃の油で約1分間揚げる．一度にたくさんのかきを入れず，油の表面積の半分程度とする．

❻網をのせたバットに立てかけて油を切り，揚げパセリ，くし型に切ったレモンを添えて器に盛る． (淺井)

3461 サーディンフリッター(☞)

いわし	正味90 g (2尾) _____
塩	(魚の1%) 1.8 g _____
薄力粉	12.5 g _____
牛乳	15 g _____
卵	14 g (1/4個) _____
揚げ油	適量 _____
グレック(☞)	
キャベツ	32.5 g _____
にんじん	12.5 g _____
油	3 g (大1/4) _____
酢	2 g _____
塩	0.1 g _____
タルタルソース	
マヨネーズ	10 g _____
ゆで卵	1/8 個 _____
パセリ	1 g _____
ピクルス	1 g _____
たまねぎ	2 g _____

❶グレックを作る．キャベツは5 cm角に切り，油2 gで炒め，やわらかくなったら酢1.3 g，塩少々を加え炒め煮にする．にんじんは長さ4 cmの薄い短ざく切りにし，さっとゆでてから油1 gで炒め，酢0.7 g，塩少々を加え炒め煮する．いずれも冷やしておく．

❷いわしの頭と内臓を取り，手開きにして，塩をふっておく．

❸牛乳と卵黄をよく混ぜ，ふるった薄力粉を加えてさっと混ぜ，かたく泡立てた卵白をさっくりと合わす．

❹水気をふき取った❷に❸をつけ，165～170℃の油で揚げる．

❺マヨネーズにゆで卵とピクルスのみじん切り，粉パセリ(3111❹)，水にさらしたみじん切りたまねぎを混ぜ合わせてタルタルソースを作る．

❻ミート皿の中央に❸を置き，❺をかける．向こう側に❹を盛り付ける． (久保)

☞ **フリッター**：洋風衣をつけた揚げ物のこと．鳥獣肉類や魚介類は主菜に，野菜は付け合せに，果物はデザートになる． (久保)

☞ **グレック**：ギリシャ風という意味で，フランス料理のひとつ．野菜をオリーブ油，レモン汁，香草などと炒め煮し，冷やしたもの．(久保)

応用 **3461 えびのフリッター**：無頭えび(50 g大)2尾を洗い，尾の手前一節を残して皮をむき，背わたを除いてフリッターにする．ホワイトルー(バター1.25 g，薄力粉0.75 g)を作り，トマトジュース25 gを加え，塩，こしょうで味を調えたオーロラソースを皿の全面に敷き，盛り付ける． (久保)

3471 シーフードグラタン

ブラックタイガー	50 g _____
ほたてがい貝柱	20 g _____
マッシュルーム	15 g _____
たまねぎ	15 g _____
バター	2 g _____
塩	少々 _____
こしょう	少々 _____
ホワイトソース	
┌ バター	8 g _____
│ 薄力粉	8 g _____
⎨ 牛乳	75 g _____
│ ブイヨン	25 g _____
│ 塩	少々 _____
└ こしょう	少々 _____
パルメザンチーズ	5 g _____

❶えびは殻をむき，背わたを除く．ほたてがいの貝柱はさいの目切りにする．マッシュルームは縦に薄切りにする．たまねぎは薄切り．

❷フライパンにバターを溶かし，たまねぎ，マッシュルーム，えび，ほたてがいを炒め，塩，こしょうで調味する．

❸ホワイトソースを作り（3031），ブイヨンを加えて伸ばし，好みの濃さまで煮込み，❷を入れて混ぜる．

❹グラタン皿にバター（分量外）を塗り，❸を入れておろしたパルメザンチーズをかけ，230℃のオーブンに入れて焼く．

❺ミート皿にナプキンを四つ折りにし，その上にグラタン皿をのせ，熱いうちに供する． （三浦・山本）

食品 3471 グラタン（仏）：本来は加熱によってできた薄い皮や焦げを示す言葉．あらかじめ調理した材料を耐熱性のグラタン皿に入れ，ソース，パン粉，バター，おろしチーズなどを上にのせ，オーブンに入れ表面がきつね色になるまで焼いた料理．ソースとしてはホワイトソース（ベシャメルソース）がよく用いられている．グラタン皿の代わりにほたてがいの貝殻や貝殻型の皿で焼いたものをコキールという．
（三浦・山本）

3481 かにクリームコロッケ

(2個)

ホワイトソース	
┌ バター	8 g _____
│ 薄力粉	8 g _____
⎨ 牛乳	50 g _____
│ 塩	少々 _____
└ こしょう	少々 _____
たまねぎ	20 g _____
ずわいがに(缶詰)	50 g _____
油	2.5 g _____
白ワイン	3 g _____
塩	少々 _____
こしょう	少々 _____
薄力粉	10 g _____
卵	10 g _____
生パン粉	10 g _____
揚げ油	11 g _____

❶かためのホワイトソースを作る（3031）．

❷たまねぎはみじん切りにする．

❸フライパンを熱し，油を入れ，たまねぎ，かにの順に炒め，白ワインを加え煮詰める．

❹❶のホワイトソースに❸を加えて混ぜ合わせ，塩，こしょうで調味し，バットに広げて冷ましておく．

❺❹を2個に分け，俵型にまとめ，薄力粉，卵，パン粉の順に衣をつけ，180℃の油で色よく揚げる．
（三浦・山本）

食品 3481 コロッケ：手製のコロッケを揚げる温度は180℃で入れると温度低下が比較的少なく，パン粉の水分と油が交換すると色づいてくる．冷凍コロッケを同じ方法で揚げると，表面は色がつくが内部は氷の状態のものが得られるので注意する．低温で加熱速度が遅いとパン粉や衣がはげたり，割れを生じる．
（三浦・山本）

3501 ローストビーフ

(1塊分，約5～6人分)

牛もも肉(塊)	500 g	_____
塩	2.5 g	_____
こしょう(黒)	少々	_____
油	12 g	_____
香味野菜		
┌ たまねぎ	100 g (1/2個)	_____
┤ にんじん	50 g (1/3本)	_____
└ セロリ	25 g (1/4本)	_____
グレービーソース		
┌ 赤ワイン(☞)	100 g	_____
│ ブイヨン	100 g	_____
┤ 塩	少々	_____
│ こしょう	少々	_____
┤ コーンスターチ	5 g	_____
└ 水	15 g	_____

❶室温に戻した牛肉はたこ糸をかけて形を整え，塩，こしょうをすり込む．
❷フライパンを熱し，油を入れ，肉の表面を強火で焼き色がつくまで焼く．
❸香味野菜は適当な大きさに切って，オーブン皿に敷く．
❹❸の上に❷の肉をのせ，水1Cでフライパンの肉汁を洗うようにしてオーブン皿に注ぎ入れて，180℃に予熱したオーブンに20～45分好みの焼き色(レア:約25分，ミディアム:約35分，ウェルダン:約45分)になるまで焼く．
❺焼けたらオーブンから出し，アルミはくなどで包んで保温し30分以上置いてから，肉の線維に対して直角に切る．

❻グレービーソースは，湯100 gで肉を焼いたオーブン皿にこびりついた肉汁をゆすぐようにしてこし，小鍋に入れる．そこに赤ワイン，ブイヨンを加え煮詰め塩，こしょうで調味する．コーンスターチの水溶きで濃度をつける．好みでバターを入れてもよい．

(三浦・山本)

3502 ローストビーフ(マリネ風)

(4人分)

牛かたロース肉(塊)	320 g	_____
塩	3.2 g	_____
こしょう(黒)	少々	_____
油	16 g	_____
たまねぎ	120 g	_____
セロリ	80 g	_____
ラディッシュ	24 g	_____
セルフィーユ	2.4 g	_____
ソース		
┌ しょうゆ	90 g	_____
│ 酢	40 g	_____
┤ 清酒	40 g	_____
└ みりん	25 g	_____

❶牛肉に塩，こしょうをして油をひいたフライパンで表面に焼き色をつける．
❷ソースの材料を煮立てて冷ます．
❸たまねぎ，セロリ，ラディッシュを薄切りにする．
❹ラディッシュ以外をソースに漬け込む．
❺牛肉を薄切りにして，たまねぎとセロリの上に盛り付けソースをかける(☞)．
❻セルフィーユとラディッシュを飾る． (中平)

☞ **白・赤ワインの使い分け**：白ワインと赤ワインの成分的な違いは，おもに赤ワインがタンニンを含んでいることである．赤ワイン中のタンニンは肉の表面のたんぱく質を変性させて内容成分の溶出を防ぐ．肉の漬け込みに赤ワインが用いられるのはそのためである．白ワインは白身の魚，鶏，豚などに，赤ワインは牛肉，赤みがかった肉に用いられる． (細見・境田)

食品 3501 ローストビーフとステーキの焼き加減：ローストビーフの焼き加減はレアとミディアムの中間ぐらいがよい．①レア(生焼け)：外側1 mmほど褐変していて中は生．②ミディアム(中間)：中央部はまだ生で，切ると肉汁がにじみ出るくらい．③ウェルダン(よく焼け)：中央部まで肉の色が褐色に変わっている． (三浦・山本)

科学 3501 ミオグロビン：肉の赤色はおもにミオグロビンの色である．ミオグロビンは暗赤色で，肉の切り口は空気中の酸素のために酸化されオキシミオグロビンの鮮赤色となる．さらに放置しておくと分子中の鉄イオンが2価から3価に酸化されたメトミオグロビンの褐色となる．加熱するとグロビンたんぱく質が変性しメトミオクロモーゲンとなり褐色となる． (三浦・山本)

応用 3501 ローストビーフ(ポリ袋使用の簡易真空調理，p.23参照)：牛もも塊り肉300 gに塩3 g，こしょう少々をすり込み，薄力粉9 gをまぶす．フライパンを強火で熱し，油3 gをひき，肉の表面のみ全面焼く．ポリ袋に入れ，75～80℃の湯で40～50分加熱する．袋から取出し，粗熱を取る．袋に残った煮汁をフライパンや鍋に取り出し，しょうゆと赤ワイン各30 g，砂糖6 gを混ぜ，軽くとろみが出るまで煮詰めグレイビーソースを仕上げる．薄く切ったローストビーフにかけて供する． (時岡)

☞ ローストビーフと一緒に漬け込んだ野菜は，添えとしておいしい． (中平)

3511 ビーフステーキ

牛肉(サーロイン)	150 g	___
塩	(肉の1%) 1.5 g	___
こしょう(黒)	少々	___
油	8 g	___
にんにく	5 g	___
ブランデー	5 g	___
ガルニチュール(付け合わせ)		
(例:にんじんのグラッセ3411) 40 g		___
クレソン	5 g (1枝)	___

❶牛肉は室温に戻しておく. にんにくは薄切り.

❷付け合わせを先に作り, 皿の向こう側に盛り付けておく.

❸焼く直前に塩と黒こしょうをふる. 熱したフライパンに油を入れ中火にかけ, にんにくのスライスを焦がさないように炒めて取り出し, 肉を入れて焼く. 肉の周囲が上のほうまで色が変わってきたら(表面は赤い), 裏返して裏面も同様に焼く(焼き加減は好みで).

❹表面に血液がにじみ出てきたところでブランデーをふりかけて, フランベ(アルコール分を飛ばす操作)した後, 肉を取り出し, 温めた皿の手前に盛る. クレソンを添える.　　　　　(三浦・山本)

3512 サイコロステーキ

牛肉(☞)	150 g	___
塩	(肉の1%) 1.5 g	___
こしょう	少々	___
油(またはバター)	4 g	___
クレソン	3 g	___
ミニトマト	30 g	___

❶常温に戻した牛肉を2 cmの角切りにする. 焼く直前に塩, こしょうをふる.

❷中火で熱したフライパンに油を入れて牛肉を焼く. 表面に焼き色がついたら裏返し, ふたをして蒸し焼きにして中まで火を通す.

❸クレソンとミニトマトを添えた皿に盛る.　　　　　　　　　　　　(山本)

3531 ビーフシチュー

牛肉(塊)	100 g	___
塩	0.8 g	___
こしょう	少々	___
油	3 g	___
たまねぎ	70 g	___
スープストック	150 g	___
じゃがいも	60 g	___
にんじん	30 g	___
さやいんげん	10 g	___
塩	1 g	___
バター	10 g	___
薄力粉	10 g	___
トマトピュレ	30 g	___
赤ワイン(☞)	10 g	___
塩	1.5 g	___
こしょう	少々	___
クローブ	少々	___

❶牛肉は3〜4 cm角に切り, 塩, こしょうをふる. 油を熱したフライパンで牛肉に焼き目をつける.

❷たまねぎは縦半分にしてから繊維に沿って1.5 cm幅のくし形に切る.

❸じゃがいもは3〜4 cm大, にんじんは厚さ1.5 cmの輪切りにして, それぞれ面取りする(1人分2個).

❹さやいんげんは半分に切り, 塩を入れた熱湯で5分程度ゆで, 冷水にとって色止めする.

❺フライパンにバターを熱し, 薄力粉を入れて中火で15分程度濃褐色になるまで香ばしく炒め, ブラウンルーとする. これをトマトピュレで伸ばし, 赤ワインを加える.

❻厚手の鍋に❶と❷, スープストックを入れて火にかけ, 沸騰したら強めの弱火で灰汁を取りながら肉がやわらかくなるまで(1時間程度)煮込む.

❼30分後に❸を❻に加え, 八分目程度まで火を通す.

❽❺を❼の煮汁で溶き伸ばし, ❼に戻し入れる. 塩とこしょう, クローブを加えて味を調える. 15〜30分程度弱火で煮てから火を止める.

❾温めた器に❽を盛り❹を添える.　　　　　　　　　(作田)

食品 3511 インジェクションビーフ(牛脂注入加工肉):脂身の少ない肉に脂を注入した牛肉. フランス料理の調理法「ピケ(肉の塊にピケ針でフォアグラやハーブ, バターなどの脂肪, ベーコンなどを注入する方法)」を参考にしている. 脂の注入により柔らかさや風味が増す.　　　　　　　(時岡)

食品 3511 クレソン:アブラナ科多年生草本. ヨーロッパ原産. 水がらし, オランダせり. 独特な香りと辛味がある. おもに肉料理の付け合わせに用いる.　(三浦・山本)

☞ ステーキには, 適度に熟成され, うま味が増して軟化したサーロイン, ヒレ, リブロース, ランプのように比較的やわらかい部位が適する. テフロン加工のフライパンを使用する場合は油不要.　(山本)

☞ 煮込みにワイン:洋風料理では, 和風料理のみりんのようにワインを煮込みに用いて味にこくを出す. またあらゆる肉料理の焼く, 炒める最後にふりかけて肉の臭みをとばし, 表面につやをつけ, 香りや風味向上に用いる.　(細見・境田)

応用 3531 ビーフストロガノフ:ブラウンルーを用いる. 牛肉赤身100 g, 塩・こしょう少々, 強力粉5 g, バター5 g, たまねぎ40 g, マッシュルーム20 g, バター3 g, ブランデー(シェリー酒)5 g, サワークリーム20 g, 3531 ❺50 g, スープストック100 g, 塩, こしょう, パセリ. ❶牛肉は厚さ5 mm程度のものを1 cm幅程度に細長く切る. 塩とこしょうをふり, 強力粉(粒度が大きいので余分な粉がつきすぎず, 均一になる)を薄くつけておく. ❷たまねぎは皮をむき, 縦半分に切ってから繊維に沿って2 mmの薄切り, マッシュルームも2 mmの薄切りにしておく. ❸厚手の鍋にバターを入れ, ❶を入れて焼き目をつけておく. ❷❸にバターを加えてたまねぎとマッシュルームを炒め, ブランデーをふる. ❺アルコールを飛ばしてから, サワークリームと3531 ❺を加えて弱火で10分程度煮て, 塩とこしょうで味を調える. ❻温めた器に盛り付け, 刻んだパセリをふる. ストロガノフとは, 細切りの牛肉をサワークリーム(生クリームを乳酸発酵させたもの)で煮るロシア料理. 付け合わせはバターライスやショートパスタがあう. シェリー酒とは, 白カビをつけたスペインのワインで, 辛口と甘口がある.　(作田)

3541　ハンバーグステーキ・ブラウンソース

牛ひき肉	60 g
たまねぎ	30 g
卵	15 g（約1/4個）
食パン	10 g（6枚切り1/6）
牛乳	5 g（小1）
塩	少々
ナツメグ（粉）	少々
こしょう（黒）	少々
┌ 油（たまねぎ炒め用）	0.9 g
└ 油（ハンバーグ焼き用）	6 g
シェリー酒	7.5 g
ソース	
┌ ケチャップ	10 g
│ ウスターソース	5 g
│ ブラウンソース	
│ ┌ バター（食塩不使用）	2 g
│ │ 薄力粉	2 g
│ └ 牛乳	20 g
┌ さやいんげん	12 g
│ じゃがいも	50 g
└ 揚げ油	適量

❶付け合わせのさやいんげんは洗って筋を取り，斜め2つ切りして色よくゆでる．じゃがいもは1〜2個のシャトー（☞）に整え，から揚げにする．

❷鍋にバターを溶かし，薄力粉を加え濃褐色に炒め，火からおろして牛乳を入れ泡立て器で手早くかき混ぜ，均一にルーを伸ばす．ケチャップ，ウスターソースを加え少し加熱してとろりとさせる（☞）．

❸食パンは細かくちぎり，牛乳に浸しておく．

❹みじん切りにしたたまねぎを炒める．

❺大きめのすり鉢（☞）に，ひき肉，炒めたたまねぎ，食パン，卵，塩，ナツメグ，こしょうを入れ弾力が出るまでよくすり合わせ，平たい小判型に丸める．中央はへこませておくと火の通りがよい．

❻フライパンに油を熱して全体になじませ，❺を並べて，ふたをして時々静かにゆり動かしながら中火で焼き，肉の周囲に焼き色がついたら，裏返して同様に焼き，焼き上がりにシェリー酒をかけてすぐふたをして弱火で蒸し焼きにする（☞）．中央に竹串を刺し，穴から透明な肉汁が出たら出来上がり．

❼ミート皿に❻を盛り付け，その向こうに付け合わせを盛り，❷のソースをかけて供する．　　　　　　　　（濱口）

☞　**シャトー**：4 cm長さのラグビーボール状．

（濱口）

☞　**ブラウンソースの仕上げ**：ハンバーグを焼いた後のフライパンに，ブラウンソースを（粘度がゆるい状態で）入れて温めると，ハンバーグのうま味が加わり，さらにおいしいソースとなる．　　　　　（濱口）

☞　すり鉢がない場合は，手を冷やして（体温で肉の脂が溶けるため），手袋をしてよく混ぜ合わせることでもよい．　　　　　（濱口）

☞　**ハンバーグの加熱**：腸管出血性大腸菌O157による食中毒を予防するためには，75℃1分間加熱する必要がある．東京都健康安全研究センターの実験では，生ハンバーグにO157を混ぜ，フライパンで加熱したところ，ふたをしないで加熱したときには中心温度は75℃で1分間加熱してもO157の生存が確認された．しかし，ふたをして片面3分ずつ計6分焼いた場合には，菌は完全に死滅したとの報告がある．ふたをして蒸し焼きにすることで加熱むらがなく，75℃保持時間を長く保ち，菌が死滅したと考えられる（p.25，表5.2参照）．（濱口）

3542　ロールキャベツ

（2個分）	
キャベツ	170 g
牛ひき肉	50 g
たまねぎ	50 g
油	3 g
卵	12.5 g
パン粉（生）	10 g
ブイヨン（またはキャベツのゆで汁）	70 g
塩	少々
こしょう	少々
ケチャップソース	
┌ ケチャップ	10 g
└ ウスターソース	8 g
パセリ	3 g

❶キャベツを1枚ずつはがし，ゆでる（ゆで汁を使う場合はとっておく）．

❷たまねぎをみじん切りにし，浅鍋に油をひき，炒めて半透明になったら，塩，こしょうをし，ひき肉を加えて炒める．火からおろして，少し冷めてから生パン粉と卵を入れて混ぜ，2個に分けてまとめておく．

❸やわらかくなったキャベツの葉を大小やわらかさが均等になるように重ね，❷の肉を包む．

❹❷の鍋に❸を並べ，ブイヨンまたはキャベツのゆで汁を入れ，落としぶたをして煮込む．

❺ミート皿（スープを残す場合は，スープ皿）に盛り付け，ケチャップとウスターソースを混ぜたケチャップソースをかけ，パセリのみじん切りを散らして供する．　　　　（三浦・山本）

食品 **3542**　**キャベツ**：アブラナ科1〜2年生草本．第二次世界大戦後品種改良が行われ周年栽培が可能となった．ロールキャベツのように煮込みに向く品種は，球がよくしまり，球の内部まで純白で甘味に富むもので一般に「寒玉」と呼ばれる．近年は，葉がやわらかく球の内部まで黄緑色を帯びる品種が好まれ，一般に「春玉」と呼ばれているが，ロールキャベツには向かない．キャベツの香気成分のおもなものはイソチオシアネート，加熱した場合の香気成分はジメチルスルフィドである．

（三浦・山本）

3543　ポテトコロッケ・ひき肉入り

じゃがいも	75 g	_____
牛ひき肉	25 g	_____
たまねぎ	25 g	_____
油	1 g	_____
塩	1 g	_____
こしょう	少々	_____
卵黄	5 g	_____
薄力粉	2 g	_____
卵白	10 g	_____
パン粉	4 g	_____
揚げ油	適量	_____
ケチャップソース		
┌ ケチャップ	15 g（大 1）	_____
└ ウスターソース	9 g（大 1/2）	_____
キャベツ	20 g	_____

❶じゃがいもは皮をむいて乱切りし，水につけた後ゆで，やわらかくなったらゆで汁を捨てて，鍋をゆすって粉ふきいもにする．これを熱いうちにつぶしておく．

❷たまねぎをみじん切りにして油で炒め，塩，こしょうをして，ひき肉も入れ色が変わるまで炒めた後，バットにあけて冷ます．

❸❶と❷を合わせて，卵黄も入れて混ぜ，分割して俵型（円筒型）に成形する．

❹薄力粉，卵白，パン粉を順番につけてきつね色に揚げる．

❺ケチャップとウスターソースを混ぜてケチャップソースを作る．

❻付け合わせのキャベツをせん切りし，皿の向こう側に盛り，ソースを手前にしいてコロッケをのせる． （淺井）

3551　ポークソテー・ハワイアン

豚ロース肉	100 g	_____
塩	1 g	_____
こしょう	少々	_____
薄力粉	10 g	_____
油	4 g	_____
パインアップル(生)	40 g	_____
パインアップルジュース		
	21 g（20 mL）	_____
砂糖	2 g	_____
白ワイン	5 g（小 1）	_____
キャベツ	20 g	_____
パセリ	2 g	_____
さくらんぼ	6 g（1 個）	_____

❶豚肉は脂肪層と赤身の境に包丁の先をたてて数か所切り込みを入れて筋を切り，塩，こしょうをしておく．

❷パインアップルは芯を抜いて輪切り（大きめの薄切りでもよい）にし，しばらく肉の上に置く．

❸❷の輪切りのパインアップルをフライパンに置いて，ジュースを分量から 1/3 量取り分けてかけ，ジュースがなくなるまで加熱して焦げ目を少しつける．

❹豚肉に薄力粉をまぶし，フライパンに油を熱し，強火で肉の両面に焦げ目をつける．続いて弱火にして残りのジュース，砂糖，白ワインを入れ，汁気がなくなるまで加熱する．

❺❹を皿に盛り，その上に❸のパインアップルとさくらんぼを飾り，向こう側にキャベツのせん切りとパセリを添える． （淺井）

科学 3551　肉の軟化：パインアップルはたんぱく質分解酵素ブロメラインを含有しており，生の場合，肉の軟化剤としての働きがある． （藤原）

応用 3551　ポークチャップ：豚肉は 3551 ❶と同様に下処理し，薄力粉をまぶして両面に焦げ目をつける．余分な油をキッチンペーパーでふき取り，たまねぎ 50 g，生しいたけ 15 g のせん切り，ケチャップ 50 g，固形コンソメ 1.3 g（1/4個），水 40 g を加えて，塩，こしょうで味を調えてから弱火でふたをしてしばらく煮込む．付け合わせにはスパゲッティ 25 g をゆでて，塩，こしょうし，仕上げに粉チーズ 3 g とパセリのみじん切りをふりかけて添える． （淺井）

3561　ローストチキン

（6人分）

若鶏	正味 740 g（1 羽 1.2 kg）	_____
塩	8 g	_____
こしょう	少々	_____
たまねぎ	200 g	_____
にんじん	100 g	_____
セロリ	50 g	_____
ローリエ	1 枚	_____
バター	40 g	_____
バター湯		
┌ バター	20 g	_____
└ 湯	100 g	_____
ガルニチュール（付け合わせ）		
にんじんのグラッセ		
┌ にんじん	300 g	_____
│ バター	30 g	_____
└ 砂糖	12 g	_____
ブロッコリー	300 g（1 株）	_____
ミニトマト	300 g	_____

❶若鶏は内臓を除き，皮を傷つけないようによく水洗いし，塩，こしょうを全体にすりこむ．

❷たまねぎ，にんじん，セロリをせん切りにする．

❸❶に❷を詰め，たこ糸で縫い合わせ，形を整え，たこ糸などでとめる（☞）．全体にバターを塗る．

❹オーブン皿に❷の残りとローリエを敷き，網をのせて❸をのせ，200 ℃で 15 分ずつ角度を変えながら 1 時間焼く．途中で，バター湯（バター 20 g を湯 100 g に溶かしたもの）を 3 ～ 4 回に分けて塗る．ももの付け根に竹串を刺して火の通りを確認する．

❺❹の鶏以外を鍋に入れ，水 200 g とともに灰汁や油を除きながら 10 分間煮る．こしてから，塩，こしょうで味を調える（グレービーソース）．

❻にんじんのグラッセを作る（3411 ❷）．

❼若鶏の足にパピエ（☞）とリボンを飾り，❻と色よくゆでたブロッコリー，ミニトマトを添える（☞）．　　　　（久保）

☞　ローストチキンの成形：首づるを皮を残して根元から切り取る．首の皮を背中側へ巻き込んで縫い止め，詰め物をする．手羽先は背側に回して形を整えて固定する．足先を糸でひとつにし，大腿骨を体に固定するようにたこ糸をかける．
（久保）

☞　ペーパーフリル，パピエ：横長 1/2 の半紙を横長に中表に二つ折りにし，山に切り込みを入れ，0.5 cm ずらして返して折り山に丸みを出し，足の太さに合わせて螺旋に巻く．

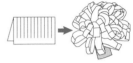

（久保）

☞　ローストチキンの取り分け：左右のももを各 1 人分，手羽を各 1 人分とし，胴体の左右を各 1 人分とする．中に詰めた野菜とガルニチュールも各自に取り分ける．
（久保）

3571　グリルドチキン（ベイクドチキン）

若鶏もも肉	正味 250 g（骨付き，大 1 本）	_____
塩	（肉重量の 1%）2.5 g	_____
こしょう	少々	_____
油	12 g（大 1）	_____
ガルニチュール（3561 と同じ）	1/6 量	_____

❶ガルニチュールを作る．

❷鶏肉の表面に塩，こしょうをし，油を手で十分に塗りつけて形を整える．

❸天板に油（分量外）を塗り，❷を置いて 220 ℃のオーブンで 13 分間焼く．天板に置く時に，盛り付ける時と同じつもりで，皮のほうを上にして，皮でくるむようにし，形よく焼き上がるようにする．

❹途中で焼き汁をすくってかけたり，乾いてきたら油を塗ったりする（つや出し）．焼き上がりは串を刺して澄んだ汁が出ればよい．

❺パピエ（3561 ☞）とリボンを飾る．　　　　（久保）

3581　鶏肉のクリーム煮

鶏もも肉(皮付き)	100 g	＿＿＿＿
┌ 塩	1 g	＿＿＿＿
│ こしょう(白)	少々	＿＿＿＿
│ 油	2 g	＿＿＿＿
└ 白ワイン	15 g	＿＿＿＿
たまねぎ	20 g	＿＿＿＿
ホワイトソース		
┌ バター	4 g	＿＿＿＿
│ 小麦粉	3 g	＿＿＿＿
│ 牛乳	35 g	＿＿＿＿
│ スープストック	35 g	＿＿＿＿
│ 塩	0.35 g	＿＿＿＿
└ こしょう	少々	＿＿＿＿
ホワイトマッシュルーム	25 g	＿＿＿＿
生クリーム	15 g	＿＿＿＿
(付け合わせ)		
＊バターライス(☞)		
┌ こめ	30 g	＿＿＿＿
│ バター	4 g	＿＿＿＿
│ たまねぎ	7 g	＿＿＿＿
│ スープストック	40 g	＿＿＿＿
│ 塩	少々	＿＿＿＿
└ こしょう	少々	＿＿＿＿
＊蒸し野菜		
┌ ブロッコリー	25 g	＿＿＿＿
└ にんじん	20 g	＿＿＿＿

❶鶏肉は100 gを2～3切れに切り，塩，こしょうをしておく．たまねぎはみじん切りにする．マッシュルームは2つに切っておく．

❷ホワイトソースの材料をそろえる．煮込み鍋にバターを入れ，たまねぎを色づかないように炒める．小麦粉を加えて，もう一度炒める(粉気がなくなるくらいが目安)．スープストックを3回くらいに分けて加え，なじませる．その後，牛乳を入れ，ホワイトソースを作る．いったん火を止めておく．

❸フライパンに油を熱し，❶の鶏肉を皮面から焼く．両面に焼き色がついたら，余分な油を取り除く．白ワインを加え，ふたをして蒸し焼きにする．ホワイトソースの入った煮込み鍋に移し，弱火で10分程度煮込む．

❹マッシュルームはフライパンで炒め，煮込み鍋に移す．適度な濃度になったら味を確かめ生クリームを加える．

＊バターライス
こめを洗い水気を切っておく．たまねぎはみじん切りにする．鍋にバターを熱し，たまねぎを透き通るくらいまで炒める．そこへこめを入れ，油が全体にのるように炒める．炊飯器に移し，沸騰したスープストックを加えて炊く．炊き上がったらプリンカップで抜いて添える．

＊蒸し野菜
ブロッコリー，にんじんは洗い，適当な大きさに切る．食べやすいかたさになるまで蒸す．蒸し時間の目安はブロッコリー5分，にんじん10分程度．　　　　(東根)

☞ エネルギー量が気になる場合は，生クリームと付け合わせのバターライスを除く．　(東根)

食品 3581, 3582, 3583 鶏肉による食中毒：鶏肉には食中毒の原因となるサルモネラ属菌や，カンピロバクター菌が付着しており，食中毒を引き起こす可能性が高い (p.25参照)．十分に加熱することで，菌は死滅する．一方，鶏肉を切ったまな板や包丁，鶏肉に触れた指で触ったもの（水道蛇口レバーなど）に付着した菌が，ほかの食品に付着すると危険である．このような二次汚染による食中毒を引き起こすことがないよう，まな板などはていねいに洗うこと．　　　　(大喜多・池田)

3582　チキンソテー

鶏もも肉	120 g	＿＿＿＿
赤パプリカ	20 g	＿＿＿＿
黄パプリカ	20 g	＿＿＿＿
ピーマン	20 g	＿＿＿＿
たまねぎ	40 g	＿＿＿＿
塩	0.5 g	＿＿＿＿
こしょう	少々	＿＿＿＿
油	8 g (小 2)	＿＿＿＿

❶鶏肉は筋に切り込みを入れ，塩，こしょうをふる．

❷フライパンに油小1を熱し，鶏肉を皮を下にして焼く．焼き色がついたら裏返し，火が通るまで焼いて取り出す(フライパンのふたをすると，内部まで加熱されやすい．焼きあがりの判定方法は，もっとも厚い部分に竹串を刺して，抵抗なく通ることを確かめる．加熱が不十分の場合には，串が通りにくかったり，濁った汁が出る)．

❸野菜は大きめの一口大に切って❷のフライパンに入れ，油小1を加え，たまねぎが透き通るまで炒める．

❹皿に鶏肉と野菜を盛り合わせる．　　　　(大喜多・池田)

健康・栄養 3581, 3582, 3583 鶏肉の部位とエネルギー：鶏肉はもも肉よりむね肉，むね肉よりささ身のほうが高たんぱく質・低脂質．皮は高脂質なので，脂質の摂取量を控えたい場合は皮なしで用いる．

鶏肉の部位別エネルギーと脂質量

	エネルギー	脂質
もも肉(皮付き)	190 kcal	14.2 g
むね肉(皮付き)	133 kcal	5.9 g
もも肉(皮なし)	113 kcal	5.0 g
むね肉(皮なし)	105 kcal	1.9 g
ささ身	98 kcal	0.8 g

可食部 100 gあたり

(大喜多・池田)

3583 鶏肉のトマト煮

鶏むね肉	80 g
塩	0.1 g
こしょう	少々
たまねぎ	40 g
ピーマン	30 g
トマト水煮(缶詰)	100 g
顆粒コンソメ	1 g
油	8 g (小 2)

❶鶏肉は一口大に切って塩，こしょうをふる．鍋にサラダ油小1を熱し，鶏肉を両面炒めていったん取り出す．
❷❶の鍋に油小1を加え，1 cm角に切ったたまねぎ，ピーマンを炒める．
❸トマト水煮は粗いみじん切りにしておく．
❹鶏肉，トマト，コンソメを加えて煮込み，汁にとろみがつく程度に煮詰める．

味見をして，塩味が不足であれば塩を加える(☞)．器に盛る．(大喜多・池田)

3601 サラダマセドワーヌ(☞)

じゃがいも	40 g
にんじん	10 g
きゅうり	20 g
たまねぎ	5 g
ロースハム	10 g
マヨネーズ	10 g
サラダな	10 g (1～2枚)

❶にんじん，じゃがいもは皮をむき，1 cmの角切りにし，にんじんから先にゆで，少しやわらかくなったら，じゃがいもを加えて5分程度ゆで，ざるにとる．
❷きゅうりは1 cmの角切り，ハムは1 cm角に切る．たまねぎはみじん切りにして水にさらし，水気を絞る．

❸ボウルに❶と❷を入れ，マヨネーズであえ，味を調える．
❹器にサラダなを敷き，❸を盛り付ける． (三浦・山本)

3602 ウォルドルフサラダ

りんご	50 g
セロリ(軸)	20 g
くるみ	10 g
マヨネーズ	10 g
レタス	10 g

❶くるみを粗みじん切りにする．
❷りんごは皮のまま，3 cm長さの太めのせん切りか短ざく切りにする．塩水にさっとつけ，水気を切る．
❸セロリは包丁で薄く削るように筋を取り，繊維に平行に薄切りにする(長さ3 cm)．

❹❷と❸をマヨネーズであえる．
❺皿にレタスを敷き，❹を盛り，その上に❶を散らす． (三浦・山本)

3603 ポテトミックスサラダ

じゃがいも	70 g
たまねぎ	10 g
きゅうり	20 g
ハム(薄切り)	20 g
マヨネーズ	12 g (大 1)
サラダな	10 g (大 1枚)
パセリ(葉先)	1 g (1/4 本)

❶じゃがいもは皮をむいて2 cm角くらいに切って水にさらす．
❷❶をゆで，やわらかくなればゆで汁を捨てる．鍋を火にかけて木べらで混ぜ，粉ふきいも(3401 ❸参照)にする．
❸木じゃくしで形を崩し(科学3031マッシュポテト参照)，冷めないうちに塩，こしょうをしておく．

❹たまねぎは繊維に直角に薄切りにして，水にさらす(10分間程度)．ざるに取った後，両手で絞る(ふきんに取って，ふきんごと絞る方法でもよい)．
❺きゅうりは薄切りにして塩少々でもみ絞っておく．ハムは1 cmの色紙切り．
❻マヨネーズで❸～❺をあえる．味見をして(☞)，冷やしておく．
❼サラダなを敷いた器に盛り，パセリのみじん切りを散らす． (大喜多・池田)

健康・栄養 **3583 緑黄色野菜**：厚生労働省は，「原則として可食部100 gあたりカロテン含量が600 μg以上の野菜」を緑黄色野菜としている．トマト，ピーマン，アスパラガス，さやえんどう，さやいんげんなどは，その基準以下であるが，食べる回数や量が多いため，緑黄色野菜に分類されている．カロテンには体内の活性酸素を減らす抗酸化作用がある．また，β-カロテンは体内で必要な量だけビタミンAに変換される．緑黄色野菜には，ビタミンCも豊富に含まれ，ビタミンK，葉酸，ミネラルなども多く含んでいる．緑黄色野菜の望ましい摂取量は，成人1日あたり120 g以上である．緑黄色野菜は鮮やかな色をもつため，料理に彩りを添えておいしく感じさせる効果ももつ． (大喜多・池田)

☞ **味見が必須**：固形や顆粒コンソメには食塩が含まれている(p.12，表3.1参照)． (大喜多・池田)

☞ **マセドワーヌ**：マセドアン(ギリシャのマセドニア風)とは1 cm角のさいの目切りをいう． (三浦・山本)

食品 **3602 ウォルドルフサラダ**：りんご，くるみ，セロリをマヨネーズやマヨネーズをベースにしたドレッシングであえたサラダ．ニューヨークのウォルドルフホテルで開発された．ウォルドルフはドイツの地名でホテル設立者の出身地．本来の料理法ではさいの目切りしたものをあえた． (三浦・山本)

☞ **味見**：好みでレモン汁やリンゴ酢少々を加えてもよい

食品 **3603 じゃがいもの種類と使い分け**

種類	品種	特徴	適する料理
粉質	男爵，きたあかり	細胞がほぐれやすいほくほくしている	粉ふきいも，ポテトサラダ，マッシュポテト，コロッケなど
粘質	メークイン，北海こがね	細胞がほぐれにくく煮崩れしにくい	シチュー，煮物，炒め物など

(大喜多・池田)

3611 さけのミモザサラダ(☞)

さけ(缶詰)	50 g ＿＿＿＿
レモン汁	5 g (小 1) ＿＿＿＿
たまねぎ	10 g ＿＿＿＿
マヨネーズ	12 g (大 1) ＿＿＿＿
パセリ(葉先)	1 g ＿＿＿＿
かたゆで卵	15 g (1/4 個) ＿＿＿＿
トマト	25 g (1/4 個) ＿＿＿＿
レタス	20 g ＿＿＿＿

❶さけをボウルに入れて粗くほぐし(背骨や皮は取ってもよい), レモン汁をふりかけておく. かたゆで卵(3261)の卵白はみじん切り.

❷たまねぎはみじん切りにしてふきんで包み, 水にさらして絞る. パセリはみじん切り.

❸マヨネーズと❶❷をへらで切るようにして混ぜ合わせ, 味をみて足りなければ塩, こしょうで調える.

❹器にレタスを並べ, 中央に❸を盛り入れ, 上にかたゆで卵の卵黄を裏ごし(p.23参照)してふりかけ, トマトを適当に切って盛る. (大喜多・池田)

☞ ミモザサラダ:卵黄を裏ごししたものが, ミモザの花のような感じになるのでミモザサラダという. (大喜多・池田)

3621 プレーンサラダ

レタス	20 g (2 枚) ＿＿＿＿
トマト	20 g (1/8 個) ＿＿＿＿
きゅうり	15 g (1/8 本) ＿＿＿＿
ドレッシング	
┌ 酢(またはレモン汁)	10 g ＿＿＿＿
│ エキストラバージンオリーブオイル	10 g ＿＿＿＿
│ 塩	少々 ＿＿＿＿
└ こしょう	少々 ＿＿＿＿

❶レタスは一口大にちぎる.

❷トマトは 1 〜 2 切れにする(湯むきしてもよい).

❸きゅうりは矢羽根(☞)に切る.

❹フレンチドレッシングを作る. (細見・境田)

☞ 矢羽根切り:きゅうりを厚さ 1 cm の斜め切りにし, 縦半分に切って切り口を折りたたむように(矢羽根の形になるように)2 枚重ねる. 切り口と反対側の丸みを切り落として平らにする. (細見・境田)

応用 3621 キャベツとじゃがいもの温野菜サラダ:じゃがいも 100 g は, たわしで汚れを取る. キャベツ 100 g は食べやすい大きさにちぎる. 水 1 kg に塩 12 g とじゃがいもをいれて火にかける. じゃがいもに竹串が通れば, キャベツを加え, 20 秒ほど加熱したらざるに取り, 水気を除く. じゃがいもは皮をむき, 芽の部分と, 表面に緑色の部分があれば取り除く. 厚さ 1 cm に切る. 小鍋で, オリーブオイル 12 g, にんにくの薄切り 3 g を温め, にんにくが茶色くなれば火からおろし, 耐熱性の皿に盛り付けたじゃがいもとキャベツにかける. 塩少々, 粗びきの黒こしょうをふりかける. キャベツなどの葉物の野菜は, ゆでることでかさが減るので, 多くの量を摂ることができる. 電子レンジで加熱すると, より短時間で作ることができる. (大喜多・池田)

3622　ブロッコリーのサラダ

ブロッコリー	50 g _____
トマト	25 g _____
ドレッシング	
┌ レモン汁	5 g _____
│ エキストラバージンオリーブオイル	10 g _____
│ 塩	0.3 g _____
└ こしょう	少々 _____

❶ブロッコリーは小房に分けてふり洗いし，軸のかたい部分を取り，塩ゆでする．やわらかくなれば冷水に取り，水気を切る．

❷トマトは輪切りにする．

❸器にトマトを盛り，上にブロッコリーをこんもりと盛り付け，ドレッシングをかける．　　　　（三浦・山本）

3623　トマトサラダ

トマト	150 g _____
たまねぎ	10 g _____
パセリ	1.5 g _____
ドレッシング	
┌ 果実酢	3.75 g _____
│ 油	9 g _____
│ 塩	0.2 g（油と酢の 1.5%）_____
└ こしょう	少々 _____

❶トマトを湯むきにして薄切りにし，皿に盛り付ける．

❷たまねぎとパセリはそれぞれをみじん切りにし，水にさらしてふきんに包んでもんで絞る．

❸❶に❷をかけ，ラップフィルムをして冷蔵庫で冷やす．供食直前に冷やしたドレッシングをかける．（久保）

3631　コールスロー

キャベツ	25 g _____
干しぶどう	5 g _____
オレンジ	20 g _____
サラダな	10 g（2 枚）_____
ドレッシング	
┌ 酢	3 g _____
│ 塩	0.4 g _____
│ こしょう	少々 _____
│ 粒入りマスタード	3 g _____
└ エキストラバージンオリーブオイル	3 g _____
マヨネーズ	5 g _____
カイエンペッパー	少々 _____

❶キャベツは長さ 4 cm くらいのせん切りにし，冷水に放し，パリッとしたらざるにあげて水気を切る．干しぶどうは湯で戻して，水気を切る．オレンジは皮を取り，身だけにする（☞）．サラダなは食べやすい大きさにちぎる．

❷器にサラダなを敷き，キャベツと水分を切ったオレンジを混ぜて盛り付け，干しぶどうを散らす．

❸ボウルに酢，塩，こしょう，マスタードを混ぜ合わせた後，油を少しずつ入れて混ぜ，マヨネーズを混ぜてドレッシングを作る．ドレッシングは供する直前によく混ぜてかける．好みでカイエンペッパーを入れてもよい．　　　　（三浦・山本）

食品 3622　ブロッコリー：アブラナ科二年生草本．花蕾の部分が緑色のイタリアンブロッコリーが普及している．ゆでると葉菜類と異なり重量が増え，1.1 倍になる．緑色の濃いものはビタミン C も多く含まれる．ほかに，カロテン，カルシウム，鉄を豊富に含む．特にビタミン C は加熱調理しても損失が少なく，よい供給源である．また，葉酸も豊富である．葉酸は赤血球や細胞の生成に重要な役割をもつが，水溶性のため調理によって 95% が溶出する．ブロッコリーをゆでる場合はそのゆで汁をスープなどにするとよい．発芽 3〜6 日目の若芽がブロッコリースプラウトとして市販されている．ブロッコリースプラウトにはスルフォラファンという解毒作用，抗酸化作用を高める機能性物質が発見され報告されている．
（三浦・時岡）

食品 3631　コールスロー（英）：キャベツのサラダの意味．オランダ語の kool（キャベツ），sla（サラダ）が語源．　　（三浦・山本）

☞ オレンジの切り方（例）：❶へたと底の部分を切り落とす．❷果実の丸みに沿って白い部分が残らないように皮をむく．❸薄皮の筋に沿って両側に切り込みを入れる．❹果肉を切り取り，大きければ横半分に切る．　　　　（三浦・山本）

☞ マヨネーズ（約 10 分）：水気をふき取ったガラスまたはホーローのボウルに卵黄 1 個，練りからし 2 g，塩 2.5 g，砂糖 3 g を入れ，粘りが出るまでよく混ぜ，酢 15 g を加えてよく混ぜる．ここに油約 120 g を点々と落とし加えながら分離しないように十分撹拌する．かたくなれば酢で調節し，適当な濃度にする．　　　　（久保）

3641 ピックルド野菜サラダ

（4人分）

小たまねぎ	150 g（8 個）＿＿＿＿
にんじん	120 g＿＿＿＿
きゅうり	200 g（2 本）＿＿＿
セロリ	50 g＿＿＿＿
ピーマン	120 g（4 個）＿＿＿
レタス	120 g（4 枚）＿＿＿
ミニトマト	50 g（4 個）＿＿＿
┌ 油	40 g＿＿＿＿
│ ローリエ	1 枚＿＿＿＿
│ カレー粉	5 g＿＿＿＿
┤ 塩	少々＿＿＿＿
│ こしょう	少々＿＿＿＿
└ 砂糖	20 g＿＿＿＿
ドレッシング	
┌ 酢	100 g＿＿＿＿
│ 油	100 g＿＿＿＿
┤ 塩	5 g＿＿＿＿
│ こしょう	少々＿＿＿＿
└ おろしたまねぎ	20 g＿＿＿＿

❶にんじん，きゅうり，セロリは2 cm 角またはシャトー型（3541 ☞）に切り，小たまねぎ（プティオニオン）は皮をむき，ピーマンは2つに輪切りし，縦に4つ切りにする．
❷トマトは湯むきする．
❸鍋に油を熱し，かたい材料から順に入れて中火で炒め，しばらく加熱してからローリエ，カレー粉，塩，こしょう，砂糖で味付けし，弱火で材料に味をしみ込ませる（材料を炒めすぎないように注意する）．
❹❷のトマトを入れ，ドレッシングをかけ，よく混ぜ合わせてレタスを添えて皿に盛る． （細見・境田）

3651 グリーンアスパラガス・シャンティリーソース

グリーンアスパラガス	15 g＿＿＿＿
＊シャンティリーソース（☞）	
┌ 生クリーム	5 g＿＿＿＿
┤ マヨネーズ	5 g＿＿＿＿
└ レモン汁	1 g＿＿＿＿

❶アスパラガスは8 cm くらいの長さに切り，たっぷりの熱湯に塩を入れて，根元から先につけてゆでる．水に取り出して冷やし，水気を切る．
❷生クリームをホイップ5 分立てし，マヨネーズを混ぜ合わせ，味をみながらレモン汁を入れ，味を調えて，シャンティリーソースを作る．
❸アスパラガスに❷をかける． （細見・境田）

3661 フルーツサラダ・ヨーグルトソース

レタス	20 g＿＿＿＿
パインアップル（缶詰）	20 g＿＿＿＿
キウイフルーツ	20 g＿＿＿＿
りんご	50 g（1/4 個）＿＿＿
いちご	10 g（1 個）＿＿＿
＊ヨーグルトソース	
┌ プレーンヨーグルト	25 g＿＿＿＿
│ パインアップル（缶詰）シロップ	
│	5 g（小 1）＿＿＿
┤ はちみつ	3.5 g（小 1/2）＿＿＿
└ ナツメグ	少々＿＿＿＿

❶レタスはたっぷりの水中でふり洗いし，指で2 cm 角くらいにちぎる．
❷パインアップルは一口大に切る．キウイフルーツは皮をむいて1 cm 角のさいの目切り．
❸りんごは縦8つ割りにして皮と芯を取り，厚さ3 mm のいちょう切りにし，さっと塩水にくぐらせて水気を切っておく．
❹❶～❸を混ぜ合わせて器に盛り，上にいちごを飾り，冷やしておく．
❺ボウルにヨーグルトソースの材料を泡立て器で混ぜ合わせて冷やしておき，供卓直前に❹にかける．
（大喜多・池田）

科学 **3641 クロロフィル（葉緑素）と酢の関係**：緑色野菜に酢を用いる調理で変色を起こすのは黄褐色を呈するフェオフィチンに変化するためである．このほか，しょうゆやみそを加えた汁も酸性であるから時間とともに色が悪くなる．このような場合，食塩によって塩味を補い，pH 値をなるべく高く保つようにするなど，供卓直前に調味して緑色を保つように工夫することが大切である． （細見・境田）

☞ **シャンティリーソース**：泡立てた生クリームにマヨネーズソースを混ぜたソース．野菜，えび，白身魚に向き，口当たりと味がソフトである．正式名マヨネーズ　ア・ラ・シャンティーイ． （細見・境田）

健康・栄養 **3661 乳酸菌**：乳酸菌は体内で腸内細菌として定住し，免疫物質やビタミンなどを合成する．腸内細菌叢は乳酸菌に代表される善玉菌，ウエルシュ菌などの悪玉菌，その他の菌によって構成される．食生活によって腸内菌叢のバランスは変化するため，乳酸菌を含む食品を毎日摂取することが望ましい．乳酸菌を含む食品としてヨーグルト，チーズ，ぬか漬けなどがある．定期的に乳酸菌などの善玉菌を摂取し，腸内細菌叢を良好に保つことをプロバイオティクス，乳酸菌のえさとなるオリゴ糖を摂取し，腸内環境を整えることをプレバイオティクスという．ただし，市販のオリゴ糖シロップは含有量に差があるので確認が必要である． （時岡）

健康・栄養 **3661 ヨーグルトとフラクトオリゴ糖**：フラクトオリゴ糖は甘味が砂糖より少ないが，有効な生理作用をもつ．①ヨーグルトに含まれるカルシウムの吸収を促進する．②ヨーグルトに含まれるビフィズス菌のえさとなり，腸内の善玉菌を増やして腸内環境を良好にする．したがって，ヨーグルトと同時に用いると効果的である． （大喜多・池田）

応用 **3661 材料の応用**：バナナ，みかんの缶詰などを使ってもよい．また，ヨーグルトとマヨネーズを混ぜ合わせたソースもよい． （大喜多・池田）

3701 ヨーグルトゼリー

（130 mL くらいのゼリー型 4 個分，4 人分）

ゼラチン（顆粒タイプ）	10.5 g（大 1.5）_____
水	100 g（1/2 C）_____
砂糖	40 g _____
プレーンヨーグルト	200 g（1 C）_____
生クリーム	100 g（1/2 C）_____
オレンジ	200 g（1 個）_____
オレンジの皮のすりおろし	1 g _____

❶小鍋に水を入れ，沸騰したら火から下ろしゼラチンをふり入れる．
❷❶を混ぜて，ゼラチンが溶けたら砂糖を入れて溶かす．
❸オレンジは皮の表面の汚れを取るためにブラシを使ってていねいに洗い，横 2 つに切り，絞り器で果汁を絞り種を除く．
❹オレンジが無農薬，ワックスフリーの場合は，皮の表面だけを薄くすりおろす．
❺ボウルにヨーグルト，生クリーム，❸の半量，（❹）を入れて泡立て器で静かに混ぜる．
❻❺に❷を混ぜて，氷水にボウルごとつけ，へらで静かに泡を作らぬように混ぜながら，とろみがついてきたらゼリー型に流して，冷やし固める（☞）．
❼型から出して（☞）皿に移し，上から残った❸をかける． （大喜多・池田）

3702 ワインゼリー

（シャンパングラス 6 個分，6 人分）

ゼラチン（顆粒タイプ）	6 g _____
水	200 g _____
赤ワイン	100 g（1/2 C）_____
砂糖	40 g _____
レモン汁	10 g（小 2）_____
生クリーム	50 g _____
砂糖	5 g _____
ミントの葉	6 枚 _____

❶鍋に分量の水と砂糖を入れて火にかけ，沸騰直前に火からおろす．
❷ゼラチンを加えて溶かす．
❸粗熱が取れてから赤ワイン（☞）とレモン汁を加えて，氷水に鍋ごとつけてとろみがつくまで木じゃくしで絶えずかき混ぜる．このとき泡立てないように注意する．
❹すばやくグラスに流し入れ，表面の泡をスプーンですくって取り除き，冷やし固める．
❺生クリームに砂糖を加えてかたく泡立て，❹に絞り出し，ミントの葉を飾る． （淺井）

3703 コーヒーゼリー

（ソルベグラス 6 個分，6 人分）

ゼラチン（顆粒タイプ）	8 g _____
熱湯	360 g _____
インスタントコーヒー	8 g _____
砂糖	40 g _____
コーヒーリキュールまたはブランデー	15 g（約大 1）_____
生クリーム	50 g _____
砂糖	5 g _____
ミントの葉	6 枚 _____

❶ボウルにコーヒーと砂糖と熱湯を入れて溶かし，最後にゼラチンを加えて溶かす．
❷粗熱が取れてからコーヒーリキュールを加えて 3702 と同様にして，グラスに分け入れ，冷蔵庫で固める．
❸生クリームに砂糖を加えてとろみがつくまで泡立て，❷の上に流し入れ，ミントの葉を飾る． （淺井）

食品 3701 ゼラチン：動物の骨や皮に含まれるたんぱく質であるコラーゲンが原材料である．形状として板状，粉状，顆粒状がある．板状：分量外で水でふやかして使う．粉状や顆粒状に比べ透明感のある仕上がりになる．粉状：分量内の水でふやかして使う．顆粒状：ふやかさず熱した材料に直接ふり入れて使う．科学 3723 参照．（淺井・久保・時岡）
科学 3701 フルーツを用いたゼラチンのゼリー：生の果汁は加熱するとビタミン C が破壊され，風味も悪くなるので，熱いゼラチン液と混ぜ合わすことがないように注意する．パインアップル，パパイヤ，キウイフルーツ，いちじくなどはたんぱく質分解酵素を含むため，ゼラチンが分解され，固まらない．これらの果物の缶詰を用いたゼリーは固まる．理由は，缶詰は加熱されているので分解酵素が失活しているためである． （大喜多・池田）
☞ 急冷したい場合：ゼリー型全体を氷水につける． （大喜多・池田）
☞ ゼラチンゼリーの取り出し方：熱めの湯にゼリー型全体を浸す．時間は 1〜2 秒．長い時間かけるとゼリーが溶解する．1〜2 秒後，皿にゼリー型を裏返しに置き，両手で皿とゼリー型を密着させてふる． （大喜多・池田）

☞ アルコールを飛ばしたい場合には，❶の時点でワインを加えてしっかり煮立たせてアルコール分を飛ばす．白ワインに変更してもよい． （淺井）

3704 ミルクゼリー

（150 mL くらいのカップ4個分，4人分）

ゼリーの素(☞)	12 g
砂糖	50 g
水	200 g
牛乳	200 g
いちご	20 g（2個）
いちごジャム	20 g
ミントの葉	4枚

❶乾いた鍋にゼリーの素と砂糖を入れ，よく混ぜ合わせる．
❷❶の鍋に分量の水を入れ，だまにならないようにかき混ぜる．
❸❷の鍋を火にかけ，中火で静かに混ぜながら溶かす．煮立ったら火からおろす．
❹牛乳を入れ手早く混ぜ合わせる．
❺容器に注ぎ，氷水で常温まで冷やしてから冷蔵庫で冷やし固める．
❻小鍋でいちごジャムと適宜の水を加熱してややとろみのあるソース状にする．
❼❺に切ったいちごを飾り❻をかけ，ミントの葉を添える．　　　（大喜多・池田）

☞ **ゼリーの素**：市販のゼリーの素は数種類の増粘多糖類を混合して作られている．原材料表示，使い方を読んで，適宜使用する．凝固温度が高い（室温で凝固する）ことが特徴．型に流す前に凝固し始めた場合は，弱火で再度加熱して溶解させる注意が必要．使用濃度は2～3%．ゼラチンゼリーに似たなめらかな口あたりをもつ．　　（大喜多・池田）

3705 オレンジゼリー

（2人分）

オレンジ	1個（250 g程度）
ゼラチン（顆粒タイプ）	3 g
┌ 砂糖	10 g
└ 水	20 g

❶オレンジは半分に切り，皮を破らないように果肉をはずし，ガーゼで果汁を絞り，100 mL に調整する．
❷鍋に水と砂糖を入れて弱火にかけ，砂糖が溶けたら火からおろしてゼラチンを加え，溶かす．
❸❷の粗熱がとれたら❶の果汁を加えてよく混ぜ，オレンジの皮に流し入れ，ラップフィルムをして冷蔵庫または氷水で冷やし固める．　　（久保）

応用 **3705　フルーツゼリー**：3705のオレンジ果汁を他の果物の果汁に変えることができる．また，レモン汁や洋酒を加えて風味をつけることも可能である．一般に酸が加わると，ゼラチンゼリーはやわらかくなる．　　（久保）

3711 パンナコッタ(☞)

（ゼリー型4個分，4人分）

生クリーム	120 g
牛乳	120 g
グラニュー糖	30 g
バニラスティック	1/4本
ゼラチン（顆粒タイプ）	5 g
ラム酒	15 g
ブルーベリーソース	
┌ ブルーベリー	60 g
│ 砂糖（30%）	18 g
│ 水	15～30 g
└ レモン汁	5 g
ミントの葉	4枚

❶鍋に生クリーム，牛乳，グラニュー糖を入れ火にかけ，沸騰直前まで加熱する．
❷バニラのさやを除き，ゼラチンを加え溶かしラム酒を入れて，粗熱を取り，型に流し冷やし固める．
❸ソースを作る．鍋にブルーベリー，砂糖，水を入れ火にかける．混ぜながら，とろみがつけばレモン汁を加え火を止める．
❹❷をぬるま湯につけて型から取りはずし，皿に盛り，ソースをかけミントを飾る．　　　（禾本）

☞ **パンナコッタ**：イタリアのドルチェ（お菓子）で，パンナは生クリーム，コッタは煮るや加熱するという意味がある．　　（禾本）

3712 コーヒーパンナコッタ

（グラス4個分）

コーヒー（インスタント）	2 g
熱湯	15 g
牛乳	156 g
生クリーム（動物性）	120 g
きび砂糖（またはてんさい糖）	30 g
ゼラチン（顆粒タイプ）	5 g

❶コーヒーを熱湯に溶かしておく．
❷鍋に牛乳，生クリーム，きび砂糖を入れて混ぜ，沸騰直前まで加熱する．
❸弱火にしてゼラチンを加えて溶かし，❶のコーヒーを入れて混ぜ，粗熱を取り，型に流し冷やし固める．（☞）　　　（濱口）

☞ 大きめのボウルに氷水を入れ，鍋底をつけて冷まし，少しとろみがついたら，グラスに入れ，冷蔵庫で冷やし固めると早く固まる．好みによりトッピング（ホイップした生クリームやいちご）をのせるとよい．　　（濱口）

応用 **3712　和風コーヒーパンナコッタ**：1つにつき10 gの餡をグラスに入れてから❺を注ぐ．上からほうじ茶の粉末を振る．　　（濱口）

3713 ブラマンジェ（フランス風）（☞）

（ゼリー型4個分，4人分）

ゼラチン（顆粒タイプ）	6 g _____
牛乳	240 g _____
砂糖	30 g _____
バニラエッセンス	少々 _____
生クリーム	60 g _____
いちごソース	
┌ いちご	80 g _____
┤ 砂糖	15～30 g _____
└ レモン汁	2.5 g _____
ミントの葉	4枚 _____

❶生クリームを氷水にあてながらとろみがつくまで泡立てる.

❷鍋に牛乳，砂糖を入れて沸騰直前まで加熱する.

❸バニラエッセンスとゼラチンを加え溶かし，とろみがつくまで冷やし，❶を混ぜる.

❹型に流して冷やし固める.

❺いちごはみじん切りにして砂糖とレモン汁を加え混ぜる.

❻❹をぬるま湯につけて型から取り，ソースをかけミントを飾る.（禾本）

応用 **3713 ブラマンジェ（イギリス風）**：コーンスターチ 28 g，砂糖 36 g，牛乳 336 g（320 mL），バニラエッセンス少々，いちごソース（3712 と同様）.❶コーンスターチと砂糖を合わせ，牛乳を加え加熱する.❷粘度がつき中心まで沸いたらバニラエッセンスを加え，型へ流し冷やす.❸型から取り出し，皿に盛りソースをかける.（禾本）

3721 レアチーズケーキ

（径 15 cm タルト型 1 台分，4 人分）

ビスケット生地	
┌ ビスケット	80 g _____
└ バター	40 g _____
ゼラチン（顆粒タイプ）	6 g _____
牛乳	100 g _____
砂糖	30 g _____
クリームチーズ	100 g _____
プレーンヨーグルト	20 g _____
レモン汁	15 g _____
キルシュ	5 g _____
生クリーム	50 g _____
┌ 生クリーム（飾り用）	20 g _____
┤ 砂糖	少々 _____
┤ いちご	22.5 g（1.5 個）_____
└ ミントの葉	4枚 _____

❶ビスケット生地はビニール袋にビスケットを入れてめん棒などで細かく砕く.

❷クリーム状にしたバターを混ぜ，ラップフィルムにはさみ，伸ばしたら型に敷き込み，冷蔵庫で冷やし固める.

❸鍋に牛乳と砂糖を入れ沸かしたら，火からおろしてゼラチンを加え溶かし，粗熱を取る.

❹クリームチーズをなめらかにし，❸を混ぜヨーグルト，レモン汁，キルシュを加え混ぜる.八分立ての生クリーム（☞）を合わせる.

❺❷のビスケット生地に❹を詰めて，冷やし固める.

❻飾り用の生クリームに砂糖を加えて泡立てて❺に絞り，いちごをのせてミントを飾る.（禾本）

☞ **生クリームの泡立て**：生クリームの品温を5℃の状態で泡立てたものは，起泡には時間を要するがきめが細かくなめらかである.温度が高いと起泡時間は短いが，きめが粗く口あたりが悪いので氷水にあてながら泡立てるほうがよい.（禾本）

3722 ババロア（基本）

ゼラチン（顆粒タイプ）	2 g _____
牛乳	50 g _____
砂糖	8 g _____
卵黄	10 g（1/2 個分）_____
バニラエッセンス	少々 _____
生クリーム（乳脂肪）	25 g _____
砂糖	3 g _____

❶鍋に砂糖と卵黄を加えて木じゃくしで混ぜ，さらに牛乳を加えてよく混ぜる.湯気が出始めたら火からおろし，粉ゼラチンをふり入れて混ぜ，よく溶かす.

❷❶が冷めたらバニラエッセンスを加えて混ぜ，氷で外側を冷やしながら，とろみがつきかけたらすぐ引き上げる.

❸別のボウルに生クリームと砂糖を入れ，氷水でボウルを冷やしながら静かに泡立てる.クリーム状（七分立て）になってきたら，❷を加えて手早く混ぜ合わせ，プリン型に流し入れ，氷水で冷やしながら固める.

❹外側を 40℃ くらいの温水で少し温めて型から器へ返し入れる.（三浦・山本）

食品 **3722 ババロア**：ドイツのババリア地方の領主に仕えていたフランス人料理人が，ゼラチンを入れて固めるデザート菓子を考案したとされている.基本材料としては，牛乳，砂糖，卵黄，生クリーム，ゼラチン，香料よりなる.これにフルーツの果汁や果肉を入れたものがフルーツババロアである.

（三浦・山本）

3723 いちごゼリー・ババロア（ジュレ・オルレアン）

（内径9cmリング型，6人分）

ゼリー
- 水 250g _____
- 砂糖 50g _____
- ゼラチン（顆粒タイプ） 8g _____
- レモン（皮） 1/2個 _____
- 卵白 35g（1個分） _____

ババロア
- 卵黄 20g（1個分） _____
- 砂糖 40g _____
- ゼラチン（顆粒タイプ） 8g _____
- 牛乳 200g _____
- 生クリーム（乳脂肪） 200g _____

バニラエッセンス 少々 _____
いちご 160g（10粒） _____

❶バットに氷水を入れ，リング型を冷やしておく．

❷いちごは縦に薄く切っておく．

❸ゼラチン以外のゼリーの材料をすべて鍋に入れて火にかけ，沸騰するまでは木じゃくしでよくかき混ぜ，沸騰したら，レモンの皮を取り出し，弱火にして5分ほど静かに煮て火からおろし，クッキングペーパーでこす．こした液にゼリー用のゼラチンを入れてよく混ぜて溶かし，冷ましておく．

❹冷えた❶の型の中に薄く切ったいちごを並べ，❸をいちごと型の間に液が入るように回し入れ，冷蔵庫で冷やし固めておく．

❺ババロアを作る．鍋に砂糖と卵黄を入れよく混ぜ合わせ，さらに牛乳を入れてよく混ぜ中火にかけ，湯気が出だしたら火を止める．次にババロア用のゼラチンを入れてよく混ぜて溶かし，バニラエッセンスを入れて冷ます．冷めたら泡立てた生クリーム（七分立て）と混ぜ合わせ，固まった❹に入れ，氷水で冷やし固める．

❻固まったら，外側を40℃くらいの温水で少し温めて型から器に取り出して供する． （三浦・山本）

3731 カスタード・プディング

- 卵 25g（1/2個） _____
- 牛乳 55g _____
- 砂糖 8g _____
- バニラオイル 少々 _____
- バター 少々 _____

カラメルソース
- 砂糖 5g _____
- 水 4g _____

飾り用
- キウイフルーツ 20g _____
- さくらんぼ 5g（1個） _____

❶プディング型にバターを薄く塗っておく．

❷カラメルソースは，小鍋に砂糖と水を入れて最初は中火，沸騰してきたら弱火にする．鍋をゆり動かして混ぜ，香ばしい濃い飴色（約180℃）に煮詰まったら，素早くバターを塗った型に入れる．

❸オーブンは170℃に点火する（☞）．

❹鍋に牛乳と砂糖を加え混ぜ，50～60℃に温めておく．

❺ボウルに卵を入れて泡立てないように溶きほぐし，混ぜながら❹の温めた牛乳を少しずつ加えて裏ごしをし，バニラオイルを加えて，❷の型に流し入れる．

❻オーブン皿に並べてオーブンに入れ，手前から湯を注ぎ入れ，160℃で20分蒸し焼きにする．

❼オーブンから出して粗熱を取り，冷やす．

❽型の内側を竹串ではずし，型から器に出し，果物を合わせて彩りよく盛り付ける． （三浦・山本）

科学 3723 **ゼラチン**：形状：板状，粉状，顆粒．原料：動物の骨，皮，筋．成分：たんぱく質．使用濃度：2～4%．浸水時間：板状20～30分，粉状5分，浸水しなくても使用できるものが市販されている．融解温度：26℃．加熱方法：湯煎（50℃）．凝固温度：3～10℃．栄養価：344kcal/100g，消化はよいがアミノ酸価0である．《ゼラチンによる凝固の注意点》①加熱しすぎると凝固しにくくなる．②果汁を加えるとゼリー強度は低下．③生の果実（パインアップル，パパイア，キウイフルーツ，いちじくにはたんぱく質分解酵素を有しているのでゼラチンの凝固力が消失してしまう．加熱して酵素を失活させてから用いるとよい．缶詰の果実は使用可能である．④型から出すには40℃くらいの湯に外側をつけて型に接している部分を少し溶かす．⑤型から出す場合のゼラチン濃度はやや濃いめにする．食品3701参照．
（三浦・山本）

科学 3731 **カラメルソース**：砂糖溶液を150℃以上に煮詰めると砂糖の成分であるショ糖が果糖とブドウ糖に分解し始める．さらに煮詰める（180℃）とそれらが分解・重合して種々の混合物ができ，これをカラメルという．カラメルは香ばしい香りと褐色，苦味を特徴とする．
（三浦・山本）

科学 3731 **鶏卵たんぱく質の熱凝固性**：鶏卵たんぱく質は60～80℃で凝固する．鶏卵は常温では液体なので加熱前にだし汁や牛乳などで希釈することができる．だし汁中のナトリウムイオンや牛乳中のカルシウムイオンはたんぱく質と結合し凝固を促進させる．一方，砂糖は卵の熱凝固を抑制する働きがある．
（三浦・山本）

科学 3731 **プディングの口当たり**：たんぱく質はゆっくり凝固するとなめらかな口当たりになる．3731❻の湯の量が多いほど，卵液の温度上昇が緩慢になり，なめらかな口当たりに出来上がる．加熱時間はやや長く必要である．（大喜多）

☞ オーブンがない場合は，1201☞蒸し器を使わない方法を参照し，同様に作るとよい． （濵口）

3732 クリームブリュレ(☞)

	(10個分)
卵黄	6個分 _____
グラニュー糖	120 g _____
生クリーム(乳脂45%以上)	
	250 g _____
牛乳	250 g _____
バニラスティック	1/2本 _____
カソナード(またはグラニュー糖)	20 g _____

❶卵黄にグラニュー糖を加えて, 白っぽくなるまで混ぜる.
❷生クリームと牛乳を鍋に入れ, その中にバニラビーンズ(バニラスティックを縦に裂き, スプーンなどで削るように種を取り出す) を入れて, 軽く火にかけて香りを出す. 沸騰はさせない.
❸人肌程度に温まったら, ❶と合わせてこす.
❹耐熱性のある容器に入れ分け, 湯煎にしたオーブン皿で150℃で40～45分加熱する.
❺粗熱が取れたら冷蔵庫で十分に冷やす. 供する前に上面にカソナードをふり, バーナーを用いて香ばしくキャラメリぜする. (作田)

3741 スフレ・オ・クレーム

	(ココット皿4個分, 4人分)
薄力粉	25 g _____
牛乳	165 g (160 mL) _____
砂糖	30 g _____
バター	20 g _____
卵	110 g (M 2個) _____
粉糖	少々 _____
グラニュー糖	少々 _____
バニラエッセンス	少々 _____

❶型にバター(分量外)をまんべんなく塗り, グラニュー糖をふりかけておく.
❷牛乳を15 g(大1)ほど取り分けて, 残りを火にかけて沸騰直前まで温める.
❸鍋に分量の砂糖から20 gと卵黄2個分, ふるった薄力粉, 取り分けておいた牛乳を入れてよく混ぜ, ❷の牛乳を少しずつ入れてさらに混ぜて火にかける.
❹❸にバターも加えて練り混ぜ, なめらかなクリーム状になったら火からおろし, バニラエッセンスを加える.
❺卵白に残りの砂糖10 gを加えながら泡立てて, かたいメレンゲを作る.
❻粗熱の取れた❹に❺をまず1/3加え, 混ざったら残りの卵白をさっくりと混ぜ, ❶に分け入れる. ココット皿のふちに沿って親指で溝を作っておくと, スフレの立ち上がりがよい.
❼170℃のオーブンで約20分焼き, 粉糖をふりかけて仕上げる.
❽冷めるとしぼむので, 温かいうちに紙ナプキンを敷いたデザート皿にのせ, スプーンを添えて供する. (淺井)

3751 スイートポテト

さつまいも	100 g (小1個) _____
砂糖	10 g _____
バター	2.5 g _____
牛乳	15 g (大1) _____
卵	7 g _____
塩	少々 _____
シナモン(粉)	少々 _____
卵(ドリュール用)	7 g _____

❶さつまいもを洗ってふき, 丸のまま200℃のオーブンで竹串が通るまで25分間焼く.
❷縦2つに切り, ふきんを手のひらに広げて, その上にさつまいもをのせて, 皮を傷つけないよう, スプーンで中身をくりぬき, 熱いうちに裏ごしする(☞).
❸鍋にバターを溶かし, ❷を入れ砂糖, 塩, 卵を加えてよく練り, さらに牛乳を入れ弱火にし, 鍋肌から離れるくらいまで練り上げてからシナモンを加える.
❹❷のさつまいもの皮をはさみで舟型に切り, この皮に❸をこんもり入れ, 山型にならしドリュールを塗る. 天板にのせ, 220℃に予熱したオーブンで12分間焼く. 取り出してやや冷めたころ, 再び塗ると光沢がよくなる. (濱口)

☞ ブリュレとは, フランス語で「焦がす」という意味である. 表面にふりかけられた砂糖は, バーナーや焼きゴテなどで加熱するとカラメル化し, 香ばしくパリパリとした食感が楽しめる(キャラメリぜ). (作田)
食品 3732 バニラビーンズ: 高さが10 mに達する常緑のつる性の植物. さや状の果実を未熟な緑色のうちに採取してから, 発酵と乾燥を繰り返し, 黒い光沢や甘い独特のフレーバーが出る. さやには細かい種子が詰まっていて, それをかき出して利用する. さやのまま牛乳などの液体に漬けて温め, 香りを移すこともある. (作田)
食品 3732 カソナード: 甘蔗の含蜜糖. 精製されていないため, 独特の香りや風味がある. ブリュレのキャラメリぜには欠かせない. 赤砂糖ともいわれる. (作田)

☞ さつまいもの裏ごし: さつまいもが熱いうちに裏ごしする. 数本のさつまいもを一度に裏ごしする場合は, オーブンの中から1本ずつ取り出して裏ごしし, 残りはオーブンの中に入れたまま保温しておくとよい. (濱口)
科学 3751 さつまいもの甘味: さつまいもには, でん粉を麦芽糖に分解する糖化酵素(β-アミラーゼ)を多く含み, 蒸したり焼いたりする過程で麦芽糖ができるため, 甘味が強くなる. 焼きいもは, 糖化酵素が作用する温度が長く保持されるため甘味が強くおいしく感じる. 電子レンジの短時間加熱では, 酵素が速く失活し, 糖量が少ないため甘味は弱い. (濱口)

3752 ベイクドアップル(焼きりんご)

りんご	200 g (1個) ＿＿＿＿
砂糖	20 g ＿＿＿＿
バター	3 g ＿＿＿＿

❶りんごは皮のままよく水で洗い，上から芯を貫通しないようにくり抜き(芯取り器またはスプーンで)，その穴に砂糖を詰めて，バターを上にのせ，耐熱皿にのせる.

❷オーブン皿に❶を並べ，水を少し入れ，オーブン180℃で20分加熱する.
❸串が中まで通れば，デザート皿に盛り，熱いうちに供する.
（☞）
(三浦・山本)

3761 フルーツカップ

グレープフルーツ	
	100 g (1/2個) ＿＿＿＿
パインアップル(缶詰)	
	20 g (1/2切れ) ＿＿＿＿
りんご	25 g ＿＿＿＿
バナナ	25 g ＿＿＿＿
いちご	15 g ＿＿＿＿
砂糖	5 g ＿＿＿＿
好みの洋酒	4 g (大 1/4) ＿＿＿＿

❶グレープフルーツを横半分に切り，実の周囲にぐるりとナイフを入れ，スプーンで袋から実を出し，流れ出た果汁とともにボウルに移す.
❷皮を破らないように気をつけながら，皮についている袋や芯をきれいに取り，カップにする．すわりが悪い時は底の裏を少し切り落としておく(冷凍にしておいてもよい).
❸パイナップル，皮と芯を取ったりんご，皮をむいたバナナを小指の先くらいの大きさに切って❶のボウルへ入れ，砂糖と洋酒(リキュール，ブランデー，ワインなど)をふりかけて冷たく冷やしておく.
❹❷のカップ(☞)に❸を盛り入れ，果汁もすくって入れ，上にいちごを飾る.
(東根)

3771 レモンミントシャーベット

	(10人分)
レモン汁	100 g (約2個分) ＿＿＿＿
グラニュー糖	150 g ＿＿＿＿
水	300 g ＿＿＿＿
レモンのおろし皮	30 g (2個全部) ＿＿＿＿
ミントの葉	3 g (約30枚) ＿＿＿＿

❶レモンの皮はすりおろす．レモン汁を絞る．ミントはみじん切りにする.
❷鍋に水とグラニュー糖を入れて溶かし冷ましておく.
❸レモン汁と❷，レモンの皮，ミントを合わせて冷凍庫で固める．途中，3回くらい30分おきにフォークでほぐす.
(中平)

☞ カスタードソース，メレンゲ，アップルソースなどをかけてもよい.
(三浦・山本)

食品 3752 りんご：バラ科落葉高木．2,000種以上の品種があり，日本ではふじの生産が多い．糖類が約13%含まれ，果糖，ブドウ糖，ショ糖，ソルビトールの順に多く，酸としてはリンゴ酸が主成分となっている．ミネラルの主成分はカリウムである．香気成分は，イソアミルアルコール，ギ酸アミル，酢酸イソアミル，酪酸メチルなどのエステル類である．果皮の赤色はアントシアン色素.
(三浦・山本)

☞ カップは，レモン，オレンジでもよい.
(東根)

科学 3761 果物の褐変：果物は切断すると細胞が壊れるので，含まれていたポリフェノール類がポリフェノールオキシダーゼなどの酵素反応によって，キノン類に変化し，さらに酸化重合し褐色色素を作ることによって褐変する(酵素的褐変)．果物はポリフェノールを含有しているが，りんご，なし，バナナ，ももなどは酵素ももっているので，皮をむいたり切ったりすると空気に触れて褐色の物質を生じる．かんきつ類やメロン，パインアップルは酸素がないので褐変しない．褐変は酸化現象であるから，空気に触れる面積が大きく，時間が長いほど起こりやすい．ミックスジュースを放置すると褐変しやすいのはこのためである．褐変を防止するには食塩水，酢水につけたり，レモン汁をふりかけたりして酵素の働きを抑えるとよい.
(東根)

3781 バニラアイスクリーム

	（6人分）
卵黄（☞）	51 g（M 3個分）
砂糖	120 g
コーンスターチ	10 g
牛乳	413 g（400 mL）
生クリーム	200 g（1 C）
バニラエッセンス	少々
ブランデー	14 g（大 1）
ミントの葉	6枚

❶ボウルに卵黄を入れてほぐし，あとで加える牛乳をなじませやすくするため牛乳を分量のうち大1ほど加えてよく溶き伸ばす．

❷❶に砂糖とコーンスターチを加えて，泡立て器でだまができないように混ぜ合わせる．

❸残りの牛乳を60℃くらいに温め，❷に2〜3回に分けて加え，その都度泡立て器でまんべんなく混ぜ合わせる．

❹❸をこし器を通しながら鍋に移し，木べらでかき混ぜながら弱火にかけ，とろみがついたら火からおろす．鍋底を氷水にあて，かき混ぜながら粗熱を取る．

❺❹が冷めたらバニラエッセンスとブランデーを加える．

❻きれいなボウルに生クリームを入れ，六分立て程度に泡立てる．❺と同じくらいのとろみになったら，❺と合わせる．

❼金属製の容器に手早く流し入れ，冷凍室に入れて冷やし固める．半分くらい固まったらスプーンなどで全体をかき混ぜて空気を含ませ，表面を平らにして再び冷やし固める．これを数回繰り返す．

❽❼をアイスクリームディッシャーで冷やした器に盛り，ミントの葉を添えてただちに供する． （菅）

3791 オレンジムース

ゼラチン（顆粒タイプ）	0.6 g
水	4 g
砂糖	7 g
オレンジ皮	1/8 個分
オレンジ果汁	8 g
レモン皮	少々
レモン果汁	1 g
生クリーム（乳脂肪）	25 g
砂糖	3 g
卵白	4 g
砂糖	2 g

❶小鍋に分量の水を入れ，ゼラチンをふり入れる．これを50℃の湯煎にかけて混ぜながら溶かし，砂糖も入れて溶かす．

❷❶におろしたオレンジ皮とレモン皮，絞ったオレンジ汁とレモン汁を入れて混ぜる．

❸氷水をあてたボウルに生クリームを入れて泡立て，とろみがついたら砂糖を入れて混ぜ八分立てにする．

❹別のボウルに卵白を入れ八分立てにし，砂糖を加えしっかり角が立つくらいまで泡立てる．

❺大きめのボウルに❷を移し，❸の生クリームの半分を加え均一に混ぜてから残りの生クリームを入れ混ぜ，さらに❹のメレンゲの泡を消さないように混ぜる．

❻丸い口金で器に絞り入れ，冷やし固める． （三浦・山本）

☞ **卵とサルモネラ菌食中毒**：卵にはごくまれにサルモネラ菌が存在する．この菌は加熱（65℃ 5分，75℃ 1分）により死滅するが，調理によっては高温の加熱を行わない．したがって，以下の注意が必要である．①卵は冷蔵庫で保管し，賞味期限内に使う．②ひび割れた卵は使わない．③割卵後すぐに使う．
（大喜多・池田）

科学 **3781 オーバーラン**：アイスクリームを撹拌しながら凍らせる際に混入された空気の量をオーバーランという．例えば牛乳，乳製品，糖類などの原料ミックスに同量の空気を混ぜるとオーバーランは100％となる．オーバーランが高いとさっぱりとした味わいに，低いと濃厚な味となり，通常はアイスクリームで60〜100％，ソフトクリームで30〜80％である． （菅）

食品 **3791 オレンジ**：ミカン科常緑小高木．インド原産．世界で最も生産量の多い果実．主成分は糖類と酸．100 g中糖類は7〜11 g，その約50％がショ糖で，残りが果糖とブドウ糖がほぼ等量含まれている．酸は0.7〜1.2 g，その約90％をクエン酸が占めている．果皮と果肉の色素はカロテノイド色素． （三浦・山本）

科学 **3791 メレンゲ**：卵白を泡立てたもの．卵白を泡立てると空気を含んで泡が形成される．形成された泡の膜は，卵白たんぱく質が変性し安定している．起泡性と安定性が利用するうえで重要．①温度の影響：30〜40℃くらいでは起泡性は高いが，きめが粗く安定性が低い．10℃くらいでは，起泡性は低いが，きめが細かく安定である．②砂糖の影響：砂糖を添加すると起泡性は抑制されるが，安定性は増す．③油脂の影響：起泡性が抑制される．器具に油がついていたり，卵黄が混入すると泡立たない． （三浦・山本）

3792 チョコレートムース

ゼラチン（顆粒タイプ）	1 g	_____
生クリーム（乳脂肪）	20 g	_____
砂糖	5 g	_____
チョコレート（ビター）	6 g	_____
卵黄（3781 ☞）	3 g	_____
卵白（3781 ☞）	14 g	_____
砂糖	3 g	_____
グランマニエ（☞）	3 g	_____

❶チョコレートは刻んでおく．卵白はボウルに入れて泡立て，さらに砂糖を加えてしっかり泡立てておく（メレンゲ）．

❷ボウルに生クリームと砂糖を入れて合わせ，ボウルより一回り小さい鍋を用いて湯せん（45～50℃）にかけて溶かし，削ったチョコレートも加えて溶かす．

❸❷にゼラチンと卵黄を入れ，泡立て器でよく混ぜてふんわりとさせ，湯せんをはずし冷ます．

❹❸にグランマニエとメレンゲの半量を加えゴムべらで混ぜ，全体に混ざったら，残りのメレンゲも加え泡を消さないように混ぜてグラスに入れ，氷水で冷やし固める． （三浦・山本）

3801 きゅうりのピクルス

	（作りやすい量）	
きゅうり	500 g	_____
塩	25 g	_____
漬け汁		
┌ 酢	150 g	_____
│ 水	120 g	_____
│ 砂糖	55 g	_____
│ 粒こしょう	10 粒	_____
│ 赤とうがらし	2 本	_____
└ ローリエ	2 枚	_____

❶【下漬け】きゅうりの両へたを少し切り落としとり，塩をふって板ずり（p.23 参照）し，軽く重しをして一晩置く．

❷【本漬け】❶を軽く水洗いし，ざるにあげて水気を切る．

❸漬け汁の材料全部を合わせて，火にかけ，煮立ったら火からおろして冷ます．

❹❸に❷を漬けて，消毒した瓶に入れてふたをしておく． （細見・境田）

3802 カリフラワーのピクルス

	（作りやすい量）	
カリフラワー（小）	400 g	_____
漬け汁		
┌ 酢	150 g	_____
│ 水	120 g	_____
│ 砂糖	18 g（大さじ2）	_____
└ 塩	6 g（小さじ1）	_____
赤とうがらし	1 本	_____
ローリエ	1 枚	_____
こしょう（黒）	5 粒	_____

❶カリフラワーを小房に切り分けておく．

❷鍋に湯を沸かし，❶を入れて中火で2分ほど湯がき，ざるにあげておく．

❸別の鍋に漬け汁の材料を入れ，煮立たせた後，粗熱を取っておく．

❹清潔な容器に❷を入れ，❸を注ぐ．1日程度で出来上がる． （菅）

食品 3792 **チョコレート**：焙焼したカカオ豆の胚乳をすりつぶしたものに砂糖，乳製品などを加えてつくったもの．チョコレートを上手に溶かすには湯煎（45～50℃）で穏やかに溶かす．水蒸気などの水が絶対に中に入らないように注意する． （三浦・山本）

☞ **グランマニエ**：フランスの有名なオレンジリキュール．オレンジとコニャック（フランスのコニャック地方で作られるブランデー）をベースにして作られる． （三浦・山本）

3811　いちごジャム（プレザーブ）

（作りやすい量）

いちご	1 kg _____
砂糖	700 g _____
レモン汁	1個分 _____
（クエン酸）	（0.5 g） _____

❶いちごをていねいに洗ってへたをとり，鍋にいちごと砂糖を入れて，しばらくして果汁が出てきたら火力を強め，焦げないように加熱・濃縮する．
❷灰汁を取りながら，形をつぶさないように煮て，レモン汁（極少量の水に溶解したクエン酸）を加えて仕上がり点を判断する．
❸仕上がり点の判定は，濃縮液を冷水中に落とし，底に沈むころにその1滴が溶けるくらいになればよい（p.23 コップテスト参照）．　　　　（細見・境田）

3821　マーマレード

（作りやすい量）

なつみかん	400 g（1個）_____
（またはグレープフルーツ）	
レモン	20 g（1/3個）_____
砂糖　（皮・実の重量の60%）	250 g _____

❶なつみかん（またはグレープフルーツ）はよく洗って，皮を厚さ1 mmに切り，たっぷりの水につけ，苦味を抜く．
❷❶の水をかえて20～30分ゆでて，水をとりかえ，3～4回洗ってかたく絞る．ゆでている間にみかんの袋から実を取り出す．
❸❷の皮と実を鍋に計り入れ（その重さから砂糖量を決める），ひたひたになるくらいの水を入れて，灰汁を除きながら中火で煮込み，砂糖を途中2～3回に分けて入れ，レモン汁を入れる．（☞）　　　　（細見・境田）

3831　フルーツポンチ（☞）

（4人分）

りんご	50 g（1/4個）_____
みかん（缶詰）	50 g _____
バナナ	30 g（1/3本）_____
びわ	17 g（1/2個）_____
キウイフルーツ	40 g（1/2個）_____
さくらんぼ	25 g（4個）_____
レモン	50 g（1/2個）_____
シロップ	
砂糖	80 g _____
水	80 g _____
氷水	120 g _____
白ワイン	20 g（大1・1/3）_____

❶シロップを作り（3841❶），冷めたら氷水，白ワインとともにパンチボウルに入れる．
❷レモンは中心部で薄切りを4枚とり，ほかは果汁を絞って❶に入れる．
❸さくらんぼとキウイフルーツ以外の果物はすべて小さく切って❶へ入れる．キウイフルーツは薄切りにして星形に抜き，残りは刻んで❶へ入れる（☞）．
❹パンチボウルにレモンの輪切り，星形のキウイフルーツ，さくらんぼを浮かせて，よく冷やして供する．
　　　　（淺井）

食品 **3811　ジャムの種類：ゼリー**：果汁に砂糖を加え，煮詰めて固めたもの．**ジャム**：果実パルプを砂糖とともに煮詰め，原型をとどめないもの．**プレザーブ**：果実の原型を保持したもので，ジャムの一種．**マーマレード**：ゼリーの中に果皮の原型をとどめるもの．（細見・境田）

応用 **3811　りんごジャム**：りんごは皮を除いていちょう切り，同様に煮て最後にレモン汁と好みでシナモンを加える．砂糖はりんご正味の60～80%入れる．（細見・境田）

科学 **3811, 3821　砂糖の保存性**：砂糖は脱水性が強く，濃度67%で食品中の水分を完全に吸収して飽和状態となる．微生物は生存のために利用できる水分がないため繁殖不可能となるので，食品は保存できる．したがって，甘味を控えた場合は冷蔵保存して早く使い切る．（細見・境田）

科学 **3811, 3821　ペクチン**：ペクチンは果実，野菜に含まれ，細胞を結合させる働きをしている多糖類である．一般にかんきつでは果肉より果皮に，また完熟よりそれ以前のものに，多く含まれる．酸・砂糖とともに加熱するとゼリー化する性質を利用してジャムやマーマレードを作るが，ペクチン濃度，砂糖濃度，酸の強さ，加熱方法などの条件がゼリー形成に影響する．適度のゼリー強度をもつジャムの割合はペクチン0.7～1.6%，糖度60～68%，有機酸（クエン酸として）0.2～0.3%，pH3程度である．（細見・境田）

食品 **3821　果実の種類とペクチン・酸の量**：ペクチン・酸の多いもの：りんご，オレンジ類，すもも，すぐり，**ペクチンが多く，酸の少ないもの**：もも，いちじく，マルメロ，さくらんぼ，**酸が多く，ペクチンの少ないもの**：あんず，いちご，**ペクチン・酸の少ないもの**：完熟もも，西洋なし，その他の完熟果（細見・境田）

☞　フルーツポンチはパンチから発想して日本人が名付けた名称．パンチとは酒，水，砂糖，ライム果汁，スパイスの5種類の材料を混合した飲料（カクテル）のことである．（淺井）

☞　パンチは飲み物として楽しむものなので，フルーツ類は細かく切ってできるだけ果実の香りや味を浸出させる．（淺井）

3832 ティーパンチ

（4人分）

アイスティー（300 g分）		
紅茶葉	6 g	＿＿＿
熱湯	420 g	＿＿＿
フルーツ		
りんご	40 g（1/8個）	＿＿＿
キウイフルーツ	50 g（1/2個）	＿＿＿
レモン（国産）	20 g（1/4個）	＿＿＿
ロゼワイン	45 g	＿＿＿
＊シロップ（60 g分）		
グラニュー糖	40 g	＿＿＿
湯冷まし	30 g	＿＿＿

アイスティーを作る（☞）.
❶ティーポットに茶葉を入れ，熱湯を勢いよく注いで 10 分間蒸らす.
❷別の容器（ガラスサーバーなど）に氷を八分目まで入れ，❶の茶葉をこしながら注ぎ急冷する.
❸均一の温度になるように混ぜた後，さらに別の容器に氷をこしてアイスティーのみを移し替える.
❹りんごは，洗って皮付きのまま，キウイフルーツは，洗って皮をむき，ともに小口から薄切りにする.
❺レモンは，洗って皮付きのまま縦 1/2 に切って小口から薄切りにする．種は除く．❹と混ぜ，ラップフィルムをして冷蔵庫で冷やす.
❻パンチボウルに❸，シロップ，ロゼワインを入れ，冷蔵庫で冷やす.
❼❻に❺を入れ，軽く撹拌して仕上げる.
＊シロップ
グラニュー糖と湯冷ましをミキサーに入れ，2 分間撹拌し，そのまま 30 分ほど置いておく. （濱口）

☞ ❶で蒸らしてから❷と❸で二度こすことから，このアイスティーの作り方を二度取りという．クリームダウンが生じない.
科学 **3832 クリームダウン**：アイスティーを作る際は，氷で急冷することが大切．冷蔵庫でゆっくり温度を下げると，タンニンやカフェインが結合して，クリームダウンと呼ばれる白濁を生じる. （濱口）

3833 サングリア（☞）

赤ワイン	50 g	＿＿＿
砂糖	5 g	＿＿＿
レモン果汁	5 g	＿＿＿
オレンジ100％ジュース	5 g	＿＿＿
レモン	10 g	＿＿＿
オレンジ	20 g	＿＿＿
マスカット	20 g	＿＿＿
ぶどう	20 g	＿＿＿
いちご	15 g	＿＿＿
炭酸水（無糖）	80 g	＿＿＿
アイスキューブ	40 g	＿＿＿

❶赤ワインと砂糖を合わせ溶かす.
❷オレンジ，レモンは皮をよく洗って，縦 1/4 に切り，皮ごと薄切りにする．マスカットとぶどうは 1/2 に，いちごは 4 等分にする.
❸❶と❷，レモン果汁をピッチャーに入れ，1 時間ほど冷やす（フルーツの香りを取り込む）.
❹飲む直前に炭酸水とアイスキューブを加えてグラスに注ぐ. （中平）

☞ **サングリア**：スペインの飲み物で，ワインをベースとした一種のカクテル．実習では，赤ワインの代わりに 100％ぶどうジュースを用いる. （中平）

3841 レモネード

レモン果汁	10 g	＿＿＿
シロップ	砂糖 10 g ＋水 25 g	＿＿＿
水＋氷	100 g	＿＿＿
レモン薄切り	7 g（1 枚）	＿＿＿

❶小鍋に砂糖と水を入れて沸騰させ，砂糖が溶けたら火を止め，氷水につけて冷まし，冷めたら冷蔵庫に入れる（これで 1 人分のシロップになる）.
❷レモンを半分に切り，中央から 1 枚飾り用をとり，残りをレモン絞り器で絞り❶に加える.
❸コップに❶を入れ，氷と水を加えてよく混ぜて，レモンの薄切りを浮かす.
（東根）

3851　ミックスジュース(☞)

みかん(缶詰)	25 g ＿＿＿
白桃(缶詰)	15 g ＿＿＿
バナナ	15 g ＿＿＿
りんご	25 g ＿＿＿
レモン汁	7.5 g ＿＿＿
氷水	50 g ＿＿＿
缶詰シロップ	25 g (約 25 mL) ＿＿＿

❶バナナは皮をむいて4〜5つに切る．リンゴも皮と芯を除いて乱切りにする．白桃も2〜3つに切る．
❷❶とみかん，レモン汁，氷水，缶詰シロップをミキサーに入れ，ふたをしてスイッチを入れ，1分ほどしてすべてが細かくなめらかになったらスイッチを切り，グラスに注ぎ分ける．
(淺井)

☞ ミックスジュースの材料は季節の果物や野菜などいろいろあるが，粘稠性のある素材を入れるようにする．また，氷水の代わりに牛乳と氷を用いてもよい．　(淺井)

3861　コーヒー(ドリップ式)

(コーヒーカップ4杯分，
デミタスカップ(☞)なら8杯分)

コーヒー豆の粉	40 g (大8) ＿＿＿
熱湯	500 g ＿＿＿
砂糖	適量 ＿＿＿
生クリーム	適量 ＿＿＿

❶やかんにたっぷりの湯を沸騰させ，弱火にかけておく．
❷ポットに熱湯を入れ，ポットの外側の水面の位置に印をしておく．
❸ポットの湯を捨てて上にコーヒードリッパーを置き，中にフィルターを入れる．
❹フィルターに分量の粉を入れ，湯をまんべんなく静かにそそぎ粉を蒸らす．この時の湯の量は，ポットにわずかに落ちる程度．2分間ほど置く．カップも湯を入れて温めておく．
❺フィルターの中心部から(☞)湯を静かに少しずつ注ぐ(よいコーヒー豆では，この時泡がよく出る)．泡がふんわりと盛り上がり，下に抽出液が落ち出したら，下に落ちるのと同量の湯を上から注ぎ続ける．このままの状態で最初印をつけたところまでたまったら，すぐにドリッパーごとポットからはずす(フィルターの中の湯がなくなるまで放っておくと，灰汁も全部ポットに落ちるため)．温めておいたカップに注ぐ．砂糖と生クリームは好みで入れる．　(大喜多・池田)

☞ デミタスカップ：デミタスとは普通のコーヒーカップの「半分のカップ」という意味である．正餐の最後に供する．　(大喜多・池田)
☞ 湯の注ぎ方：湯は常にフィルターの中心部から注ぐ．周囲のほうから注ぐと，豆の中を通らずに下に落ちてしまうのでコクがでない．　(大喜多・池田)
食品 3861　コーヒー：豆の種類により苦味，酸味，渋味，香りにそれぞれ特徴があり，通常は数種の豆を配合(ブレンド)して用いる(ブレンド例：上品な酸味ををもつモカ5割・風味のよいコロンビア3割・酸味が少なく中性の味のブラジル2割)．　(大喜多・池田)

3871　紅茶
1 kcal

紅茶葉	3 g (小1山盛り) ＿＿＿
熱湯	130 g ＿＿＿

❶ティーポットに湯を注ぎ，温めておく．
❷❶の湯を捨て紅茶葉を入れ，熱湯を注ぐ．
❸ふたをして2〜5分好みの濃さまで蒸らし(蒸らす時間が長すぎると苦味が強くなる)，茶こしでこして，温めたティーカップ(☞)に注ぐ．　(大喜多・池田)

☞ ティーカップ：紅茶は，口径の大きい白いカップに注ぐと，色と香りを楽しむことができる．　(大喜多・池田)
応用 3871　アイスティー：紅茶を冷やす時は，熱い紅茶を入れた容器を氷水に浸して急冷する．冷やす速度によって，濁りを生じることがある(3832科学)．　(大喜多・池田)

3901 クレープ(☞)

生地(2〜3枚分)

┌ 薄力粉	12.5 g
│ 卵	20 g
│ グラニュー糖	5 g
│ 牛乳	25 g
│ バター(食塩不使用)	2.5 g
└ バニラエッセンス	2〜3滴
油	1 g (小 1/4)
りんご	150 g
バター(食塩不使用)	2.5 g
砂糖 (りんごの20%)	30 g
レモン表皮 0.5 g (1/4個分)	

❶生地を作る．バターを湯せんし，溶かしバターにする．

❷卵を割りほぐし，グラニュー糖を加えて泡立て器でよく混ぜ，もったりしたらふるった薄力粉を半量ずつ加え手早く混ぜ合わす．

❸❷に❶を加え，泡立て器で混ぜながら牛乳を加え，こした後，バニラエッセンスを加える．約1時間，ラップフィルムをして冷蔵庫でねかせる．

❹フライパンを熱し，弱火にして油を塗り，玉じゃくしでよくかきまわしてから❸を丸く伸ばすように流し入れる．八分通り焼けたら竹串で周囲をはがし，両手指で持って裏返し，乾かす程度にさっと焼き，皿にとる．

❺りんごの皮をむいて8つ割りにして芯を除き，厚さ5 mmの小口切りする．

❻鍋にバターを入れて火にかけて溶かし，❺と砂糖，レモン表皮のおろしたものを加え，木じゃくしで混ぜながら約15分間，汁がなくなるまで煮る．

❼❹の1枚の中央に❻を薄く広げ，向こうと手前，左右の四方を❻の上方へ折り込み，2つ折りにしてデザート皿に盛り付ける． (久保)

☞ クレープ：フランスブルターニュ地方が発祥のパンケーキの一種であるそば粉で作った「ガレット」から変容したとされる．表面に縮緬のような凹凸ができることからクレープと呼ばれるようになったと伝わる．さまざまな材料を巻いたり折ったりすることが多いが，甘くして菓子として食べる場合をクレープ・シュクレ，ハムやチーズ，野菜などを包んで食事として食べる場合をクレープ・サレと呼ぶ．クレープにフルーツや生クリーム，アイスクリームなどを包んだ「クレープ」は日本発祥の独自のものである． (久保)

3902 クレープ・シュゼット(☞)

(4人分)

クレープ生地(3901)の4倍量

油	4 g (小 1)
あんずジャム	50 g
ブランデー	7.5 g (大 1/2)
オレンジキュラソー	15 g (大 1)
ベルモット(スイート)	7.5 g (大 1/2)
バター(食塩不使用)	10 g

❶3901❶〜❹のクレープを作る．

❷クレープにあんずジャムを薄く塗り4つにたたむ．

❸フライパンにバターを熱して溶かし，❷を並べてブランデー，オレンジキュラソー，ベルモットを入れて火にかけ，フランベして1〜2分間煮，温かいところを皿にとる． (久保)

☞ 甘味のクレープにオレンジリキュールを注ぎ，フランベしたものをクレープ・シュゼットと呼ぶ． (久保)

3911 ホットケーキ

(12 cm径 4枚分，4人分)

薄力粉	150 g
ベーキングパウダー	4 g
卵	55 g (M 1個)
砂糖	40 g
牛乳	145 g (140 mL)
バニラエッセンス	少々
メープルシロップ	25 g
バター	10 g

❶ボウルに卵を割りほぐし，砂糖を入れてよくかき混ぜる．牛乳を加えてさらに混ぜ，バニラエッセンスを入れる．

❷❶に薄力粉とベーキングパウダーを合わせてふるったものを加え，だまにならないよう素早く軽く混ぜ合わせる．

❸フライパンを中火で熱して油(分量外)を薄く塗り，よくふき取ってから，いったんぬれぶきんの上に4〜5秒置き，再び弱火にかけて❷の生地を直径10〜12 cmくらいに丸く流す(☞)．生地の表面に気泡が出てきたら裏返し，2〜3分焼く(170℃のホットプレートで焼くと均一な焼き色がつく)．

❹皿に盛り，バターをのせ，メープルシロップをかける． (淺井)

食品 3911 ベーキングパウダー：重曹(炭酸水素ナトリウム)を基剤として，助剤である酸性剤と緩和剤(遮断剤)が配合されている．重曹が熱分解してできる炭酸ナトリウムはアルカリ性を示すが，酸性剤により中和される． (淺井)

☞ 生地を丸く焼くには，20 cmくらいの高さから玉じゃくしを動かさないようにして生地を落とすとよい． (淺井)

3912　ソフトドーナツ(☞)

	(8個分)
薄力粉	200 g
砂糖	70 g
卵	110 g（M 2個）
バター（食塩不使用）	20 g
牛乳	129 g（125 mL）
ベーキングパウダー	6 g
バニラエッセンス	少々
粉糖	2 g
揚げ油	適量

❶薄力粉とベーキングパウダーは合わせててふるっておく.

❷バターは湯せんにかけて溶かす.

❸ボウルに牛乳と卵を入れて泡立て器でよく混ぜる.

❹❸に❷と砂糖，バニラエッセンスを加え，最後に❶を加えてさっくりと混ぜる.

❺❹の生地をあらかじめ熱した油に一度つけたドーナツスプーンに流し入れ，そのまま鍋の底までスプーンを沈め，170℃の油で揚げる. しばらくするとドーナツだけが浮き上がってくるので，きつね色になるまで揚げる. スプーンには次の生地を入れる.

❻揚がったドーナツの油をよく切り，熱いうちに粉糖をまぶす.　　　　　　　　　　（淺井）

☞　ドーナツの代表的な形は，揚げる際に火の通りをよくするために円形の生地の中央を丸くくりぬいたリングドーナツで，かための生地を型抜きしたり，成形してから揚げる方法と，牛乳や卵の配合割合の多いやわらかめの生地をドーナツスプーンやドーナツメーカーなどの器具を用いて揚げ油の中に直接入れる方法がある. 後者をソフトドーナツという.
　　　　　　　　　　（淺井）

3921　スポンジケーキ（ジェノワーズ）

（15 cm径ケーキ型1個分，6人分）	
卵	120 g
グラニュー糖	60 g
薄力粉	60 g
バター（食塩不使用）	20 g
バニラエッセンス	2～3滴

❶薄力粉はふるっておく. 卵は割りほぐす. バターは湯煎で溶かす.

❷ケーキ型の底と周囲に紙をはる（高さは型の高さと同じか数ミリ高い程度）. オーブンを180℃で予熱する.

❸直径21 cm程度のボウルに卵を入れ，グラニュー糖とバニラエッセンスを加えて混ぜる. 湯せん(☞)にかけて泡立て器（ハンドミキサーを使うと早く泡立つ）でしっかりと泡立てる. 空気を含んでふんわりとした状態になり，生地で「の」の字を書いて，書き終わってもまだ始めの生地が残っている状態まで泡立てる. よい状態になったら最後の1分間程度は低速で泡立て，泡のきめを整える.

❹ふるった薄力粉を一気に生地に入れ，ゴムべらを使って切るように混ぜる. ほとんど粉が混ざった段階でバターを入れる. バターを入れた後は混ぜすぎないように注意する（泡が壊れていく）.

❺型に流し（リボン状に流れる生地がベスト）180℃のオーブンで20分程度焼く. 竹串を中央部に刺して，どろっとした生地がついてこなければ焼き上がっている.

❻焼き上がったら型から出し，冷めるまで網の上に置いておく. 冷めるまで紙ははずさない（生地が乾燥するため）.　　　　　　（東根）

☞　共立て法と別立て法：スポンジケーキを作る方法は卵を全卵で泡立てる共立て法と，卵白と卵黄を別々に泡立てる別立て法がある. 最近は共立て法のほうがしっとりした生地に仕上がるという理由でこの方法が用いられる場合が多い.　　（東根）

☞　生地を湯せんにかける時は，生地が人肌程度の温度まで上がったら，すぐに湯せんからはずす. 生地の温度を上げてしまうと一時的な泡立ちはよいが，泡の保持力に欠ける.　　　（東根）

3922 ロールケーキ

（32×28cm オーブン皿1枚分，8人分）

卵	250g
グラニュー糖	175g
バニラエッセンス	2～3滴
薄力粉	100g
ホイップクリーム	
┌ 生クリーム（乳脂肪）	150g
┤ 砂糖	10g
└ ラム酒	15g

❶薄力粉をふるっておく．グラニュー糖もふるっておく．

❷オーブン皿にクッキングシートを敷き，四隅に切り込みを入れて重ねる．

❸大きなボウルに卵を割り入れ，グラニュー糖を入れて混ぜる（湯せん45℃）．泡立て器（ハンドミキサー）で，しっかり泡立てる（共立て法）．ボウルの中で大きく「の」の字が書けるくらいにしっかり泡立ったら，バニラエッセンスを加える．

❹❸にふるった薄力粉を加えゴムべらでさっくりと混ぜ，❷に流し入れ，表面を平らにならす．

❺160℃に予熱したオーブンに入れ，20分間焼く．

❻竹串で刺し，何もついてこなければ焼き上がり．

❼焼き上がったらクッキングシートをはがし，粗熱を取る．

❽一面に八分立てのホイップクリーム（3971）を塗り，縦長に置いて手前からしっかりと巻く．巻き終わりは定規などを使ってしっかりしめる．

❾全体を8切れに切る．

（三浦・山本）

3923 バタークリームのケーキ

（15cm 径ケーキ型1個分，8人分）

スポンジ生地	（3921の分量）
バター（食塩不使用）	100g
シロップ	
┌ 砂糖	60g
┤ 水	20g
バニラエッセンス	2～3滴
ドライジン	15g（大1）
（または白ラム酒	大1/2）

❶スポンジ台を焼いて冷ます（3921）．

❷バターを厚さ約2cmに切り，ボウルに入れ室温で少しやわらかくする．

❸シロップを作る．片手鍋に砂糖と水を入れて火にかけ，沸騰後，砂糖が溶けたら火を消して，水につけて冷ます（砂糖が完全に溶けたことを鍋を傾けて確認すること．ただし，煮詰めないように注意する．また，混ぜると砂糖が結晶化するので注意する）．

❹❷を泡立て器で十分にホイップしてバターの中に空気を含ませ，白っぽくふわっとしたなめらかなクリーム状にする．

❺❹に十分に冷ました❸を細くたらし入れながらホイップし，ドライジンとバニラエッセンスを加える．

❻【デコレーション】バタークリームをスポンジ台の上と側面に塗り，残りを絞り出し袋（☞）に入れて絞り出し，チェリー，アンジェリカ，アラザンなどで飾る．

（久保）

食品 3922　バニラ：ラン科．バニラビーンズと呼ばれる長いさや状の果実を未熟な緑のうちに摘み取りさやごと発酵させ乾燥させる．発酵させてはじめて甘い特有の香りが出てくる．香気の主成分はバニリン（4-ヒドロキシ-3-メトキシベンズアルデヒド）．この香気成分を含水アルコールで抽出したものがバニラエッセンス．合成バニリンを添加したエッセンスも使用されている．

（三浦・山本）

☞ **ホイップクリーム**：正式にはクリーム（牛乳を原料とし，乳脂肪量が18％以上）をホイップした（泡立て）ものをさす．牛乳の脂肪は人の体温で溶解する．そのため，このホイップクリームは食べた時の口どけがよく，風味も優れている．保存性は低い．フランス語ではクレーム・シャンティ．3651 グリーンアスパラガスのサラダでは，ホイップクリームを応用したソースをシャンティソースと称している．近年では植物性脂肪に添加物を加えて乳化させて作ったクリームをホイップクリームと呼ぶことがあり，その場合は泡立てていないものも含まれる．

（大喜多・池田）

☞ **絞り出し袋の作り方**

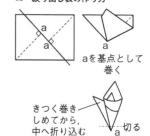

aを基点として巻く

きつく巻きしめてから，中へ折り込む

a切る

（久保）

3924　いちごのショートケーキ

（15 cm径ケーキ型1個分，6人分）

スポンジ生地	（3922の分量）	
*ホイップクリーム		
生クリーム	200 g	
砂糖	14 g	
コアントロー	5 g	
いちご	100 g	

❶スポンジ台を焼いて冷ます(3922).
❷ホイップクリームを作る(3971).
❸いちごは1/3量を縦に4枚程度に切っておく.
❹❶を横2段に切り，クリームの一部を塗り❸のいちごをはさむ. 上部に❷の残りを置き，上と側面を塗る. 一部は上に絞り出して，残りのいちごを飾る.　　　　　　　　（東根）

3925　チョコレートケーキ(ザッハトルテ)

（12 cm径ケーキ型1個分，6人分）

卵	110 g（2個）	
砂糖	60 g	
薄力粉	45 g	
ココア	15 g	
あんずジャム	30 g	
チョコレートクリーム		
生クリーム	50 g	
板チョコレート(スイート)	50 g	

❶薄力粉とココアをふるい合わせておく.
❷ケーキ型の底面と周囲に紙を敷く.
❸卵を共立て(3921) し，全部が泡になったころに砂糖を入れてさらに泡立て，泡立て器で「の」の字が書けるくらいに泡立てば，❶を入れて切るように手早く混ぜ，❷に入れる. 型をトントンと落として大きな泡を消す.
❹160℃に予熱したオーブンの中段に入れ，40分間焼く.
❺片手鍋に生クリームを入れて火にかけ，煮立ったら火からおろし，あずき粒大に刻んだチョコレートを入れてゴムべらでゆっくり混ぜながら溶かす(3944 ☞).
❻❹を型から出して紙をはがし，高さの中央を二段に切り，あんずジャムを両面に塗ってもとどおりに重ね，型の底が上になるように置く.
❼❺を氷水につけて静かに混ぜながら徐々に冷やし，筋がつくくらいのかたさになれば氷水から出し，一部を冷めた❻の上面と側面に塗る.
❽絞り出し袋に❼の残り全部を入れ，先を2 mm切り取って線状に絞り出し，冷めた❼の上面と側面に縦横に絞りかけ，さらに冷やして固める. (☞)　（久保）

科学 **3924　生クリームの泡立て**：生クリーム（水中油滴型のエマルション）は，泡立てによって，たんぱく質が表面変性したり，一部の脂肪球が壊れて遊離した脂肪が気泡（撹拌によって抱き込まれた空気の泡）の周りに結合して被膜を形成する. 固形の脂肪球と遊離の脂肪が凝集して，気泡の間を三次元的な網目構造で満たすので，気泡が安定してくる. 脂肪含量は30%以上のものを使用し，クリームの温度は5℃程度で保存したもので，泡立て中もボウルを氷水で冷やしながら泡立てると状態のよい泡立てができる.

（東根）

☞ 1日置いたほうが味が落ちつく. 線飾りは随意.　　　（久保）

3926 シフォンケーキ（☞）

（20 cm シフォン型 1 個分，8 人分）

薄力粉	120 g ＿＿＿＿
メレンゲ	
┌ 卵白	280 g（7 個分）＿＿＿＿
└ 砂糖	100 g ＿＿＿＿
卵黄	140 g（7 個分）＿＿＿＿
油	72 g ＿＿＿＿
牛乳	100 g ＿＿＿＿

❶薄力粉をふるう．オーブンは 170 ℃に予熱する．卵を卵白と卵黄に分ける．
❷しっかりしたメレンゲを作る（3926☞）．
❸卵黄に油を少しずつ加えながら混ぜ，続いて牛乳も少しずつ加えて混ぜる．
❹❸に❶の粉を加えてさっくりと混ぜる．
❺❹にメレンゲの 1/3 量を加えて混ぜ，残りのメレンゲを加えてさっくりと混ぜる（☞）．
❻ 型（何も塗らない）に流し入れ，170 ℃のオーブンで 40 分間焼く．❼焼き上がったら，型に入れたまま底を上にして冷ます．十分冷めたら，型にくっついているところを細めの包丁でていねいにはずす． （中平）

☞ シフォンはフランス語で絹織物という意味． （中平）
☞ メレンゲのだまが残っていると穴あきの原因になる．だまがなくなったら必要以上に混ぜない． （中平）

応用 3926 米粉のシフォンケーキ：(17 cm シフォンケーキ型 1 個分) 上新粉（米粉：製菓用）80 g，卵 4 個，グラニュー糖 50 g，牛乳 40 g，油 30 g，バニラエッセンス少々．作り方は 3927 と同様．米粉を用いることでしっとりとした食感のケーキになる． （濵口）

3931 パウンドケーキ（ドライフルーツとナッツ入り）（☞）

（7 × 20 cm ローフ型 1 本分，6 ～ 8 人分）

くるみ	25 g ＿＿＿＿
アーモンド	25 g ＿＿＿＿
プラム	25 g ＿＿＿＿
レーズン	100 g ＿＿＿＿
ラム酒	40 g（50 mL）＿＿＿＿
バター（食塩不使用）	100 g ＿＿＿＿
砂糖	80 g ＿＿＿＿
卵	約 100 g（2 個）＿＿＿＿
薄力粉	100 g ＿＿＿＿
ナツメグ	少々 ＿＿＿＿
シナモン	少々 ＿＿＿＿

❶ナッツ類とドライフルーツをすべて 2 ～ 3 mm 程度に刻み，ラム酒をかけ密封容器で 1 週間以上漬ける．
❷薄力粉と香辛料（ナツメグ，シナモン）をふるい合わせる．
❸バターをクリーム状にし，砂糖を 2 ～ 3 回に分けて入れ，ざらざらしなくなったら，十分にかき混ぜながら卵を 1 個ずつ割り入れる．
❹❸に❶と❷を加えてさっくりと混ぜ合わせ，薄くバターを塗った型に流し入れ，空気を抜いて中央をへこませる．160 ℃のオーブンで 50 分間焼く．中央部に串を刺して仕上がりを確認する． （久保）

☞ 粉，バター，砂糖，卵をすべて 1 ポンドずつ用いて焼くことで名前の付いたケーキ．バターの量が多く，味が強く出るので，干し果物やナッツ類を混ぜ込んだり飾ったりすることが多い．起泡はバターのクリーミング性（空気を抱き込む性質）を利用している．焼きあげて 1 日以上経過したほうが味がなじんでおいしい．冷蔵 1 週間，冷凍数か月保存可． （久保）

応用 3931：粉にココア大 1 を入れるとさらに濃厚な仕上がりになる． （久保）

応用 3931 塩こうじパウンドケーキ：バター（食塩不使用）100 g，砂糖 100 g，卵約 100 g（2 個），薄力粉 100 g，塩こうじ 20 g（大 1），牛乳 15 g（大 1）．溶いた卵に塩こうじを混ぜておき，3931 と同様に作る（ナッツとフルーツ以外）．焼成温度は 170 ℃で 35 分．途中で一度取り出し，竹串で中央に筋を入れるときれいな割れ目ができる．塩麹こうじの働きでたんぱく質が分解されやわらかく仕上がる． （濵口）

3932 マドレーヌ(☞)

(マドレーヌ型2個分)

卵	30 g _____
グラニュー糖	30 g _____
薄力粉	30 g _____
バター(食塩不使用)	25 g _____
レモンオイル	2～3滴 _____
ラム酒	2 g _____
アーモンド(スライス)	
	10 g(4～6枚) _____

❶卵は卵黄と卵白に分ける．薄力粉は2回ふるう．グラニュー糖は2等分しておく．バターは溶かしておく．

❷ボウルに卵黄とグラニュー糖の半量を入れ，泡立て器で白っぽくなるまでよく混ぜる．

❸メレンゲを作る(☞)．

❹❸のメレンゲに❷を加えて混ぜる．

❺❹にふるった薄力粉をふり入れゴムべらでさっくりと混ぜ，溶かしバターを静かに回し入れて，手早く全体を混ぜ合わせる．最後にラム酒とレモンオイルを加え混ぜる．

❻マドレーヌ型に敷き紙を敷いて，❺を流し入れ，スライスアーモンドを2～3枚のせる．

❼170℃に予熱したオーブンに入れ，約15分間焼く．敷き紙のまま取り出して供する． (三浦・山本)

3933 フィナンシェ(☞)

(7.9×4×1 cmのフィナンシェ型，9個分)

薄力粉(☞)	35 g _____
アーモンドパウダー	35 g _____
ベーキングパウダー	1 g _____
グラニュー糖	40 g _____
卵白	90 g _____
バター(食塩不使用)	45 g _____

❶バターは常温に戻しておく．絞り袋に丸型の口金をつける．型にバター(分量外)を塗る．オーブンを180℃に予熱する．

❷鍋にバターを入れて火にかける．沸騰後，泡立て器で混ぜながらダークラム酒のような茶色になるまで焦がす．水を張ったボウルに鍋底をあて，粗熱を取る(焦げすぎを防ぐ)．

❸薄力粉，アーモンドパウダー，ベーキングパウダー，グラニュー糖を合わせてふるい，ボウルに入れる．

❹❸に卵白を少しずつ加え混ぜる．

❺全体をよく混ぜ合わせたら❷を加え，さらによく混ぜ合わせる．

❻絞り袋に❺を入れ，型の8分目位まで絞る．2～3 cmの高さから型を落として空気を抜く．

❼180℃のオーブンで20分間焼く．焼き上がったら，型からはずして冷ます． (山本)

☞ **マドレーヌ**：フランスの伝統的な菓子．由来には諸説あるが，一般にはポーランド王レクチンスキーの料理人が考案し，ルイ15世に嫁いだベルサイユ宮殿にいる王の娘にプレゼントしたところ，非常に気に入り，その料理人の名を付けて広めたといわれている．スポンジケーキの生地に溶かしバターを加え混ぜマドレーヌ型(貝殻などの形)に流し込んで焼いたもの． (三浦・山本)

☞ **メレンゲの作り方**：水気や油気のないボウルに卵白を入れ，泡立て器でほぐすように少し泡立て，砂糖を2～3回に分けて加え，しっかり泡立てる．きめの細かくつやがあり，泡立て器で持ち上げた時，ピンと角が立てばよい． (中平)

食品 **3932 ラム酒**：甘蔗(サトウキビ)汁を濃縮して砂糖の結晶を分離した残液(精製廃糖蜜)を原料とし，発酵，蒸留，熟成させてつくる蒸留酒．産地や製造法により，ヘビー，ミディアム，ライトのタイプに分類される． (三浦・山本)

☞ **フィナンシェ**：フランスの洋菓子で，焦がしバター(フランス語で"ブール・ノワゼット"という)のこうばしい香りとアーモンドの風味が特徴である．バターに含まれるたんぱく質・アミノ酸と還元糖がアミノ-カルボニル反応を起こすことにより，メラノイジンが生成され，香りと焦げが生じる． (山本)

☞ 薄力粉の代わりに全粒粉を使用すると，食物繊維やビタミン，ミネラルの含有量が多くなる． (山本)

3934 オレンジケーキ

(20 × 7 × 7 cm パウンド型 1 個分, 8 人分)

薄力粉	80 g
アーモンドプードル	40 g
ベーキングパウダー	1.5 g
バター(食塩不使用)	140 g
塩	1 g
⎰卵白	120 g (3 個分)
⎱砂糖	40 g
⎰卵黄	60 g (3 個分)
⎱砂糖	80 g
オレンジピール	200 g
オレンジキュラソー	15 g

❶薄力粉, ベーキングパウダー, アーモンドプードルをふるっておく. バターを室温に戻しておく. オーブンは 180 ℃ に温めておく.
❷卵白を泡立て, 砂糖を加えてさらに泡立てかたいメレンゲを作る.
❸バターと塩を泡立て器で白っぽいクリーム状にし, 砂糖を加えてさらによく混ぜる.
❹❸に卵黄を徐々に加えて混ぜる.
❺メレンゲの半量を加えて混ぜる.
❻❶の粉を入れて混ぜる.
❼オレンジピール, オレンジキュラソーを合わせて加える.

❽残りのメレンゲを混ぜる.
❾型に流し入れて, オーブンで焼く(180 ℃ 40 分間). (中平)

3935 ケークサレ(☞)

(20 × 7 × 7 cm パウンド型 1 本分, 8 人分)

バター(食塩不使用)	80 g
グラニュー糖	45 g
卵	90 g
⎰薄力粉	195 g
｜ベーキングパウダー	5.5 g
｜塩	3.5 g
⎱こしょう(黒)	1.2 g
牛乳	120 g

❶バターは室温でやわらかくする. 卵は室温に戻し, 溶きほぐす.
❷薄力粉, ベーキングパウダー, 塩, こしょうを合わせて泡立て器でよく混ぜ合わせる.
❸型にクッキングシートを敷き, オーブンを 180 ℃ に温める.
❹❶のバターをハンドミキサーでクリーム状になるまでよく混ぜる. グラニュー糖を加え, よく混ぜ合わせて空気を含ませ, 白っぽくふわっとした状態にする.
❺❶の卵を 4 ～ 5 回に分けて❹に少量ずつ加え, その都度, なじむまでよく混ぜる.
❻❷の粉の 1/2 量を加え, ゴムべらで生地を底からすくうようにして 5 ～ 6 回混ぜる.
❼粉気が残る状態で牛乳の 1/2 量を加え, 同様に混ぜ合わせる.
❽残りの粉を加え混ぜ, 牛乳を加えて粉気がなくなり, つやが出るまで混ぜる.
❾型に入れ, 机に軽く打ちつけて空気を抜く. 中心に溝を作り, 約 35 分間焼く.
❿焼き上がったら型ごと冷まし, 粗熱が取れたら型からはずし, 網の上で完全に冷ます. (中平)

応用 3934 フルーツケーキ: 干しぶどう, プラム, ドレンチェリーを刻んでブランデーに漬け込み, くるみなどナッツを加えてドライフルーツのたっぷり入ったパウンドケーキにしてもよい. (中平)

応用 3934 マーブルケーキ: (7 × 15 cm ロープ型 1 本分) バター 60 g, 砂糖 40 g, 卵黄 40 g, 薄力粉 100 g, バニラエッセンス, 卵白 70 g, 砂糖 30 g, ココア 6 g, 熱湯 23 g, スライスアーモンド 10 g, あんずジャム 45 g, ラム酒 5 g. ❶ 3934 ❸❹に従い, バター, 砂糖, 卵黄を混ぜる. ❷別のボウルで卵白を角が立つまで泡立て, 砂糖 30 g を加えさらにしっかり泡立てる. ❸❶に❷の 1/2 の量を混ぜ, ふるった薄力粉の 1/2 量を混ぜ, ❷の残りを混ぜ, 薄力粉の残りを混ぜ入れる (木じゃくしで切るようにし, 卵の泡を消さないようさっくりと混ぜること). ❹❸の 1/2 量を空いたボウルへ取り, 湯溶きココアを濃淡があるくらいにざっと混ぜる. ❺❸と❹を交互に 2 回に分けて手早くロープ型へ流し込み, さじで軽く上下に混ぜ返して, オーブン 160 ℃ で 40 分かけて焼く. 焼けたら型から出して紙をはずす. ❻厚手の鍋にアーモンドを入れ, きれいな焦げ色がつくまで弱火で気長にいる. ❼小鍋にあんずジャムとラム酒, 水大 2 を入れ, 沸騰したら❻を混ぜ合わせ, 熱いうちに, 焼けたケーキの上面に, 刷毛で塗る. 冷めてから切り分ける. マーブルとは大理石の意味, ケーキの切り口が大理石のように濃淡のあるきれいな模様を示すところからきている.
(大喜多・池田)

☞ サレとはフランス語で「塩」のこと. ケークサレはフランス料理の一種で塩味のケーキ. 食事として温かい状態で食されることが多い. チーズやスモークサーモン, ベーコン, トマト, バジルなどを 3944 の生地に混ぜ込み, 具材のバリエーションを広げて楽しむことができる.
(中平)

3936 チョコレートブラウニー

（30 × 30 cm 天板 1 枚分，12 人分）

バター	100 g _____
砂糖	80 g _____
卵	100 g _____
干しぶどう	50 g _____
くるみ	50 g _____
薄力粉	120 g _____
ココア	30 g _____
ベーキングパウダー	3 g _____

❶薄力粉，ココア，ベーキングパウダーを混ぜて 2 回ふるっておく．

❷干しぶどうは湯に浸して，やわらかくする．くるみは粗く刻み，150 ℃のオーブンで，わずかに焦げ色が付くまで焼く．冷ましておく．

❸ボウルにバターを入れて，泡立て器ですり混ぜてクリーム状にする．砂糖を入れて混ぜ，卵液を入れて均一に混ぜる（☞）．

❹❶を 2 回に分けて加え，木べらを用いて切るようにして混ぜる．

❺❷を入れて混ぜる．

❻天板にクッキングシートを敷き，❺を入れて平らに広げる（☞）．

❼180 ℃のオーブンで 25 分間焼く．

❽焼き上がれば天板から取り出し，冷めてから好みの大きさに切り分ける．包装して 1 日置くと，口あたりが好ましくなる． 　　　　　　　　（大喜多・山本）

3937 ティーケーキ

（15 cm 径ケーキ型 1 個分，8 人分）

薄力粉	80 g _____
コーンスターチ	10 g _____
ベーキングパウダー	4 g（小 1）_____
アーモンドプードル	25 g _____
バター（食塩不使用）	85 g _____
グラニュー糖	70 g _____
塩	少々 _____
卵	55 g（1 個）_____
卵黄	17 g（1 個）_____
生クリーム（植物性）	25 g _____
紅茶：アールグレイ（ティーバッグ）	
	2 g（1 袋）_____

❶ケーキ型の底と周囲に紙を敷く．

❷薄力粉，コーンスターチ，ベーキングパウダーを合わせてふるう．

❸卵と卵黄は合わせて溶きほぐす．

❹紅茶のティーバッグ 1 袋に 15 g（大 1）の熱湯を注ぎ，数分後絞ってエキスを抽出し，冷ましておく（ティーバッグは❾で使用）．冷めたら生クリームと混ぜる．

❺ボウルにバター（室温でやわらかくしておいたもの）を入れ，ハンドミキサーで白っぽくクリーム状になるまで混ぜ，グラニュー糖と塩を加え混ぜる．

❻アーモンドプードルを加え混ぜ，❸を数回に分けて加え，なめらかになるまで混ぜ合わせる．

❼❹を 2 回に分けて加え混ぜる．

❽ハンドミキサーからゴムべらに持ち替え，もう一度❷をストレーナーでふるいながら加え，粉っぽさがなくなるまで混ぜる．

❾❹のティーバッグから茶葉を取り出して❽に加え混ぜる．

❿❶の型に❾の生地を入れ，表面を軽くならして，180 ℃に予熱したオーブンで 30 分間焼く．

⓫焼き上がりは中央に竹串を差して確認する（生の生地がつかなければよい）．焼き上がったら型から出し網の上で冷まし，紙をはがす（☞）．

⓬仕上げに，好みで粉糖をふって飾ってもよい． 　　　　　　　　（濱口）

応用 3936 材料のバリエーション：混ぜる具材として，ピーカンナッツ，マカダミアナッツ，アーモンド，チョコチップ，ラム酒漬け干しぶどうなど． 　　　　　　　　（大喜多・山本）

☞ 泡立て器に付着した生地：菓子類では，調製途中の生地の損失は材料配合を変動させてしまうことになる．また，生地が付着したままの器具を洗浄することは，洗剤と洗浄水を無駄使いして食品を廃棄していることになる．泡立て器に付着した生地は，指先で集める．
　　　　　　　　（大喜多・山本）

☞ ボウルや木べらに残った生地は，ゴムべらを使い，ていねいに集める．準備した材料がすべて生地として天板に入るように気を配る．生地を広げる時には，専用のカードを用いると便利． 　　　　（大喜多・山本）

3941 ベイクドチーズケーキ

（12 cm 径ケーキ型 1 個分，8 人分）

クリームチーズ（☞）	100 g _____
マーガリン（食塩不使用）	40 g _____
卵黄	20 g（1 個分） _____
砂糖	10 g _____
レモン汁	10 g（1/4 個分） _____
コーンスターチ	20 g _____
（または薄力粉（☞））	
牛乳	20 g _____
メレンゲ	
┌ 卵白	35 g（1 個分） _____
└ 砂糖	15 g _____
┌ あんずジャム	7 g _____
└ ラム酒	3 g _____

❶ケーキ型に合わせてクッキングシートをカットする（底円，側面）．ケーキ型にマーガリン（分量外）を薄く塗り，カットしたクッキングシートを敷く．

❷レモン汁を絞り，材料を混合順に並べておく．

❸大きめのボウルにクリームチーズとマーガリンを入れ，泡立て器で混ぜてやわらかいクリーム状にする（かたい時は 45 ℃くらいの湯で時々湯せんにする）．

❹卵白に砂糖を加えてよく泡立て，しっかりしたメレンゲを作る．(3932 ☞)

❺❸を泡立て器で混ぜながら卵黄，砂糖，レモン汁，コーンスターチ，牛乳の順に加える．ゴムべらに持ち替えて❹を 2 回に分けて泡を消さないように，切るようにして均一になるまで混ぜ❶へ流し込む．

❻天板に湯を入れ，❺を置いてオーブン 150 ℃，45 分，その後 170 ℃，20 分間蒸し焼きにする．

❼❻の表面にこんがり焼き色がついたらオーブンから取り出し，型からはずして，側面のシート（底円以外）をはがし，粗熱を取って冷蔵庫で冷やす．底円のシートもはがす．

❽ジャムをラム酒で伸ばして上面に塗る． （山本）

3942 ガトーショコラ・クラッシック

（18 cm 径ケーキ型 1 個分，12 人分）

バター	75 g _____
チョコレート	100 g _____
卵黄	80 g（4 個分） _____
グラニュー糖	75 g _____
薄力粉	25 g _____
ココア	60 g _____
卵白	140 g（4 個分） _____
グラニュー糖	75 g _____
生クリーム	125 g _____

❶1 cm 角に切ったバターと刻んだチョコレートを湯せんで溶かす．

❷卵黄とグラニュー糖を湯せんで白っぽくなるまで混ぜる．熱が通りすぎないように注意する．

❸薄力粉とココアを合わせて 2 度ふるいにかける．

❹卵白を泡立てる．グラニュー糖は 2 ～ 3 回に分けて入れる．

❺生クリームを五分立てにする．

❻❶に❷を加えて混ぜる．さらに❸を加えて切るように混ぜ合わす．❹の泡をつぶさないように切り混ぜ，最後に❺を合わせる．

❼型に流して 180 ℃で 30 ～ 40 分焼く．（☞） （作田）

科学 **オーブンの予備加熱の要・不要**：オーブンはあらかじめ点火しておく（＝予備加熱する）ことが必要といわれるが，これは庫内温度の上昇が極端に遅ったり，場所による温度のむらが非常に大きいオーブンの場合のことである．業務用の大型オーブンは，通常放射熱による加熱であるため，予備加熱が必要である．家庭用のファンの付いた強制対流型オーブン（コンベクションタイプ）では，熱風を循環させて加熱するため，温度上昇が速く，かつ均一であるので，予備加熱しなくても焼き上がりにはほとんど支障がない．燃料も節約できる．予備加熱をしない方法は「コールドスタート」と呼ばれることがある．ただし，高温，短時間で焼き上げるものでは，予備加熱した場合よりやや焼き時間が長くかかる．いずれにしても料理書の焼成温度・時間は目安にすぎないと考え，焼成終点は色，弾力，串を刺してくっつきがないこと（スポンジケーキ類），乾き具合などにより判断する．（大喜多・池田）

☞ チーズはカッテージチーズにするとあっさりした味わいになる． （山本）

☞ 薄力粉よりコーンスターチのほうが口あたりがソフトでなめらかである． （山本）

☞ カットして器に盛り，八分立ての生クリーム（無糖）を添えるとよい． （作田）

3943　西洋なしのクラフティー(☞)

（15 cm 耐熱皿 1 枚分，4 人分）

西洋なし	150 g _____
はちみつ	22 g _____
ラベンダーフレーバー	0.1 g _____
アーモンドスライス	4 g _____
カスタード生地	
卵	60 g（1 個） _____
卵黄	20 g（1 個） _____
コーンスターチ	10 g _____
砂糖	40 g _____
生クリーム	130 g _____

❶西洋なしは縦 4 等分に切って芯を取り 0.5 cm 幅に切る.

❷フライパンにはちみつを入れて中火にかけ，沸騰して色がついたら❶のなしを加えて，中火で炒めパイ皿に並べる.

❸ボウルにカスタード生地の材料を入れて混ぜ合わせる.

❹❷に❸を注ぎ入れ，180℃に予熱したオーブンで約 25 分間焼く. 少し固まりかけた（約 15 分経過）ころにアーモンドスライスをふりかけ，さらに焼く. 焼き上がりにラベンダーフレーバーをふりかける.

（中平）

☞ **クラフティー**：フランスのリムーザン地方の伝統菓子で，タルト型に果物とカスタード生地を流した焼き菓子. 西洋なしのほかに，チェリー，ブルーベリー，りんごなどを用いて，季節に応じて楽しむことができる.　　　　　　（中平）

3944　スパイシーアップルケーキ(☞)

（リング型 1 個分，8 人分）

強力粉	130 g _____
塩	1.5 g _____
ベーキングパウダー	2 g _____
シナモン	3 g _____
ナツメグ	2 g _____
油	100 g _____
三温糖	150 g _____
卵	90 g _____
りんご	250 g _____
くるみ	40 g _____

❶オーブンを 180℃に温める.

❷強力粉，塩，ベーキングパウダー，シナモン，ナツメグをふるいにかける.

❸りんごはさいの目切り，くるみは粗く刻む.

❹ミキサーに油，三温糖，卵を入れてよく撹拌してボウルに移し，❷を加えて粉っぽさがなくなるまで混ぜ合わす.

❺❹へ，りんごとくるみを加えてざっくりと混ぜ，型に流し込む.

❻180℃のオーブンで 35 〜 40 分間焼く. 冷ましてから，型からはずす.

（中平）

☞ **スパイシーアップルケーキ**：スパイスの香りが高く，強力粉を用いたどっしりとしたカントリー風のケーキ. 焼き型は，リング型，クグロフ型，パウンド型などを用いるとよい.　　　　　　（中平）

3951 クッキー(型抜き)

（30×30 cm 天板 2 枚分，8 人分）

薄力粉	200 g _____
ベーキングパウダー	4 g（小 1） _____
バター	80 g _____
砂糖	60 g _____
卵	55 g（1 個） _____
バニラエッセンス	2〜3 滴 _____

❶ボウルに薄力粉，ベーキングパウダー，バター，砂糖を入れ，スケッパーでバターを切り刻むようにして，粉類と十分に混ぜ合わせる．バターが細かく（こめ粒くらい）なったら両手のひらですり混ぜて均一状態にする．

❷小ボウルに卵を割り，バニラエッセンスを滴下してよく混ぜ，❶に加えて木べら（ゴムべら）で混ぜ合わせ，生地がまとまったら 2 つに分け，丸くまとめる．

❸生地の上下にラップフィルムを敷き，めん棒で 4 mm 程度の厚みに伸ばし，冷蔵庫で 1〜2 時間（急ぐ時は冷凍庫で 30 分）ねかせる．

❹ラップフィルムをはがして抜き型で抜き，クッキングシートを敷いた天板に間隔をあけて並べる．

❺160℃に予熱したオーブンで 15 分間焼く．焼き上がった後はすぐに天板からはずしておく． （濵口）

3952 ごま入りクッキー

（作りやすい量，12 人分）

バター	100 g _____
砂糖	70 g _____
卵	55 g _____
薄力粉	100 g _____
いりごま(白)	30 g _____

❶バターは常温においてやわらかくしておく．卵は割りほぐしておく．薄力粉は 1 回ふるっておく．180℃でオーブンの予熱をする．

❷バターをボウルに入れ泡立て器でクリーム状にし，砂糖を 3 回に分けて入れる．ふんわりとした白っぽいクリーム状にする．

❸卵を 3 回程度に分けて入れ，その都度，泡立て器でかき混ぜる．

❹薄力粉は一気に加え，木べら（ゴムべら）などを用いて混ぜる．粉っぽさがなくなった時点でごまを加える．バターが多く入っているので，つやっぽくなるまで混ぜてよい．

❺生地にラップフィルムをかけ，冷蔵庫で 1〜2 時間冷やす．

❻スプーンで生地を 1.5 cm の大きさにすくって，オーブンシートを敷いた天板に 3〜4 cm 間隔で並べ，170℃で 15 分，周囲がきつね色になる程度に焼く．

（東根）

応用 **3951 フォンダンクッキー**
（天板 1 枚分）：クッキーは 3951 と同じ．フォンダンは，砂糖 50 g，水 15 g を小鍋に入れて火にかけ，鍋を静かに動かして砂糖を溶かし，全面から泡立ち始めたら火からおろす．粗熱が取れた時，3〜4 本の箸で，小鍋を傾けて静かに混ぜ，白くとろりとさせる．冷めると固まるので湯に鍋ごとつけておき，冷めたクッキーの表面に塗りつけるか，クッキーの表面を鍋の中につけてフォンダン液をつける．フォンダンを少量の食用色素の水溶きで着色してもよい． （濵口）

科学 **3951 クッキー生地のこね方**：クッキー，ケーキなど菓子の材料として用いる小麦粉は，たんぱく質含量の少ない薄力粉が適している．小麦粉のたんぱく質であるグリアジンとグルテニンに水を加えてこねるとグルテンが形成されるため，クッキーを作る際は，こねすぎるとかたくなるが，こね不足もきめが粗くなるため，適度に材料をよく混ぜ合わせる． （濵口）

3953 アイスボックスクッキー(☞)

(30×30cm天板2枚分，8人分)

バター	100 g
砂糖	50 g
卵	20 g
薄力粉	130 g
ココア	20 g
バニラオイル	数滴
スライスアーモンド	30 g

❶薄力粉とココアをふるい合わせ，砂糖は固まりのないようにし，アーモンドをフライパンで焦がさないように軽く炒りパリッとさせておく(160℃オーブンで焼いてもよい)．

❷大ボウルにバターを入れ，泡立て器で十分にホイップして，ふんわりと白っぽいクリーム状になれば砂糖を2回に分け入れ，さらによく混ぜ合わせる．

❸❷に卵を加えてよく混ぜ，バニラオイルを加えて混ぜる(泡立て器についた材料は，集めて取り込む)．

❹木じゃくしを用いて❸に❶の粉の1/3量を混ぜ込み，アーモンドも混ぜ込む．さらに残りの粉を加えて，さっくりと切るように(こねすぎぬよう)，粉の部分がなくなるまで混ぜる．2等分する．

❺❹をそれぞれ洋紙(またはクッキングシート)の上にとり(ベタつくようなら冷蔵庫で少し冷やす)，3cm角，長さ15cmくらいの四角柱になるように紙を巻きながら形を整え，冷蔵庫(急ぐ場合は冷凍庫)に入れて，バターを固める(30分くらい)．

❻❺の紙を除き，端から厚さ5mmに切り(手早く切らないとバターが溶ける)，天板に2cmの間隔をあけて整然と並べ(2枚の天板使用)オーブン(160℃)に入れて10〜12分で焼き上げる．焦げ色がつかないほうがよい．焼き上がりは1枚割ってみて，割り口の色が濃淡なく均一になっていればよい．

(大喜多・山本)

☞ **アイスボックスクッキー**：生地を冷蔵庫で冷やし，かたくなったものを切って成形するため，アイスボックスクッキーと呼ばれる．

(大喜多・山本)

科学 **3953 バターを練る**：固形油脂(バター，マーガリン，ショートニング)を十分にかき混ぜると，空気を抱き込んで容積が増え白っぽい外観となる．この性質をクリーミング性といい，クリーミング化の程度はクッキー，バターケーキ，バタークリームの出来栄えに影響する．抱き込んだ空気が多いほど，クッキー，バターケーキは焼成時に大きく膨れ，製品の口あたりにも影響をおよぼす．バターはホイップしやすいようにあらかじめ冷蔵庫から出し，厚さ1cm程度の薄切りにしておく．指で押すとくぼむ程度が最適．急ぐ時は電子レンジを利用すると内部もやわらかくなり扱いやすいが溶かし過ぎは禁物．クリーミング性はバターの結晶型により異なり，きめ細かな安定な結晶型となるようにバター加工時に調整されている．一度溶かすと結晶型が崩れてしまう．

(大喜多・山本)

応用 **3953**：アーモンドを干しぶどうに替えたり，ココアを除いてその分を薄力粉に替えてドライフルーツを刻んで混ぜてもよい．

(大喜多・山本)

3954 絞り出しクッキー(☞)

(60枚, 2枚組30個)

バター(食塩不使用)	100 g	_____
砂糖	50 g	_____
┌卵黄	34 g (2個分)	_____
└牛乳	15 g	_____
薄力粉	150 g	_____
レモン汁	10 g (小2)	_____

＊ガナッシュ

(チョコレートクリーム)

┌生クリーム	30 g	_____
┤板チョコレート(スイート)	60 g	_____
└リキュール	2.5 g (小1/2)	_____

❶薄力粉をふるい, 砂糖は固まりをなくしておく. 卵黄と牛乳を混ぜておく.

❷3953 ❷と同様にバターと砂糖をホイップする.

❸❷に❶の卵黄・牛乳を2回に分け入れ, 量を増やすつもりでふんわりと混ぜ合わせ, レモン汁を加えて混ぜ合わせる.

❹3953の❹と同様に❸に❶の薄力粉を混ぜ入れる.

❺大きめの星型口金をつけた絞り出し袋に, まず❹の半量を入れ, クッキングシートを敷いた天板の上に2cm間隔をおいて直径2〜3cmの丸型に「の」の字を書くつもりで30個を絞り出す(天板に同じ大きさに整然と並べる). 残りの生地を絞り出し袋に加え, 新たな天板の上に同様に絞り出す.

❻180℃のオーブンで12〜15分かけて焼くが, 焦げ色がついてきたら160℃にセット温度を下げ, 中まで火を通す. 焼き上がったら天板からはずして, 冷ましておく. ガナッシュをサンドして2枚組にする場合❼❽へ. (☞)

＊ガナッシュ

❼3925 ❺のようにして, リキュールも加えて作る.

❽❼が冷めて, とろりとなったころ(固まってしまわないうちに) ❻のすべての裏面(60個)にスプーンで取り分け, 指で触ってつかぬくらいに固まったら2個ずつ軽く合わせ, そのまま完全に固まるまで置く.　　　　　(大喜多・山本)

☞ **絞り出しクッキー**: 水分量が多くやわらかい生地なので絞り出して成型する. ココア, コーヒー, 抹茶, シナモン, レモン汁, 生クリームなどを加えて応用できるが, 生地のかたさは絞り出せる程度にやわらかく, だれない程度にかたく調節する. 形をS字, 棒, リングにしたり, ドライフルーツ, ナッツ類を飾るのもよい. ただし, 同時に焼く生地どうしは形と大きさをそろえないと焼きむらが生じる. (大喜多・山本)

☞ **サンドする具のかたさ**: サンドクッキーの場合のはさみ込む材料は, 口に入れた時にクッキー生地と溶け合うことが大切. 板チョコレートを溶かしてはさむと, 冷めると非常にかたくなる. 生クリームを混ぜたもの(ガナッシュ)は, 冷めても口あたりがやわらかい. ケーキ類にチョコレートなどをサンドする時でも, ソフトなケーキ生地にはやわらかいクリームをサンドするのが原則. (大喜多・山本)

3955 ラングドシャ

(30×30cm天板2枚分, 24個)

バター(食塩不使用)	30 g	_____
粉糖	30 g	_____
卵	30 g	_____
薄力粉	30 g	_____

❶ボウルにバターを入れて泡立て器ですり混ぜ, 白っぽくなれば粉糖を入れてすり, 溶き卵を少しずつ入れながらすり混ぜる.

❷❶に薄力粉を入れて木じゃくしで切るように混ぜ, 丸口金付き絞り出し袋に入れる.

❸天板にクッキングシートを敷き, 天板1枚に, 6cmの棒状に12本(4×3)ずつ絞り出す.

❹オーブン160℃, 7〜8分, 周囲の薄い部分がきつね色になるまで焼く. 熱いうちにクッキングシートから取りはずす.　　　　　(大喜多・山本)

応用 3955 **シガレット**: 3955の材料の薄力粉を半量にして, 生地を作る. 直径7cm程度の円形に薄く伸ばして焼き, 熱いうちにくるくる巻いて, 葉巻きたばこの形に仕上げる.　　　　　(大喜多・山本)

3956 ビスコッティ（☞）

（12本分，6人分）

薄力粉	100 g _____
塩	1 g _____
砂糖	50 g _____
卵	50 g _____
ショートニングまたはバター	10 g _____
アーモンド	50 g _____
チョコレート	50 g _____

オーブンは180℃に予熱しておく．
❶薄力粉，砂糖，塩をふるう．
❷❶の中央をくぼませ，溶き卵とショートニング（☞）を加えてさっくりと混ぜ合わす．
❸アーモンドと粗く刻んだチョコレートを加えてまとめる．
❹クッキングシートを敷いた天板に，❸を15×8 cmのなまこ型に整える．この時，手に水をつけて表面をなめらかにするとよい．
❺180℃で20分焼き，取り出して粗熱を取る．
❻1 cm幅に切り分けて再度天板に並べ，150℃で30分程度焼く．
❼焼き上がれば網の上などでそのまま冷ますとカリカリの食感になる．密閉容器などに保存するとよい． （作田）

☞ ビスコッティとは，「2度焼いた」という意味のイタリア語で，イタリアの固焼きビスケットのこと．トスカーナ地方の郷土菓子で，カントッチョともいう．水分がほとんどなくなるため，非常に固い反面，長期に保存が効く．そのまま食べてもよいが，コーヒーやワインに浸して食べるとよい． （作田）

食品 3956 ショートニング：精製した動物油脂，植物油脂などを主原料とした脂質100%の無味無臭の食用油脂のこと．クッキーやビスケットに使用するとサクサクとした軽い食感を出すことができる（ショートネス性）．バターに比べて飽和脂肪酸の含有量が多く，品質の劣化を遅らせることができる． （作田）

3957 市松クッキー

（2本（40枚）分，10人分）

基本生地	
┌バター	100 g _____
┤グラニュー糖	66 g _____
└卵	40 g _____
白生地	
┌薄力粉	100 g _____
└ベーキングパウダー	0.6 g _____
ココア生地	
┌薄力粉	100 g _____
┤ベーキングパウダー	0.6 g _____
┤ココア	8 g _____
└牛乳	3 g _____
卵（ドリュール用）	
	15 g（約1/3個）_____

❶バターは常温に戻しておく．白生地用，ココア生地用の粉類は，それぞれ合わせてふるっておく．
❷ボウルに❶のバターを入れ，泡立て器でクリーム状になるまで練る．
❸グラニュー糖を2〜3回に分けて❷に加え，空気を含ませながら白っぽくなるまでよくすり合わせる．
❹溶き卵を❸に2〜3回に分けて加え，よく混ぜる（全体量約200 g）．
❺❹を2等分し（約100 gずつ）別々のボウルに入れる．1つは白生地用，もう1つはココア生地用とする．ココア生地用に牛乳を加える．
❻❺のそれぞれのボウルに❶の粉を一度に加え，ゴムべらで混ぜ合わせる．
❼2種類の生地をさらにそれぞれ150 gと50 gずつに分割する．
❽2種類の生地の各150 gは，長さ15 cmの四角柱にまとめ，ラップフィルムに包んで冷凍庫に入れる（10分以上）（☞Ⅰ）．
❾2種類の生地の各50 gは，長さ15 cm，幅をクッキーの外周分（3×4=12 cm）に薄く伸ばし，ラップフィルムに包んで冷蔵庫へ入れておく（☞Ⅱ）．
❿固まった❽を2種類とも縦半分に切り，切り口にドリュール用の卵を塗って白とココア生地を貼り合わせ2本作る．ラップフィルムに包んで冷凍庫へ入れて固める（10分以上）（☞Ⅲ）．
⓫固まった❿の生地をさらに縦半分に切り，白とココアの生地を互い違いに組み合わせて卵を塗り貼り合わせる（☞Ⅳ）．
⓬❾の生地片面に卵を塗り，⓫にピッタリと隙間なく外周に巻きつける．余った生地は切り落とす．ラップフィルムに包んで冷凍庫に入れる（10分以上）（☞Ⅴ）．
⓭固まったら1本を20枚に切り，クッキングシートを敷いた天板に並べ，170℃に予熱したオーブンで15分間焼く． （濵口）

応用 3956 カカオビスコッティ：（12本分，6人分）薄力粉80 g，ココアパウダー20 g，自然塩1 g，きび砂糖（てんさい糖）50 g，卵50 g（M1個），太白胡麻油15 g，スライスアーモンド25 g，ドライフルーツ（クランベリー，レーズンなど）25 g．3956 ❸でスライスアーモンドとドライフルーツ（大きければ刻んでおく）を入れ，あとは同様に作る． （濵口）

☞Ⅰ 150 g生地のまとめ方

（白生地）　（ココア生地）
←15 cm→　←15 cm→
150 g　　150 g　　3 cm

☞Ⅱ 50 g生地のまとめ方：ラップフィルムを上下に敷いてめん棒で伸ばすとよい．

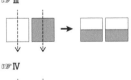

50 g　　50 g　　12 cm
←15 cm→←15 cm→

☞Ⅲ

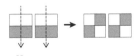

☞Ⅳ

☞Ⅴ

（濵口）

3958 フルーツタルト

（15 cm 径タルト型 1 台分，6 人分）

パートシュクレ
- バター　　　　　　40 g ＿＿＿＿＿
- 粉砂糖　　　　　　40 g ＿＿＿＿＿
- 卵　　　　　　　　16 g ＿＿＿＿＿
- バニラオイル　　　少々 ＿＿＿＿＿
- 薄力粉　　　　　　80 g ＿＿＿＿＿

カスタードクリーム
- 牛乳　　　158 g（150 mL）＿＿＿＿＿
- 砂糖　　　　　　　40 g ＿＿＿＿＿
- 卵黄　　　20 g（1 個分）＿＿＿＿＿
- 薄力粉　　　　　　15 g ＿＿＿＿＿
- バニラエッセンス　少々 ＿＿＿＿＿

- キウイフルーツ　　60 g（1/2 個）＿＿＿＿＿
- パインアップル　　20 g（1/2 枚）＿＿＿＿＿
- 黄桃　　　　　　　120 g（2 個）＿＿＿＿＿
- いちご　　　　　　75 g（5 個）＿＿＿＿＿
- あんずジャム　　　適量 ＿＿＿＿＿

❶ パートシュクレを作る．バターをクリーム状にし，粉砂糖を入れすり混ぜ，卵とバニラオイルを加え混ぜる．さらにふるった薄力粉をさっくりと混ぜ，ラップフィルムに包み，冷蔵庫で 1 時間休ませる．

❷ 生地を厚さ 3 mm に伸ばし，タルト型に合わせ余分な生地は除く．ピケ（☞）をして 170 ℃のオーブンで 20 分空焼きにする．

❸ カスタードクリームを作る（3971 参照）．ボウルに卵黄を入れ，砂糖，薄力粉の順にすり混ぜ，温めた牛乳を加え鍋へ裏ごし，加熱する．バニラエッセンスを加え冷やす．

❹ シュクレ生地にカスタードクリームを絞り，果物を彩りよく飾り，ジャムを塗る．　　　　　（禾本）

☞ ピケ：パイやタルト生地を焼いている間に，不均一に膨らまないように，空気や蒸気を抜くためにフォークなどで生地全体に穴をあけること．　　　　　（禾本）

3961 アップルパイ

（18 cm 径パイ皿 1 個分，8 人分）

フィリング
- りんご（紅玉）（☞）　400 g（中 2 個）＿＿＿＿＿
- 砂糖　　　　　　　40 g ＿＿＿＿＿
- シナモン　　　　　1 g ＿＿＿＿＿

- パイ生地　　　3962 と同量 ＿＿＿＿＿

ドリュール
- 卵黄　　　　　　　5 g ＿＿＿＿＿
- 水　　　　　　　　少々 ＿＿＿＿＿

❶ りんごは 8 つに割り，皮をむき，厚さ 5 mm のいちょう切りにし，鍋に入れて火をかける．砂糖を 2 ～ 3 回に分けて加え，時々鍋をゆり動かしながら透明になるまで煮て，最後にシナモンを混ぜ，冷ます．

❷ 3962 ❶❷❸同様にパイ皮を作り，パイ皿の 2.5 倍くらいに伸ばし，パイ皿より 1 cm 大きめに 1 枚切り取ってパイ皿に敷き，残りを 1.5 cm 幅のリボンにする．

❸❷に❶を入れ，まわりに卵黄を溶きほぐしたドリュールを塗り，リボンを上に格子状（縦横に）にかけて，長めのリボンをふちにのせてパイばさみでふちを落ちつかせる．表面にもドリュールを塗り，220 ℃，30 分で焼き上げる．
　　　　　（東根）

☞ りんごは，紅玉が手に入りにくい場合は，ふじやつがるなどの品種を用いるとよい．　　　　　（東根）

科学 **3961　アメリカ風練り込みパイ**：小麦粉に細かくしたバターを混和する．これに冷水を加え，小麦粉とバターをつなぎあわせる．伸ばす過程で小麦粉に混ぜたバターはさらに伸ばされ細分化する．この間に含まれた空気と内部の水分の蒸気圧によって生地は膨化し，浮き上がる．油脂の混和量を多くすると，パイは砕けやすくもろくなり，歯ざわりが軽く食感が向上する．　　　（東根）

応用 **3961　ミニアップルパイ**：パイ生地を直径 10 cm の菊型で抜き，りんごのフィリングを真ん中より手前に入れ，縁にドリュールを塗り半分に折り曲げて半円にし，表面にドリュールを塗り，上に空気抜きの切れ目を入れ焼く．パイ生地を長方形に伸ばし，上記と同じようにして作る方法も簡単である．　（東根）

3962 折り込みパイ

（作りやすい量，4人分）

強力粉（☞）	50 g _____
薄力粉	50 g _____
バター（食塩不使用）	100 g _____
塩	2 g _____
冷水	60 g _____
強力粉（打ち粉）	少々 _____

❶冷水に塩を入れ溶かす．

❷ふるっておいた粉をボウルに入れ，❶を一度に入れる．

❸なるべく練らないように，手早くこね混ぜる．生地がまとまったら，十字に切り込みを入れ，ラップフィルムで包んで冷蔵庫で30分以上ねかす．

❹バターをラップフィルムの上にのせ，上にもラップフィルムをかけて，1 cmくらいの厚みの正方形になるようにめん棒でたたく．

❺❸を切り込み部分から開き，めん棒で正方形に伸ばし，さらに中心を❹のバターの大きさに残し，四隅を斜め外側に伸ばす．

❻❺で❹のバターを包み込み，つなぎめをしっかり留める．

❼打ち粉（1937 ☞）をした台の上で長方形に伸ばし，幅の3倍に伸びたら表面の打ち粉をはらって三つ折りにする．

❽生地を90度回転させ，❼の作業を6回繰り返す．最後に5 mm程度の厚みに伸ばし，ミルフィーユなどに用いる．　　　　　　　（淺井）

3971 シュークリーム

（30 × 30 cm天板1枚，12個分）

＊シュー皮

水	100 g _____
バター（またはマーガリン）	50 g _____
薄力粉	50 g _____
卵	110 g（2個） _____
（全卵1個＋卵白2個☞）	

＊カスタードクリーム

卵黄	34 g（2個） _____
砂糖	50 g _____
薄力粉	15 g _____
牛乳	200 g _____
バニラエッセンス	数滴 _____

＊ホイップクリーム

生クリーム	200 g _____
砂糖	20 g _____
バニラエッセンス	数滴 _____

＊シュー皮

❶準備
・霧吹きに水を入れておく．
・バターは1 cm角くらいに切る．
・薄力粉50 gをふるって小さな器に入れておく．
・天板にアルミはくを敷き，油（分量外）を塗る（またはオーブンシートを敷く）．
・オーブンを200℃に予備加熱する（☞）．

❷片手鍋に水とバターを入れて火にかけ，バターが溶けて沸騰してきたら，薄力粉を一気に入れ，すぐに火からおろす．木べらで手早く混ぜ，まとまったらよく練る．つやがあり，鍋肌からきれいに離れるくらいになるまで練る．

❸再び火にかけ（中火），木べらで練りながら加熱し，鍋底に薄い膜がはる状態になったら火からおろし，粗熱を取る．

❹粗熱を取っている間に卵の用意をする．

❺粗熱が取れたら，卵約1個分を加え，木べらで生地を細かく砕くようにして卵を混ぜる．均一に混ざれば，卵を大さじ1くらい加え混ぜる．均一に混ざれば，さらに大さじ1くらい加え…を繰り返して，ちょうどよいかたさの生地（☞）にする．全部入れてしまわず，慎重に入れていく．

❻天板に12個（3 × 4），スプーンで生地をすくって丸く置く．膨らむので，等間隔に間をあける．

❼表面の乾燥を防ぐために霧吹きをする．

❽すぐにオーブンに入れて焼成（200℃ 15分）．亀裂が入り，こんがり色づいてい

☞ 薄力粉と強力粉は混ぜて使用する．薄力粉のみではこしがなく生地が切れやすく，サクサクした食感も出しにくい．強力粉のみではこしが強すぎて生地が伸びにくい．（淺井）

科学 **3962 折り込みパイ**：パイ生地が持ち上がるのはバター中の水分が加熱により急激に水蒸気になることによる．加熱前にバターが溶けて生地となじんでしまうと層ができないので，生地は極力冷たい状態で扱い，材料，器具も使用直前まで冷やしておく．❼の作業時は三つ折りを2回繰り返すごとに冷蔵庫でねかせ，生地を冷やすとよい．（淺井）

応用 **3962 ミルフィーユ**：折り込みパイ生地を24 cm四方に伸ばし，3等分する．200℃のオーブンに入れ，約20分焼く．途中，焼き色がつく前にパイが膨らみすぎないよう生地の上に天板をもう一枚置く．天板を重ねることで，パイ生地が平らになり，組み立てやすいが，焼き色が付き始めてから押さえると生地が割れやすいので，気をつける．焼き上がった生地が冷めたら，クリームやフルーツをはさみ組み立て，上に粉糖をふる．　　（淺井）

☞ **シューの焼成とオーブンの予備加熱**：予備加熱は，生地を焼き始めるときにオーブン庫内が高温になっているよう，時間を見計らって行う．シュー生地は，急激な生地温度の上昇によって発生した水蒸気の力で，大きく膨化する．したがって，オーブン中で生地温度を急激に上げる必要があるため，200℃といった高温で焼成し，またオーブンの予備加熱もしておく．シュー生地では，オーブンの予備加熱をしていない場合は，製品の体積はやや小さくなり，焼成時間も若干長く必要になる．ただし，早い時点で予備加熱を開始し，生地作りに時間がかかった場合は，熱源の無駄使いになるので，時間を見計らって行っておく．
　　　　　　　　（大喜多・濵口）

☞ **シュークリームの卵の使い分け**：カスタードクリームを詰める場合にはシュー皮のほうに全卵1個と卵白2個を用い，卵黄2個はカスタードクリームに用いる．ホイップクリームを詰める場合にはシュー皮に全卵2個を用いる．シュー皮のできばえは全卵を使ったほうがよく，カスタードクリームは全卵でもできるが卵黄だけのほうが色や口ざ

たら，そのまま 10 分間オーブンの中に入れておき，余熱でカラッと乾燥させる．
❾オーブンから取り出し，天板から取りはずす．
❿冷まして，上から 1/3 の高さのところに水平に包丁を入れ，クリームを詰める．
＊カスタードクリーム
❶牛乳をステンレス製片手鍋に入れて火にかける．沸騰直前に火を消す（ふきこぼれないように注視）．
❷ボウルに卵黄と砂糖を入れ，泡立て器でよくすり合わせ，白っぽくもったりさせる．
❸❷に薄力粉をストレーナーでふるいながら加え，均一になるまで泡立て器ですり合わせる．
❹❸に牛乳を少し入れてほぐし，ほぐし終われば残りの牛乳をすべて入れて混ぜる．❶の鍋に移し変える．
❺火にかける．耐熱製ゴムべら（なければ木べら）を使って，強火で，鍋の底と角の部分を混ぜながら，少し固まりが出てきたら，さらによく混ぜる．焦がさないよう注意．フツフツと周囲が泡立ち，中心も泡立ってくる（沸騰）まで加熱する．糊状になっているが，中火にしてさらに加熱を続けると，さらっとしてくる．すくって落とすとタラタラと落ちるくらい．
❻炊き上がったら火を止め，エッセンスを入れ，ボウルに移して押し広げて伸ばし，表面にラップフィルムを密着させて貼り（空気中の雑菌が落下するのを遮断，湯気が水滴になって落下するのを防止），氷水で急冷する．冷めたクリームがボウルからきれいにはがれてプルプルしていれば良好であり，食べた時にべたつきがなく，口どけがよいとされる．ボウルにくっつきべとべとしている場合は加熱不足．
❼プルプルしているクリームをへらでなめらかにほぐしてから使用する．なお，カスタードクリームは腐敗しやすいクリームであり，日持ちはしない．
＊ホイップクリーム（3921 ☞）
十分に冷えた状態で（3721 ☞）ボウルに生クリームを入れ，砂糖，エッセンスを加えて，泡立て器で短時間でホイップ（泡立て器の線が残る程度．しすぎると分離する）．必要時まで冷蔵庫に入れておく．使用時に再び混ぜるので，最初は控えめに八分立て．
（大喜多・濱口）

わり，味がよいので，余ってくる卵白をシュー皮に使うと，卵をうまく使いこなすことになる．
（大喜多・濱口）
☞ 生地のちょうどよいかたさの目安：木べらで生地をたっぷりすくって落とすと，逆三角形にゆっくり落ちる状態は良好（◎）．生地が落ちない，またはポタッと固まって落ちる時はかたい（△）⇒卵を加えて調整すればよい．生地がダラダラと落ちる時はやわらかすぎ（×）⇒調整不可能．（大喜多・濱口）
科学 3971 シューの膨化：シュー生地の膨化の原動力は，焼成時に生地内部で発生する水蒸気の蒸気圧である．水蒸気が発生するためには，核となる微細な気泡が必要であり，卵を混入する際に十分に混ぜると，生地中に微細な気泡が混入する．出来上がった生地をスプーンですくって水に落とし，生地が沈む場合は，混ぜ不足である．また，卵を混入する際の混合操作を十分に行うことで，材料が細かく均質化され，膨化時に水蒸気を逃がしにくい膜が形成されるため，大きく膨化することができる．（大喜多・濱口）

3981　オムレット

（8個分．8人分）

材料	分量	
卵	150 g	___
グラニュー糖	75 g	___
薄力粉	75 g	___
ベーキングパウダー	2 g	___
バニラエッセンス	少々	___
油	適量	___
生クリーム（乳脂肪）	100 g	___
粉糖	7 g	___
オレンジ系のリキュール（☞）		
	5 g	___
季節の果物	適宜	___
粉糖	適量	___

❶薄力粉とベーキングパウダーを合わせてふるっておく．
❷ボウルに卵とグラニュー糖を入れ，泡立て器で混ぜる．45 〜 50℃の湯せんにかけ，さらに泡立て，生地に空気を含ませる．
❸ふるった薄力粉を❷に加え，軽く混ぜ合わせる．
❹テフロン加工フライパンに油を薄く広げ，生地の 1/8 を流し，弱火でふたをして焼き色がつくまで焼く．焼き色がついたら裏返してふたをせず火が通るまで焼く（オーブンで焼く別法（☞）もある）．
❺熱いうちに二つ折りにする（ラップフィルムなどをかけ乾燥しないよう注意）．
❻生クリームに粉糖を加えて八分程度に泡立ったらリキュールを加える．
❼生クリームをケーキの中に塗り（絞ってもよい），季節の果物を飾ってはさみ，上から粉糖を飾る．
（東根）

☞ オレンジ系のリキュール：コアントロー，グランマルニエ，オレンジキュラソーなどがある．ほかに生クリームに入れるお酒としてはサクランボから作られるキルシュワッサーなどもある．（東根）
☞ オーブンで焼く別法：天板にクッキングシートを敷き，玉じゃくし 1 杯弱程度を直径 7 cm くらいに伸ばし，8 か所に手早く流す．オーブン 180℃で 7 分程度焼く．クッキングシートは，天板シート，オーブンシート，ベーキングシートなどの名称で多様なものが販売されている．焼成時にシートを用いると，天板も汚れにくく，洗浄もらくである．材質もシリコン製や，テフロン加工されたものなどがあり，何回も使用できるので便利である．（東根）

3991 ミルクキャラメル

（12×15 cmの流し箱，4人分）

加糖練乳	100 g _____
水あめ	100 g _____
砂糖	100 g _____
バター	30 g _____
バニラエッセンス	少々 _____
油（型用）	少々 _____

❶流し箱に油を隙間なく塗っておく．
❷片手鍋に材料を入れ，中火にかけ全体が混ざれば火を強めて木じゃくしで焦げつかないよう静かに混ぜる．沸騰しはじめるころには一部色が付いてくる（焦げてくる）ので，時々火からおろし，部分的な着色を全体に伸ばし，また火にかけて，繰り返すうちにミルクキャラメルの色になれば，火からおろす．
❸木じゃくしから❷を少し水中へたらして，カチカチにはならないが，ほどよく固まるようならば，バニラエッセンスを加えて混ぜ❶へ手早く流し，固める．
（☞） （細見・境田）

☞ **キャラメルの基本分量**：練乳，水あめ，砂糖を同量使い，バターは全重量の10％，あとは煮つめ加減．煮すぎるとキャンディ（かたい）になる． （細見・境田）

科学 **3991 メイラード反応**：アミノ酸のアミノ基と還元糖のカルボニル基が反応して，褐変現象を起こす．この反応は加熱時間が長く加熱温度が高いほど進みやすい．アミノカルボニル反応ともいう．
（細見・境田）

3992 マカロン

（天板1枚，20個分）

アーモンド粉末	125 g _____
粉糖	110 g _____
卵白	100 g _____
粉糖	100 g _____
乾燥卵白	3 g _____
食紅	適量 _____
ラズベリージャム（作りやすい量）	
┌ ラズベリー	250 g _____
│ グラニュー糖	100 g _____
│ ペクチン	4 g _____
└ レモン汁	100 g _____

❶アーモンド粉末と粉糖を一緒にふるい，ボウルに入れる．
❷ボウルに卵白を入れ，粉糖，乾燥卵白を加えて，しっかりとしたメレンゲを作る．色付けはメレンゲに加える．
❸できたメレンゲを❶に加える．生地がなめらかになるまで合わせる．
❹丸口金で好みの大きさに絞り，天板を2枚重ねて160℃で約7分（余熱5分）焼く．表面がかたくなれば天板1枚をはずし，焼き色が付かないようにさらに6～7分焼く（絞り出した大きさ，オーブンによって温度，時間は異なる）．
❺ラズベリージャムを作る．鍋に洗ったラズベリーを入れ，1/3量のグラニュー糖をなじませる．その後，中火にかけ沸騰させる．残りの砂糖を2～3回に分けて入れる．灰汁が出てきたらていねいに取り除く．レモン汁，ペクチンを加え，適度な濃度になるまで煮詰める．
❻焼き上がった❹にラズベリージャムをはさんで仕上げる． （東根）

応用 **3992 いろいろなマカロン**
ココナッツマカロン：3992のレシピにココナッツを12 g程度加え，同じ手法で作る．ココナッツマカロンのフィリングは，バタークリームを作り，ココナッツのリキュールを入れるとよい．**チョコレートマカロン**：ココアの粉末12 gをアーモンドの粉末の中に混ぜ込む．フィリングはチョコレートにするとよく合う．紫系の色素で，ブルーベリー風味のマカロン，黄色系の色素でマンゴー風味のマカロンなど，フリーズドライの粉末を使えばいろいろなバリエーションができる．フィリングはジャムで代用できる． （東根）

3993 焼きメレンゲ

（作りやすい量）

卵白	38 g（1個分）_____
グラニュー糖	70 g _____

❶ボウルで卵白を泡立て，1/2のグラニュー糖を入れ十分に泡立てる．その中へ残りのグラニュー糖を入れてさらに泡立てる．好みの形・大きさに絞り出す．
❷オーブンは，❶を入れた時に点火し，80℃ 60分で焼く（内部が乾燥するまで）．絞り出す前にメレンゲに色粉などで色をつけてもよい． （東根）

科学 **3993 卵白の起泡力と安定性**：卵白の泡立ちに影響するおもなものとしては卵の鮮度，温度，混合物，添加物などがある．新鮮卵は濃厚卵白が多く，表面張力が大であり，泡立ちにくい．古い卵は水様卵白が多くなり，表面張力が小さく泡立ちやすい．また卵白温度が高くなると表面張力が小さくなり泡立ちやすい．しかし，起泡した卵白の安定性は，濃厚卵白の多い新鮮卵がよく，砂糖の添加は起泡性を悪くするが，泡立ちすぎを抑え，泡の安定性はよくなる．以上の点から，冷蔵された新鮮卵白を使って泡立て，七分立ての時に砂糖を加え，完全に泡立てると安定な起泡卵白が得られる．またボウルや泡立て器に脂肪が残っていた場合，泡立たないことがある．わずかな卵黄が混入した場合でも起こるので注意する． （東根）

3994 マシュマロ

（20〜30個分）

水	100g
顆粒ゼラチン	25g
砂糖	80g
卵白（3781 ☞）	38g（1個分）
ペパーミント	3g（小 1/2）
いちごエッセンス	3〜4滴
バニラエッセンス	3〜4滴
コーンスターチ	300〜400g
（またはかたくり粉）	

❶コーンスターチをバット（20〜25 × 25〜30cm大）に平らに入れ，直径2〜3cm，深さ2cm程の型で押さえ，穴をあける．

❷分量の水にゼラチンをふり入れて火にかけて温め，溶かして，砂糖半量を加え溶かしておく．

❸卵白を泡立て，角が立てば残りの砂糖を加えて泡立て❷を少しずつ加えながら泡立てる（☞）．

❹❸を3個の容器（電子レンジに使用できる小ボウルがよい）に分け，ペパーミント，いちご，バニラで風味を付ける（☞）．

❺コーンスターチの穴に❹のゼラチン液を流し入れる（☞）．途中でゼラチンが固まりかけた時は，電子レンジで温めて混ぜ，流しやすい状態にする（温めすぎると泡が消えるので，状態を見ながら）．底面が固まったらひっくり返して，しばらくおく．表面全体が固まれば穴から取り出し，コーンスターチを刷毛ではらう．

（大喜多・池田）

☞ **卵白の泡立て**：マシュマロは卵白の起泡性を利用した菓子の一つである．ゼラチン液も起泡性をもっており，卵白を用いずゼラチン液のみを泡立てる作り方もある．

（大喜多・池田）

☞ **ゼラチンの臭み**：ゼラチンは独特の臭みをもつため，リキュールやエッセンスで香りをつける．

（大喜多・池田）

☞ **ゼラチン液の流し入れ**：熱いゼラチン液を流し込むと，固まるころに泡が分離するので，絶えずかき混ぜる．コーンスターチ穴へ入れたらすぐ固まるくらいがよい．逆に冷めすぎると早く固まりすぎて，きれいな形にでき上がらないので注意．また，なるべく早く粉をはらわないと，水分が奪われて表面がかたくなりやすいので注意．（大喜多・池田）

3995 ガナッシュ

（1cm角50個分）

クーベルチュールチョコレート（スイート）

	325g
生クリーム（動物性）	290g
水あめ	30g
バター（食塩不使用）	65g

❶クーベルチュールチョコレートは，フレーク状のものはそのまま使用し，固形ものは削ってボウルに入れておく．

❷バターは，へらでクリーム状になるまでしっかり練っておく．

❸大きめの鍋に生クリームを入れて火にかけ，水あめを加える．かき混ぜながら水あめを溶かす．

❹生クリームが沸騰してきたらふきこぼれる寸前に火を消し，チョコレートを入れてあるボウルに流し入れる．

❺そのまま3分間放置しておく（フレーク状の場合は均一の大きさなので2分でよい）．

❻ボウルの周囲からゆっくりゴムべらで混ぜる．チョコレートに生クリームを吸収させるようにゆっくりと混ぜる．

❼混ぜていくとつやが出てくる．固まりがなくなれば温度を測る．34℃が目安．これより高い場合はボウルの周囲に広げるようにして混ぜて温度を下げる．

❽34℃になったら❷のバターを入れて混ぜる（オレンジキュラソーやバニラを入れたい場合はここで入れる）．

❾よく混ざったら，クッキングシートを敷いたバットに流し入れ，冷凍庫で半日冷やす．

❿固まったら，1cm角に切り，使用するまで冷凍庫で保存する（ココアをまぶして仕上げてもよい）．

（濵口）

12章 …… エスニック料理・その他の国や地域の料理

4001 ビビンバブ(☞) 韓国(主食)

飯	200 g _____
ナムル(4005)	各1/2量 _____
牛ひき肉	60 g _____
ごま油	2 g _____
にんにく	2 g _____
しょうが	2 g _____
砂糖	5 g _____
しょうゆ	6 g _____
清酒	6 g _____
いりごま(白)	1 g _____
温泉卵	50 g _____
コチュジャン	3 g _____

❶にんにくとしょうがはみじん切りにしておく.
❷フライパンにごま油を入れ❶を炒める.
❸ひき肉を加えて,パラパラに炒め,砂糖としょうゆ,酒を加えて水分がなくなるまで炒め,白ごまを加える.
❹丼に飯を盛り,中央を避けて❸とナムル4種を彩りよく放射状に盛り付ける.
❺中央に温泉卵をのせ,好みでコチュジャンを添える. (作田)

4002 キンパブ(☞) 韓国(主食)

(1本分)

飯	130 g _____
┌ いりごま	1 g _____
│ ごま油	2 g _____
└ 塩	1 g _____
牛肉(薄切り)	40 g _____
しょうが(チューブ)	1 g _____
┌ しょうゆ	4.8 g _____
│ 砂糖	4.8 g _____
│ 清酒	1.6 g _____
└ コチュジャン	4.8 g _____
ごま油	2 g _____
卵	25 g (1/2個) _____
┌ 塩	0.2 g _____
└ 油	1 g _____
ほうれんそう	20 g _____
┌ いりごま	0.2 g _____
│ 塩	0.1 g _____
└ ごま油	0.4 g _____
にんじん	20 g _____
きゅうり	15 g _____
たくあん	15 g _____
焼きのり	1枚 _____
ごま油	1 g _____
いりごま	1 g _____

❶温かい飯に,いりごま,ごま油,塩を入れてよく混ぜ合わせる.
❷牛肉は2cm幅に切り,しょうがを混ぜた調味料で下味をつけて,ごま油で炒める.
❸卵を溶きほぐし,塩を加えて薄焼き卵を作り,5〜10mm幅に切る.
❹ほうれんそうは熱湯でゆで,冷水につけ,しっかり水気を切って2等分に切る.いりごまと塩,ごま油であえる.
❺にんじんは8cm長さの太めの千切りにして,塩を入れた熱湯でゆで,しっかり水気を切る.
❻きゅうりは板ずり(p.23参照)をして,縦に細長く切る.たくあんも細長く切る.
❼巻きすに焼きのりを広げ,のりの両端を1cm程度残しごはんを薄く広げる.手前に具材を積み上げるようにのせて巻く(☞).巻き方は1031参照.5分ほど置いてなじませる.
❽焼きのりの表面に薄くごま油を塗り,8等分に切り分ける.断面が見えるように盛り付け,上からいりごまをかける. (山本)

☞ 「ビビン」は混ぜる,「バブ」は飯のことであり,飯に混ぜものをした料理全般をさす.日本語読みでは「ビビンバ」ともいう.温泉卵は目玉焼きでもよい.供されたら飯と具をスッカラッでしっかりと混ぜ合わせる.スッカラッとは,韓国の食卓で用いられる平たいスプーンのこと.韓国の食卓では器を手に持つことはせず,米飯や汁物をこれですくって食べる.調理器具としても用いられている.韓国の箸はチョッカラッという.おかずを食べるときに使用する.スプーンや箸のことを「スジョ」といい,ステンレス,銅,真鍮などの金属でできたものが多い.食卓では縦に配置する. (作田)

食品 4001 コチュジャン:甘辛いとうがらしみそのことで,韓国料理では煮物や炒め物,あえ物,たれに用いられる.もち米,麦,だいず,こうじ,とうがらしを主原料として発酵させて作る. (作田)

☞ 「キン」はのりを意味し,「キンパブ」は韓国風のり巻きのことである.日本語読みでは「キンパ」ともいう.具材はこれらのほかに,魚肉ソーセージ,かに風味かまぼこを入れてもよい. (山本)
☞ 下側にばらけやすい具材をのせると巻きやすくなる. (山本)

4003　チヂミ（☞）　　　　　　　　　　韓国（主食・軽食）

生地
- 薄力粉　　　　　　　　50g＿＿＿＿
- 卵　　　　　　　　　　25g＿＿＿＿
- 塩　　　　　　　　　　0.5g＿＿＿＿
- 水　　　　　　　　　　50g＿＿＿＿
豚ばら肉（スライス）　　　80g＿＿＿＿
はくさいキムチ　　　　　100g＿＿＿＿
にら（または青ねぎ）　　　50g＿＿＿＿
ごま油　　　　　　25g（大2）＿＿＿＿
たれ
- しょうゆ　　　　　　　5g＿＿＿＿
- 酢　　　　　　　　　　10g＿＿＿＿
- 赤とうがらし輪切り　　0.5g＿＿＿＿

❶ボウルに生地の材料を合わせておく．薄力粉はふるう必要はない．泡立て器でしっかり混ぜ合わせる．

❷豚ばら肉は3cm幅に切り，フライパンで油をひかずに両面をこんがり焼いてから取り出す．

❸はくさいキムチ，にらは3cm幅に切っておく．

❹❶に❷と❸を入れて混ぜ合わせておく．

❺❷のフライパンの脂をキッチンペーパーなどできれいにしてからごま油半量を伸ばし，❹を全体に薄く広げて強火でこんがりするまで焼く．

❻焼き色がついたら裏返し，中火にして押さえながら1～2分程度焼く．

❼フライパンの鍋肌から残りのごま油を回し入れ，さらにパリパリに焼く．

❽色よく焼けたら浅ざるなどに取り出し，粗熱を取る．

❾包丁で切り分け，たれを添えて供す．　　　　　　　（作田）

☞　韓国ではジョンと呼ばれる．焼いている時のヂヂヂ…という音からチヂミという方言となり，それが日本に伝わった．具は好みで取り合わせるとよい．　　　　　　（作田）

4004　タットリタン（☞）　　　　　　　　　　　韓国（主菜）

鶏手羽元　　　　　　　　200g＿＿＿＿
じゃがいも　　　　150g（1個）＿＿＿＿
たまねぎ　　　　80g（1/3個）＿＿＿＿
ねぎ　　　　　　40g（1/3本）＿＿＿＿
にんじん　　　　　　　　10g＿＿＿＿
にんにく　　　　　　　　2g＿＿＿＿
砂糖　　　　　　　　9g（大1）＿＿＿＿
清酒　　　　　　　　　　10g＿＿＿＿
コチュジャン　　　14g（大2/3）＿＿＿＿
粉とうがらし　　　4g（大2/3）＿＿＿＿
しょうゆ　　　　　　　　24g＿＿＿＿
ごま油　　　　　　　　適量＿＿＿＿
水（追加分）　　　　100～150g＿＿＿＿

❶じゃがいもは4等分，たまねぎは大きめのくし切り，ねぎは厚めの斜め切り，にんじんは厚めのいちょう切り，にんにくはみじん切りにする．

❷鶏手羽元を鍋に並べ，浸るくらいの水，砂糖，酒を入れて中火で火にかける．沸騰してきたら灰汁を取り，ねぎ以外の❶を入れ，水100～150gを追加し，じゃがいもが半分くらいやわらかくなるまで煮る．

❸コチュジャン，粉とうがらし，しょうゆを入れ，約20～30分，味がしみ込むまで煮込む．鍋底が焦げないように注意する．

❹最後にねぎを入れ，火が通ったら，ごま油で香りづけをして火を止める．　（池田）

☞　鶏と野菜を辛いスープで煮込み，「韓国風肉じゃが」ともいわれる，韓国の代表的な家庭料理である．　　　　　　　　　（池田）

応用 4004　材料の応用：手羽元のほかに，手羽先，鶏もも肉など多用できる．粉とうがらしの代わりに，赤とうがらし（粉末）を1人0.7g（小1/3）で代用してもよい．　　　　　　　　　（池田）

4005 ナムル(☞) 韓国(副菜)

(各1人分)

(a)ほうれんそうのゆでナムル

ほうれんそう	50 g
しょうゆ	2.5 g
ごま油	2 g
いりごま(白)	0.5 g

(b)もやしの蒸しナムル

だいずもやし	40 g
塩	0.3 g
ごま油	1 g
いりごま(白)	0.5 g
糸とうがらし	適量

(c)にんじんの炒めナムル

にんじん	50 g
ごま油	2 g
塩	0.5 g
いりごま(白)	0.5 g

(d)ぜんまいの甘辛ナムル

ぜんまい水煮	40 g
ごま油	1 g
しょうゆ	4 g
砂糖	1 g
みりん	1 g
いりごま(白)	0.5 g

(a)ほうれんそうのゆでナムル

❶ほうれんそうはゆでて冷水に取り,絞ってから3 cm に切る.

❷しょうゆとごま油であえ,いりごまをふる.

(b)もやしの蒸しナムル

❶小さめの鍋にだいずもやしを入れ,少量の水を入れて蒸し煮にする.

❷ざるで水気を切り塩をふっておく.絞ってごま油とあえ,いりごまをふり糸とうがらしをのせる.

(c)にんじんの炒めナムル

❶にんじんは4〜5 cm のせん切りにしておく.

❷フライパンにごま油を入れ,❶のにんじんを強火で炒め,塩をふる.最後にいりごまをふる.

(d)ぜんまいの甘辛ナムル

❶ぜんまいの水煮は長さ4〜5 cm に切り,熱湯でゆでる.

❷フライパンにごま油を入れ,❶のぜんまいを強火で炒め,しょうゆ,砂糖,みりんで味を付ける.最後にいりごまを入れる. (作田)

☞ 韓国料理のあえ物.野菜を加熱して調味料とあえる.だいこんやきゅうりを生のまま調味料とあえるものもある.ビビンバの具に用いられることもある. (作田)

4006　チャプチェ（☞）　韓国（副菜）

韓国はるさめ	10 g ____
┌ 塩	0.1 g ____
└ ごま油	2 g ____
にんじん	10 g ____
赤ピーマン	10 g ____
┌ 塩	0.1 g ____
└ ごま油	1 g ____
生しいたけ	5 g ____
┌ ごま油	2 g ____
┤ 塩	少々 ____
└ こしょう	少々 ____
ごぼう	10 g ____
┌ ごま油	1 g ____
│ 砂糖	1 g ____
┤ みりん	1.5 g ____
│ しょうゆ	1.5 g ____
└ ごま（白）	1 g ____
牛もも肉（スライス）	10 g ____
┌ ごま油	1 g ____
│ にんにく	1 g ____
│ しょうが	2 g ____
│ 砂糖	0.5 g ____
┤ みりん	1 g ____
│ しょうゆ	1.5 g ____
│ 清酒	1 g ____
└ ごま（白）	1 g ____
きぬさや	2 g ____
卵	5 g ____
ごま油	0.2 g ____
糸とうがらし（☞）	少々 ____

❶韓国はるさめは，5 cm 程度にはさみで切る．にんじんと赤ピーマンは長さ4 cm のせん切り，生しいたけは2〜3 mm 幅に切る．ごぼうは4 cm のせん切りにして水にさらし，水気を切る．牛肉は3 mm 程度に切り，にんにくとしょうがはみじん切り，きぬさやは縦半分に切る．

❷韓国はるさめはやわらかくゆで，塩とごま油であえておく．

❸フライパンにごま油を入れ，にんじんと赤ピーマンを炒め，塩をふって取り出す．以下，同じフライパンを使用．

❹ごま油でしいたけを色よく焦げ目がつくまで焼く．塩とこしょうで味をつけて取り出す．

❺ごぼうをごま油で炒め，砂糖，みりん，しょうゆで甘辛く味付けし，白ごまを加えて取り出す．

❻牛肉をごま油で炒め，にんにくとしょうがを加えて，砂糖，みりん，しょうゆ，酒で味付けし，白ごまを加えて取り出す．

❼きぬさやは色よく塩ゆでにする．

❽卵はごま油を加えて溶き，薄焼き卵にして細く切る（錦糸卵）．

❾❷に❻❺❹❸の順に，その都度あえながら加えていく．

❿❾を器に盛り付け，❽の錦糸卵と❼のきぬさや，糸とうがらしを天盛り（1331 ☞）にする．　　　（作田）

☞「雑菜」という意味がある．元来は王朝の宮廷料理であり，はるさめが加えられたのは近年のことである．韓国では誕生日などの祝いの料理でもある．すべての具を一緒に炒める方法もある．簡単に作れるが彩りや食感は劣る．　　（作田）

食品 4006　糸とうがらし：辛味が少ない上質の赤とうがらしを乾燥させ，糸状に切ったもの．味付けではなく，料理の仕上げに少量用いる．鮮やかな赤色で，香りがよく，長さや細さがそろっているものを選ぶとよい．　　（作田）

食品 4006　韓国はるさめ：「タンミョン」といい，さつまいもでん粉が原料で，太くて弾力がありもっちりとしている．加熱しても煮崩れしにくい．なければ，普通のはるさめで代用できるが，くずきりのほうが食感が近い．　　（作田）

4101 ガパオライス(☞) タイ(主食)

飯	180 g _____
鶏もも肉(☞)	80 g _____
たまねぎ	50 g _____
パプリカ(赤)	25 g _____
ピーマン	25 g _____
にんにく	3 g _____
バジルの葉	6枚 _____
ごま油	4 g _____
清酒	5 g _____
┌ ナンプラー (☞)	6 g _____
│ オイスターソース	6 g _____
│ トウバンジャン(豆板醤)	2 g _____
└ 砂糖	0.8 g _____
卵	50 g (1個) (☞) _____
油	1 g _____

❶鶏もも肉はざく切りにしてから包丁でたたき，1 cm 角切りにする．たまねぎは粗みじん切り，パプリカとピーマンは5 mm 角，にんにくはみじん切りにする．バジルは適当な大きさに手でちぎる．

❷フライパンに油をひき，目玉焼きを作る．(☞)

❸フライパンにごま油をひき，弱火でにんにくを炒める．香りがたってきたら，中火でたまねぎを炒める．たまねぎがしんなりしてきたら鶏肉と酒を入れて，鶏肉を炒める．

❹❸にパプリカとピーマン，調味料を入れ，中火で炒める．汁気がなくなる直前にバジルを入れ，さっと炒める．

❺器に温かい飯と❹を盛り，目玉焼きをのせる．
(山本)

☞ ガパオは"ホーリーバジル"という強い香りをもつシソ科の植物で，タイの代表的なハーブである．肉の臭みを消す効果があり，肉類との相性が良く，炒め物によく使われる．　　　　　　　　　(山本)

☞ 肉は，鶏ひき肉や豚ひき肉を用いてもよい．　　　　　　　(山本)

☞ ナンプラーは，小魚を塩漬け・発酵・熟成させて作るタイの魚醤である．色が薄くて透明度が高いほど品質が高い．　　　　　(山本)

☞ 目玉焼きの黄身を半熟にして，食べるときにつぶして混ぜながら食べると味がマイルドになる．(山本)

4102 トムヤムクン(☞) タイ(汁物)

有頭えび	50 g (2尾) _____
しめじ	20 g _____
トマト	50 g _____
たまねぎ	25 g _____
パクチー	適量 _____
ごま油	6 g (大 1/2) _____
ナンプラー	18 g (大 1) _____
レモン汁	25 g (25 mL) _____
水	250 g _____
レモングラス(レモン皮で代替)	1 g (1本) _____
(レモン皮)	1/2個 _____
カー(しょうがで代替)	5 g _____
(しょうが)	8 g _____
バイマックルー	1 g (1〜2枚) _____
とうがらし(生)(☞)	2.5 g (1本) _____

❶しめじは石づきを取って小房に分ける．トマトはざく切り，たまねぎは薄切りにする．

❷レモングラスは薄い輪切り，カーは薄切りにする．レモン皮で代用する場合はすりおろし，しょうがの場合はカーと同様，薄切りにする．とうがらしは斜め薄切りにする．

❸えびの頭を取り，背わたを除いてから殻をむく．ごま油を熱し，頭と殻を木べらでつぶしながら炒め，分量の水を加えて煮立てる．

❹❸をえびのエキスを絞り取るようにつぶしながらこす．

❺❹に❶❷，えび，バイマックルー(ない場合は省略)を入れて火にかけ，煮立ったら灰汁を取りながら5〜6分煮込む．ナンプラーとレモン汁で味を調える．

❻器に盛り，パクチーの葉を散らす．
(淺井)

☞ タイ料理を代表するスープで，タイ語で「トム」は煮込む，「ヤム」は混ぜる，「クン」はえびを意味する．　　　　　(淺井)

☞ 生のとうがらしが手に入らない場合は乾燥とうがらしにししとうを刻んで加えると香りがよい．(淺井)

食品 4102　タイ料理の香辛料：タイ料理ではさまざまな香辛料や香味野菜，ハーブを利用する．**パクチー**：中国では香菜，英語ではコリアンダーという．タイ料理では根を多用する．**レモングラス**：葉や茎はレモンに似た香りをもつ．生の若葉や乾燥品をハーブとして用いる．**カー**：しょうが科．日本のしょうがに比べて香りが強い．**バイマックルー**：日本ではこぶみかんの葉といわれている．トムヤムスープには欠かせないハーブとされている．
(淺井)

4103　グリーンカレー　　　　　　　　　　タイ（主菜）

鶏肉	40 g _____
えび	40 g（2尾）_____
なす	40 g _____
赤パプリカ	20 g _____
黄パプリカ	15 g _____
油	1 g _____
ココナッツミルク（濃い）	50 g _____
牛乳	50 g _____
水	75 g _____
ナンプラー（☞）	6 g _____
三温糖	2.5 g _____
赤とうがらし	0.1 g _____
スイートバジル	5 g _____
カレーペースト	
コリアンダー（パウダー）	2 g _____
クミン（パウダー）	2 g _____
たまねぎ	80 g _____
にんにく	3 g _____
油	5 g _____
こしょう（黒）	1.1 g _____
塩	1.5 g _____

❶えびは殻をむき背わたを除く．パプリカ，なすは食べやすい大きさに切る．

❷フライパンに油5 gをひき，粗みじん切りにしたたまねぎ，にんにくをよく炒める．カレーペーストの材料を加えてカレーペーストを作る．

❸鍋に油1 g，鶏肉，えび，なす，パプリカを加えて炒める．鶏肉に八分通り火が通ったらカレーペースト，牛乳，ココナッツミルク，水を加える．

❹ナンプラー，三温糖，赤とうがらしを加えて煮る．

❺最後にバジルを加えて少し煮込む．
　　　　　　　　　　　　　　　（中平）

☞ ナンプラーはタイの魚醤で，魚の発酵調味料である．魚醤はうま味が強く，秋田のしょっつる，能登半島のいしるなど，東南アジアの沿岸部や中国のいくつかの文化圏で料理に用いる．　　　　（中平）

4104　パパイヤサラダ（☞）　　　　　　　タイ（副菜）

青パパイヤ	30 g _____
なす	25 g _____
トマト	35 g _____
にんじん	10 g _____
にんにく	1.2 g _____
辛い青とうがらし	1.2 g _____
いかの塩辛	3 g _____
ピーナッツ	6 g _____
砂糖	3 g _____
塩	0.6 g _____
ナンプラー	4 g _____
レモン汁	2 g _____
ライム	3 g _____

❶パパイヤは皮をむき，せん切りにして水に約15分間さらし，流水で約1分間洗う．にんじんはせん切り，なすとトマトは一口大に切る．

❷いかの塩辛は包丁でたたきペースト状にする．

❸にんにく，とうがらしをすり鉢に入れてたたきつぶす．

❹調味料を加えてたたきながら混ぜ合わせる．

❺野菜類を加え軽くたたきつぶしながら混ぜ合わせる．

❻最後にライムを絞る．　　　　（中平）

☞ タイやラオスで食べられる辛くて酸っぱいパパイヤサラダのことをソムタムという．　　　　（中平）
食品 4104　青パパイヤは未熟：青パパイヤは東南アジアの国々や沖縄では野菜として用いる．皮の表面の傷から出る白い液に触るとかぶれることがあるので，手袋を用いるとよい．　　　　（中平）

4105　フォー

ベトナム（主食・麺類）

たけのこ	15 g ＿＿＿＿
フォー（☞）	80 g ＿＿＿＿
鶏むね肉	40 g ＿＿＿＿
水	250 g ＿＿＿＿
┌ニョクマム（☞）	7 g ＿＿＿＿
└塩	0.5 g ＿＿＿＿
かいわれだいこん	2 g ＿＿＿＿
ミント	1 g ＿＿＿＿
パクチー	2 g ＿＿＿＿

❶たけのこは薄くスライスする．かいわれだいこんは 1/2 に切る．
❷鍋に水，鶏むね肉，ニョクマム，塩を入れてスープを作る．（☞）
❸火が通った鶏むね肉を細く裂く．
❹❷にたけのこを加える．
❺たっぷりの熱湯でフォーをゆでる．ゆであがったら水で洗い，盛り付ける前に湯通しする．
❻器にフォーを盛り付け，スープを注ぎ，鶏肉，かいわれだいこん，ミント，パクチーを飾る．　　　　（中平）

☞ フォーは米粉を使ったベトナムの代表的な平打ちのめん．ライムやコリアンダーを用いると本格的なベトナムフォーになる．　（中平）
☞ ニョクマムは小魚を塩漬け発酵させたベトナムの魚醤．　（中平）
☞ 鶏がらでスープを作る代わりに鶏がらスープの素 0.8 g を使うと手軽である．　（中平）

4106　バインミー（☞）

ベトナム（主食・軽食）

鶏ささ身	30 g ＿＿＿＿
清酒	1 g ＿＿＿＿
むきえび	20 g ＿＿＿＿
塩	0.1 g ＿＿＿＿
清酒	2 g ＿＿＿＿
源平なます（1301）	1 人分 ＿＿＿＿
リーフレタス	5 g ＿＿＿＿
┌マヨネーズ	15 g ＿＿＿＿
└ニョクマム（☞）	2 g ＿＿＿＿
ソフトフランスパン（☞）（30 cm）130 g (1/2本) ＿＿＿＿	
バター	5 g ＿＿＿＿
パクチー	適量 ＿＿＿＿
こしょう（黒）	少々 ＿＿＿＿

❶鶏ささ身は筋を取り，酒をふり，熱湯に入れて十分火を通す．冷ましてから裂いておく．
❷むきえびは塩と酒をふり，さっとゆでて粗熱を取る．
❸フランスパンは長さを半分に切り，切り離さないように横半分に切り込みを入れる．オーブントースターで軽く温めてから内側にバターを塗る．
❹マヨネーズとニョクマムをよく混ぜ合わせる．
❺❸のフランスパンに，レタス，汁気を切った源平なます，❹，鶏ささみ，むきえびの順にのせ，はさむ．
❻こしょうをふり，パクチーをのせる．

（境田）

☞ バインミーはベトナムのサンドイッチである．　（境田）
☞ ニョクマムの代わりに，ナンプラーを加えてもよい．　（境田）
☞ バインミーにはハードなバケットよりも，やわらかい食感のソフトフランスが食べやすくよく合う．　（境田）

4107　バインセオ

ベトナム（主菜）

	（作りやすい量，4人分）	
緑豆もやし	150 g	
豚肉（細切れ）	150 g	
むきえび	90 g（9 尾）	
油	6 g	
塩	少々	
こしょう	少々	
皮		
米粉	120 g	
ターメリック	1.8 g（小さじ 1）	
ココナッツミルク	150 g	
水	200 g	
油	36 g	
つけだれ		
ナンプラー	12 g（大さじ 3/2）	
砂糖	6 g（大さじ 3/2）	
酢	10 g（大さじ 3/2）	
レモン汁	3 g（小さじ 3/2）	
にんにく	6 g（1/2 片）	
赤とうがらし	1 g（1/2 本）	
水	10 g（大さじ 3/2）	
サニーレタス	60 g	
香菜（☞）	適量	

❶豚肉は幅3 cm に切る．むきえびは背わたを取り，洗って水気を切る．フライパンに油を熱し，豚肉，むきえびを炒める．緑豆もやしを加え，塩，こしょうをして，皿に移す．

❷皮の材料（米粉，ターメリック）をボウルに入れ，混ぜ合わせる．

❸フライパンに1/3の油をひいて熱し，❷の1/3量を流し入れ，素早く広げ薄く伸ばす．中火で2〜3分ほど焼き，❶の1/3をのせ，ふたをしてさらに2〜3分蒸し焼きにする．

❹生地の縁に油を回し入れ，生地がカリカリになったら，半分に折りたたみ，皿に盛り付け，サニーレタス，香菜を添える．

❺つけだれを作る．にんにくと赤とうがらしをみじん切りにし，ナンプラー，砂糖，酢，レモン汁，水を合わせる．

❻❹は切り分けながら，香菜と一緒にサニーレタスに巻き，材料を混ぜ合わせたつけだれにつけて食べる．

(菅)

☞ 香菜の代わりに大葉，ミント，きゅうりでも代用可能． (菅)

4108　生春巻

ベトナム（副菜）

ライスペーパー	10 g（1 枚）	
鶏もも肉	15 g	
清酒	2.5 g（小 1/2）	
しょうゆ	3 g（小 1/2）	
たまねぎ	5 g	
ピーマン	5 g	
もやし	5 g	
にんじん	5 g	
きゅうり	5 g	
青じそ	1 g（1 枚）	
パクチー	適量	
にら	2 g	
えび	25 g（1 尾）	
油	2 g（小 1/2）	
スイートチリソース	17 g（大 1）	

❶鶏肉はそぎ切りにし，酒，しょうゆ，たまねぎの薄切りとともに10分ほど漬けておく．

❷フライパンを熱して油を入れ，鶏肉を炒め，そこへたまねぎとピーマンも加えて一緒に炒めた後，冷ましておく．

❸もやしはさっとゆでて冷ましておく．にんじんときゅうりはせん切りにする．

❹えびは背わたを除いてさっとゆで，殻をむいて厚みを半分にする．

❺にらは生春巻きの出来上がりサイズより少し長めに切る．

❻ライスペーパーは1枚ずつ水にくぐらせ，かたく絞ったふきんの上に置き，中央より少し手前に❷と❸をのせて左右両端を折る．手前を一巻きしてパクチーと❹の半分にしたえびを赤い側がライスペーパー越しに透けて見えるように置き，にらも片側が少し飛び出るように置いて，きつく巻き込む．

❼スイートチリソースを添えて供する． (淺井)

食品 4108　ライスペーパー：高温多湿なベトナムでこめを保存するために，米粉をシート状に乾燥させたもので，すでに加熱加工されているため水で戻すだけででん粉が α 化する． (淺井)

4109 かぼちゃと西洋なしのココナッツミルク（☞） ラオス（デザート）

西洋なし	25 g _____
かぼちゃ	50 g _____
三温糖	12.5 g _____
塩	少々 _____
ココナッツミルク	50 g _____
水	35 g _____
すりごま（白）	2.5 g _____
ピスタチオ	0.8 g _____

❶西洋なしは皮をむき，一口大，かぼちゃは皮をむき 2 cm 角に切る．
❷ピスタチオは湯でゆで，皮をむいて刻む．
❸フライパンに三温糖を入れて熱して溶かす．
❹半分のココナッツミルクと塩を加え，やわらかくなるまで混ぜ合わせる．
❺かぼちゃ，水を加えてかぼちゃがやわらかくなる直前に西洋なしを加え煮る．
❻残りのココナッツミルク，すりごまを加える．
❼器に盛り付けて，ピスタチオを散らす． （中平）

☞ ココナッツミルクの風味が香る，かぼちゃとごまの入った栄養豊かなラオスのデザート．溶かした三温糖にココナッツミルクを加えると三温糖が固まるが，再び熱すると溶ける． （中平）

4110 チェー ベトナム（デザート）

（作りやすい量，3 人分）	
タピオカ白	20 g _____
ココナッツミルク	200 g _____
牛乳	77.5 g（75 mL） _____
砂糖	9 g（大さじ 1） _____
バナナ	120 g（1 本） _____
キウイ	100 g（1/2 個） _____
その他好みの果物	適量 _____

❶タピオカは多めの湯で 20 分ほどゆで，ざるにあげて軽く水洗いする．
❷鍋にココナッツミルクと牛乳，砂糖を入れて火にかけ，砂糖が完全に溶けたら火からおろし，冷やす．
❸バナナとキウイを 2 cm 角の角切りにし，器に入れる．❷を注ぎ，タピオカを加える．
（☞） （菅）

☞ **チェーの温度**：温かい状態でも冷やした状態でもおいしく食べられる．冷やす場合，タピオカはデンプンが老化するため，冷蔵庫に入れず，後からのせるほうがよい． （菅）

4201 チャパティ（☞） インド（主食）

（小 1 枚分）	
薄力粉	25 g _____
水	15 g _____
打ち粉（薄力粉）	適量 _____

❶ボウルに薄力粉，水を加えてよくこねる．
❷軽く打ち粉をしてめん棒で薄く伸ばす．フライパンで弱火〜中火で両面焼き，直火で軽くあぶる．
❸焼き上がったら，アルミはくで覆っておく． （中平）

☞ インド，パキスタン，バングラデシュ，アフガニスタンにおける無発酵の薄焼きパン． （中平）

4202　パラタ（☞）　　　　　　　　　　　　　　　　　　　インド（主食）

小麦粉（全粒粉）	50 g _____
塩	0.4 g _____
ぬるま湯	38～42 g _____
カリフラワー	40 g _____
たまねぎ	15 g _____
油	2 g _____
クミンシード	0.2 g _____
ターメリック	0.2 g _____
赤とうがらし	少々 _____
チリパウダー	0.1 g _____
塩	0.8 g _____
ギー（油）	1.5 g _____

❶小麦粉，塩，ぬるま湯を合わせて耳たぶくらいのかたさになるまでこね，ラップをして 20～30 分ねかせる.

❷カリフラワーは 1 cm 角，たまねぎは粗みじん，赤とうがらしは小さく切る.

❸フライパンに油を熱し，クミンシードを加えて香りが立ったらターメリックと赤とうがらしを加える．油がまわったら❷を加えて炒める.

❹チリパウダーと塩を加えてなじませ，ふたをしてやわらかくなるまで蒸し煮にし，粗熱を取っておく.

❺生地を丸め，打ち粉をして手で丸く広げる.

❻❹のカリフラワーマサラを包み，めん棒を使って直径 15～20 cm ほどに丸く伸ばす.

❼フライパンにギーをひき，両面をこんがり焼く.　　　　　　　　　　（中平）

☞ クミンやターメリックなどで味をつけた具材をはさんだスパイシーなチャパティで，南インドでは朝ごはんや軽食，おやつにも食べられる．具材にはじゃがいもやにんじん，だいこんなどを用いることもある.
（中平）

4203　スジー（☞）　　　　　　　　　　　　　　　　　　　インド（主食）

スジー（セモリナ粉）	40 g _____
水	100 g _____
塩	2 g _____
たまねぎ	40 g _____
なす	40 g _____
トマト	60 g _____
油	5 g _____
マスタードシード	1 g _____
クミンシード	0.5 g _____
赤とうがらし	0.2 g（1/4 本）_____
パクチー	2 g _____

❶たまねぎは粗みじん，しょうがはみじん切り，なす，トマトは 1 cm 角，パクチーは 1 cm に刻む.

❷鍋に油を入れて熱し，マスタードシード，クミンシード，とうがらしを加えて香りが立ったらたまねぎとしょうがを加えてしんなりするまで炒める.

❸なすを加えてしっかり炒め，水と塩を入れて沸騰したらスジーとトマトを加え，ふたをして弱火で水分がなくなるまで蒸し煮する.　　　　　　　（中平）

❹パクチーを混ぜ合わせる.

☞ インドの朝食や昼食，子どもの離乳食などに用いられる軽食．消化しやすいため砂糖とミルクを使って離乳食として用いることもある.
（中平）

4204 サモサ インド(主菜)

(2個)

じゃがいも(☞)	150 g(中1個)
薄力粉(または中力粉)	60 g
アジョワンシード(なくてもよい)	少々
ギー(☞)(または油)	12 g(大2)
塩	0.2 g
水	15 g(大1)
打ち粉(薄力粉)	適量
油	12 g(大1)
グリンピース	25 g
クミンシード	少々
おろししょうが	2.5 g(小1/2)
カイエンペッパー	少々
コリアンダーパウダー	少々
ガラムマサラ(☞)	少々
生コリアンダー	3 g(大1)
ミント葉(なくてもよい)	適量
水	適量
揚げ油	適量

❶じゃがいもはゆで，熱いうちにマッシャーまたはフォークでつぶす．

❷薄力粉，アジョワンシード，ギー，塩水をボウルに入れ，混ぜる．

❸よくこね，水が足りないようなら少しずつ足す(分量外)．耳たぶくらいのかたさになり，扱いやすくなったら，乾燥しないよう，ぬれぶきんまたはラップで包み，室温で15～20分ねかす．

❹フライパンに油(大1)をひき，クミンシードとしょうがを加え炒める．クミンの香りが立ち色づいてきたら，ゆでたグリンピースを入れ，炒める．

❺カイエンペッパー，コリアンダーパウダー，ガラムマサラを一気に加え，よくからまったら，❶を入れて，2～3分炒め火を止める．刻んだ生コリアンダー，ミントを追加し，全体を混ぜ合わせ，塩(分量外)で味を調える．

❻ねかし終わった❸の生地に打ち粉(分量外)をし，めん棒で4～5 mmの厚さの楕円形に伸ばしていく．

❼円形に伸ばした生地を半分に切り，半月形にする．

❽半円の片側を折り曲げて，重なる生地に水を塗り，逆三角錐の形にする．

❾逆三角錐の生地を潰さないよう手で持ち，中に❺をスプーンで押し込むように詰める．このときできるだけ空気を抜くよう詰める．

❿詰め終わりの片側に水を付けて生地を閉じ，具が出ないようフォークで押さえる．はみ出た余分な生地を包丁で切り，調える．

⓫中火できつね色になるまで揚げる．

(淺井)

☞ メイクイーンがよい．

☞ ギーとは，バターを煮詰めてたんぱく質，水分，糖分を除いた油のこと．インドでは一般的に使われている．インドやネパールなどでヒンドゥー教の儀式(プジャ)で神様に捧げたり，燈明として用いることもある．炒め料理や煮込み料理などの日常の料理にも欠かせない素材の一つである．加熱の過程で水分やたんぱく質などが取り除かれるためにバターよりも腐りにくく，長期の常温保存が可能である． (淺井・中平)

☞ ガラムマサラはインド料理などで使われる混合スパイスのこと． (中平)

4205 パニージ インド(主菜)

パニール	40 g
たまねぎ	25 g
トマト	100 g
レーズン	8 g
カシューナッツ	8 g
シナモン	2 g
クローブ(粒)	0.1 g
クミン(粒)	0.2 g
こしょう(黒)(粒)	0.1 g
にんにく(おろし)	0.2 g
赤とうがらし	0.2 g
ローリエ	1/4枚
塩	0.5 g
チリペッパー	少々

❶トマト，レーズン，カシューナッツをミキサーにかけてざるでこす．

❷パニールは2～3 cm角，たまねぎは薄切り，にんにくはすりおろす．

❸鍋に油を入れて熱し，シナモン，クローブ，クミン，こしょうを加え香りを立て，たまねぎを加えてしっかり炒める．

❹にんにく，赤とうがらし，ローリエを加えて炒める．

❺❶のペーストを加え，ふたをしてポタっとした感じになるまで煮込む．

❻塩，チリペッパーで味を調え，モッツァレラチーズを加えてチーズの周りがやわらかくなるまで火を通す．

(中平)

食品 4205 パニール：インドやネパールのブッロクカッテージチーズで，温めても溶けにくい．パニージは，パニールを柱に，トマト，レーズン，カシューナッツが入った酸味と甘みとコク，スパイスの風味の引き立つ煮込み料理でベジタリアンの料理としても用いられる．パニールの代わりにモッツァレラチーズを代用するとよい． (中平)

4206 ラッシー(☞)　　　　　　　　　　インド(デザート)

ヨーグルト(無糖)	60 g ＿＿＿＿
砂糖	10 g ＿＿＿＿
水	50 g ＿＿＿＿
氷	2個 ＿＿＿＿
カルダモン(パウダー)	0.2 g ＿＿＿＿

❶ボウルにすべての材料を入れて泡立て器で数秒混ぜる.

❷器に注ぐ.　　　　　　　　(中平)

☞ ヨーグルトで作るインドの飲み物. 砂糖を加えた甘みのあるものと塩味がついているものなどがある.
　　　　　　　　　　(中平)

4207 キール(☞)　　　　　　　　　　インド(デザート)

こめ	10 g ＿＿＿＿
牛乳	150 g ＿＿＿＿
サフラン	1本 ＿＿＿＿
レーズン	3 g ＿＿＿＿
干しあんず	3 g ＿＿＿＿
クルミ	3 g ＿＿＿＿
ピスタチオ	3 g ＿＿＿＿
カルダモンパウダー	少々 ＿＿＿＿
砂糖	5 g ＿＿＿＿
ギー	3 g ＿＿＿＿

❶こめ, 牛乳, サフランを鍋に入れてやわらかくなるまで火にかける.

❷干しあんずは1cm角, ピスタチオは粗く刻む.

❸砂糖とギー, レーズン, 干しあんず, レーズン, ピスタチオを加えて3分ほど煮る.

❹最後にカルダモンパウダーを加える.　　　　　　　　(中平)

☞ こめと牛乳とギーで作るおかゆのような甘いデザートである. インドやネパールのお祭りでふるまわれ, 家庭のデザートとしても用いられる. 地域の人々に親しまれている日常食でもある. 温かいままでも冷やしてもおいしい. こめの代わりにタピオカや挽き割り小麦のブルグルを用いることもある.　　(中平)

4208 チャイ(☞)　　　　　　　　　　インド(デザート)

水	100 g ＿＿＿＿
しょうが	1 g ＿＿＿＿
アッサムティー	1 g ＿＿＿＿
シナモンスティック	0.25 g (1/4本) ＿＿＿＿
クローブ(ホール)	0.1 g (2粒) ＿＿＿＿
カルダモン(ホール)	0.4 g (1粒) ＿＿＿＿
黒粒こしょう	0.1 g (3粒) ＿＿＿＿
牛乳	100 g ＿＿＿＿
砂糖	10 g ＿＿＿＿

❶シナモンスティックは半分くらいに割り, カルダモンはむいて種を出し, 殻も使う.

❷水にしょうがを入れ沸騰させ, アッサムティー, シナモン, クローブ, カルダモンを加えて半量になるくらいまで中火で煮出す.

❸牛乳と砂糖を加えて沸騰したら弱火にして3分ほど煮る.

❹器に茶こしでこしながら注ぐ.
　　　　　　　　　　(中平)

☞ インドやネパールの数種のスパイスが入った濃いミルクティーである. 朝目覚めるとまずチャイを飲み, 1日に何度もチャイを飲む. 路上にも多くのチャイの店があり, 道行く人々でにぎわう. インドの生活に欠かせない飲み物である.　(中平)

4209 メディシナルスパイスティー(☞)　　　　　　インド(デザート)

クミンシード	0.3 g ＿＿＿＿
アジョアンシード	0.3 g ＿＿＿＿
フェンネルシード	0.3 g ＿＿＿＿
コリアンダーシード	0.3 g ＿＿＿＿
水	100 g ＿＿＿＿

❶鍋に湯を沸かし, クミンシード, アジョアンシード, フェンネルシード, コリアンダーシードを入れて3分ほど煮出す.

❷茶こしでこす.　　　　　(中平)

☞ インドの朝に出される多くのスパイスの入った健康のための温かいお茶. 朝起きてすぐに飲むことが多い.　　　　　　　　(中平)

4210　ダル(☞)　　　　　　　　　　インド・ネパール(汁物)

レンズまめ(皮なし)	15 g
たまねぎ	15 g
にんじん	15 g
かぼちゃ	20 g
トマト	15 g
にんにく	1 g
しょうが	1 g
クミンシード	0.3 g
油	3 g
ターメリック	0.3 g
コリアンダーパウダー	0.2 g
クミンパウダー	0.2 g
水	100 g
塩	1.2 g

❶レンズまめは軽く洗って15分ほど水につける.
❷トマトは2〜3cm角, にんじんは5mm厚さのいちょう切り, たまねぎは粗みじん切りにする.
❸にんにく, しょうがをすりおろす.
❹鍋に油を入れて温め, クミンを炒め, 香りが立ったら, にんにく, しょうが, たまねぎを加えて炒める.
❺にんじんとかぼちゃ, トマトを加えて炒め, ターメリック, コリアンダー, クミンパウダーを加える.
❻水とレンズまめを加えてやわらかくなるまで煮る.　　　　　(中平)

☞ インド・ネパールの家庭料理で, 小粒の豆を使ったスープ. 飯にかけて指先で混ぜながら食す.　(中平)

4401　ビーンズサラダ(☞)　　　　　　　アメリカ(副菜)

ミックスビーンズ	40 g
(ひよこまめ,えんどうまめ,赤いんげんまめ)	
赤ピーマン	10 g
黄ピーマン	10 g
さやいんげん	10 g
ミント	0.5 g
ドレッシング	
オリーブ油	7 g
酢	3.5 g
砂糖	0.8 g
たまねぎ	8 g
タイム(パウダー)	少々
塩	0.5 g
こしょう	少々

❶ピーマンはまめの大きさに合わせた色紙切り. さやいんげんは青ゆでにし, 長さ1cmに切る.
❷ミントはみじん切りにする(茎を取り除く).
❸ドレッシングを作る. たまねぎはみじん切りにする. オリーブ油以外を混ぜ合わせ, そこへ油を少しずつ加えながら泡立て器で混ぜ合わせる.
❹ミックスビーンズ, さやいんげんをドレッシングと混ぜ合わせて味をなじませる(冷蔵庫でよく冷やすとおいしく食べられる).
❺食べる直前にピーマン, ミントを加えて合わせる.　　　　　(中平)

☞ 豆を使ったサラダは, アメリカ以外にもメキシコ, インド, タイ, ラオスなど多くの国にある. 国により豆の種類や具, 味付けが異なる.　(中平)

4402　チリコンカーン(☞)　　　　　　　メキシコ(主菜)

牛豚合びき肉	60 g
たまねぎ	40 g
ピーマン	15 g
トマト(あら切り缶詰)	90 g
金時まめ(缶詰)	50 g
にんにく	2 g
水	200 g
クミン	少々
チリパウダー	0.1 g
塩	1.5 g
こしょう	少々
クラッカー	6 g (2枚)

❶たまねぎ, ピーマン, にんにくはみじん切りにする.
❷ひき肉は火が通るまで炒める.
❸❶を加えて炒める.
❹トマト, 金時まめ, 水を加えて20分間煮込む.
❺調味料を加えてさらに10分間煮る.
❻器に盛り, クラッカーを砕いてかけながら食べる.　　　　　(中平)

☞ ひき肉と豆をチリペッパーを使ってスパイシーに仕上げたメキシコやアメリカ南部の煮込み料理. アメリカの国民的料理の一つ.　(中平)

4403　ワカモレ(☞)　　　　　　　　　　　　　　　メキシコ(副菜)

アボカド	50 g	＿＿＿
トマト	40 g	＿＿＿
たまねぎ	15 g	＿＿＿
レモン汁	1 g	＿＿＿
塩	0.5 g	＿＿＿
タバスコ	0.5 g	＿＿＿

❶アボカド，トマトは1cm角に，たまねぎはみじんに切る．
❷すべての材料を混ぜ合わす．（中平）

☞　メキシコ料理のサルサ（salsa）の一つでアボカドのディップ．トルティーヤチップスやナチョスに添えたり，タコスの具に用いる．クラッカーにのせて食べるとおいしい．
（中平）

4404　メキシカンサラダ　　　　　　　　　　　　　メキシコ(副菜)

アボカド	120 g (1個)	＿＿＿
トマト	100 g (中1個)	＿＿＿
赤たまねぎ	30 g	＿＿＿
ミックスビーンズ	50 g	＿＿＿
とうもろこし(缶詰)	50 g	＿＿＿
レタス	40 g	＿＿＿
ドレッシング		
┌レモン汁	30 g	＿＿＿
│エキストラバージンオリーブオイル	30 g	＿＿＿
│塩	3 g	＿＿＿
└こしょう	少々	
カイエンペッパー(チリパウダー)	少々	＿＿＿
トルティーヤチップス	適量	＿＿＿

❶アボカド，トマトは角切りに，赤たまねぎはみじん切りにする．
❷ボウルにドレッシングを入れよく混ぜ，❶とミックスビーンズ，汁を切ったとうもろこしを加えてあえる．
❸レタスを敷いた器に❷を盛りつけ，好みでカイエンペッパーをふる．
❹トルティーヤチップスを添える．
（淺井）

料理名索引

事項索引

編・著者紹介〔五十音順，＊印は編者〕

淺井　智子　奈良女子大学生活環境学部食物栄養学科　特任助教　博士（農学）

池田　香代　大阪大谷大学人間社会学部スポーツ健康学科　准教授

大喜多祥子　元大阪大谷大学人間社会学部スポーツ健康学科　教授　博士（学術）

久保　加織　滋賀大学教育学部　教授　博士（学術）

境田可奈子　甲南女子大学人間科学部生活環境学科　講師

作田はるみ　神戸松蔭女子学院大学人間科学部生活学科　准教授　博士（環境人間学）

菅　　尚子　奈良女子大学研究院生活環境科学系　助教　博士（環境人間学）

時岡奈穂子＊　大阪大谷大学人間社会学部スポーツ健康学科　非常勤講師

中平真由巳　滋賀短期大学生活学科　教授

禾本　悦子　大手前大学健康栄養学部管理栄養学科　講師

濵口　郁枝＊　甲南女子大学人間科学部生活環境学科　教授　博士（環境人間学）

東根　裕子　甲南女子大学医療栄養学部医療栄養学科　教授

細見　和子　神戸女子短期大学総合生活学科　准教授　博士（食物栄養学）

三浦加代子　園田学園女子大学人間健康学部食物栄養学科　教授　学術博士

山本　真子　甲南女子大学医療栄養学部医療栄養学科　助手

NDC 596　　255p　　26 cm

新版　トータルクッキング　第2版
健康のための調理実習

2024 年 3 月 12 日　第 1 刷発行

編著者　濵口郁枝・時岡奈穂子
発行者　森田浩章
発行所　株式会社　講談社
　　　　〒112-8001　東京都文京区音羽 2-12-21
　　　　　　　販売　（03）5395-4415
　　　　　　　業務　（03）5395-3615

KODANSHA

編　集　株式会社　講談社サイエンティフィク
　　　　代表　堀越俊一
　　　　〒162-0825　東京都新宿区神楽坂 2-14　ノービィビル
　　　　　　　編集部　（03）3235-3701

本文データ制作
カバー印刷　半七写真印刷工業株式会社

本文・表紙印刷
製本　　　　株式会社ＫＰＳプロダクツ